普通高等学校"双一流"建设中国语言文学专业特色课程精品教材

教师语言

Teacher's Talking

主 编 / 王琼武 裴锦花 朱茹 丁莹

中国·武汉

内 容 提 要

"教师语言"课程原来的名称是"教师口语",是普通高等师范院校开设的一门公共必修课。

本教程的教学内容分为三编九章:第一编普通话训练,主要介绍普通话语音系统的基础知识和发音系统训练,为教师语言表达训练奠定基础;第二编为一般口语交际训练,主要是朗读、复述和解说、讲故事、演讲、辩论的语言训练;第三编为教师职业口语训练,主要是教学口语、教育口语、教师体态语言的运用训练。

本教材结合教师教育教学的实际,设计有针对性的练习,理论和实践相结合,努力实现教师语言表达能力提升的真实效果。本教材既可以作为普通高等师范院校的教师口语教材,也可以作为在职教师或语言工作者提升语言表达能力的自我训练读本。

图书在版编目(CIP)数据

教师语言/王琼武等主编. —武汉:华中科技大学出版社,2024.1
ISBN 978-7-5772-0435-2

Ⅰ.①教… Ⅱ.①王… Ⅲ.①教师-语言艺术 Ⅳ.①G42

中国国家版本馆CIP数据核字(2024)第019246号

教师语言　　　　　　　　　　　　　　　　　　　王琼武　裴锦花　朱茹　丁莹　主编
Jiaoshi Yuyan

策划编辑:袁文娣	
责任编辑:唐梦琦	
封面设计:廖亚萍	
版式设计:赵慧萍	
责任校对:余晓亮	
责任监印:周治超	
出版发行:华中科技大学出版社(中国·武汉)	电话:(027)81321913
武汉市东湖新技术开发区华工科技园	邮编:430223
录　　排:华中科技大学出版社美编室	
印　　刷:武汉市洪林印务有限公司	
开　　本:889mm×1194mm　1/16	
印　　张:20.25	
字　　数:612千字	
版　　次:2024年1月第1版第1次印刷	
定　　价:55.00元	

本书若有印装质量问题,请向出版社营销中心调换
全国免费服务热线:400-6679-118　竭诚为您服务
版权所有　侵权必究

前言

  本教材的编者遵照国家原教育委员会1993年5月颁发的《师范院校"教师口语"课程标准（试行）》的精神，结合师范院校课程改革的实际情况，编写了这本教材。

  "教师语言"课程原来的名称是"教师口语"，是普通高等师范院校开设的一门公共必修课，是以训练和巩固学生普通话的听说技能、培养和提高教师语言表达能力为目的的专业技能课。

  开设"教师语言"课程，是贯彻国家语言文字方针政策的需要，是师范院校加强教师职业技能训练、深化课程改革的需要。这门课的开设，对提高未来教师的语言表达能力，乃至提高全民族的语言素质都具有十分重要的意义。

  "教师语言"课程的目标和任务主要是：

  第一，教育学生热爱祖国的语言文字，认真学习、积极贯彻国家语言文字工作的方针政策，增强语言文字规范意识；

  第二，能够用标准或比较标准的普通话，进行一般口语交际和开展教育教学等工作，做到熟练地发准普通话声母、韵母、声调及语流音变，具备一定的方音辨正能力；

  第三，具备给学生示范朗读、复述和解说、讲故事、演讲、辩论等的语言能力；

  第四，初步掌握教学口语、教育口语的基本技能，能够根据不同的教学、教育和其他工作情境的需要，恰当运用教师职业语言；

  第五，具有一定的指导中小学生和幼儿园小朋友运用口语的能力。

  本课程的主要特色和创新之处在于：

  （1）依据科学性、实用性和示范性等编写原则，建立以训练教师语言表达能力为主线的教学体系；

  （2）教学内容和教学要求符合中小学和幼儿园教育教学实际，符合教育对象的认知规律和语言训练规律；

  （3）文图结合，把声母、韵母、声调的发音原理用图解的形式直观再现出来，实现掌握基础理论知识和语音技能训练同步进行；

（4）本教材有相应的智慧树线上课程可以同步学习，线上课程可以反复播放，为想学习普通话、纠正方音、练习口头表达能力的学生提供了便利。

总之，这本教材充分体现了专业性、实用性和创新性，以及以学生为本的教育理念。

本教材由王琼武、裴锦花、朱茹、丁莹主编。

具体分工如下：王琼武老师负责教材编写大纲和教材编写体例的拟订，以及教材最后的统稿、润色，并撰写内容提要、前言、绪论和第一编普通话训练的全部内容；裴锦花老师负责撰写第二编一般口语交际训练的全部内容；朱茹老师负责撰写第三编教师职业口语训练中第七章教学口语运用和第八章教育口语运用的全部内容；丁莹老师负责撰写第九章教师体态语言运用的全部内容。

在编写过程中，编者参阅了大量相关的论著、期刊和教材资料等，虽然在参考文献中予以注明，但遗漏之处在所难免，敬请谅解。

尽管编者做了很大的努力，但由于水平有限，时间仓促，书中可能存在很多不足之处，恳请各位读者和同仁批评指正。

编者

2023 年 9 月 12 日

| 绪论 | ⋯ 001 |

第一编 普通话训练

第一章 汉语普通话语音知识 ⋯ 007
- 第一节 普通话概述 ⋯ 007
- 第二节 声母 ⋯ 010
- 第三节 韵母 ⋯ 028
- 第四节 声调 ⋯ 046
- 第五节 语流音变 ⋯ 049
- 第六节 普通话水平测试（新大纲） ⋯ 062

第二编 一般口语交际训练

第二章 朗读 ⋯ 071
- 第一节 朗读的基本知识及训练技巧 ⋯ 071
- 第二节 不同文体的朗读 ⋯ 081

第三章 复述和解说 ⋯ 094
- 第一节 复述的基本知识 ⋯ 094
- 第二节 复述训练 ⋯ 101
- 第三节 解说训练 ⋯ 107

第四章 讲故事 ··· 115
第一节 讲故事的概念及其作用 ··· 115
第二节 讲故事的技巧和要求 ··· 117

第五章 演讲 ··· 128
第一节 演讲概述 ··· 128
第二节 演讲的类型及其训练 ··· 132
第三节 演讲的基本要求及技巧 ··· 146
第四节 演讲稿写作 ··· 158

第六章 辩论 ··· 167
第一节 辩论的概念及其特征 ··· 167
第二节 辩论的类型和作用 ··· 168
第三节 辩论的技巧 ··· 171
第四节 校园辩论赛的组织及参赛准备 ··· 184

第三编 教师职业语言训练

第七章 教学口语运用 ··· 191
第一节 教学口语概述 ··· 191
第二节 常用教学口语基本技能训练 ··· 196

第八章 教育口语运用 ··· 216
第一节 教育口语概说 ··· 217
第二节 常用教育口语基本技能训练 ··· 223
第三节 适应不同对象的教育口语训练 ··· 246
第四节 对学生群体讲话的技能训练 ··· 252
第五节 处理偶发事件的教育口语训练 ··· 255

第九章 教师体态语言运用 ··· 259
第一节 教师体态语言的特点及分类 ··· 259
第二节 教师体态语言的主要构成及其在教育教学活动中的应用 ··· 267

附录一 普通话水平测试朗读作品 50 篇 ··· 288

附录二 普通话水平测试话题 ··· 312

参考文献 ··· 314

绪 论

一、教师语言产生的背景

"教师语言"课程原来的名称是"教师口语"。

1991年12月,国家原教育委员会下发的教办〔1991〕522号通知规定,各级各类师范院校专业都要开设普通话课程。这一通知规定,在《国务院批转国家语委关于当前语言文字工作请示的通知》(国发〔1992〕63号)中进一步得以强调。根据以上通知和师范教育课程改革的实际需要,国家原教委决定把这门课定为"教师口语"。为加强对师范院校开设这门课的宏观指导,确保课程开设质量,国家原教委于1993年5月制定了《师范院校"教师口语"课程标准(试行)》,"教师口语"这个名称一直延续了三十余年。

二、"教师口语"属于应用语言学的一个分支

"教师口语"要以应用语言学的相关课程如语音学、词汇学、语法学、修辞学等做理论基础支撑,借鉴教育学、心理学、逻辑学、中国语言文学等专业的知识做铺垫,才能使教师口语的表达丰富多彩。

目前很多师范类本科院校都对"教师口语"从语言表达的角度进行解读、分析、研究,因此现阶段很多师范类本科院校把这门课命名成"教师语言",也有很多学校依旧沿用"教师口语"的名称,其实"教师语言"的名称更符合这门课的学科特点。

三、"教师语言"课程的性质和目的任务

1. "教师语言"课程的性质

《师范院校"教师口语"课程标准(试行)》(以下简称《标准》)对"教师口语"课程的性质做了如下规定:"'教师口语'是研究教师口语运用规律的一门应用语言学科,是在理论指导下培养学生在教育、教学等工作中口语运用能力的实践性很强的课程。本课程是培养师范类各专业学生教师职业技能的必修课。"

准确认识这门课的性质，才能正确把握这门课的任务，科学规定这门课的内容，建立有助于强化教师语言的训练体系。

2. "教师语言"课程的目的任务

《标准》明确指出"教师口语"课程的目的任务是"教育学生热爱祖国语言，认真学习、积极贯彻国家语言文字工作方针政策，增强语言规范意识；能用标准或比较标准的普通话进行口语交际；初步掌握运用教师职业语言进行教育、教学的基本技能，并能对中小学生和幼儿的口语进行指导，以利于提高全民族的语言素质"。

对"教师语言"课程的目的任务可以从三方面来理解。

第一，从教育的整体培养目标来看，可以通过"教师语言"课程的教学，提高师范院校学生的语言素质。

一个人的思想境界、道德水准、文化修养、审美情趣、心理素质等能够在其工作实践、社会交往中通过多种形式表现出来。其中最直接的一种形式就是说话，包括口头语言表达和体态语言表达。在对学生进行课堂教学时，有意识地强化语言规范、语言文明的训练是十分必要的。因为这样，教育对象的语言素质会在潜移默化的训练过程中得到提高。由此可见，通过培养青少年良好的语言素质，对加强中华民族现代文明建设、促进全民族语言素质的提高具有重要作用。

第二，从规范使用祖国语言文字的意义看，师范生应树立起规范使用祖国语言文字的观念，即将来到中小学或幼儿园从教，每一学科的每一位教师都要使用规范的祖国语言文字对学生进行教育。要做到这一点，就必须掌握新时期国家语言文字工作的方针、政策，并自觉地在教学中贯彻执行，在教学实践中指导青少年规范使用祖国语言文字，维护祖国语言文字的纯洁健康。

第三，从实现师范院校的具体目标，培养合格师资的角度看，"教师语言"课程最重要的任务是使未来的中小学教师掌握从事教师工作的职业用语。师范院校在实现教育总目标的前提下，还要实现自身的具体目标，即培养社会主义现代化建设需要的、适应基础教育课程改革需要的合格教师。

一位合格的幼师及中小学教师必须掌握的首要技能就是教师语言，并能对幼儿及中小学生的口语进行指导，这是"教师语言"课程的出发点和归宿。

四、"教师语言"课程的内容

根据"教师语言"课程的内容，《标准》确定这门课的内容由普通话训练、一般口语交际训练和教师职业口语训练三部分构成。这三部分构成了具有内在联系的知识体系。

1. 普通话训练

普通话是教师的职业语言，是教师职业语言表达能力的前提和基础，因此本教材内容的第一部分安排了普通话训练。普通话训练的教学内容主要是指导学生掌握普通话语音知识，以及国家普通话水平测试相关知识点。对师范院校学生的普通话水平，应该标准更高一些，要求更严一些。这是教师职业的需要，关系到亿万幼儿及中小学生普通话水平提高的问题。依据国家语言文字工作委员会编制的标准，"高等师范中文专业及中等师范学生，北方方言区应达到一级，南方方言区应达到二级甲等；其他专业学生，北方方言区最低达到二级甲等，南方方言区学生最低达到二级乙等"。

在"教师语言"课程中，通过普通话教学，学生应该了解和掌握国家语言文字的工作方针和政策，通过学习普通话语音基础知识和强化训练，学生能够掌握标准或比较标准的普通话。此外，还要注意对各地区方言与普通话的差异的区分，从而有针对性地进行训练，有效提高学生的普通话水平。

2. 关于一般口语交际训练

一般口语是指人们在社会交往中用于沟通、交际的工具，是广泛的公共关系中通用的语言。为什么在"教师语言"这门课中要强调一般口语交际训练呢？

第一，一般口语交际训练是普通话训练的基础。学普通话，必须要开口讲，要常讲、勤练。学习语音基础知识，进行规范性方言辨正十分必要，但更为重要的是按照学习语言的规律创设语言环境，强化语言训练的现代化设备。没有持之以恒的一般口语交际训练，普通话训练则无法得到强化。

第二，一般口语交际训练，对提高师范生的语言素质有重要意义。随着社会的发展，人际交往频繁，信息转换加快，口语的作用愈发重要，可以说良好的语言素质是现代社会人际交往中必不可少的。师范生毕业后要在幼儿园及中小学校里当教师，必定要与社会各个方面接触，有交际行为就要讲话，而且要善于讲话。有效地运用交际语言，不是学几节"教师语言"课程就能掌握的，而是需要进行大量的训练才可养成。因此，要想真正掌握教师语言，就必须加强一般口语交际训练。

第三，教师语言不是凭空产生的，而是在一般口语的基础上形成的。一般口语和教师语言是共性和个性的关系，一般口语和教师语言有着共同的表达规律，教师语言是在一般口语的基础上形成的专业语言。掌握了口语的一般规律有助于掌握教师职业口语，因此，"教师语言"课程高度重视一般口语交际训练。

3. 关于教师职业口语训练

教师语言是指在长期教育教学实践中产生的，在良好的一般口语基础上形成的，用标准或比较标准的普通话表达的，符合教育教学规律的语言，同时这种语言是适应教育对象的心理特征、语言发展及认识规律的从事教育教学活动的专门用语。教师职业口语是教学的重要手段，即使近年来越来越多地使用现代化教学手段，但教师职业口语仍是最基本、最常用的教学手段。

传统的语言学主要研究的是典范的书面语，口语表达是不登大雅之堂的，"重文轻语"的现象由来已久。有人认为，教师语言不必学，只要普通话说得顺畅，一般口语表达能力尚可，就能教书讲课。这种看法否认了教师语言自身的规律和独特的魅力。教师天天讲课，但要做到用生动的语言吸引学生，并不容易。教师的工作是创造性的劳动，在教育劳动的第一领域，需要运用沟通教育对象心灵的语言，才能产生良好的教学效果。而这些语言都是一般口语所不能替代的，需要运用受学校教育、家庭教育、社会教育等各种因素制约的教师职业口语。

社会各行各业都有其在长期实践中形成的行业用语，教师职业也不例外。任何事物都有其规律，探索事物发展的规律，掌握它并用以指导行动，这是社会发展进步的表现。大量优秀教师的实践证明，想要掌握规范的教师语言以及教师语言艺术，必须要做有心人，勤于积累各类教师语言现象，善于分析研究，从中把握规律。这是需要下苦功夫的。

通过对教师语言三方面内容的分析，可以看出三者的关系：普通话训练是教师职业口语的前提和基础；一般口语交际训练是普通话训练的继续和深化，是发展教师语言的基础；教师职业口语是一般口语交际训练的提高和发展，是在普通话训练和一般口语交际训练的基础上进行的教师语言表达能力的训练，是"教师语言"这门课程的重点。

教师语言作为一门新兴学科，无论是教学理论，还是教学经验，与其他学科相比，还不够成熟，因此要加强研究，推动这门学科的建设。开展"教师语言"课程的基础理论研究，要围绕提高这门课的教学质量进行教学研究，要深入中小学、幼儿园，了解、熟悉教师语言训练的情况，研究教师教学语言的特点，研究中小学生、幼儿语言发展的规律。同时开展"教师语言"课程教学改革创新实验，广泛交流教师语言训练的成功经验。总之，我们要以教育科学研究为导向，推动这门新课程的健康发展。

第一编 普通话训练

第一章 汉语普通话语音知识

第一节 普通话概述

普通话是现代汉民族的共同语,是现代汉语的标准语,也是当代我国各民族之间进行交流的工具。普通话是全国通用的语言,也是中华人民共和国的国家官方语言。

1955年召开的全国文字改革会议和现代汉语规范问题学术会议,对普通话的内涵做出了明确界定:以北京语音为标准音,以北方话为基础方言,以典范的现代白话文著作为语法规范的现代汉民族共同语。

(一)以北京语音为标准音

普通话以北京语音作为标准音,是历史发展的结果。自金、元、明、清以来,北京一直是我国政治、经济和文化的中心。但是以北京语音作为标准音并不是以某一个北京人或某一些北京人的口语发音作为标准音,而是以北京音系的语音系统作为标准音。北京语音系统中有22个声母,39个韵母和4个声调。除此以外,北京语音中还有变调、轻声、儿化等现象,这些都属于北京语音系统。

(二)以北方话为基础方言

普通话在词汇方面以北方话作为基础方言,是充分考虑到北方方言词汇使用人口众多和分布的广泛性。在我国七大方言中,说北方方言的人占汉族人口的70%,其覆盖区域也很广,占汉语地区的3/4,北方方言内部比较一致。另外普通话还从其他非基础方言里吸收了许多有特殊表现力的方言词来丰富自己的词汇,继承了古代汉语中许多仍然有生命力的古词语,借用了一些交际必需的外来词,这都使得普通话的词汇更加丰富。

(三)以典范的现代白话文著作为语法规范

普通话的语法是以经过提炼加工的书面语,即典范的现代白话文著作为语法规范的。"典范的"是指典型的可以作为范本的,"现代"划定了时间范围,"白话文"是针对文言文而言的。普通话要遵循白话文的语法规范,这符合推广、普及普通话的要求。

总之，普通话作为现代汉语标准语，是一种服务于全国的通用语，是现阶段汉民族语言统一的基础。普通话是语音、词汇和语法的统一体，我们在学习普通话时，要把它作为一个整体来把握，任何一个方面都不可缺少。

汉语拼音方案[1]

(1957年11月1日国务院全体会议第60次会议通过)
(1958年2月11日第一届全国人民代表大会第五次会议批准)

一、字母表

字母：	Aa	Bb	Cc	Dd	Ee	Ff	Gg
名称：	ㄚ	ㄅㄝ	ㄘㄝ	ㄉㄝ	ㄜ	ㄝㄈ	ㄍㄝ

	Hh	Ii	Jj	Kk	Ll	Mm	Nn
	ㄏㄚ	ㄧ	ㄐㄧㄝ	ㄎㄝ	ㄝㄌ	ㄝㄇ	ㄋㄝ

	Oo	Pp	Qq	Rr	Ss	Tt	Uu
	ㄛ	ㄆㄝ	ㄑㄧㄡ	ㄚㄦ	ㄝㄙ	ㄊㄝ	ㄨ

	Vv	Ww	Xx	Yy	Zz
	ㄪㄝ	ㄨㄚ	ㄒㄧ	ㄧㄚ	ㄗㄝ

V 只用来拼写外来语、少数民族语言和方言。
字母的手写体依照拉丁字母的一般书写习惯。

二、声母表

b	p	m	f	d	t	n	l
ㄅ玻	ㄆ坡	ㄇ摸	ㄈ佛	ㄉ特	ㄊ特	ㄋ讷	ㄌ勒

g	k	h	j	q	x
ㄍ哥	ㄎ科	ㄏ喝	ㄐ基	ㄑ欺	ㄒ希

zh	ch	sh	r	z	c	s
ㄓ知	ㄔ蚩	ㄕ诗	ㄖ日	ㄗ资	ㄘ雌	ㄙ思

---

[1] 中国社会科学院语言研究所词典编辑室. 现代汉语词典[M]. 7版. 北京：商务印书馆，2016：1797-1799.

三、韵母表

	i ㄧ 衣	u ㄨ 乌	ü ㄩ 迂
a ㄚ 啊	ia ㄧㄚ 呀	ua ㄨㄚ 呀	
o ㄛ 喔		uo ㄨㄛ 窝	
e ㄜ 鹅	ie ㄧㄝ 耶		üe ㄩㄝ 约
ai ㄞ 哀		uai ㄨㄞ 歪	
ei ㄟ 欸		uei ㄨㄟ 威	
ao ㄠ 熬	iao ㄧㄠ 腰		
ou ㄡ 欧	iou ㄧㄡ 忧		
an ㄢ 安	ian ㄧㄢ 烟	uan ㄨㄢ 弯	üan ㄩㄢ 冤
en ㄣ 恩	in ㄧㄣ 因	uen ㄨㄣ 温	ün ㄩㄣ 晕
ang ㄤ 昂	iang ㄧㄤ 央	uang ㄨㄤ 汪	
eng ㄥ 亨的韵母	ing ㄧㄥ 英	ueng ㄨㄥ 翁	
ong (ㄨㄥ)轰的韵母	iong ㄩㄥ 雍		

（1）"知、蚩、诗、日、资、雌、思"等七个音节的韵母用i，即：知、诗、日、资、雌、思等字拼作zhi，chi，shi，ri，zi，ci，si。

（2）韵母儿写成er，用作韵尾的时候写成r。例如："儿童"拼作ertong，"花儿"拼作huar。

（3）韵母ㄝ单用的时候写ê。

（4）i行的韵母，前面没有声母的时候，写成yi（衣），ya（呀），ye（耶），yao（腰），you（忧），yan（烟），yin（因），yang（央），ying（英），yong（雍）。

u 行的韵母，前面没有声母的时候，写成 wu（乌），wa（蛙），wo（窝），wai（歪），wei（威），wan（弯），wen（温），wang（汪），weng（翁）。

ü 行的韵母，前面没有声母的时候，写成 yu（迂），yue（约），yuan（冤），yun（晕）；ü 上两点省略。

ü 行的韵母跟声母 j、q、x 拼的时候，写成 ju（居），qu（区），xu（虚），ü 上两点也省略；但是跟声母 n、l 拼的时候，仍然写成 nü（女），lü（吕）。

（5）iou，uei，uen 前面加声母的时候，写成 iu，ui，un，例如 niu（牛），gui（归），lun（论）。

（6）在给汉字注音时，为了使拼式简短，ng 可以省做 ŋ。

四、声调符号

阴平　阳平　上声　去声
　ˉ　　ˊ　　ˇ　　ˋ

声调符号标在音节的主要母音上。轻声不标。例如：

妈 mā　麻 má　马 mǎ　骂 mà　吗 ma
（阴平）（阳平）（上声）（去声）（轻声）

五、隔音符号

a，o，e 开头的音节连接在其他音节后面的时候，如果音节的界限发生混淆，用隔音符号（'）隔开，例如 pi'ao（皮袄）。

第二节　声母

一、什么是声母

声母是音节开头的部分，普通话有 22 个声母，其中 21 个辅音声母，1 个零声母。辅音发音时，气流通过口腔或鼻腔时要受到阻碍，通过克服阻碍而发出声音。其特点是时程短、音势弱，容易受到干扰，易产生吃字现象，从而影响语音的清晰度。声母的发音部位是否准确，是语流中字音是否清晰并具有一定亮度的关键。

普通话的声母包括零声母在内共 22 个。

b	巴步别	p	怕盘扑	m	门谋木	f	飞付浮
d	低大夺	t	太同突	n	南牛怒	l	来吕路
g	哥甘共	k	枯开狂	h	海寒很		
j	即结净	q	齐求轻	x	西袖形		

zh 知照铡	ch 茶产唇	sh 诗手生	r 日锐荣
z 资走坐	c 慈蚕存	s 丝散颂	
零声母	安言忘云		

二、声母的分类

（一）按发音部位分类

普通话辅音声母按发音部位可分为以下七类。

1. 双唇音

上唇与下唇闭合，构成阻碍（b、p、m）。

2. 唇齿音

上齿接近下唇，留一条窄缝，构成阻碍（f）。

3. 舌面前音

舌面前部向硬腭接触或接近，构成阻碍（j、q、x）。

4. 舌面后音

舌面后音又叫舌根音。舌根向硬腭和软腭的交界处接触或接近，构成阻碍（g、k、h）。

5. 舌尖前音

舌尖向上门齿背接触或接近，构成阻碍（z、c、s）。

6. 舌尖中音

舌尖和上齿龈（即上牙床）接触，构成阻碍（d、t、n、l）。

7. 舌尖后音

舌尖向硬腭的最前端接触或接近，构成阻碍（zh、ch、sh、r）。

（二）按发音方法分类

普通话辅音声母的发音方法有以下五种。

1. 塞音

成阻时发音部位完全形成阻塞；持阻时气流积蓄在阻碍的部位之后；除阻时受阻部位突然解除阻塞，使积蓄的气流透出，爆发成声（b、p、d、t、g、k）。

2. 擦音

成阻时发音部位之间接近，形成适度的间隙；持阻时气流从窄缝中间摩擦成声；除阻时发音结束（f、h、x、s、sh、r）。

3. 塞擦音

以"塞音"开始，以"擦音"结束。由于塞擦音的"塞"和"擦"是同部位的，"塞音"的除阻阶段和"擦音"的成阻阶段融为一体，两者结合得很紧密（j、q、z、c、zh、ch）。

4. 鼻音

成阻时发音部位完全闭塞，封闭口腔通路；持阻时，软腭下垂，打开鼻腔通路，声带振动，气流到达口腔和鼻腔，气流在口腔受到阻碍，由鼻腔透出而成声；除阻时口腔阻碍解除。鼻音是鼻腔和口腔的双重共鸣形成的。鼻腔是不可调节的发音器官。不同音质的鼻音是由于发音时在口腔的不同部位阻塞，造成不同的口腔共鸣状态而形成的（m、n）。

5. 边音

舌尖与上齿龈（上牙床）稍后的部位接触，使口腔中间的通道阻塞；持阻时声带振动，气流从舌头两边与上腭两侧、两颊内侧形成的夹缝中通过，透出成声；除阻时发音结束（l）。

（三）塞音和塞擦音按气流的强弱可分为送气音和不送气音

送气音在发音时气流送出比较快和明显，由于除阻后声门大开，流速较快，在声门以及声门以上的某个狭窄部位造成摩擦，形成送气音。普通话有六个送气音：p、t、k、q、ch、c。

不送气音指发音时，呼出的气流较弱，没有送气音特征，又同送气音形成对立的音。普通话有六个不送气音：b、d、g、j、zh、z。

（四）按声带是否振动分为清音和浊音

清音：b、p、f、d、t、g、k、h、j、q、x、zh、ch、sh、z、c、s。
浊音：m、n、l、r。
普通话声母发音总表和发音器官示意图如表 1-1 和图 1-1 所示。

表 1-1 普通话声母发音总表

发音部位 声母 发音方法			唇音		舌尖前音		舌尖中音		舌尖后音		舌面前音		舌面后音	
			双唇音		唇齿音										
			上唇	下唇	上齿	下唇	舌尖	齿背	舌尖	上齿龈	舌尖	硬腭前	舌面前	硬腭前	舌面后	软腭
塞音	清音	不送气音	b [p]						d [t]						g [k]
		送气音	p [pʻ]						t [tʻ]						k [kʻ]
塞擦音		不送气音					z [ts]				zh [tʂ]		j [tɕ]		
		送气音					c [tsʻ]				ch [tʂʻ]		q [tɕʻ]		

续表

发音方法 \ 发音部位		唇音		唇音		舌尖前音		舌尖中音		舌尖后音		舌面前音		舌面后音	
		双唇音		唇齿音											
声母		上唇	下唇	上齿	下唇	舌尖	齿背	舌尖	上齿龈	舌尖	硬腭前	舌面前	硬腭前	舌面后	软腭
擦音	清音			f [f]		s [s]				sh [ʂ]		x [ɕ]			h [x]
	浊音									r [ʐ]					
鼻音	浊音	m [m]						n [n]							
边音	浊音							l [l]							

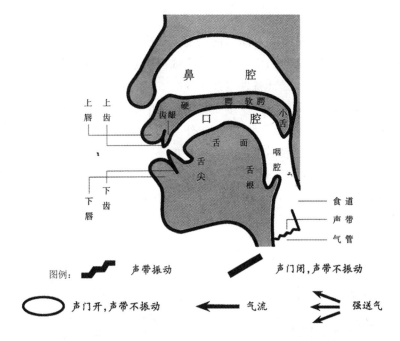

图 1-1　发音器官示意图

三、声母发音分析

（一）双唇音 b、p、m

1. 双唇音 b

双唇音 b［p］为双唇、不送气、清塞音，如图 1-2 所示。
发音要点：
双唇紧闭，软腭和小舌上升，关闭鼻腔通路，气流到达双唇后蓄气。突然松开双唇，积蓄在口腔中的气流爆破而出成音，声带不振动。注意：不要将此音发成浊音。

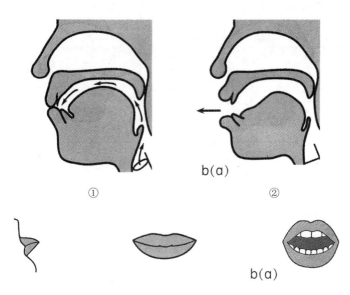

图 1-2 b [p] 发音示意图

发音练习：

（1）在许多语言、方言中都有此音，对同学们来说不是难点。

（2）舌位图①是成阻和持阻状态时的示意图，其中成阻部位是双唇；舌位图②是除阻至后接元音 a 尚未发出瞬间的示意图，其中的舌位是准备发生接元音的 a 的舌位。

注意：双唇紧闭，除阻时声门关闭，声带不振动，口腔中的蓄气爆破而出。

（3）普通话音系统中的字母，除 m、n、l、r 之外，均为清辅音，其中 b—p、d—t、g—k、z—c、zh—ch、j—q 之间，不是相对应的清浊音，而是相对应的不送气音和送气音。

方言中有成对清浊的同学，经常将不送气音读成浊辅音，发音时应特别注意，一旦发现，及时纠正。

例如：摆布 bǎi bù　标兵 biāo bīng　褒贬 bāo biǎn　辨别 biàn bié

2. 双唇音 p

双唇音 p [p'] 为双唇、送气、清塞音，如图 1-3 所示。

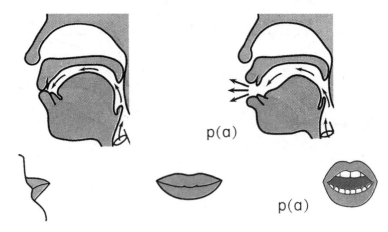

图 1-3 p [p'] 发音示意图

发音要点：

发音部位在成阻和持阻阶段与 b 相同，区别在于 p 除阻时声门（声带开合处）不闭，从肺部呼出一股较强气流成音，通称"送气"，声带不振动。

发音练习：

（1）发音时可用"吹纸法"显示气流的强弱。在音节拼读过程中，此音对相当一部分同学来说是一个难点。

（2）采用对比发音法，先听"b"与"p"的区别，再理解"送气"与"不送气"的区别。

送气音与不送气音的主要区别在于：送气音除阻时，声门不闭，有一个送气段。送气段结束后再发后面的韵母。不送气音除阻时声门关闭，与后面的韵母结合紧密。

（3）音节拼读操练，步骤如下：先深吸一口气，连续均匀地发两个 p [p']，然后逐步增多。再以同样的方式进行音节拼读操练：[p'] — [A] — [p'] — [A] — [p'] — [A] ……并逐渐加快速度，最后即可发出 pa。

（4）同学们一般不好掌握送气段的长度，缺乏心理体验，往往过短，容易犯送气残缺的毛病。教学练习中可以夸张一些，参照擦音的长度（擦音的长度大于送气音），例如：sa，先慢读 s→a，再念 p→a，一边念，一边细细领会送气段的长度以及与后接元音的衔接。

（5）通过 p、t、k 的练习，要掌握送气音的发音方法，否则影响后送气塞擦音 c、ch、q 的学习。

例如：批评 pī píng　偏旁 piān páng　匹配 pǐ pèi　乒乓 pīng pāng

3. 双唇音 m

双唇音 m [m] 为双唇、浊鼻音，如图 1-4 所示。

图 1-4　m [m] 发音图

发音要点：

双唇紧闭，软腭和小舌下降，打开鼻腔通路，气流同时到达口腔和鼻腔，在口腔受阻，从鼻腔通过。声带振动。

发音练习：

发音时结合图 1-4 需要注意的部位是：双唇、气流通路和声带。舌位不是固定的，它往往随后接元音的舌位而变化。

例如：面貌 miàn mào　麦苗 mài miáo　眉目 méi mù　命名 mìng míng

（二）唇齿音 f

唇齿音 f [f] 为唇齿、清擦音，如图 1-5 所示。

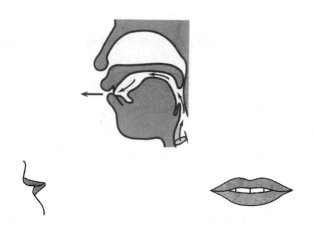

图 1-5　f [f] 发音图

发音要点：

下唇向上门齿靠拢，形成间隙，软腭和小舌上升，关闭鼻腔通路，气流从唇齿形成的间隙中摩擦而出。声带不振动。

发音练习：

结合上图应注意以下几点：

（1）下唇微微后缩，上门齿与下唇内侧若即若离，门齿两侧的上牙自然会与下唇形成缝隙，不要用力咬下唇，发音时下唇也没有外翻的动作。

（2）气流是自然呼出，而不是吹出，没有鼓腮的动作。

（3）声门开，声带不振动。

（4）舌位没有固定的位置，往往处于发后接元音的预备状态。

例如：丰富 fēng fù　奋发 fèn fā　仿佛 fǎng fú　肺腑 fèi fǔ

（三）舌尖前音 z、c、s

1. 舌尖前音 z

舌尖前音 z [ts] 为舌尖前、不送气、清塞擦音，如图 1-6 所示。

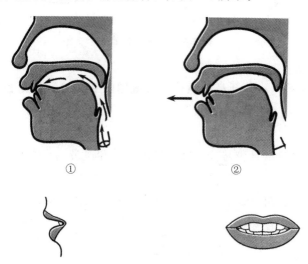

图 1-6　z [ts] 发音示意图

发音要点：

舌尖平伸抵住上齿背，形成阻塞，软腭和小舌上升，关闭鼻腔通路，口腔中蓄气。然后舌尖快速松开一条隙缝，气流从缝隙破擦而出，声带不振动。

发音练习：

（1）z是塞擦音。舌位图①是"塞"的状态，图②是"擦"的状态。塞擦音的发音特点是以"塞音"开始，以"擦音"结束。塞擦音的"塞"和"擦"发生在同一个部位，"塞音"的除阻阶段和"擦音"的成阻阶段合为一体，二者结合非常紧密。

（2）注意：声带不振动，不要发成浊音。

（3）z与u相拼时，舌位不变，但唇形是u的唇形，发出z后，舌快速后缩，z与其他元音相拼时，展唇扁平，注意不要增加介音。

例如：自尊 zì zūn　总则 zǒng zé　造作 zào zuò　栽赃 zāi zāng

2. 舌尖前音 c

舌尖前音 c [ts'] 为舌尖前、送气、清塞擦音，如图1-7所示。

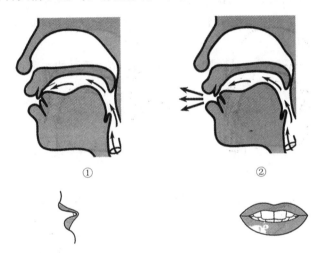

图1-7　c [ts'] 发音示意图

发音要点：

发音部位在成阻和持阻阶段与z相同，区别在于：除阻时声门（声带开合处）不闭，从肺部呼出的一股较强气流经舌尖与上齿背间的缝隙破擦而出，通称"送气"。声带不振动。

发音练习：

（1）c是送气清塞擦音，发音时采用塞音、擦音和送气音三种方法。舌位图①是"塞"的状态，图②是"擦"和"送气"的状态。

（2）发音时采用对比练习法，先听zi和ci的发音，以区分二者声母的差异，然后模仿发音。注意：声带不振动。

（3）c与u相拼时，舌位不变，但唇形是u的唇形，发出c后舌快速后缩；c与其他元音相拼时，展唇扁平，注意不要增加介音。

（4）加强z/c, c/ch对比听辨和发音练习。

例如：苍翠 cāng cuì　草丛 cǎo cóng　仓促 cāng cù　猜测 cāi cè

3. 舌尖前音 s

舌尖前音 s [s] 为舌尖前、清擦音，如图1-8所示。

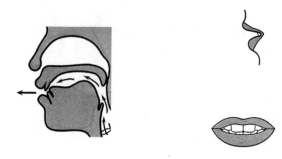

图 1-8　s [s] 发音示意图

发音要点：

舌尖接近上齿背，形成一道窄缝，同时软腭和小舌上升，关闭鼻腔通路，气流从舌尖与上齿背所留的间隙中摩擦而出。声带不振动。

发音练习：

(1) 舌尖接近上齿背时不要从上而下，而要从下而上，即舌尖沿下齿背向上凑近上齿背，就可找到发音位置，让舌尖下部轻靠下齿背或下齿龈，这样做可避免用舌叶音替代舌尖音。

(2) 舌面两侧接触两侧上齿龈的作用是保证气流从口腔中路通过，两边不要漏气。

(3) 声门开，声带不振动。

(4) s与u相拼时，舌位不变，但唇形是u的唇形，发出s后舌快速后缩；s与其他元音相拼时，不要增加介音。

例如：思索 sī suǒ　　诉讼 sù sòng　　洒扫 sǎ sǎo　　松散 sōng sǎn

（四）舌尖中音 d、t、n、l

1. 舌尖中音 d

舌尖中音 d [t] 为舌尖中、不送气、清塞音，如图1-9所示。

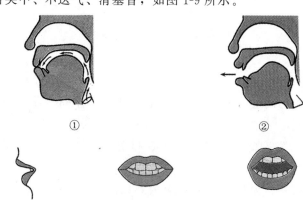

图 1-9　d [t] 发音示意图

发音要点：

舌尖及舌前部边缘紧抵上齿背与齿龈交界处，软腭和小舌上升，关闭鼻腔通路，口腔蓄气。舌尖迅速下移，使气流爆发而出，声带不振动。

发音练习：

(1) 舌位图①是成阻和持阻状态时的示意图；舌位图②是除阻至后接元音 a 尚未发出瞬间的示意图，图2中的舌位是准备发后接元音 a 的舌位。要注意：除阻时声门关闭，声带不振动。

(2) 方言中有成对清浊音的同学，经常将此音读成浊音，应特别注意，一旦发现，随时纠正。

(3) 注意：一些方言中有与此音近似的音，但舌位比较靠后。普通话中的 d 舌尖抵上齿背与上齿龈交界处，比较靠前，发音时舌尖不能太靠后，更不能抵齿龈与硬腭交界处。

(4) 普通话声母中共有 11 个舌音，它们是 d、t、n、l、zh、ch、sh、r、z、c、s，其中 z、c、s 舌尖前，d、t、n、l 是舌尖中，zh、ch、sh、r 是舌尖后。在这三组名称中，"前""中""后"是指舌尖运动时的相对位置，而不是指舌头的前部、中部和后部。

例如：带动 dài dòng　达到 dá dào　单调 dān diào　道德 dào dé

2. 舌尖中音 t

舌尖中音 t [t']为舌尖中、送气、清塞音，如图 1-10 所示。

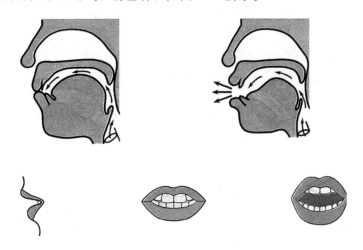

图 1-10　t [t'] 发音示意图

发音要点：

发音部位在成阻和持阻阶段与 d 相同，区别在于：除阻时声门（声带开合处）不闭，从肺部呼出一股较强气流，通称"送气"，声带不振动。

发音练习：

(1) 练习时中可用"吹纸法"显示气流的强弱；作为音素绝大多数同学都会发，但在音节拼读过程中，此音对相当一部分学生来说是一个难点。

(2) 采用对比练习法，先听 d 与 t 的区别，再理解"送气"与"不送气"的区别。

(3) 音节拼读操练，步骤如下：先深吸一口气，连续均匀地发两个 t [t']，然后逐步增多。再以同样的方式进行音节拼读操练：[t']—[A]—[t']—[A]—[t']—[A]……并逐渐加快速度，最后即可发出 ta。

(4) 同学们一般掌握不好送气段的长度，往往过短，犯送气残缺的毛病。练习中可以夸张一些，参照擦音的长度（擦音的长度大于送气音，例如：sa，慢读 s→a，再念 t→a，一边念，一边细细领会送气段的长度以及和后接元音的衔接。

(5) 通过 p、t、k 的学习，掌握送气音的发音方法，否则影响以后送气塞擦音 c、ch、q 的学习。

例如：团体 tuán tǐ　体贴 tǐ tiē　探讨 tàn tǎo　淘汰 táo tài

3. 舌尖中音 n

舌尖中音 n [n] 为舌尖中、浊鼻音，如图 1-11 所示。

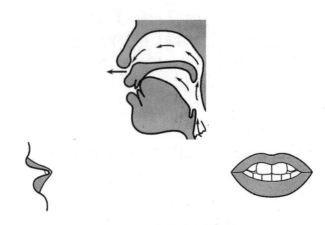

图 1-11 n [n] 发音示意图

发音要点：

舌尖及舌前部边缘紧抵上齿背与齿龈交界处，堵塞口腔通道，软腭和小舌下垂，打开鼻腔通路，气流同时到达口腔和鼻腔，在口腔受阻，气流从鼻腔通过。声带振动。

发音练习：

（1）发音中 n、l 不分的同学要注意。

（2）在发音时结合图 1-11 需强调的是：舌位、气流通路、口形和声带。唇形有时会随后接元音的唇形而变化。

（3）有一部分同学发音 n、l 不分，有两个原因：① 记不住哪些字的声母是 n，哪些字的声母是 l，这类同学要加强词语朗读训练；② 没掌握发音要领，这类同学可结合 n 和 l 的发音示意图进行对比分析，重点理解舌位和气流通路。

例如：男女 nán nǚ　恼怒 nǎo nù　能耐 néng nài　泥泞 ní nìng

4. 舌尖中音 l

舌尖中音 l [l] 为舌尖中、浊边音，如图 1-12 所示。

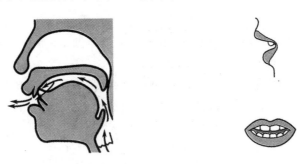

图 1-12 l [l] 发音示意图

发音要点：

舌尖及舌前部边缘紧抵上齿背与齿龈交界处，阻塞口腔中路通道，两边留有空隙，软腭和小舌上升。关闭鼻腔通路，气流从舌与两颊内侧间的空隙通过而成音。声带振动。

发音练习：

（1）结合图 1-12 需强调的是：舌尖抵住齿背与齿龈交界处，舌尖不要颤，不能卷，舌面向舌中线收缩变窄，两边留有空隙。

（2）有一部分同学发音 n、l 不分，可结合下列腭位图 1-13 加深理解。

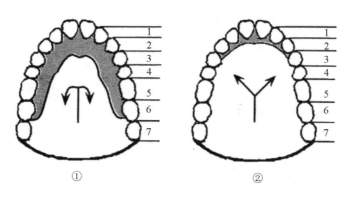

图 1-13 n 和 l 的腭位图

图①是 n 的腭位图，舌尖抵交界处的同时舌边缘完全封闭了口腔通路，气流到达口腔后受阻，只能返回从鼻腔通过。

图②是 l 的腭位图，舌尖抵交界处，口腔中路堵死，但是舌两侧边缘与上齿之间留有空隙，气流从舌两边的空隙通过。

可用"捏鼻法"体会气流从口腔与鼻腔流出时的不同，发 l 时，捏住鼻子，l 的舌位，气流只能从口腔通过；发 n 时，松开鼻子，n 的舌位，气流只能从鼻腔通过。

例如：浏览 liú lǎn　流利 liú lì　来临 lái lín　玲珑 líng lóng

（五）舌尖后音 zh、ch、sh、r

1. 舌尖后音 zh

舌尖后音 zh [tʂ] 为舌尖后、不送气、清塞擦音，如图 1-14 所示。

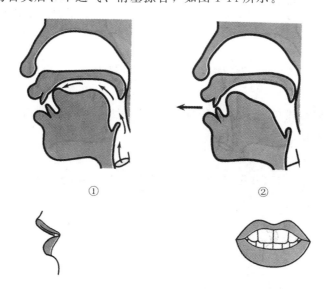

图 1-14　zh [tʂ] 发音示意图

发音要点：

舌两边略向中间卷起，舌尖抬起抵住上齿龈后的硬腭前端，形成阻塞，软腭和小舌上升，关闭鼻腔通路，口腔中蓄气。舌尖与齿龈后之间快速松开一条隙缝，气流从缝隙破擦而出，双唇可略突出，声带不振动。

发音练习：

（1）此音是塞擦音，舌位图①是"塞"的状态，图②是"擦"的状态。塞擦音的发音特点是以"塞音"开始，以"擦音"结束。塞擦音的"塞"和"擦"发生在同一部位，"塞音"的除阻阶段和"擦音"的成阻阶段合为一体，二者结合非常紧密。

（2）注意：舌尖翘起，可采用"牙签法"，与 sh 不同之处是：舌尖沿牙签上方前伸要抵住硬腭前端，然后快速松开一条缝隙，气流从缝隙破擦而出。

（3）声门关闭，只用口腔中的蓄气发音，声带不振动。

（4）要加强 z、zh（即平舌、翘舌）的对比听辨和发音操练。

例如：终止 zhōng zhǐ　主张 zhǔ zhāng　制止 zhì zhǐ　争执 zhēng zhí

2. 舌尖后音 ch

舌尖后音 ch [tʂʻ] 为舌尖后、送气、清塞擦音，如图 1-15 所示。

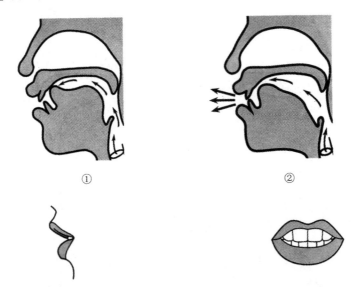

图 1-15　ch [tʂʻ] 发音示意图

发音要点：

发音部位在成阻和持阻阶段与 zh 相同，区别在于：除阻时声门（声带开合处）不闭，从肺部呼出的一股较强气流从缝隙破擦而出，通称"送气"。声带不振动。

发音练习：

（1）此音是送气清塞擦音，发音时采用塞音、擦音和送气音三种方法。舌位图①是"塞"的状态，图②是"擦"和"送气"的状态。

（2）采用对比练习法，先听 zhi 和 chi 的发音，然后教师发 ch 让同学模仿，大多数同学都能模仿发出此音。

（3）对于发音困难的同学，可以先深吸一口气，先发 sh 音（如图②），再把舌尖稍稍向上一抬，抵上腭，擦音 sh 中断（如图①），舌尖再稍稍松开（舌尖稍下垂，如图②），声门始终不闭，肺中气流呼出，即可发出此音。

（4）注意：声带不振动。

（5）要加强 zh/ch、c/ch 对比听辨和发音操练。

例如：城池 chéng chí　抽查 chōu chá　唇齿 chún chǐ　惩处 chéng chǔ

3. 舌尖后音 sh

舌尖后音 sh [ʂ] 为舌尖后、清擦音，如图 1-16 所示。

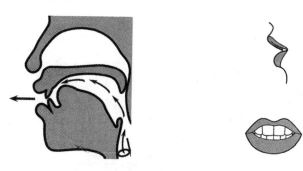

图 1-16 sh [ʂ] 发音示意图

发音要点：

舌面两边略向中间卷起，舌尖抬起接近齿龈后或硬腭前端，留有缝隙，软腭和小舌上升，关闭鼻腔通路，气流从舌尖与硬腭前端之间的缝隙摩擦而出。双唇可略突出，声带不振动。

发音练习：

（1）发音时舌尖翘起，可采用"牙签法"即将一牙签横放在上齿第三或第四颗牙下（如图 1-17 所示），舌两边略向中间卷起，舌尖沿牙签上方前伸，舌尖不要下垂，即可找到发音部位。此方法可纠正舌尖上翘不够或上翘过后等毛病，也可以纠正有的同学以舌面音替代舌尖后音的错误。

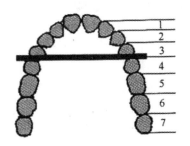

图 1-17 sh 牙签法示意图

（2）发音时声门打开，声带不振动。

（3）sh 与元音相拼时，不要增加介音；与 -u 相拼时，舌位不变，但唇形是 u 唇形，发出 sh 后舌快速后缩，不能读成"shi+u"。

（4）有些同学 s、sh 不分，区分的关键在于：首先，发 s 时舌尖一定会碰到下齿背或接近上齿背，发 sh 时舌尖一定不能碰到或接近上下齿背；其次，唇形不同，发 s 时嘴角咧开，发 sh 时双唇可略突出。

例如：闪烁 shǎn shuò　少数 shǎo shù　史诗 shǐ shī　神圣 shén shèng

4. 舌尖后音 r

舌尖后音 r [ʐ] 为舌尖后、浊擦音，如图 1-18 所示。

发音要点：

发音部位在成阻阶段与 sh 相同，区别在于：r 在发音时声带要振动。一般情况下，它可以被视为 sh 的同部位浊音。

发音练习：

（1）r 的示意图与 sh 的示意图不同之处在于声带是否颤动，对于刚学发音的人可以保持 sh 的舌位，第三颗牙和第四颗牙旁边的舌边缘稍稍向上用力，再加上振动声带即可发出此音（如图 1-19 所示）。

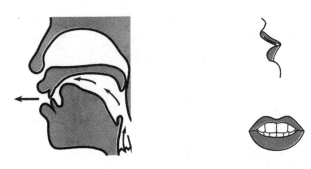

图 1-18　r [ʐ] 发音示意图

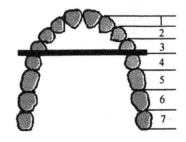

图 1-19　r 牙签法示意图

（2）发 r 时，舌尖对着硬腭前端，留有缝隙，普通话中的 r，除与 -u 相拼以外，都是展唇。

（3）发音时舌尖不要抵住硬腭前端。

（4）可以练习发：shi—ri　sha—ra　she—re　shu—ru

例如：荣辱 róng rǔ　软弱 ruǎn ruò　容忍 róng rěn　闰日 rùn rì

（六）舌面前音 j、q、x

1. 舌面前音 j

舌面前音 j [tɕ] 为舌面前、不送气、清塞擦音，如图 1-20 所示。

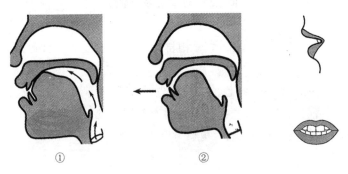

图 1-20　j [tɕ] 发音示意图

发音要点：

舌尖自然下垂，舌面前部隆起紧贴硬腭的前端，形成阻塞，软腭和小舌上升，关闭鼻腔通路。口腔中蓄气，然后在舌面前部与硬腭间松开一条细缝，气流从中破擦而出，声带不振动。

发音练习：

（1）此音是塞擦音。舌位图①是"塞"的状态，图②是"擦"的状态。塞擦音的发音特点是从"塞音"开始，以"擦音"结束。塞擦音的"塞"和"擦"发生在同部位，"塞音"的除阻阶段和"擦音"的成阻阶段合为一体，二者结合非常紧密。

（2）注意：j的舌面比x更向前，要抵住前硬腭。此方法可纠正有的同学在发j时总带有s音的错误，关键在于：发j时舌尖一定不能碰到下齿背。

（3）先用舌尖抵住下齿龈发i，然后舌面向前稍稍凸起抵住前硬腭，即可发出此音。

（4）注意：声带不振动，不要将此音发成浊音。

（5）唇形是展唇，扁平，后接元音是-ü时，唇形是ü的唇形。汉语拼音写作ju，上面的两点省略，不要误读成 [u]。

例如：即将 jí jiāng　借鉴 jiè jiàn　季节 jì jié　讲解 jiǎng jiě

2. 舌面前音 q

舌面前音 q [tɕʻ] 为舌面前、送气、清塞擦音，如图 1-21 所示。

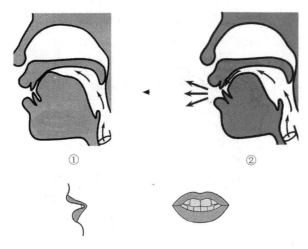

图 1-21　q [tɕʻ] 发音示意图

发音要点：

发音部位在成阻和持阻阶段与j相同，区别在于：除阻时声门（声带开合处）不闭，从肺部呼出的一股较强气流从缝隙间破擦而出，通称"送气"。声带不振动。

发音练习：

（1）此音是送气清塞擦音，发音时采用塞音、擦音和送气三种发音方法。舌位图①是"塞"的状态，图②是"擦"和"送气"的状态。

（2）采用对比练习法，先听j和q的区别，然后教师发q，同学们模仿，大多数同学都能模仿出此音。

（3）对于发音困难的同学，可以深吸一口气，先发x，如图②所示，再把舌面向上移抵住硬腭，擦音x中断，如图①，舌面再稍稍松开，如图②，声门始终不闭合，肺中气流呼出，即可发出此音。

（4）注意：声门不闭，声带不振动；也不要犯送气残缺的毛病（送气段过短），与ü相拼时，ü的两点省略，不要误读成 [u]。

例如：确切 què qiè　轻巧 qīng qiǎo　情趣 qíng qù　齐全 qí quán

2. 舌面前音 x

舌面前音 x [ɕ] 为舌面前、清擦音，如图 1-22 所示。

发音要点：

舌尖自然下垂，舌面两侧边缘与两侧上腭接触，舌面前部隆起接近硬腭形成缝隙，软腭和小舌上升，关闭鼻腔通路，气流从舌面前部与硬腭的缝隙间摩擦而出成音。声带不振动。

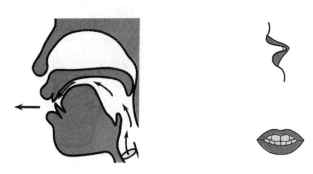

图 1-22　x [ɕ] 发音示意图

发音练习：

（1）将一牙签放在下齿第二颗牙上（如图 1-23 所示），舌尖在牙签里侧下垂，舌面向上隆起，近似 i 的舌位，再向前靠即可找到发音部位。此方法适用于 j、q、x 的发音，亦可纠正有的同学在发 x 时总带有 s 音的错误，关键在于：发 x 时舌尖一定不能碰到上、下齿背。

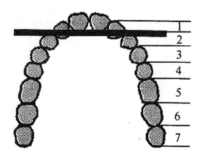

图 1-23　x 牙签法示意图

（2）声门开，声带不振动。

（3）唇形是展唇，扁平；后接元音是 -ü 时，唇形是 ü 的唇形，汉语拼音写作 xu，上面的两点省略，不要误读成 [u]。

例如：虚心 xū xīn　现象 xiàn xiàng　选修 xuǎn xiū　先行 xiān xíng

（七）舌面后音 g、k、h

1. 舌面后音 g

舌面后音 g [k] 为舌面后、不送气、清塞音，如图 1-24 所示。

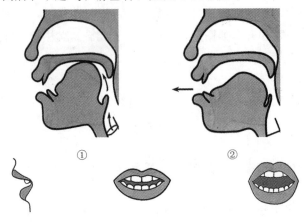

图 1-24　g [k] 发音示意图

发音要点：

舌面后部抬起抵住软腭，空气蓄积在咽腔和口腔后部。当舌面离开软腭时，气流爆发而出。声带不振动。注意：不要将此音发成浊音。

发音练习：

舌位图①是成阻和持阻状态时的示意图，舌位图②是除阻至后接元音 a 尚未发出瞬间的示意图，其中的舌位是准备发 a 的舌位。在发音时要注意：除阻时声门关闭，声带不振动。

例如：改革 gǎi gé　高贵 gāo guì　光顾 guāng gù　国歌 guó gē

2. 舌面后音 k

舌面后音 k [k'] 为舌面后、送气、清塞音，如图 1-25 所示。

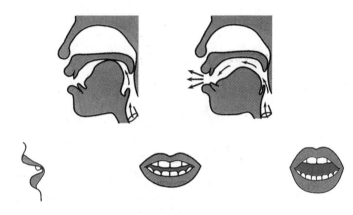

图 1-25　k [k'] 发音示意图

发音要点：

发音部位在成阻和持阻阶段与 g 相同，区别在于：除阻时声门（声带开合处）不闭，从肺部呼出一股较强气流成声，通称"送气"，声带不振动。

发音练习：

（1）在发音练习中可用"吹纸法"显示气流的强弱。

（2）采用对比练习法，先听"g"与"k"的区别，再理解"送气"与"不送气"的区别。

（3）音节拼读操练，步骤如下：先深吸一口气，连续均匀地发两个 k [k']，然后逐步增多。再以同样的方式进行音节拼读操练：[k']—[A]—[k']—[A]—[k']—[A]……并逐渐加快速度，最后即可发出 ka [k'A]。

（4）同学们一般不好掌握送气音的长度，往往送气过短，犯送气残缺的毛病。练习中可以夸张一些，参照擦音的长度（擦音的长度大于送气音），例如：sa，先慢读 s→a，再念 k→a，一边念，一边细细领会送气段的长度以及和后接元音的衔接。

（5）通过 p、t、k 的学习，要掌握送气音的发音方法，否则影响以后送气塞擦音 c、ch、q 的教学。

例如：开阔 kāi kuò　慷慨 kāng kǎi　刻苦 kè kǔ　空旷 kōng kuàng

3. 舌面后音 h

舌面后音 h [x] 为舌面后、清擦音，如图 1-26 所示。

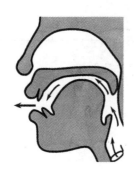

图 1-26　h [x] 发音示意图

发音要点：

舌面后部抬起接近软腭形成缝隙，软腭和小舌上升，关闭鼻腔通路，气流从缝隙摩擦而出成声。声带不振动。

发音练习：

（1）舌面后向软腭抬起，因为许多同学容易将此音发成英语中的［h］，图 1-27 是英语中［h］的发音示意图，请与图 1-26 做比较。

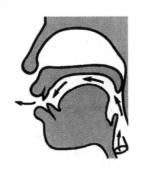

图 1-27　英语中 [h] 发音示意图

普通话中 h [x] 的舌位高，从听感上摩擦音明显；英语中［h］的舌位低，且阻碍部位靠后，从听感上摩擦音较弱。

（2）声门开，声带不振动。

（3）口形受后接元音的影响而有所不同，如：ha、hu。

例如：辉煌 huī huáng　欢呼 huān hū　花卉 huā huì　挥霍 huī huò

第三节　韵母

一、什么是韵母

韵母是音节中声母后面的部分。零声母音节，全部由韵母构成。普通话韵母共有 39 个。韵母和元音不相等。普通话韵母主要由元音构成，完全由元音构成的韵母有 23 个，约占韵母的 59%，由元音加上辅音构成的韵母（鼻韵母）有 16 个，约占韵母的 41%，可见，在普通话韵母中，元音占有绝对的优势。元音发音比较响亮，与辅音声母相比，韵母没有呼读音。

二、韵母的分类

(一) 按结构特点分类

按结构特点分类，韵母可分为单韵母、复韵母和鼻韵母三类。

1. 单韵母

单韵母共 10 个，即 a、o、e、ê、i、u、ü、-i（前）、-i（后）、er。

2. 复韵母

复韵母共 13 个，即 ai、ei、ao、ou、ia、ie、ua、uo、üe、iao、iou、uai、uei。

3. 鼻韵母

鼻韵母共 16 个，即 an、en、in、ün、ang、eng、ing、ong、ian、uan、üan、uen、iang、uang、ueng、iong。

(二) 按韵母开头元音的发音口形分类

按韵母开头元音的发音口形分类，韵母可分为开口呼、齐齿呼、合口呼、撮口呼四类，统称"四呼"。

1. 开口呼韵母

开口呼韵母指没有韵头 i、u、ü，韵腹也不是 i、u、ü 的韵母，共有 15 个，即 a、o、e、ai、ei、ao、ou、an、en、ang、eng、ê、-i（前）、-i（后）、er。

2. 齐齿呼韵母

齐齿呼韵母指韵头或韵腹是 i 的韵母，有 9 个，即 i、ia、ie、iao、iou、ian、in、iang、ing。

3. 合口呼韵母

合口呼韵母指韵头或韵腹是 u 的韵母，共有 10 个，即 u、ua、uo、uai、uei、uan、uen、uang、ueng、ong。

4. 撮口呼韵母

撮口呼韵母指韵头或韵腹是 ü 的韵母，有 5 个，即 ü、üe、üan、ün、iong。

普通话韵母分类总表如表 1-2 所示。

表 1-2　普通话韵母分类总表

项目	开口呼		齐齿呼	合口呼	撮口呼
单韵母	-i [ɿ]	-i [ʅ]	i	u	ü
	a				

续表

项目	开口呼	齐齿呼	合口呼	撮口呼
单韵母	o			
	e			
	ê			
	er			
复韵母	ai	ia	ua	üe
	ei	ie	uo	
	ao	iao	uai	
	ou	iou	uei	
鼻韵母	an	ian	uan	üan
	en		uen	
		in		ün
	ang	iang	uang	
	eng		ueng	
		ing	ong	iong

三、韵母发音分析

（一）单韵母的发音

单韵母的发音特点是发音过程中舌位和唇形始终不变，发音时要保持固定的口形。

1. 单韵母 a

单韵母 a [A] 为舌面、央、低、不圆唇元音，如图 1-28 所示。

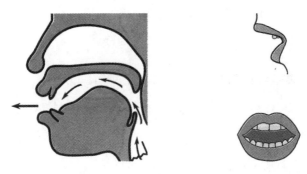

图 1-28　a [A] 发音示意图

发音要点：
发音时，口形自然大开，舌头居中央，扁唇，声带振动。

发音练习：
马达 mǎ dá　沙发 shā fā　大麻 dà má　发达 fā dá　大厦 dà shà　哪怕 nǎ pà

2. 单韵母 o

单韵母 o [o] 为舌面、后、半高、圆唇元音，如图 1-29 所示。

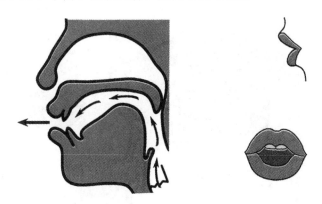

图 1-29　o [o] 发音示意图

发音要点：

发音时，舌身后缩，舌面后部隆起和软腭相对，舌位半高，上下唇自然拢圆。

发音练习：

磨墨 mó mò　磨破 mó pò　薄膜 bó mó　婆婆 pó po　默默 mò mò　勃勃 bó bó

3. 单韵母 e

单韵母 e [ɤ] 为舌面、后、半高、不圆唇元音，如图 1-30 所示。

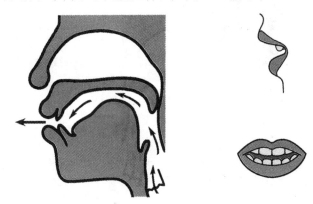

图 1-30　e [ɤ] 发音示意图

发音要点：

发音时，口半闭，舌身后缩，舌面后部稍隆起和软腭相对，比元音 o 略高而偏前，唇形不圆。

发音练习：

客车 kè chē　色泽 sè zé　隔阂 gé hé　特色 tè sè　合格 hé gé　割舍 gē shě

4. 单韵母 ê

单韵母 ê [ɛ] 为舌面、前、半低、不圆唇元音，如图 1-31 所示。

发音要点：

口略开（开口度比 e 大），舌尖可抵下齿背，舌面前硬腭隆起，舌位半低，唇不圆，声带振动。ê 在普通话中除语气词"欸"外，单用的机会不多，一般出现在复韵母 iê、üê 中。

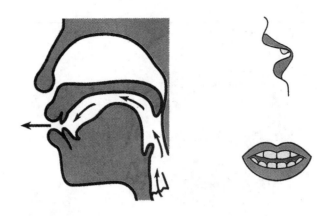

图 1-31 ê [ɛ] 发音示意图

发音练习：

憋 biē　瞥 piē　缺 quē　靴 xuē　裂 liè　解 jiě

5. 单韵母 i

单韵母 i [i] 为舌面、前、高、不圆唇元音，如图 1-32 所示。

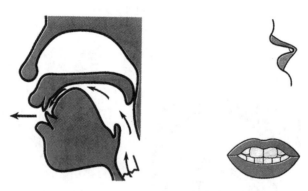

图 1-32 i [i] 发音示意图

发音要点：

发音时，口微开，唇形呈扁平形，上下齿相对（齐齿），舌尖接触下齿背，使舌面前部隆起和硬腭前部相对，声带振动。

发音练习：

集体 jí tǐ　利益 lì yì　笔记 bǐ jì　激励 jī lì　习题 xí tí　地理 dì lǐ

6. 单韵母 u

单韵母 u [u] 为舌面、后、高、圆唇元音，如图 1-33 所示。

发音要点：

舌身后缩，舌面后部向软腭升起，舌位高，开口度小，唇最圆。发音时，软腭和小舌上升，关闭鼻腔通路，声带振动。注意：双唇紧圆，舌体后缩。

发音练习：

瀑布 pù bù　鼓舞 gǔ wǔ　图书 tú shū　互助 hù zhù　服务 fú wù　出路 chū lù

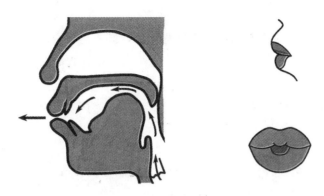

图 1-33 u [u] 发音示意图

7. 单韵母 ü

单韵母 ü [y] 舌面、前、高、圆唇元音，如图 1-34 所示。

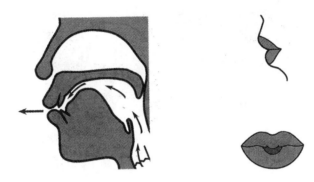

图 1-34 ü [y] 发音示意图

发音要点：

发音时，发音状况与 i 基本相同，但嘴唇收缩前伸，收缩成扁圆形，声带振动。
如下所示：

i（扁唇） $\xrightarrow[\text{舌体保持不动}]{\text{收拢双唇渐圆}}$ ü（扁圆唇）

发音练习：

聚居 jù jū　屈居 qū jū　絮语 xù yǔ　须臾 xū yú　序曲 xù qǔ　区域 qū yù

8. 单韵母 -i（前）

单韵母 -i（前）[ɿ] 为舌尖、前、高、不圆唇元音，如图 1-35 所示。

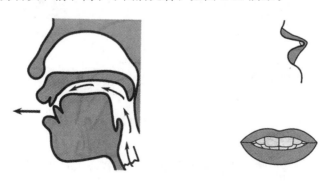

图 1-35 -i（前）[ɿ] 发音示意图

发音要点：

发音时，口略开，展唇，舌尖隆起部位与上齿背相对，保持适当距离，气流经过时不发生摩擦，发音时，软腭和小舌上升，关闭鼻腔通路，声带振动。这个韵母在普通话里只出现在声母 z、c、s 的后面。

发音练习：

此次 cǐ cì　自私 zì sī　孜孜 zī zī　四次 sì cì　恣肆 zì sì　次子 cì zǐ

9. 单韵母 -i（后）

单韵母 -i（后）[ɿ] 为舌尖、后、高、不圆唇元音，如图 1-36 所示。

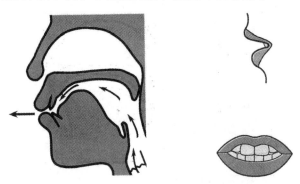

图 1-36　-i（后）[ɿ] 发音示意图

发音要点：

发音时，口略开，展唇，舌尖前端抬起和硬腭前部相对，留有缝隙，发音时，软腭和小舌上升，关闭鼻腔通路，声带振动。这个韵母在普通话里只出现在声母 zh、ch、sh、r 的后面。

发音练习：

支持 zhī chí　实质 shí zhì　指示 zhǐ shì
致使 zhì shǐ　制止 zhì zhǐ　史诗 shǐ shī

10. 单韵母 er

单韵母 er [ər] 为卷舌元音，如图 1-37 所示。

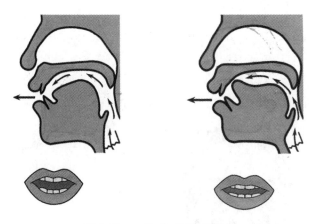

图 1-37　er [ər] 发音示意图

发音要点：

这是一个特殊元音韵母，发音时口略开，舌位在发央元音 e [ə] 的同时卷舌。实际上，在发 [ə] 之前舌头已经向上翘起，发 [ə] 的同时，舌头向后弯卷，发出这个带有卷舌色彩的央元音 [ə]，记作 [ər]。

如果舌头没有卷舌动作，就会发成单韵母 e；如果舌头没有向上翘起，而又有了动程，就容易发成复韵母 ai，像《红楼梦》中史湘云把"二哥哥"叫成"爱哥哥"就是这个发音问题。

发音练习：

ér 儿 而　ěr 耳 饵　èr 二 贰

（二）复韵母

根据韵腹位置的不同，可把复韵母分成前响复韵母、中响复韵母和后响复韵母三类。

前响复韵母有 4 个：ai、ei、ao、ou。它们发音的共同特点是舌位由低向高滑动，开头的元音音素响亮清晰，因为收尾的音只表示舌位移动的方向，显得轻短模糊。

1. 前响复韵母

（1）前响复韵母 ai。

前响复韵母 ai［ai］为前响二合元音复韵母，如图 1-38 所示。

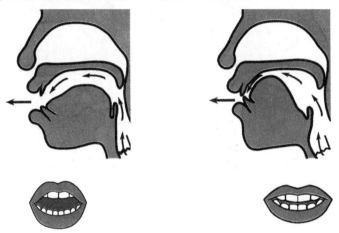

图 1-38　ai［ai］发音示意图

发音要点：

发 ai 时，先发 a 的音，这个 a 比单念 a 时舌位偏前。发 a 后，舌头慢慢上升，嘴慢慢闭合，快到 i 的舌位时停止。由 a 到 i 有一个滑动的发音过程。

发音练习：

灾害 zāi hài　彩排 cǎi pái　爱戴 ài dài　外来 wài lái

（2）前响复韵母 ei。

前响复韵母 ei［ei］为前响二合元音复韵母，如图 1-39 所示。

发音要点：

复韵母 ei 发音前，用舌尖抵下齿背，舌面前部（偏后）隆起，对着硬腭中部。发音时，舌位从前半高元音 e（略靠后往下些）逐渐朝 i 的方向往前往上滑动，从 e 到 i，口型由开渐合，气流由强渐弱，e 的发音时值长些，i 的发音时值短些，两音接合圆滑自然，融为一体。

发音练习：

肥美 féi měi　北非 běi fēi　配备 pèi bèi　黑煤 hēi méi

（3）前响复韵母 ao。

前响复韵母 ao［au］为前响二合元音复韵母，如图 1-40 所示。

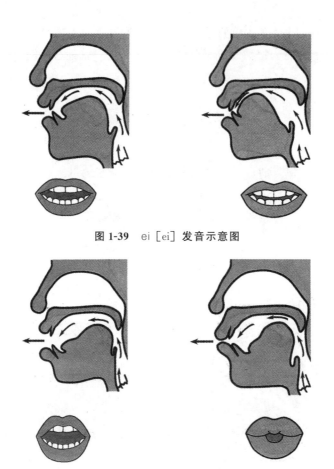

图 1-39　ei [ei] 发音示意图

图 1-40　ao [au] 发音示意图

发音要点：

从后 a 开始，舌尖远离下齿，a 音清晰响亮，然后舌后缩，舌面向 u 的方向滑动升高，同时嘴唇逐渐缩圆。

发音练习：

稻草 dào cǎo　包抄 bāo chāo　招考 zhāo kǎo　冒号 mào hào

（4）前响复韵母 ou。

前响复韵母 ou [ou] 为前响二合元音复韵母，如图 1-41 所示。

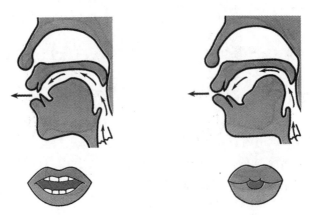

图 1-41　ou [ou] 发音示意图

发音要点：

发音时，由于 o、u 两个元音实际发音距离较近，发音时 o 元音的舌位在后半高的基础上着力点前移（接近 e 的位置），再逐渐上升向发 u 的位置滑动，双唇由微开到全拢，产生复合音 ou，舌位动程较小，口腔开度逐渐缩小，o 音响亮而长，u 音相对较弱且短。

发音练习：

欧洲 ōu zhōu　佝偻 gōu lóu　漏斗 lòu dǒu　守候 shǒu hòu

2. 中响复韵母

中响复韵母有 4 个：iao、iou、uai、uei。它们发音的共同特点是舌位由高向低滑动，再从低向高滑动。开头的元音音素不响亮较短促，中间的元音音素响亮清晰，收尾的元音音素轻短模糊。

（1）中响复韵母 iao。

中响复韵母 iao [iau] 为中响三合元音复韵母，如图 1-42 所示。

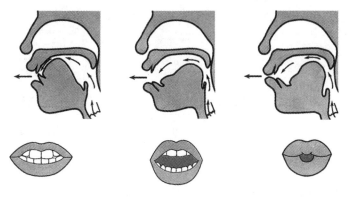

图 1-42　iao [iau] 发音示意图

发音要点：

从前高元音 [i] 开始，然后舌位滑向后低元音 [a]，发出清晰的 [a] 后再向后高元音 [u] 的方向滑升，舌位先降后升，由前到后，变化幅度大，唇形由展到开，发出 [a] 后再变圆唇，中间的 [a] 响、长。

发音练习：

萧条 xiāo tiáo　叫嚣 jiào xiāo　缥渺 piāo miǎo　逍遥 xiāo yáo

（2）中响复韵母 iou。

中响复韵母 iou [iou] 为中响三合元音复韵母，如图 1-43 所示。

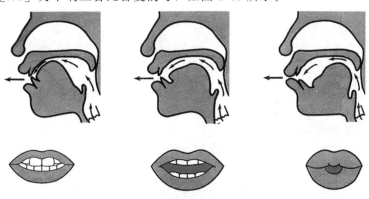

图 1-43　iou [iou] 发音示意图

发音要点：

从高元音[i]开始，从 i 滑向 ou。准确地说，发音时，由 i 开始，舌位后移降至 o，然后再向 u 的方向滑升。发音过程中，舌位先降后升，由前到后，唇形由不圆唇到逐渐圆唇。

发音练习：

优秀 yōu xiù　牛油 niú yóu　琉球 liú qiú　久留 jiǔ liú

（3）中响复韵母 uai。

中响复韵母 uai [uai] 为中响三合元音复韵母，如图 1-44 所示。

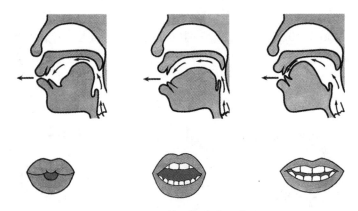

图 1-44　uai [uai] 发音示意图

发音要点：

从圆唇后高元音[u]开始，然后舌位向前滑降到前[a]，再向前高元音[i]的方向滑升，舌位先降后升，由后到前，变化幅度大，唇形由圆到开，发出前[a]后再变成扁平唇。

发音练习：

怀揣 huái chuāi　摔坏 shuāi huài　外快 wài kuài　徘徊 pái huái

（4）中响复韵母 uei。

中响复韵母 uei [uei] 为中响三合元音复韵母，如图 1-45 所示。

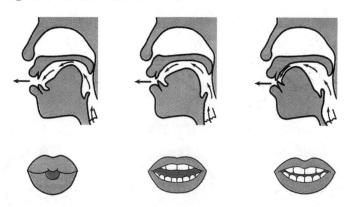

图 1-45　uei [uei] 发音示意图

发音要点：

从 u 滑向 ei，具体发音时，由 u 开始，舌位向前滑到 e [ə] 的位置，然后再向[i]的方向滑升。发音过程中，舌位先降后升，由后到前。唇形从最圆渐变为不圆唇。

发音练习：

回归 huí guī　追随 zhuī suí　汇兑 huì duì　水位 shuǐ wèi

3. 后响复韵母

后响复韵母有 5 个：ia、ie、ua、uo、üe。它们发音的共同特点是舌位由高向低滑动，收尾的元音音素响亮清晰，在韵母中处在韵腹地位，而开头的元音发音不太响亮比较短促。

（1）后响复韵母 ia。

后响复韵母 ia [iA] 为后响二合元音复韵母，如图 1-46 所示。

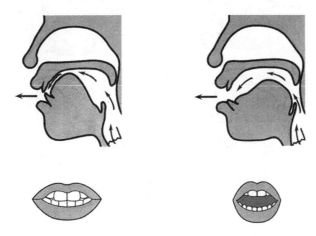

图 1-46　ia [iA] 发音示意图

发音要点：

从前高元音 i [i] 开始，然后舌位滑向央、低元音 a [A] 止，嘴逐渐张开，[i] 的发音较短，[A] 的发音响、长。

发音练习：

加价 jiā jià　下家 xià jiā　恰恰 qià qià　家鸭 jiā yā

（2）后响复韵母 ie。

后响复韵母 ie [iɛ] 为后响二合元音复韵母，如图 1-47 所示。

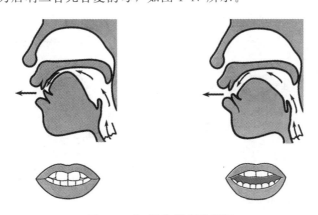

图 1-47　ie [iɛ] 发音示意图

发音要点：

发 ie 时，由前高元音 i 开始，接着发 e，口腔半开，中间气不断。ie 中的 ê 读音与单念的 e [ə] 不同，这里的 ê 发 [ɛ]，口半开，嘴角展开，舌尖抵住下齿背，舌头靠前，嗓子用力。

发音练习：

结业 jié yè　贴切 tiē qiè　斜街 xié jiē　节烈 jié liè

(3) 后响复韵母 ua。

后响复韵母 ua [uA] 为后响二合元音复韵母，如图 1-48 所示。

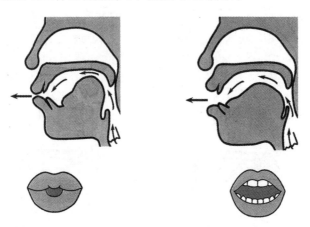

图 1-48　ua [uA] 发音示意图

发音要点：

从后高元音 u [u] 开始，然后舌位滑向央、低元音 a [A] 止，嘴逐渐张开，[u] 发音较短，[A] 发音响、长，唇形由最圆逐步展开。

发音练习：

耍滑 shuǎ huá　挂花 guà huā　花袜 huā wà　搜刮 sōu guā

(4) 后响复韵母 uo。

后响复韵母 uo [uo] 为后响二合元音复韵母，如图 1-49 所示。

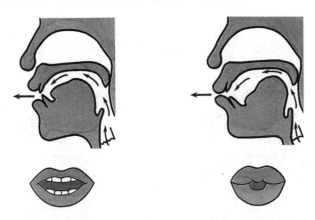

图 1-49　uo [uo] 发音示意图

发音要点：

从后高元音 u [u] 开始，然后舌位滑向后、半高元音 o [o] 止，[u] 的发音较短，[o] 的发音响、长。唇形由紧圆到较圆，口形由小到略开。

发音练习：

国货 guó huò　硕果 shuò guǒ　阔绰 kuò chuò　堕落 duò luò

(5) 后响复韵母 üe。

后响复韵母 üe [yɛ] 为后响二合元音复韵母，如图 1-50 所示。

发音要点：

从前高元音 ü [y] 开始，然后舌位滑向前、半低元音 ê [ɛ] 止，嘴逐渐张开，ü [y] 的发音较短，[ɛ] 的发音响、长。

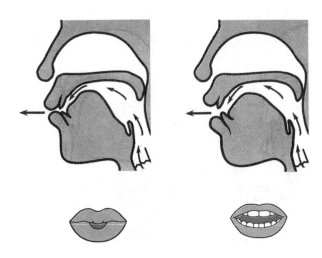

图 1-50　üe [yɛ] 发音示意图

发音练习：

决绝 jué jué　雀跃 què yuè　约略 yuē lüè　雪月 xuě yuè

（三）鼻韵母

按照鼻韵尾发音部位的不同，鼻韵母可分为以下两组。

以舌尖鼻辅音 n 作韵尾的是前鼻韵母，有 8 个：an、en、in、ün、ian、uan、uen、üan。

以舌根鼻辅音 ng 作韵尾的是后鼻韵母，有 8 个：ang、eng、ing、iang、uang、ueng、ong、iong。

前后鼻韵母的区别示意图如图 1-51 所示。

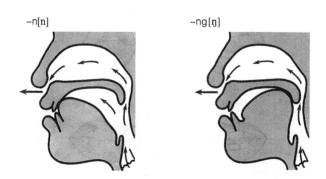

图 1-51　前后鼻韵母区别示意图

区别要点：

（1）舌位不同。前后鼻韵母在成阻时舌位不同，如图 1-51 所示，发 -n 时舌尖抵上齿龈；发 -ng 时，舌根贴软腭，舌尖远离下齿背，这是最主要的区别。

（2）韵腹不同。前鼻韵母的韵腹是前元音或央元音；后鼻韵母是央元音或后元音。如 an 的韵腹是前 a [a]，ang 的韵腹是后 a [ɑ]。

（3）口形不同。前鼻韵母在发音时口腔参与共鸣，韵尾口形固定；后鼻韵母发音时口腔不参与共鸣，韵尾口形一般随韵腹而变。

1. an 和 ang

an [an] 为前鼻韵母，ang [aŋ] 为后鼻韵母，如图 1-52 所示。

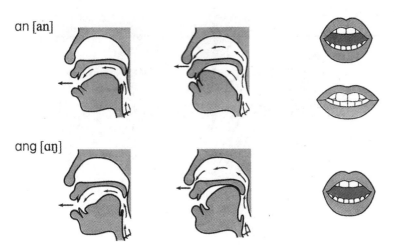

图 1-52 an [an] 和 ang [ɑŋ] 发音示意图

发音要点：

前鼻韵母 an：从前 a [a] 开始，发出 a [a] 后，舌尖直接向上齿龈运动，舌前部与上齿龈部位闭合，封闭口腔通路，同时软腭和小舌下降，打开鼻腔通路，气流从鼻腔通过，口形由开到合。

后鼻韵母 ang：从后 a [ɑ] 开始，发出 a [ɑ] 后，舌面后部抬高，同时软腭和小舌下降，封闭口腔通路，打开鼻腔通路，气流从鼻腔通过。口形可保持发 a 时的口形。

发音练习：

an　灿烂　肝胆　黯然　展览　汗衫　斑斓

ang　党章　沧桑　当场　帮忙　螳螂　账房

2. en 和 eng

en [ən] 为前鼻韵母，eng [əŋ] 为后鼻韵母，如图 1-53 所示。

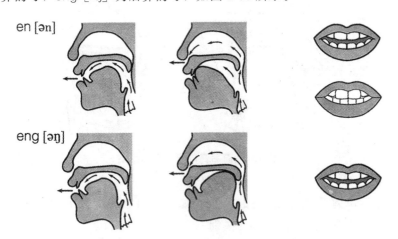

图 1-53　en [ən] 和 eng [əŋ] 发音示意图

发音要点：

前鼻韵母 en：先发 e（舌位居中的 [ə]）舌尖直接向上齿龈运动，舌前部与上齿龈部位闭合，封闭口腔通路，同时软腭和小舌下降，打开鼻腔通路，气流从鼻腔通过，口形略有开合。

后鼻韵母 eng：先发 e [ə]，发出 e 后，舌面后部抬高向软腭运动，同时软腭和小舌下降，封闭口腔通路，打开鼻腔通路，气流从鼻腔通过，口形可保持发 [ə] 时的口形。

发音练习：

en 愤懑 认真 深沉 振奋 恩人 粉尘
eng 整风 萌生 丰盛 风筝 更正 省城

3. in 和 ing

in [in] 为前鼻韵母，ing [iŋ] 为后鼻韵母，如图 1-54 所示。

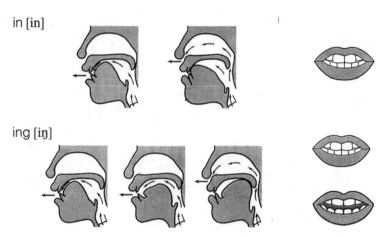

图 1-54 in [in] 和 ing [iŋ] 发音示意图

发音要点：

前鼻韵母 in：从 i [i] 开始，发出 [i] 后，舌尖直接向上齿龈运动，舌前部与上齿龈部位闭合，封闭口腔通路，同时软腭和小舌下降，打开鼻腔通路，气流从鼻腔通过，口形始终如 [i]。

后鼻韵母 ing：从 [i] 到 [ŋ]，舌位一前一后，距离较远，发音时自然会有过渡音 [ə]，舌位的动程是从 [i] 到 [ə] 再到 [ŋ]，口形从合到略开。

发音练习：

in 辛勤 临近 亲近 殷勤 拼音 濒临
ing 精明 硬性 情形 命令 蜻蜓 评定

4. ian 和 iang

ian [iɛn] 为前鼻韵母，iang [iaŋ] 为后鼻韵母，如图 1-55 所示。

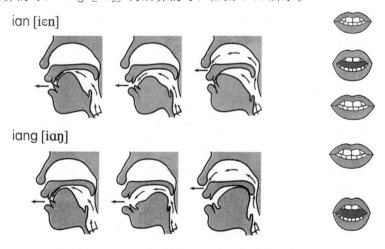

图 1-55 ian [iɛn] 和 iang [iaŋ] 发音示意图

发音要点：

前鼻韵母 ian：这个韵母可以看作是 i 和 an 的拼合。i [i] 的发音轻、短；a 的发音由于受前面 [i] 和后面 [n] 高舌位的影响，舌位会变得更高些，口形由合到开再到合。

后鼻韵母 iang：这个韵母可以看作是 i 和 ang 的拼合。i [i] 的发音轻、短，过渡到 a 的发音是后 [ɑ]，然后再到 [ŋ]，口形由合到开。

发音练习：

ian　连绵　简便　艰险　减免　偏见　变迁

iang　想象　亮相　响亮　降香　湘江　踉跄

5. uan 和 uang

uan [uan] 为前鼻韵母，uang [uaŋ] 为后鼻韵母，如图 1-56 所示。

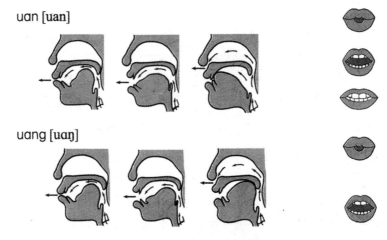

图 1-56　uan [uan] 和 uang [uaŋ] 发音示意图

发音要点：

前鼻韵母 uan：这个韵母可以看作 u 和 an 的拼合。先圆唇，u [u] 的发音轻、短。口形由合到开再到合，唇形由圆而开再到合。

后鼻韵母 uang：这个韵母可以看作是 u 和 ang 的拼合。先圆唇，u [u] 的发音轻、短，口形由小到开，唇形由圆到展。

发音练习：

uan　专款　婉转　贯穿　专断　宽缓　换算

uang　双簧　矿床　状况　装潢　狂妄　往往

6. uen 和 ueng

uen [uən] 为前鼻韵母，ueng [uəŋ] 为后鼻韵母，如图 1-57 所示。

发音要点：

uen：这个韵母可以看作 u 和 en 拼合。先圆唇，u [u] 的发音轻、短，e 的发音是 [ə]，唇形由圆到展。注意：uen 与声母相拼时写作 -un，但拼读时不要丢失中间的 [ə]。

ueng：这个韵母可以看作 u 和 eng 的拼合。先圆唇，u [u] 的发音轻、短，e 的发音是 [ə]，唇形由圆到展。

发音练习：

uen　春笋　温顺　昆仑　温存　论文

ueng　老翁　水瓮　蕹菜　蓊郁　渔翁

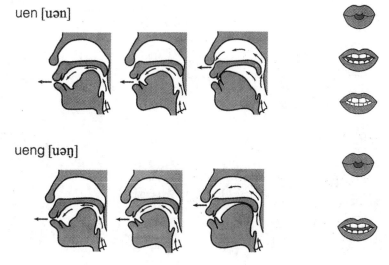

图 1-57　uen [uən] 和 ueng [uəŋ] 发音示意图

7. üan 和 ün

üan [yan] 和 ün [yn] 都为前鼻韵母，如图 1-58 所示。

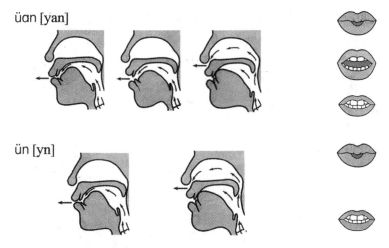

图 1-58　üan [yan] 和 ün [yn] 发音示意图

发音要点：

üan：这个韵母可以看作 ü 和 an 的拼合。ü [y] 的发音轻、短，a 的发音由于受前面 [y] 和后面 [n] 高舌位的影响，a 的舌位常常变得更高些，口形由合到开再到合，唇形由圆到展。

ün：从 ü [y] 开始，发出 [y] 后，舌尖直接向上齿龈运动，舌前部与上齿龈部位闭合，封闭口腔通路，同时软腭和小舌下降，打开鼻腔通路，气流从鼻腔通过，唇形从圆唇逐渐展开。

发音练习：

üan　源泉　圆圈　渊源　全选　轩辕

ün　军训　均匀　音韵　星云　英俊

8. ong 和 iong

ong [uŋ] 和 iong [yŋ] 都为后鼻韵母，如图 1-59 所示。

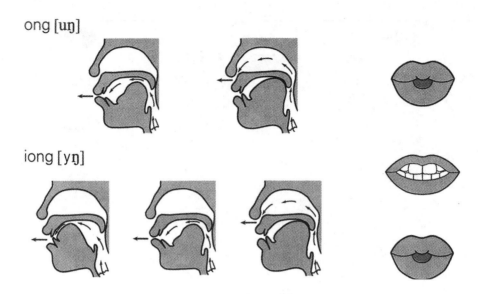

图 1-59　ong [uŋ] 和 iong [yŋ] 发音示意图

发音要点：

ong：先圆唇，发出 [u] 后，舌面后部抬高向软腭运动，舌面后部与软腭闭合，封闭口腔通路，气流从鼻腔通过。口形始终保持 [u] 的口形，圆唇。

iong：这个音可以看作 i 和 ong 的拼合。i [i] 的发音轻、短，由于受后面圆唇元音 [u] 的影响，[i] 在发音时也往往带上圆唇动作，这个音也可以描写为 [iuŋ]。

发音练习：

ong　隆重　空洞　从容　童工　工农

iong　炯炯　茕茕　熊熊　汹涌　歌咏

第四节　声调

一、什么是声调

在汉语里，音高的升降能够区别意义，这种能区别意义的音高升降叫作声调，又叫作字调。例如"马"（mǎ）和"骂"（mà）就是靠声调区别意义的。

普通话声调是区别意义的重要条件，是汉语章节中非常重要的组成部分。如果说话时没有声调，就无法准确表达汉语的意义，也不能完整地标注汉语的语音。相同的声母、韵母组合在一起，可以因为声调的不同而表示不同的意思。

例如：

答疑 dá yí　达意 dá yì　大姨 dà yí　大意 dà yì

珠子 zhū zi　竹子 zhú zi　主子 zhǔ zi　柱子 zhù zi

二、调值、调类与调号

(一) 什么是调值

调值是声调的实际读法,即高低升降的形式。普通话语音的调值有高平调、中升调、降升调和全降调四种基本类型,也就是说,普通话的声调有这四种调值。

描写声调的调值,通常用"五度标调法":用一条竖线表示高低,竖线的左边用横线、斜线、折线,表示声调高低、升降、曲直的变化。竖线的高低分为"低、半低、中、半高、高"五度,用1、2、3、4、5表示,1表示"低",2表示"半低",依此类推。平调和降调用两个数字,曲折调用三个数字。根据这种标调法,普通话声调的四种调值可以如图1-60和表1-3所示。

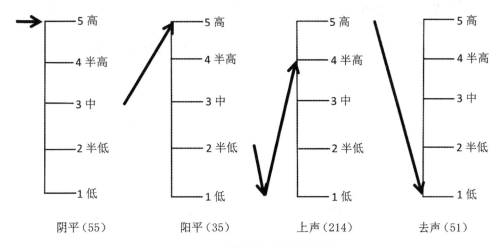

图1-60 普通话声调的四种调值

表1-3 普通话声调表

调类(四声)	调号	例字	调型	调值	调值说明
1. 阴平	—	妈 mā	高平	55	起音高高一路平
2. 阳平	ˊ	麻 má	中升	35	由中到高往上升
3. 上声	ˇ	马 mǎ	降升	214	先降然后再扬起
4. 去声	ˋ	骂 mà	全降	51	从高降到最下层

(二) 什么是调类

调类就是声调的分类,是根据声调的实际读法归纳出来的。有几种实际读法就有几种调类,也就是把调值相同的归为一类。普通话有四种基本的调值,就可以归纳出四种调类。

普通话音节中,凡调值为55的,归为一类,叫阴平,如"江山多娇"等;凡调值为35的,归为一类,叫阳平,如"人民和平"等;凡调值为214的,归为一类,叫上声,如"理想美好"等;凡调值为51的,归为一类,叫去声,如"庆祝大会"等。

阴平、阳平、上声、去声就是普通话调类的名称。调类名称也可以用序数表示,称为一声、二声、三声、四声,简称为"四声"。

（三）什么是调号

调号就是标记普通话调类的符号。《汉语拼音方案》所规定的调号是：阴平"ˉ"、阳平"ˊ"上声"ˇ"去声"ˋ"。声调是整个音节的高低升降的调子，声调的高低升降的变化主要集中体现在韵腹即主要元音上，所以调号要标在韵母的韵腹上。

汉语六个主要元音中，发音最响亮的是 a，依次是 o、e、i、u、ü。一个音节有 a，调号就标在 a 上，如 chāo（超）；没有 a，就标在 o 或 e 上，如 zhōu（周）、pèi（配）；碰到 iu、ui 组成的音节，就标在最后一个元音上，如 niú（牛）、duì（队）。调号如标在 i 上，i 上面的圆点可以省去，如 yīng（英）、xīn（欣）。轻声不标调，如 mā ma（妈妈）、yuè liang（月亮）。

三、声调发音分析

普通话声调的发音有鲜明的特点，阴平、阳平、上声和去声调型区别明显：一平、二升、三曲、四降。

（一）阴平

妈 mā
阴平又叫作高平调，俗称一声，调值是 55，也称 55 调。
发音要点：
发音时，声带振动快，且始终没有明显变化，保持高音。调值从 5 度到 5 度。
发音例词：
供需 gōng xū　摔跤 shuāi jiāo　军官 jūn guān　拖车 tuō chē
干杯 gān bēi　呼吸 hū xī　分工 fēn gōng　低微 dī wēi

（二）阳平

麻 má
阳平又叫作高升调，俗称二声，调值是 35，也称 35 调。
发音要点：
发音时，调值从 3 度升到 5 度，有较大升幅变化。
发音例词：
航程 háng chéng　尤为 yóu wéi　顽强 wán qiáng　黄连 huáng lián
吉祥 jí xiáng　茫然 máng rán　颓唐 tuí táng　闸门 zhá mén

（三）上声

马 mǎ
上声又叫作降升调，俗称三声，调值是 214，也称 214 调。
发音要点：
发音时，调值从 2 度降到 1 度，再从 1 度升到 4 度，有明显的降升特点。

发音例词：

法典 fǎ diǎn　好转 hǎo zhuǎn　旅馆 lǚ guǎn　勉强 miǎn qiǎng
笔 bǐ　管 guǎn　奖 jiǎng　扰 rǎo

（四）去声

骂 mà
去声又叫作全降调，俗称四声，调值是51，也称51调。
发音要点：
发音时，调值从5度降到1度，有比较大的降幅变化。
发音例词：

变动 biàn dòng　械斗 xiè dòu　剧烈 jù liè　势必 shì bì
腊月 là yuè　面貌 miàn mào　耐力 nài lì　正派 zhèng pài

（五）声调绕口令练习

[梨和栗]

老罗拉了一车梨，老李拉了一车栗。老罗人称大力罗，老李人称李大力。老罗拉梨做梨酒，老李拉栗去换梨。

[小柳和小妞]

路东住着刘小柳，路南住着牛小妞。刘小柳拿着大皮球，牛小妞抱着大石榴。刘小柳把球送给牛小妞，牛小妞把石榴送给刘小柳。

[妈妈骑马]

妈妈骑马，马慢，妈妈骂马。舅舅搬鸠，鸠飞，舅舅揪鸠。姥姥喝酪，融酪，姥姥捞酪。妞妞哄牛，牛拧，妞妞拧牛。

[老史捞石]

老师叫老史去捞石，老史老是没有去捞石，老史老是骗老师，老师老说老史不老实。

第五节　语流音变

我们在进行口语交流和口语表达的过程中，不是一个一个孤立地发出每一个音节，而是根据语意的需要将一连串的音节连续发出，形成语流。在这个过程中，相邻的音素与音素之间、音节与音节之间、声调与声调之间就不可避免地会发生相互影响，使语音产生一定的变化，这就是音变。

普通话的音变现象主要表现在变调、轻声、儿化和语气词"啊"的音变四个方面。

一、变调

在语流中，由于相邻音节的相互影响，使有些音节的基本调值发生了变化，这种变化就叫变调。其变化是有一定规律的，普通话中比较明显的变调有两种：上声的变调；"一""不"的变调。

（一）上声的变调

上声在阴平、阳平、去声、轻声前都会产生变调，只有在单念或处在词语、句子的末尾时才读原调。上声的变调有以下几种情况。

1. 上声在非上声前变"半上"

上声在阴平、阳平、去声、轻声前变"半上"，丢掉后半段14上声的尾巴，调值由214变为半上声211，变调调值描写为214—211。

发音例词：

禹州 yǔ zhōu　语文 yǔ wén　朗诵 lǎng sòng　矮子 ǎi zi

2. 两个上声相连，前一个上声的调值变为35

两个上声相连，前字上声的调值变得跟阳平的调值一样。变调调值描写为214—35。

发音例词：

演讲 yǎn jiǎng　脊髓 jǐ suǐ　理想 lǐ xiǎng　引导 yǐn dǎo

3. 上声在轻声的前面变阳平

发音例词：

打手 dǎ shou　等等 děng deng　眼里 yǎn li　想起 xiǎng qi

4. 三个上声相连的变调

三个上声相连，如果后面没有其他音节，也不带什么语气，末尾音节一般不变调。开头、当中的上声音节有两种变调。

（1）当词语的结构是"双音节＋单音节"（双单格）时，开头、当中的上声音节调值变为35，跟阳平的调值一样。

发音例词：

展览馆 zhǎn lǎn guǎn　选举法 xuǎn jǔ fǎ　勇敢者 yǒng gǎn zhě　管理组 guǎn lǐ zǔ

（2）当词语的结构是"单音节＋双音节"（单双格）时，开头音节处在被强调的逻辑重音时，读作"半上"，调值变为211，当中音节则按两字组变调规律变为35。

发音例词：

纸老虎 zhǐ lǎo hǔ　冷处理 lěng chǔ lǐ　小两口 xiǎo liǎng kǒu　耍笔杆 shuǎ bǐ gǎn

（二）"一""不"的变调

"一""不"在单念或用在词句末尾时，以及"一"在序数中，声调不变，读原调："一"念阴平55，"不"念去声51。例如：第一；不，我不。当它们处在其他音节前面时，声调往往发生变化。

1. "一"的变调

"一"有两种变调。

（1）去声前变阳平。

发音例词：

一栋 yí dòng　一贯 yí guàn　一致 yí zhì　一瞬 yí shùn

（2）非去声前变去声。

发音例词：

阴平前：一端 yì duān　一些 yì xiē　一身 yì shēn　一根 yì gēn

阳平前：一同 yì tóng　一行 yì xíng　一直 yì zhí　一时 yì shí

上声前：一体 yì tǐ　一种 yì zhǒng　一场 yì chǎng　一早 yì zǎo

2. "不"的变调

"不"字只有一种变调，"不"在去声前变阳平。

发音例词：

不妙 bú miào　不但 bú dàn　不幸 bú xìng　不屑 bú xiè

3. "一""不"的轻读变调

"一"嵌在重叠式的动词之间，"不"夹在重叠动词或重叠形容词之间、夹在动词和补语之间，都轻读。

发音例词：

学一学 xué yi xué　看一看 kàn yi kàn　去不去 qù bu qù　听不懂 tīng bu dǒng

二、轻声

在普通话里，除了阴平、阳平、上声、去声四种声调之外，有些词里的音节或句子里的词，失去原有的声调，念成又轻又短的调子，这种音节叫轻声。

（一）轻声的作用

轻声不单纯是一种语音现象，它不但和词义、词性有关系，而且还和语法有很大的关系。

1. 轻声具有区别词义的作用

zì zài
自在（自由，不受拘束）

zì zai
自在（安闲舒适）

dà yì
大意（主要的意思）

dà yi
大意（疏忽，粗心）

shì fēi
是非（事理的正确与错误）

shì fei
是非（纠纷，口舌）

xiōng dì
兄弟（哥哥和弟弟）

xiōng di
兄弟（弟弟，谦辞）

dōng xī
东西（指方位）

dōng xi
东西（物品）

2. 轻声具有区别词性的作用

dì dào
地道（名词，在地面下挖成的通道）

dì dao
地道（形容词，真正的，纯粹）

kāi tōng
开通（动词，使原来闭塞的不闭塞）

kāi tong
开通（形容词，不守旧、不拘谨固执）

对头（形容词，正确、合适）　　　　　　对头（名词，仇敌，对手）
^{duì tóu}　　　　　　　　　　　　　　　　　^{duì tou}

（二）轻声的规律

普通话里大多数轻声都同词汇、语法上的意义有密切关系。

1. 助词

(1) 结构助词"的、地、得"。

他的　吃的　唱歌的　愉快地　慢慢地　写得好
tā de　chī de　chàng gē de　yú kuài de　mànmàn de　xiě de hǎo

(2) 时态助词"着、了、过"。

看着　看了　去了　看过　来过
kàn zhe　kàn le　qù le　kàn guo　lái guo

(3) 语气助词"啊、吧、了、吗、呢、的"。

来啊　走吧　钟响了　知道吗　怎么呢　他知道的
lái a　zǒu ba　zhōng xiǎng le　zhī dào ma　zěn me ne　tā zhī dao de

2. 名词的后缀"子、儿、头、们"

桌子　椅子　骨朵儿　石头　馒头　我们
zhuō zi　yǐ zi　gū duǒr　shí tou　mán tou　wǒ men

3. 名词后面表示方位的"上、下、里"

方桌上　脚下　树下　口袋里　河里
fāng zhuō shang　jiǎo xia　shù xià　kǒu dài li　hé li

4. 动词后面表示趋向的"来、去、上、下、出、回、开、起、上来、下来、进来、出去、过来、回去"

拿来　蹲下去　考上　坐下　看出　拉开　抬起　背上来
ná lai　cún xia qu　kǎo shang　zuò xia　kàn chu　lā kai　tái qi　bèi shang lai

5. 叠音词和单音节动词重叠的第二个音节

妈妈　太太　调调　写写
mā ma　tài tai　diào diao　xiě xie

6. 联绵词的第二个音节

伶俐　萝卜　哆嗦　疙瘩
líng li　luó bo　duō suo　gē da

延伸阅读：普通话水平测试用必读轻声词语表[①]

说明：

1. 本表根据《普通话水平测试用普通话词语表》编制。

[①] 国家语委普通话与文字应用培训测试中心. 普通话水平测试实施纲要（2021年版）[M]. 北京：语文出版社，2022：276-282.

2. 本表供普通话水平测试第二项——读多音节词语（100个音节）测试使用。
3. 本表共收词594条（其中"子"尾词217条），按汉语拼音字母顺序排列。
4. 本表遵照《汉语拼音正词法基本规则》（GB/T 16159—2012）的标调规定，读轻声音节不标调号。

1. 爱人 àiren	2. 案子 ànzi	3. 巴结 bājie
4. 巴掌 bāzhang	5. 把子 bǎzi	6. 把子 bàzi
7. 爸爸 bàba	8. 白净 báijing	9. 班子 bānzi
10. 板子 bǎnzi	11. 帮手 bāngshou	12. 梆子 bāngzi
13. 膀子 bǎngzi	14. 棒槌 bàngchui	15. 棒子 bàngzi
16. 包袱 bāofu	17. 包子 bāozi	18. 刨子 bàozi
19. 豹子 bàozi	20. 杯子 bēizi	21. 被子 bèizi
22. 本事 běnshi	23. 本子 běnzi	24. 鼻子 bízi
25. 比方 bǐfang	26. 鞭子 biānzi	27. 扁担 biǎndan
28. 辫子 biànzi	29. 别扭 bièniu	30. 饼子 bǐngzi
31. 脖子 bózi	32. 薄荷 bòhe	33. 簸箕 bòji
34. 补丁 bǔding	35. 不由得 bùyóude	36. 步子 bùzi
37. 部分 bùfen	38. 财主 cáizhu	39. 裁缝 cáifeng
40. 苍蝇 cāngying	41. 差事 chāishi	42. 柴火 cháihuo
43. 肠子 chángzi	44. 厂子 chǎngzi	45. 场子 chǎngzi
46. 车子 chēzi	47. 称呼 chēnghu	48. 池子 chízi
49. 尺子 chǐzi	50. 虫子 chóngzi	51. 绸子 chóuzi
52. 出息 chūxi	53. 除了 chúle	54. 锄头 chútou
55. 畜生 chùsheng	56. 窗户 chuānghu	57. 窗子 chuāngzi
58. 锤子 chuízi	59. 伺候 cìhou	60. 刺猬 cìwei
61. 凑合 còuhe	62. 村子 cūnzi	63. 耷拉 dāla
64. 答应 dāying	65. 打扮 dǎban	66. 打点 dǎdian
67. 打发 dǎfa	68. 打量 dǎliang	69. 打算 dǎsuan
70. 打听 dǎting	71. 打招呼 dǎzhāohu	72. 大方 dàfang
73. 大爷 dàye	74. 大意 dàyi	75. 大夫 dàifu
76. 带子 dàizi	77. 袋子 dàizi	78. 单子 dānzi
79. 耽搁 dānge	80. 耽误 dānwu	81. 胆子 dǎnzi
82. 担子 dànzi	83. 刀子 dāozi	84. 道士 dàoshi
85. 稻子 dàozi	86. 灯笼 dēnglong	87. 凳子 dèngzi
88. 提防 dīfang	89. 滴水 dīshui	90. 笛子 dízi
91. 嘀咕 dígu	92. 底子 dǐzi	93. 地道 dìdao
94. 地方 dìfang	95. 弟弟 dìdi	96. 弟兄 dìxiong
97. 点心 diǎnxin	98. 点子 diǎnzi	99. 调子 diàozi
100. 碟子 diézi	101. 钉子 dīngzi	102. 东家 dōngjia
103. 东西 dōngxi	104. 动静 dòngjing	105. 动弹 dòngtan
106. 豆腐 dòufu	107. 豆子 dòuzi	108. 嘟囔 dūnang

109. 肚子 dǔzi	110. 肚子 dùzi	111. 端详 duānxiang
112. 缎子 duànzi	113. 队伍 duìwu	114. 对付 duìfu
115. 对头 duìtou	116. 对子 duìzi	117. 多么 duōme
118. 哆嗦 duōsuo	119. 蛾子 ézi	120. 儿子 érzi
121. 耳朵 ěrduo	122. 贩子 fànzi	123. 房子 fángzi
124. 废物 fèiwu	125. 份子 fènzi	126. 风筝 fēngzheng
127. 疯子 fēngzi	128. 福气 fúqi	129. 斧子 fǔzi
130. 富余 fùyu	131. 盖子 gàizi	132. 甘蔗 gānzhe
133. 杆子 gānzi	134. 杆子 gǎnzi	135. 干事 gànshi
136. 杠子 gàngzi	137. 高粱 gāoliang	138. 膏药 gāoyao
139. 稿子 gǎozi	140. 告诉 gàosu	141. 疙瘩 gēda
142. 哥哥 gēge	143. 胳膊 gēbo	144. 鸽子 gēzi
145. 格子 gézi	146. 个子 gèzi	147. 根子 gēnzi
148. 跟头 gēntou	149. 工夫 gōngfu	150. 弓子 gōngzi
151. 公公 gōnggong	152. 功夫 gōngfu	153. 钩子 gōuzi
154. 姑姑 gūgu	155. 姑娘 gūniang	156. 谷子 gǔzi
157. 骨头 gǔtou	158. 故事 gùshi	159. 寡妇 guǎfu
160. 褂子 guàzi	161. 怪不得 guàibude	162. 怪物 guàiwu
163. 关系 guānxi	164. 官司 guānsi	165. 棺材 guāncai
166. 罐头 guàntou	167. 罐子 guànzi	168. 规矩 guīju
169. 闺女 guīnü	170. 鬼子 guǐzi	171. 柜子 guìzi
172. 棍子 gùnzi	173. 果子 guǒzi	174. 哈欠 hāqian
175. 蛤蟆 háma	176. 孩子 háizi	177. 含糊 hánhu
178. 汉子 hànzi	179. 行当 hángdang	180. 合同 hétong
181. 和尚 héshang	182. 核桃 hétao	183. 盒子 hézi
184. 恨不得 hènbude	185. 红火 hónghuo	186. 猴子 hóuzi
187. 后头 hòutou	188. 厚道 hòudao	189. 狐狸 húli
190. 胡萝卜 húluóbo	191. 胡琴 húqin	192. 胡子 húzi
193. 葫芦 húlu	194. 糊涂 hútu	195. 护士 hùshi
196. 皇上 huángshang	197. 幌子 huǎngzi	198. 活泼 huópo
199. 火候 huǒhou	200. 伙计 huǒji	201. 机灵 jīling
202. 记号 jìhao	203. 记性 jìxing	204. 夹子 jiāzi
205. 家伙 jiāhuo	206. 架势 jiàshi	207. 架子 jiàzi
208. 嫁妆 jiàzhuang	209. 尖子 jiānzi	210. 茧子 jiǎnzi
211. 剪子 jiǎnzi	212. 见识 jiànshi	213. 毽子 jiànzi
214. 将就 jiāngjiu	215. 交情 jiāoqing	216. 饺子 jiǎozi
217. 叫唤 jiàohuan	218. 轿子 jiàozi	219. 结实 jiēshi
220. 街坊 jiēfang	221. 姐夫 jiěfu	222. 姐姐 jiějie
223. 戒指 jièzhi	224. 芥末 jièmo	225. 金子 jīnzi
226. 精神 jīngshen	227. 镜子 jìngzi	228. 舅舅 jiùjiu
229. 橘子 júzi	230. 句子 jùzi	231. 卷子 juànzi

232. 开通 kāitong	233. 靠得住 kàodezhù	234. 咳嗽 késou
235. 客气 kèqi	236. 空子 kòngzi	237. 口袋 kǒudai
238. 口子 kǒuzi	239. 扣子 kòuzi	240. 窟窿 kūlong
241. 裤子 kùzǐ	242. 快活 kuàihuo	243. 筷子 kuàizi
244. 框子 kuàngzi	245. 阔气 kuòqi	246. 拉扯 lāche
247. 喇叭 lǎba	248. 喇嘛 lǎma	249. 来得及 láidejí
250. 篮子 lánzi	251. 懒得 lǎnde	252. 榔头 lángtou
253. 浪头 làngtou	254. 唠叨 láodao	255. 老婆 lǎopo
256. 老实 lǎoshi	257. 老太太 lǎotàitai	258. 老头子 lǎotóuzi
259. 老爷 lǎoye	260. 老爷子 lǎoyézi	261. 老子 lǎozi
262. 姥姥 lǎolao	263. 累赘 léizhui	264. 篱笆 líba
265. 里头 lǐtou	266. 力气 lìqi	267. 厉害 lìhai
268. 利落 lìluo	269. 利索 lìsuo	270. 例子 lìzi
271. 栗子 lìzi	272. 痢疾 lìji	273. 连累 liánlei
274. 帘子 liánzi	275. 凉快 liángkuai	276. 粮食 liángshi
277. 两口子 liǎngkǒuzi	278. 料子 liàozi	279. 林子 línzi
280. 铃铛 língdang	281. 翎子 língzi	282. 领子 lǐngzi
283. 溜达 liūda	284. 聋子 lóngzi	285. 笼子 lóngzi
286. 炉子 lúzi	287. 路子 lùzi	288. 轮子 lúnzi
289. 啰嗦 luōsuo	290. 萝卜 luóbo	291. 骡子 luózi
292. 骆驼 luòtuo	293. 妈妈 māma	294. 麻烦 máfan
295. 麻利 máli	296. 麻子 mázi	297. 马虎 mǎhu
298. 码头 mǎtou	299. 买卖 mǎimai	300. 麦子 màizi
301. 馒头 mántou	302. 忙活 mánghuo	303. 冒失 màoshi
304. 帽子 màozi	305. 眉毛 méimao	306. 媒人 méiren
307. 妹妹 mèimei	308. 门道 méndao	309. 眯缝 mīfeng
310. 迷糊 míhu	311. 面子 miànzi	312. 苗条 miáotiao
313. 苗头 miáotou	314. 苗子 miáozi	315. 名堂 míngtang
316. 名字 míngzi	317. 明白 míngbai	318. 模糊 móhu
319. 蘑菇 mógu	320. 木匠 mùjiang	321. 木头 mùtou
322. 那么 nàme	323. 奶奶 nǎinai	324. 难为 nánwei
325. 脑袋 nǎodai	326. 脑子 nǎozi	327. 能耐 néngnai
328. 你们 nǐmen	329. 念叨 niàndao	330. 念头 niàntou
331. 娘家 niánjia	332. 镊子 nièzi	333. 奴才 núcai
334. 女婿 nǚxu	335. 暖和 nuǎnhuo	336. 疟疾 nüèji
337. 拍子 pāizi	338. 牌楼 páilou	339. 牌子 páizi
340. 盘算 pánsuan	341. 盘子 pánzi	342. 胖子 pàngzi
343. 狍子 páozi	344. 袍子 páozi	345. 盆子 pénzi
346. 朋友 péngyou	347. 棚子 péngzi	348. 皮子 pízi
349. 脾气 píqi	350. 痞子 pǐzi	351. 屁股 pìgu
352. 片子 piānzi	353. 便宜 piányi	354. 骗子 piànzi

355. 票子 piàozi	356. 漂亮 piàoliang	357. 瓶子 píngzi
358. 婆家 pójia	359. 婆婆 pópo	360. 铺盖 pūgai
361. 欺负 qīfu	362. 旗子 qízi	363. 前头 qiántou
364. 钳子 qiánzi	365. 茄子 qiézi	366. 亲戚 qīnqi
367. 勤快 qínkuai	368. 清楚 qīngchu	369. 亲家 qìngjia
370. 曲子 qǔzi	371. 圈子 quānzi	372. 拳头 quántou
373. 裙子 qúnzi	374. 热闹 rènao	375. 人家 rénjia
376. 人们 rénmen	377. 认识 rènshi	378. 日子 rìzi
379. 褥子 rùzi	380. 塞子 sāizi	381. 嗓子 sǎngzi
382. 嫂子 sǎozi	383. 扫帚 sàozhou	384. 沙子 shāzi
385. 傻子 shǎzi	386. 扇子 shànzi	387. 商量 shāngliang
388. 晌午 shǎngwu	389. 上司 shàngsi	390. 上头 shàngtou
391. 烧饼 shāobing	392. 勺子 sháozi	393. 少爷 shàoye
394. 哨子 shàozi	395. 舌头 shétou	396. 舍不得 shěbude
397. 舍得 shěde	398. 身子 shēnzi	399. 什么 shénme
400. 婶子 shěnzi	401. 生意 shēngyi	402. 牲口 shēngkou
403. 绳子 shéngzi	404. 师父 shīfu	405. 师傅 shīfu
406. 虱子 shīzi	407. 狮子 shīzi	408. 石匠 shíjiang
409. 石榴 shíliu	410. 石头 shítou	411. 时辰 shíchen
412. 时候 shíhou	413. 实在 shízai	414. 拾掇 shíduo
415. 使唤 shǐhuan	416. 世故 shìgu	417. 似的 shìde
418. 事情 shìqing	419. 试探 shìtan	420. 柿子 shìzi
421. 收成 shōucheng	422. 收拾 shōushi	423. 首饰 shǒushi
424. 叔叔 shūshu	425. 梳子 shūzi	426. 舒服 shūfu
427. 舒坦 shūtan	428. 疏忽 shūhu	429. 爽快 shuǎngkuai
430. 思量 sīliang	431. 俗气 súqi	432. 算计 suànji
433. 岁数 suìshu	434. 孙子 sūnzi	435. 他们 tāmen
436. 它们 tāmen	437. 她们 tāmen	438. 踏实 tāshi
439. 台子 táizi	440. 太太 tàitai	441. 摊子 tānzi
442. 坛子 tánzi	443. 毯子 tǎnzi	444. 桃子 táozi
445. 特务 tèwu	446. 梯子 tīzi	447. 蹄子 tízi
448. 甜头 tiántou	449. 挑剔 tiāoti	450. 挑子 tiāozi
451. 条子 tiáozi	452. 跳蚤 tiàozao	453. 铁匠 tiějiang
454. 亭子 tíngzi	455. 头发 tóufa	456. 头子 tóuzi
457. 兔子 tùzi	458. 妥当 tuǒdang	459. 唾沫 tuòmo
460. 挖苦 wāku	461. 娃娃 wáwa	462. 袜子 wàzi
463. 外甥 wàisheng	464. 外头 wàitou	465. 晚上 wǎnshang
466. 尾巴 wěiba	467. 委屈 wěiqu	468. 为了 wèile
469. 位置 wèizhi	470. 位子 wèizi	471. 温和 wēnhuo
472. 蚊子 wénzi	473. 稳当 wěndang	474. 窝囊 wōnang
475. 我们 wǒmen	476. 屋子 wūzi	477. 稀罕 xīhan

478. 席子 xízi	479. 媳妇 xífu	480. 喜欢 xǐhuan
481. 瞎子 xiāzi	482. 匣子 xiázi	483. 下巴 xiàba
484. 吓唬 xiàhu	485. 先生 xiānsheng	486. 乡下 xiāngxia
487. 箱子 xiāngzi	488. 相声 xiàngsheng	489. 消息 xiāoxi
490. 小伙子 xiǎohuǒzi	491. 小气 xiǎoqi	492. 小子 xiǎozi
493. 笑话 xiàohua	494. 歇息 xiēxi	495. 蝎子 xiēzi
496. 鞋子 xiézi	497. 谢谢 xièxie	498. 心思 xīnsi
499. 星星 xīngxing	500. 猩猩 xīngxing	501. 行李 xíngli
502. 行头 xíngtou	503. 性子 xìngzi	504. 兄弟 xiōngdi
505. 休息 xiūxi	506. 秀才 xiùcai	507. 秀气 xiùqi
508. 袖子 xiùzi	509. 靴子 xuēzi	510. 学生 xuésheng
511. 学问 xuéwen	512. 丫头 yātou	513. 鸭子 yāzi
514. 衙门 yámen	515. 哑巴 yǎba	516. 胭脂 yānzhi
517. 烟筒 yāntong	518. 眼睛 yǎnjing	519. 燕子 yànzi
520. 秧歌 yāngge	521. 养活 yǎnghuo	522. 样子 yàngzi
523. 吆喝 yāohe	524. 妖精 yāojing	525. 钥匙 yàoshi
526. 椰子 yēzi	527. 爷爷 yéye	528. 叶子 yèzi
529. 一辈子 yībèizi	530. 一揽子 yīlǎnzi	531. 衣服 yīfu
532. 衣裳 yīshang	533. 椅子 yǐzi	534. 意思 yìsi
535. 银子 yínzi	536. 影子 yǐngzi	537. 应酬 yìngchou
538. 柚子 yòuzi	539. 芋头 yùtou	540. 冤家 yuānjia
541. 冤枉 yuānwang	542. 园子 yuánzi	543. 院子 yuànzi
544. 月饼 yuèbing	545. 月亮 yuèliang	546. 云彩 yúncai
547. 运气 yùnqi	548. 在乎 zàihu	549. 咱们 zánmen
550. 早上 zǎoshang	551. 怎么 zěnme	552. 扎实 zhāshi
553. 眨巴 zhǎba	554. 栅栏 zhàlan	555. 宅子 zháizi
556. 寨子 zhàizi	557. 张罗 zhāngluo	558. 丈夫 zhàngfu
559. 丈人 zhàngren	560. 帐篷 zhàngpeng	561. 帐子 zhàngzi
562. 招呼 zhāohu	563. 招牌 zhāopai	564. 折腾 zhēteng
565. 这个 zhège	566. 这么 zhème	567. 枕头 zhěntou
568. 芝麻 zhīma	569. 知识 zhīshi	570. 侄子 zhízi
571. 指甲 zhǐjia（zhījia）	572. 指头 zhǐtou（zhítou）	573. 种子 zhǒngzi
574. 珠子 zhūzi	575. 竹子 zhúzi	576. 主意 zhǔyi（zhúyi）
577. 主子 zhǔzi	578. 柱子 zhùzi	579. 爪子 zhuǎzi
580. 转悠 zhuànyou	581. 庄稼 zhuāngjia	582. 庄子 zhuāngzi
583. 壮实 zhuàngshi	584. 状元 zhuàngyuan	585. 锥子 zhuīzi
586. 桌子 zhuōzi	587. 自在 zìzai	588. 字号 zìhao
589. 粽子 zòngzi	590. 祖宗 zǔzong	591. 嘴巴 zuǐba
592. 作坊 zuōfang	593. 琢磨 zuómo	594. 做作 zuòzuo

三、儿化

（一）儿化的作用

儿化不只是一种纯粹的语音现象，它跟词义、语法及修辞、感情色彩都有着密切的关系。

1. 儿化能区别词义

信（信件）→信儿（消息） xìn / xìnr

头（脑袋）→头儿（首领） tóu / tóur

眼（眼睛）→眼儿（小窟窿） yǎn / yǎnr

2. 儿化能改变词性、词义

盖（动词）→盖儿（名词，盖东西的器具） gài / gàir

尖（形容词）→尖儿（名词，针尖） jiān / jiānr

画（动词）→画儿（名词，一幅画） huà / huàr

3. 儿化还表示细、小、轻、微的意思

一点儿（指数量极少） yì diǎnr

4. 儿化使语言带有表示喜爱、亲切的感情色彩

小曲儿 xiǎoqǔr　小孩儿 xiǎoháir　歌儿 gēr　鲜花儿 xiānhuār　脸蛋儿 liǎndànr　小鸡儿 xiǎojīr

（二）儿化音的规律

儿化音的规律如表 1-4 所示。

表 1-4　儿化音的规律

原韵或韵尾	儿化	实际发音
韵母或韵尾是 a、o、e、u	不变，加 r	号码儿 hàomǎr　花儿 huār 草帽儿 cǎomàor　麦苗儿 màimiáor 唱歌儿 chànggēr　高个儿 gāogèr 小猴儿 xiǎohóur　打球儿 dǎqiúr
韵尾是 i、n（in、ün 除外）	丢 i 或 n，加 r	刀背儿 dāobèr　一块儿 yíkuàr 心眼儿 xīnyǎr　花园儿 huāyuár

续表

原韵或韵尾	儿化	实际发音
韵母是 ng	去 ng，加 r，元音鼻化	电影儿 diànyǐr　帮忙儿 bāngmár 板凳儿 bǎndèr　香肠儿 xiāngchár
韵母是 i、ü	不变，加 er	玩意儿 wányìer　毛驴儿 máolǘer 有趣儿 yǒuqùer　小鸡儿 xiǎojīer
韵母是 -i、ê	丢 -i 或 ê，加 er	叶儿 yèr　橛儿 juér 词儿 cér　事儿 shèr
韵母是 ui、in、un、ün	丢 i 或 n，加 er	麦穗儿 màisuèr　干劲儿 gànjièr 飞轮儿 fēilúer　白云儿 báiyúer

注：字母上的"~"表示鼻化。拼写儿化音时，只要在音节末尾加"r"即可，语音上的实际变化不必在拼写上表示出来。

延伸阅读：普通话水平测试必读儿化词语表

板擦儿	打杂儿	刀把儿	号码儿	没法儿	戏法儿
找碴儿	壶盖儿	加塞儿	名牌儿	小孩儿	鞋带儿
包干儿	笔杆儿	快板儿	老伴儿	脸盘儿	脸蛋儿
门槛儿	收摊儿	蒜瓣儿	栅栏儿	药方儿	赶趟儿
香肠儿	瓜瓤儿	掉价儿	一下儿	豆芽儿	半点儿
小辫儿	照片儿	扇面儿	差点儿	一点儿	雨点儿
聊天儿	拉链儿	冒尖儿	坎肩儿	牙签儿	露馅儿
心眼儿	馅儿饼	有点儿	鼻梁儿	透亮儿	花样儿
大褂儿	麻花儿	马褂儿	脑瓜儿	小褂儿	笑话儿
牙刷儿	一块儿	茶馆儿	打转儿	大腕儿	饭馆儿
拐弯儿	好玩儿	火罐儿	落款儿	蛋黄儿	打晃儿
天窗儿	烟卷儿	手绢儿	出圈儿	包圆儿	人缘儿
绕远儿	杂院儿	刀背儿	摸黑儿	老本儿	花盆儿
嗓门儿	把门儿	哥们儿	纳闷儿	后跟儿	高跟鞋儿
别针儿	一阵儿	走神儿	大婶儿	小人书儿	杏仁儿
刀刃儿	面人儿	压根儿	钢镚儿	夹缝儿	脖颈儿
提成儿	半截儿	小鞋儿	旦角儿	主角儿	跑腿儿
一会儿	耳垂儿	墨水儿	围嘴儿	走味儿	打盹儿
胖墩儿	砂轮儿	冰棍儿	没准儿	开春儿	小瓮儿
瓜子儿	石子儿	没词儿	挑刺儿	墨汁儿	锯齿儿
记事儿	针鼻儿	鞋底儿	肚脐儿	玩意儿	有劲儿
送信儿	脚印儿	花瓶儿	打鸣儿	图钉儿	门铃儿

眼镜儿	蛋清儿	火星儿	人影儿	毛驴儿	小曲儿
痰盂儿	合群儿	模特儿	逗乐儿	唱歌儿	挨个儿
打嗝儿	饭盒儿	在这儿	碎步儿	没谱儿	媳妇儿
梨核儿	泪珠儿	有数儿	果冻儿	门洞儿	胡同儿
抽空儿	酒盅儿	小葱儿	小熊儿	红包儿	灯泡儿
半道儿	手套儿	跳高儿	叫好儿	口罩儿	绝着儿
口哨儿	蜜枣儿	鱼漂儿	火苗儿	跑调儿	面条儿
豆角儿	开窍儿	衣兜儿	老头儿	年头儿	小偷儿
门口儿	纽扣儿	线轴儿	小丑儿	加油儿	顶牛儿
抓阄儿	棉球儿	火锅儿	做活儿	大伙儿	邮戳儿
小说儿	被窝儿	耳膜儿	粉末儿		

四、"啊"的音变

"啊"是兼词，既可作语气词，又可作叹词。

（一）"啊"的用法

1. "啊"作语气词

"啊"作语气词时，出现在句尾，它的读音受前边音节末尾音素的影响而发生变化，其变化规律如下。

（1）当"啊"前面音节末尾音素是 a、o、e、i、ü、ê 时，"啊"字读 ya，也可以写作"呀"。

发音例句：

a 他的手真大啊（dà ya）！

o 这里的人真多啊（duō ya）！

e 赶车啊（chē ya）！

i 是小丽啊（lì ya）！

ü 快去啊（qù ya）！

ê 应该注意节约啊（yuē ya）！

（2）当"啊"前面音节末尾音素是 u、ao、iao 时，"啊"字读 wa，也可以写作"哇"。

发音例句：

u 你在哪儿住啊（zhù wa）？

　有没有啊（yǒu wa）？

ao 写得多好啊（hǎo wa）！

iao 她的手多巧啊（qiǎo wa）！

（3）当"啊"前面音节末尾音素是 -n 时，"啊"字读 na，也可以写作"哪"。

发音例句：

-n 这糖可真甜啊（tián na）！

　你走路可要小心啊（xīn na）！

(4) 当"啊"前面音节末尾音素是-ng时，"啊"字读nga，仍写作"啊"。

发音例句：

-ng　这事办不成啊（chéng nga）！

　　　大家唱啊（chàng nga）！

(5) 当"啊"前面音节末尾音素是舌尖前元音-i [ɿ] 时，"啊"字读za，仍写作"啊"。

发音例句：

-i [ɿ]　你真是乖孩子啊（zi za）！

　　　　你到过那里几次啊（cì za）？

(6) 当"啊"前面音节末尾音素是舌尖后元音-i [ʅ] 和卷舌韵母er时，"啊"字读ra，仍写作"啊"

发音例句：

-i [ʅ]　这是一件大事啊（shì ra）！

　　　　你吃啊（chī ra）！

"啊"的音变规律表如表1-5所示。

表1-5　"啊"的音变规律表

"啊"前面的韵母	"啊"前面音节尾音	"啊"的音变	举例
a、ia、ua、o、uo、e、ie、üe	a、o、e、ê	ya	快画呀！ 真多呀！
i、ai、uai、ei、uei、ü	i、ü	ya	快来呀！ 出去呀！
u、ou、iou、ao、iao	u、ao	wa	在这儿住哇！ 真好哇！
an、ian、uan、üan、en、in、uen、ün	n	na	好人哪！ 路真远哪！
ang、iang、uang、eng、ing、ueng、ong、iong	ng	nga	大声唱啊！ 行不行啊！
-i [前]	-i [前]	za	真自私啊！
-i [后]、er	-i [后]	ra	什么事啊！

2. "啊"作叹词

"啊"作叹词时，出现在句首，有阴平、阳平、上声和去声四种声调的变化。在韵母a不变的情况下，读哪种声调和说话人的思想感情有着密切的关系，只要按照不同声调读"啊"，就是后面不跟随补充的语句，听者也能明白说话人的情感。

发音例句：

ā 啊，真让人高兴，你入党了。（叹词，表示惊异、赞叹。）

á 啊，你说什么？他不在吗？（叹词，表示追问。）

ǎ 啊，原来是这么回事啊！（叹词，表示恍然大悟。）

à 啊，好吧。（叹词，表示应诺。）

（二）"啊"辨读词语练习

打岔啊 chàya	喝茶啊 cháya	广播啊 bōya
上坡啊 pōya	菠萝啊 luóya	唱歌啊 gēya
合格啊 géya	祝贺啊 hèya	上街啊 jiēya
快写啊 xiěya	白雪啊 xuěya	节约啊 yuēya
可爱啊 àiya	喝水啊 shuǐya	早起啊 qǐya
东西啊 dōngxīya	不去啊 qùya	大雨啊 yǔya
巧手啊 shǒuwa	跳舞啊 wǔwa	中秋啊 qiūwa
里头啊 tóuwa	吃饱啊 bǎowa	可笑啊 xiàowa
真好啊 hǎowa	报告啊 gàowa	小心啊 xīnna
家人啊 rénna	围裙啊 qúnna	大干啊 gànna
没门啊 ménna	真准啊 zhǔnna	联欢啊 huānna
运转啊 zhuǎnna	太脏啊 zāngna	不用啊 yòngnga
好冷啊 lěngna	小熊啊 xióngnga	好听啊 tīngnga
劳动啊 dòngnga	轻松啊 sōngnga	完成啊 chéngnga
写字啊 zìza	一次啊 cìza	蚕丝啊 sīza
公司啊 sīza	可耻啊 chǐra	老师啊 shīra
花儿啊 huārra	女儿啊 érra	先吃啊 chīra
节日啊 rìra	开门儿啊 ménrra	小曲儿啊 qǔrra

第六节 普通话水平测试（新大纲）

一、普通话水平测试简介

国家推广全国通用的普通话。

《中华人民共和国国家通用语言文字法》第十九条规定："凡以普通话作为工作语言的岗位，其工作人员应当具备说普通话的能力。以普通话作为工作语言的播音员、节目主持人和影视话剧演员、教师、国家机关工作人员的普通话水平，应当分别达到国家规定的等级标准；对尚未达到国家规定的普通话等级标准的，分别情况进行培训。"

2022年1月1日起施行《普通话水平测试管理规定》第十条规定："以普通话为工作语言的下列人员，在取得相应职业资格或者从事相应岗位工作前，应当根据法律规定或者职业准入条件的要求接受测试：（一）教师；（二）广播电台、电视台的播音员、节目主持人；（三）影视话剧演员；（四）国家机关工作人员；（五）行业主管部门规定的其他应该接受测试的人员。"《普通话水平测试管理规定》第十一条规定：师范类专业、播音与主持艺术专业、影视话剧表演专业以及其他与口语表达密切相关专业的学生应当接受测试。

二、普通话水平测试等级标准（试行）

普通话水平测试等级标准（试行）[①]

一级

甲等　朗读和自由交谈时，语音标准，词汇、语法正确无误，语调自然，表达流畅。测试总失分率在3%以内。

乙等　朗读和自由交谈时，语音标准，词汇、语法正确无误，语调自然，表达流畅。偶然有字音、字调失误。测试总失分率在8%以内。

二级

甲等　朗读和自由交谈时，声韵调发音基本标准，语调自然，表达流畅。少数难点音（平翘舌音、前后鼻尾音、边鼻音等）有时出现失误。词汇、语法极少有误。测试总失分率在13%以内。

乙等　朗读和自由交谈时，个别调值不准，声韵母发音有不到位现象。难点音（平翘舌音、前后鼻尾音、边鼻音、fu—hu、z—zh—j、送气不送气、i—ü不分，保留浊塞音和浊塞擦音、丢介音、复韵母单音化等）失误较多。方言语调不明显。有使用方言词、方言语法的情况。测试总失分率在20%以内。

三级

甲等　朗读和自由交谈时，声韵母发音失误较多，难点音超出常见范围，声调调值多不准。方言语调较明显。词汇、语法有失误。测试总失分率在30%以内。

乙等　朗读和自由交谈时，声韵母发音失误多，方音特征突出。方言语调明显。词汇、语法失误较多。外地人听其谈话有听不懂的情况。测试总失分率在40%以内。

三、普通话水平测试内容

普通话水平测试样卷

（一）读单音节字词（100个音节，共10分，限时3.5分钟）

郝　缺　瓷　酸　捺　虞　坑　概　选　仕　耳　滕　苍　粉　遍　垮　谈　热　品　熊　掳　赛
虫　撵　房　拐　凑　铡　永　踮　拈　甩　碟　郡　皇　嫩　翁　帛　家　犊　黑　弱　修　鼎
裘　端　准　腭　龚　抿　群　搜　船　渍　蛙　绫　诏　奎　绢　略　雅　票　乳　颇　外　嗓
臻　雪　进　浉　魂　幂　脑　宽　甜　寡　鬃　窦　姬　坐　柔　秒　杯　冷　安　腿　尊　凡
柯　存　瞥　冰　酿　爽　眸　药　产　绛　迟　笔

[①] 国家语言文字工作委员会，普通话培训测试中心，《语言文字应用》编辑部. 普通话水平测试的理论与实践[M]. 北京：商务印书馆，1998：202-203.

（二）读多音节词语（100个音节，共20分，限时2.5分钟）

把握　风格　越野　森林　飞快　春节　子孙　扭转　音像　昆仑　老伴儿　花生　诺言　旅游
奔跑　恰当　摧残　整理　空中　石榴　地铁　下旬　圆场　欢呼　绝活儿　审美　赞扬　穷苦
创制　关怀　矮小　包袱　曲调　仍然　温差　窘迫　发财　组装　拳头　日程　玩耍　沉思
儿女　露馅儿　荧光屏　模特儿　奥运会　名列前茅

（三）朗读短文（400个音节，共30分，限时4分钟）

照北京的老规矩，春节差不多在腊月的初旬就开始了。"腊七腊八，冻死寒鸦。"这是一年里最冷的时候。在腊八这天，家家都熬腊八粥。粥是用各种米、各种豆与各种干果熬成的。这不是粥，而是小型的农业展览会。

除此之外，这一天还要泡腊八蒜。把蒜瓣放进醋里，封起来，为过年吃饺子用。到年底，蒜泡得色如翡翠，醋也有了些辣味，色味双美，使人忍不住要多吃几个饺子。在北京，过年时，家家吃饺子。

孩子们准备过年，第一件大事就是买杂拌儿。这是用花生、胶枣、榛子、栗子等干果与蜜饯掺和成的。孩子们喜欢吃这些零七八碎儿。第二件大事是买爆竹，特别是男孩子们。恐怕第三件事才是买各种玩意儿——风筝、空竹、口琴等。

孩子们欢喜，大人们也忙乱。他们必须预备过年吃的、喝的、穿的、用的，好在新年时显出万象更新的气象。

腊月二十三过小年，差不多就是过春节的"彩排"。天一擦黑儿，鞭炮响起来，便有了过年的味道。这一天，是要吃糖的，街上早有好多卖麦芽糖与江米糖的，糖形或为长方块或为瓜形，又甜又黏，小孩子们最喜欢。

过了二十三，大家更忙。必须大扫除一次，还要把肉、鸡、鱼、青菜、年糕什么的都预备充足——店//铺多数正月初一到初五关门，到正月初六才开张。

（四）命题说话（请在下列话题中任选一个，共40分，限时3分钟）

1. 我喜欢的美食
2. 学习普通话（或其他语言）的体会

四、普通话水平测试评分标准和各项内容解析

（一）读单音节字词

读单音节字词100个，不含轻声和儿化音节，限时3.5分钟，共10分。
这道题的考查目的是看应试人声母、韵母、声调读音的标准程度。

1. 评分标准

（1）语音错误，每个音节扣0.1分。
（2）语音缺陷（即发音不太标准、但是没有发错），每个音节扣0.05分。
（3）超过规定的时间1分钟以内，扣0.5分；超时1分钟以上（含1分钟），扣1分。

2. 如何读好单音节字词

（1）读单音节字词要重视声母、韵母、声调的发音。

在一个音节中，声、韵、调只要一个部分出错，就扣0.1分。

例如：

① 而［ér］读成［ěr］，瞥［piē］读成［piě］，这是声调错误，每个音节扣0.1分。

② 资［zī］读成［zhī］，诗［shī］读成［sī］，这是声母错误，每个音节扣0.1分。

③ 雨［yǔ］读成［yǐ］，坡［pō］读成（pe），这是韵母错误，每个音节扣0.1分。

（2）单音节字词之间的停顿。

例如：饼 而 桩 另 瞥 喂 波 舜 巢 滤

读单音节字词的时候，每个音节之间的停顿速度要相等，切忌三个一组，两个一组，语速过快、过慢都会影响到评分。

（3）正确处理多音字的发音。

① 遇到多音字的时候，任选其中一个读音，最好是常用读音。

例如：钻——zuàn　zuān

差——chà　chā　chāi　cī

② 单音节字词中没有儿化，例如"鸟"，你如果读成"鸟儿"，那就是读成儿化了，要扣分。

③ 单音节字词中没有轻声，例如"的"，你如果读成"de"，那就是读成轻声了，要扣分。"的"还有"目的""的确"的读音，读准其中一个读音就可以了。

（4）不认识的字或读错的字。

不认识的字或读错的字跳过或漏读不得分，偶有失误，允许读第二次，以第二次为准。

（5）尽量避免读错别字。

濒—— bīn	涮——shuàn	癣——xuǎn
挫——cuò	即——jí	匀——yún
仍——réng	瘸——qué	

（二）读多音节词语

读多音节词语100个，限时2.5分钟，共20分。

这道题的考查目的是测查应试人声母、韵母、声调和变调、轻声、儿化读音的标准程度。

1. 评分标准

（1）语音错误，每个音节扣0.2分。

（2）语音缺陷，每个音节扣0.1分。

（3）超时1分钟以内，扣0.5分；超时1分钟以上（含1分钟）扣1分。

2. 如何读好多音节词语

（1）正确读准双音节词语。

词语并非两个音节的简单相加，而是气息相连，形成一个小语流，读时不可将其分离、割断。

例如：照相　亲切　返青　耻辱　局面　钢铁

(2) 注意分辨轻声词。

轻声是语流中一种音节弱化的现象，轻而短是其发音特点。要经常练习《普通话水平测试大纲》规定的必读轻声词 594 个。

例如：暖和　聪明　脑袋　先生　在乎　知道　我们

(3) 注意变调音节和叠音词的正确发音。

例如：选－举－选举　一－个－一个　不－对－不对
　　　慢慢儿　好好儿　绿油油　毛茸茸
　　　慢腾腾　舒舒服服　热热闹闹　漂漂亮亮

(4) 读准儿化词。

要经常练习普通话水平测试仪必读儿化词语表。

例如：一会儿　有点儿　面条儿　老头儿　抓阄儿

(5) 注意双音节词语中末尾上声音节的发音。

例如：枢纽 shū niǔ　脑髓 nǎo suǐ　渲染 xuàn rǎn　宏伟 hóng wěi　感想 gǎn xiǎng

（三）朗读短文

朗读短文 400 个音节，限时 4 分钟，共 30 分，短文从普通话水平测试的 50 篇朗读作品中抽取。评分以朗读作品的前 400 个音节（短文中划双斜线处）为限。

1. 评分标准

(1) 每错 1 个音节，扣 0.1 分；漏读或增读 1 个音节，扣 0.1 分。

(2) 声母或韵母的系统性语音缺陷，视程度扣 0.5 分、1 分。

(3) 语调偏误，视程度扣 0.5 分、1 分、2 分。

(4) 停连不当，视程度扣 0.5 分、1 分、2 分。

(5) 朗读不流畅（包括回读），视程度扣 0.5 分、1 分、2 分。

(6) 超时扣 1 分。

2. 朗读中需要注意的问题

(1) 语气词"啊"的音变。

例：快跑啊！　不能省啊！　天啊！　看啊！　是啊！　第一次啊！

(2) 朗读中的儿化音。

后面没有加"儿"，不要读儿化音，应掌握普通话水平测试必读儿化词语表。

例：有一次，我偷了一块（　）糖果。如果这里读成"一块（儿）糖果"，扣 0.1 分。

(3) 回读、漏读、增读、错读等问题。

例：风在震摇窗户，雨在狂流，屋子里灯光暗淡。

(4) 停顿不当的问题。

例：蜚声于世的悉尼歌剧院，坐落在澳大利亚著名港口城市悉尼三面环海的贝尼朗岬角上。

(5) 语速过缓或过快的问题。

朗读中，语速过快或者过慢都扣分，一般用中速朗读。

(6) 注意音译词的读音。普通话水平测试中的音译词要读汉语标准发音，不能洋腔洋调。

例：耶尔恩·乌特松　　约翰·克利斯朵夫

（四）命题说话

命题说话的目的是测查应试人在无文字凭借的情况下说普通话的水平，重点测查语音标准程度、词汇语法规范程度和自然流畅程度。

1. 评分标准

（1）说话话题从普通话水平测试大纲的 50 个话题中选取两个话题，应试人从中选 1 个话题，连续说一段 3 分钟的话，这道题 40 分，是测试中分值最高、难度最大的一项内容。

（2）参照后面普通话水平测试试卷结构和评分体系简表（见表 1-6）（命题说话板块）的评分标准。

① 语音标准程度，共 25 分，分六档（参见表格评分细则）。

② 词汇语法规范程度，共 10 分，分三档（参见表格评分细则）。

③ 自然流畅程度，共 5 分，分三档（参见表格评分细则）

④ 说话不足 3 分钟，酌情扣分：缺时 1 分钟以内（含 1 分钟），扣 1 分、2 分、3 分；缺时 1 分钟以上，扣 4 分、5 分、6 分；说话不满 30 秒（含 30 秒），本测试项成绩计为 0 分。

注：2007 年计算机辅助普通话水平测试开始试点，2008 年教育部语言文字应用管理司印发《计算机辅助普通话水平测试操作规程（试行）》，对命题说话部分评分进行了补充，增加了两项评分要素如下。

⑤ 离题、内容雷同，视程度扣 4 分、5 分、6 分。

⑥ 第二，无效话语，累计占时酌情扣分：累计占时 1 分钟以内（含 1 分钟），扣 1 分、2 分、3 分；累计占时 1 分钟以上，扣 4 分、5 分、6 分；有效话语不满 30 秒（含 30 秒），本测试项成绩计为 0 分。

2. 如何准备说话题目

此题的评分标准包括三个方面：语音的标准程度、词汇和语法的规范程度和言语的流畅程度。

（1）语音标准、清晰、自然。

应试人说话时应做到语音清晰，语速适中。

（2）用词恰当、语句流畅。

① 用规范的普通话词汇，不用方言词汇。

② 多用口语化的词语，少用书面语。

③ 不用粗俗语和时髦语。

（3）语句要标准、自然、流畅。

① 多用短语，少用长句。

② 避免重复和口头禅。

③ 注意常见的语法错误。

④ 思路通畅，符合逻辑。

（4）说话内容的把握。

① 巧审题。

② 理思路。

③ 讲故事。

④ 多举例。

表 1-6　普通话水平测试试卷结构和评分体系简表（四项测试）

测试项			评分要素	评分规则
题型和时间	题量	分值		
读单音节字词 限时 3.5 分钟	100 个音节	10 分	语音错误	扣 0.1 分/音节
			语音缺陷	扣 0.05 分/音节
			超时	扣 0.5 分（1 分钟以内）； 扣 1 分（1 分钟以上，含 1 分钟）
读多音节词语 限时 2.5 分钟	100 个音节	20 分	语音错误	扣 0.2 分/音节
			语音缺陷	扣 0.1 分/音节
			超时	扣 0.5 分（1 分钟以内）； 扣 1 分（1 分钟以上，含 1 分钟）
朗读短文 限时 4 分钟	1 篇 (400 个音节)	30 分	音节错误、漏读或增读	扣 0.1 分/音节
			声母或韵母系统性语音缺陷	视程度扣 0.5 分、1 分
			语调偏误	视程度扣 0.5 分、1 分、2 分
			停连不当	视程度扣 0.5 分、1 分、2 分
			朗读不流畅 （包括回读）	视程度扣 0.5 分、1 分、2 分
			超时	扣 1 分
命题说话 限时 3 分钟	1 个话题	40 分	语音标准程度（25 分）	一档：扣 0 分、1 分、2 分
				二档：扣 3 分、4 分
				三档：扣 5 分、6 分
				四档：扣 7 分、8 分
				五档：扣 9 分、10 分、11 分
				六档：扣 12 分、13 分、14 分
			词汇语法规范程度（10 分）	一档：扣 0 分
				二档：扣 1 分、2 分
				三档：扣 3 分、4 分
			自然流畅程度（5 分）	一档：扣 0 分
				二档：扣 0.5 分、1 分
				三档：扣 2 分、3 分
			缺时	1 分钟以内（含 1 分钟），扣 1 分、2 分、3 分；1 分钟以上，扣 4 分、5 分、6 分；说话不满 30 秒（含 30 秒），本测试项成绩计为 0 分

第二编 一般口语交际训练

第二章 朗 读

> **导言：**朗读是运用普通话把书面语言清晰、响亮、富有感情地读出来，是社会生活中普遍存在的一种有声语言活动，如读书读报，宣读文件，诵读诗文和各类童话、寓言、故事等都离不开朗读，朗读成为人们学习知识和传达情感的重要手段。由于并不是所有的文学作品都适合艺术化的处理，所以，朗读一般以散文、诗歌等文体为主，通过朗读训练可以有效地提高一个人以声传情的言语表现力。

第一节　朗读的基本知识及训练技巧

一、朗读的基本知识

（一）朗读的定义

根据《现代汉语词典》的解释，朗，"声音清晰响亮"，读，"看着文字念出声音"。朗读是一种有声语言的艺术，是借助语音形式，形象、生动地表达作品思想内容的言语活动，是口头的语言艺术。朗读不是机械地把文字变成声音或简单地大声念书，而是朗读者将书面语言经过自己的理解并注入对作品的感受，用富于艺术性的声音将作品表达出来，从而更好地传情达意，使之产生强烈的感染力。

在朗读时，朗读者身份的确认很重要。朗读者是书面作品和读者的中介，起着桥梁和纽带的作用，同时，朗读者还要对书面作品进行艺术加工。因此，朗读者要在深入分析理解文字作品内容的基础上，加深内心的感受，表达真实的感情和鲜明的态度，然后通过富有感染力的声音，准确、清晰、生动地再现文字作品的思想内容，加深听众对作品的理解，引起听众的共鸣，激起情感，从而达到朗读的目的。

朗读有利于发展智力，获得思想熏陶，也有助于情感的传递。朱熹要求学生从小养成正确朗读的习惯，还要求读书必须逐字逐句透彻理解，进而深入体会，反复揣摩，而且在朗读中，可以让某个字重点突出，让人更加理解朗读的文字的意思。他说："凡读书……须要读得字字响亮，不可误一字，不可少一字，不可多一字，不可倒一字。不可牵强暗记，只是要多诵遍数，自然上口，久远不忘。"而且要逐句玩味、反复精详，"诵之宜舒缓不迫，令字字分明"。这样，我们才可以深刻领会材料的意义、气韵、节奏，产生一种立体学习的感觉。

（二）朗读的基本特点

1. 再造性

再造性是朗读最重要的特点。文字作品是作者的创造，朗读者朗读文字作品，用声音把作者的创作意图表达出来，把自己对作品的理解和感受表达出来，这其中存在着一个再创造的过程，我们称其为朗读的再造性。在这个过程中，文字作品是朗读的依据，是作者创作的成果，但是文字作品往往无法体现出生活语言中的某些语气、语感、抑扬顿挫、轻重缓急和情感上的细微差别等，而朗读却可以弥补书面语言所无法表达的这些遗憾，从而使文字作品具有更强烈的感染力。这个过程中融合了朗读者创作的心血，是朗读者的再创造活动。朗读的再创造，不是朗读者游离于文字作品之外的创新，而是要求朗读者在尊重原作的基础上，通过对原作字句的朗读传达出其文本精神和艺术美感。

2. 有声性

朗读是把文字作品转化为有声语言，朗读是"取他人之作，由自己所读，为别人所听"，简单地说，就是用朗读者的口，来代替作者说话。首先，有声性首先指朗读的声音是发自朗读者的内心，朗读者是在理解原文字作品的基础上开展再创造而进行传情达意的。其次，有声性指的是朗读者发出的声音充满了感情色彩。朗读者借助内在丰富的情感体验来丰富声音的表现力，或喜或怒，或哀或乐，朗读者的情感通过声音得以表现，听者通过声音能体会到文字作品中饱含的情感力量。最后，有声性指的是朗读者的语音极富艺术表现力。

3. 规范性

朗读必须选择规范的文学作品，还应使用规范的普通话。普通话从语音到词汇、语法都对语言进行了规范，因此，使用规范的普通话朗读，其内容能够为广大听众接受和理解，能达到更丰富细腻地传情达意的效果，从而使听众获得更多的听觉美感。

（三）朗读的作用

1. 朗读是再现作品情感的有效形式

朗读是人们艺术欣赏、感情抒发的重要方式，是进行情操教育的有效手段。朗读是一种对作品进行再创造，把书面语言转化为有声语言的表达艺术。"情动于中而形于言"，优秀的文学作品，总是富含深刻的思想和真挚的情感，是艺术语言和思想感情的高度统一。朗读者通过对作品的感知、理解、声气的还原，达到与作者思想感情的合拢，借助朗读可以将文章中的人、事、意境，以及隐匿于语言文字深处的作者的思想感情，绘声绘色地表达出来，也能使字里行间潜在的含义溢于言表，还可以把书面文字难以表达或者根本无法表达的隐情妙趣抒发出来，加深听众对作品的理解，引发共鸣。

2. 朗读是培养语言能力的有效方法

一个人的语言表达能力强，主要表现为言辞得当、表达自如、发音纯正、吐字清晰，同时有中心、有主次，干净利落，形象生动。读书时把辨形释义、正音、识字有机结合起来，便能积累词汇，熟悉句型，洗练语言，规范口语，培养正确、流利、清晰、充满感情的说话习惯。这不仅能够培养形象思维、逻辑思维的能力，而且能够锻炼发音，丰富语汇，增强语感，从而提高语言的表达能力。犹如古人所说："熟读唐诗三百首，不会吟诗也会吟。"

3. 朗读是课堂教学的重要方式

在 2011 年版《义务教育语文课程标准》中，明确要求学生"用普通话正确、流利、有感情地朗读课文"，"各个学段的阅读教学都要重视朗读和默读"。朗读是语文教学的重要任务，是传统教学的法宝，也是我国几千年传统的语文学习的方法。"读书百遍，其义自见"，在语文教学中，朗读是不可缺少的环节，教师绘声绘色地朗读，能够创设一种情境，将学生带入文章的情境和事理中，增强作品的感染力，加深对文章思想内容的理解。朗读是把握教材内容的一种手段，是学习语文的一扇窗户。在中小学里，朗读是学生完成阅读教育任务的一项重要的基本功，就语文学习而言，朗读是最重要的。朗读是阅读的起点，是理解课文的重要手段。

（四）朗读的基本要求

1. 字音正确，吐字清晰

朗读必须使用规范的普通话语言，在声母、韵母、声调、轻声、儿化、音变等方面都要符合普通话语音的规范。朗读者要注意普通话和方言在语音上的差异，注意多音字的读音，注意由于字形相近或偏旁类推引起的误读，注意异读词的读音。朗读者要努力克服自身的方言腔调，使语音更加纯正。朗读时还要注意吐字清晰圆润，注意吐字归音的发音要领，出字要干净利落、弹发有力。字头部位是否准确，咬字是否适当，是汉语语流中是否字字清晰且有一定"亮度"的关键。立字（韵腹）要有"拉开立起"之势，字字有立度，圆润饱满。归音要字尾弱收，归音干净利索，趋向鲜明，既不可拖泥带水留尾巴，也不可唇舌"不到家"。这样，声音才会圆润、饱满、清晰。

2. 语流顺畅，语调变化有致

朗读时不能像平时说话那样，用词随便，不讲究节奏，任意破坏文字作品语言的完整性。一篇作品中的每一个句子或句群都表示一定的中心语意，在朗读作品时，不能根据文字作品的线性排列简单地一字一词念出来，而是要围绕其中的重点，在准确理解的基础上，把语意表达得自然流畅。如果读得拖泥带水，结结巴巴，就会破坏作品的表现力，还会造成语义的费解或误解。朗读时，要做到语速快慢适中，语气轻重相宜，停连长短恰当，节奏和谐适度，语调变化有致。

3. 理解作品，表达感情

理解作品是朗读的前提条件和基础，朗读前，必须充分理解并深刻领会作品，感受作品的内容和形式，进一步了解作者的写作意图。因为朗读者是作者的代言人，要把作者在作品中所要表达的思想感情通过有声语言传达给听众，让听众得到启发、受到感染、引起共鸣。朗读要唤起听众的感情，需要朗读者仔细品味作品，走进角色，进入情境。如果朗读者对作品的理解不透彻，感受太浅薄，朗读时只会拿腔拿调、矫情造势、毫无感情，给人虚假、做作的感觉，听众自然不会为虚情所动。朗读者只有对文章深入理解、真挚感受，进行丰富的想象，使己动情，才能准确地把作者的褒贬爱憎、喜怒哀乐，通过有声语言传达给听众，激发听众内心的情感，从而引发其共鸣。

4. 明确目的，确定对象

朗读者首先应清楚"为什么"要朗读，目的要明确。其次，要确定"为谁"朗读，找准对象。朗读是一种再创造的活动，这当中融合了朗读者对作品思想感情的认知与评价，还融合了朗读者对听众反应的期待。由此，朗读者必须处理好作品、朗读和听众之间的关系，明确朗读的目的和对象。也就是说，朗读者要通过朗读准确地传达作品的思想感情，不能只对作品进行"音译"，而要有自身的个性色彩，要充分表达出自身的思想感情。最后，要根据不同的听众确定并努力实现朗读的侧重目标，如同一篇作品的朗读，对文化水平不高的听众，应当侧重于字词的准确表达、内容清楚、亲切有趣；而对文化水平较高的听众，朗读者就要在作品的主题和感情的表达上下功夫，这样才能更好地实现朗读的目的和意义。

5. 掌握技巧，灵活运用

朗读技巧是实现朗读目的的重要手段，是对作品语言进行有声创造所进行的设计处理。朗读的一般技巧主要是指能在朗读中熟练地运用各种语音技巧，如停顿、重音、快慢、节奏、抑扬顿挫等，而且能够根据作品内容的需要以及朗读听众，灵活地选择各种朗读技巧，从语言实际出发，将表达形式和表达内容自然结合，做到自然朴实，以声传情。

二、朗读的训练技巧

一般来说，朗读要讲究语言再创作的技巧，包括停连、重音、语气和节奏等。

（一）朗读准备

1. 熟悉作品

朗读准备工作的第一步就是阅读作品，了解作品内容，扫清文字障碍，规范读音。朗读者要对朗读材料认真阅读，整体感知，对朗读材料的内容有基本的认识和大致的把握。对一些生僻字和异读字要勤查字典，扫清文字障碍。对模棱两可、有疑惑的字词或词语的语流音变现象、轻重格式都要准确把握，避免误读。规范汉字读音还需要特别注意多音字，要根据语境选择相应的汉字读音，否则，将会造成误读，使听众不知所云，甚至产生误解。

2. 理解作品

朗读首先要了解作品的创作背景，掌握作品的基本内容。朗读的基本要求，是能够清楚地表达作品的内容，所以必须对朗读的作品进行深入细致的分析和研究，理解及掌握作者的思想感情，这样才能正确表达作者的意图，把听众带到作者所描绘的情境中去。朗读者对作者的时代背景、生平事略、思想及写作动机和意图等，都应该进行深入了解，对文章的内容越了解，越能运用声音、表情、语调和动作去感染听众。朗读者要弄清文章到底是以写人为主，写事为主，还是以写意见、感受为主。写人是写什么人，写事是写什么事，写意见、感受是写什么意见、感受。明确作品的主题和语言风格是理解作品、明确朗读基调的关键。朗读基调是朗读者对作品的人文内涵和艺术风格进行整体把握之后揣摩出来的作品的感情色彩、个性韵味以及语言态度。

3. 感受作品

感受是指通过文字作品词句的概念及其运动的刺激，引起我们对客观事物的感知、体会的过程。感受是由于客观事物的刺激而产生内心反应的活动过程，它是因"感之于外，受之于心"而形成的。"感之于外"，不只是感觉到文字语言的存在，而是透过文字语言感觉到它的逻辑关系、事物的具体形象；"受之于心"，是指感觉到的这些内容在朗读者内心引发的反应。感受，在理解作品和表达作品之间架起了一座桥梁，把朗读者的思维引向情感，使朗读者用自己的感受去丰富和充实文字作品，为形之于声做好准备。

感受作品包括形象感受和逻辑感受。形象感受是对作品中的人物、事件、情节、场面、情绪等引发感知、体会、联想、理解和思考。朗读者要对作家描写的一切情境、形象、状貌等感同身受，要调动自己的经验经历和发挥想象力，使作品描写的事物和抒发的感情在朗读者的心中"活"起来，这样才能在朗读中表达得真切、生动和形象，并由此打动听众。如《卖火柴的小女孩》：

可怜的小女孩！她又冷又饿，哆哆嗦嗦地向前走。雪花落在她的金黄的长头发上，那头发打成卷儿披在肩上，看上去很美丽，不过她没注意这些。每个窗子里都透出灯光来，街上飘着一股烤鹅的香味，因为这是大年夜——她可忘不了这个。

透过这段文字中，"哆哆嗦嗦""金黄的长头发""头发打成卷儿""一股烤鹅的香味"这些形象的词和短语给我们的视觉、触觉、嗅觉产生了一定的刺激，从而在我们的脑海里形成了视觉形象，这就是形象感受。

又如著名诗人余光中的《乡愁》：

小时候，
乡愁是一枚小小的邮票，
我在这头，
母亲在那头。

长大后，
乡愁是一张窄窄的船票，
我在这头，
新娘在那头。

后来啊，
乡愁是一方矮矮的坟墓，
我在外头，
母亲在里头。

而现在，
乡愁是一湾浅浅的海峡，
我在这头，
大陆在那头。

从诗中的"邮票""船票""坟墓""海峡"等意象，引发我们联想，感受两岸隔绝的伤痛和思念故乡的深情。

作品中的逻辑关系，是指全篇各语句、各层次、各段落之间的内在联系。逻辑感受是指朗读者对作品的逻辑关系的感受。逻辑感受要求朗读者把握文章的结构脉络，领悟语句、篇章的真正含义，准确把握语言的本质，对语言链条的上下衔接、前后呼应等有整体性的把握，明确作者的思想感情，体味作品内涵，使得朗读时能达到文贯意通。

形象感受和逻辑感受不是孤立存在的，朗读时，朗读者既要注意具体感受，又要注意整体把握，综合运用。

4. 标注朗读符号

朗读者在分析体味文字作品的准备工作中，为了清楚准确地表达作品的中心思想和更好地实现朗读目的，往往会在文字中做一些标记，以提醒自己注意。这些标记称为朗读符号，由于朗读符号不像标点符号那样有统一标准，所以，本着切实可行、便于操作的标准，同学们需要掌握一些公认的常用的朗读符号图标（见表 2-1）。

表 2-1 朗读符号图标及其意义

图标	意义
/	短暂停顿
//	较长时间的停顿
.	重音强调
∨	气口，可以换气
⌒	连读，连贯而迅速
〈	声音逐渐增强
〉	声音逐渐减弱
↗	语调上扬
↘	语调下抑
→	平调
↘↗	曲折调

（二）朗读的训练技巧

朗读的技巧，指朗读者为了准确地理解和传达作品的思想内容和感情而对有声语言所进行的设计和处理，是一种具有创造性的语言活动。从广义上讲，朗读技巧包括内部心理感受的技巧和外部语言表达的技巧。内部心理感受的技巧是内在机制的调动，主要是对作品的形象感受技巧和逻辑感受技巧。外部语言表达的技巧主要是言语声气技巧。

1. 朗读内部技巧

（1）形象感受的运用。

朗读者要学会在作品形象性词语的刺激下，感触到客观世界的种种事物，以及事物的发展、运动状态，使情、景、物、人、事、理的文字符号在内心跳动起来。朗读者的形象感受，来源于作品中的词语概念对朗读者内心的刺激而产生的对客观事物的感知、体会、思考，是因"感之于外，受之于心"而形成的。朗读者要善于抓住那些表达事物形象的词语，透过文字，"目击其物"，好像"看到、听到、嗅到、尝到、伸手即可得到"一样，在内心"活"起来，形成"内心视像"。朗读者自身的经历、经验和知识储备，是形成"内心视像"的重要条件。朗读者要善于发挥记忆联想和再造想象的能力，以增强有声语言的强烈感染力。

例如《卖火柴的小女孩》第1段中"天气冷得可怕，天正下着雪，黑暗的夜幕开始垂下来了"，朗读时，应透过这些表达形象的话语，运用视觉想象，"看到"雪花、天黑，从而"感到"冷极了。再如《荔枝蜜》中"热心肠的同志送给我两瓶。一开瓶子塞儿，就是那么一股甜香，调上半杯一喝，甜香里带着股清气，很有点鲜荔枝的味儿"，朗读时要注意运用嗅觉想象和味觉想象，当读到"一开瓶子塞儿"时，要真的觉得一股甜香味儿扑鼻而来，读到"调上半杯一喝"，则有唇齿含香的感觉。

（2）逻辑感受的运用。

朗读者要学会将作品中的主次、并列、转折、递进、对比、总括等"文路"，在逻辑感受过程中转化为自己的思路，进而形成内心的"语流"，以增强有声语言的征服力。朗读时，作品中的概念、判断、推理、论证，以及全篇的思想发展脉络、层次、语句之间的内在联系，在朗读者头脑中形成的感受，就是逻辑感受。

逻辑感受主要体现在两个方面：语言目的要明确，不能似是而非；语言脉络要清晰，不能模棱两可。语言的目的是必须抓住语句、篇章的真正含义，挖掘实质。语言脉络指的是上下衔接、前后呼应、贯通文气、连接层次语句，文中起着"鹊桥"作用的虚词是获得逻辑感受的重要途径。

（3）内在语的运用。

没有内在语，有声语言就会失去光彩和生命。朗读者要学会在朗读中运用"内在语"的力量赋予语言一定的思想、态度和感情色彩。朗读时，内在语要像一股巨大的潜流，在朗读者的有声语言底下不断涌动着，赋予有声语言以生命力。内在语的潜流越厚，朗读也就越有深度。

（4）语气的运用。

声音受气息支配，气息则由感情决定，而感情的引发又受文章内容和语境的制约。只有将情、气、声三者融为一体，并运用自如，才能增强有声语言的表现力。语气从字面上理解，"语"是通过声音表现出来的"话语"，"气"是支撑这种"话语"的"气息状态"。朗读时，朗读者的感情、气息、声音状态，同表达有着极为密切的关系。有什么样的感情，就产生什么样的气息，有什么样的气息，就有什么样的声音状态。

语气运用的一般规律是：喜则气满声高，悲则气沉声缓，爱则气缓声柔，憎则气足声硬，急则气短声促，冷则气少声淡，惧则气提声抖，怒则气粗声重，疑则气细声黏，静则气舒声平。感情上有千变万化，才会有气息上的千差万别和声音上的千姿百态。

2. 朗读外部技巧

朗读者既要重视内部心理状态的支配作用，又要发挥外部表达技巧的作用。脱离了内部思想感情的运动状态，表达技巧就难以具有强大的生命力；如果没有最完善的声音形式，内部心理状态也无从表达，因而朗读者不能忽视外部表达技巧的运用。

（1）语调。

语调指的是语气外在的快慢、高低、长短、强弱、虚实等各种声音形式的总和。它是有声语言在思想内容、感情态度的驱使下，借助停连、轻重等变化所形成的高低起伏、强弱有致的声音形式。语调的基本类型有以下几种。

① 平直调（→）：语流的运行状态平直舒缓，没有显著的高低升降变化，句首和句尾基本在同一高度。一般的陈述、说明的句子，可以用平直调，表达平静、沉着、庄严、悲痛、冷淡、沉重等感情。如

下面的例句：

> 今天，一年级一班的同学去植物园参观。（胡霜《失物招领》）
>
> 有的人活着，他已经死了；有的人死了，他还活着。（臧克家《有的人》）

② 扬升调（↗）：语流的运行状态先低后高，句末音调明显上扬。疑问句、感叹句、反诘句等句子可以用扬升调，表达疑问、反诘、号召、惊讶等感情。如下面的例句：

> 这不是很伟大的奇观么？↗（巴金《海上日出》）
>
> 当你在积雪初融的高原上走过，看见平坦的大地上傲然挺立这么一株或一排白杨树，难道你觉得树只是树……↗（茅盾《白杨礼赞》）

③ 降抑调（↘）：语流的运行状态先高后低，逐渐下降，句末音节说得低而短促。这种语调常用来表达肯定、坚决、赞扬、祝愿、恳求等感情。肯定句常用降抑调表达，如下面的例句：

> 多么可爱的草地！多么有趣的蒲公英！↘（普里什文《金色的草地》）
>
> 为什么我的眼里常含泪水？因为我对这土地爱得深沉。↘（艾青《我爱这土地》）

④ 曲折调（↗↘）：语流运行的状态呈起伏曲折，或由高到低再扬起，或由低到高再降下，或者句末一两个音节音调曲折并且拖长。这种语调一般用来表达复杂的情绪或隐晦的感情，如惊讶、怀疑、讽刺、幽默等。如下面的例句：

> ——这些海鸭呀，享受不了战斗生活的欢乐：轰隆隆的雷声就把它们吓坏了。（高尔基《海燕》）
>
> 查理是个很调皮的孩子，爱搞恶作剧，没有人喜欢他，倒是他叫自己"好汉查理"。（《好汉查理》）

（2）停顿。

停顿就是语流中的间歇。我们在说话或朗读时，短句可以一口气说完，当遇到长句或者几个句子，中间就要有适当的间歇。语言中的停顿，不单是人们生理上换气的需要，更是表情达意的需要。常见的停顿有以下几种。

其一，句读停顿。按照各种标点符号所做的停顿叫句读停顿。停顿时间的长短一般是：句号＝问号＝叹号＝省略号＞分号＝冒号＝破折号＞逗号＞顿号。

> 那是力争上游的一种树，笔直的干，笔直的枝。//它的干呢，通常是丈把高，像加以人工似的，一丈以内，绝无旁枝；/它所有的桠枝呢，一律向上，而且紧紧靠拢，也像是加以人工似的，成为一束，绝无横逸斜出；/它的宽大的叶子也是片片向上，几乎没有斜生的，更不用说倒垂了；/它的皮，光滑而有银色的晕圈，微微泛出淡青色。//这是虽在北方的风雪的压迫下却保持着倔强挺立的一种树！（茅盾《白杨礼赞》）

其二，语法停顿。表示语法关系的停顿叫作语法停顿。语法停顿可以使句子的各种成分之间关系明确、脉络清楚。语法停顿的时间一般较短促。其停顿的主要位置是主语和谓语之间、动词和宾语之间、附加成分和中心语之间、联合成分之间，特别是各部分较长时，更应注意它们之间的停顿。

> 山/朗润起来了，水/涨起来了，太阳的脸/红起来了。（朱自清《春》）

其三，强调停顿。强调停顿是句子中特殊的间歇。为了强调某一事物，突出某个语意或某种感情，或者为了加强语气，而在不是语法停顿的地方做适当的停顿，或在语法停顿的基础上变动停顿时间，这样的停顿叫作强调停顿，也叫逻辑停顿或感情停顿。

有的人活着/他已经死了；有的人死了/他还活着。（臧克家《有的人》）

春天//像健壮的青年，有//铁一般的/胳膊和腰脚，领着我们//上/前/去。（朱自清《春》）

其四，结构停顿。结构停顿是由文章的层次结构决定的，是为了表示文章的层次、段落等而做的停顿。停顿时间的长短，应视具体的语言环境而定，在一般情况下，间歇时间的长短是：段落＞层次＞句子。

必须注意的是，停顿只是声音的间歇，而朗读者的情绪则不能受到影响。有的人一停顿，就使听众产生"结束"的感觉，这是不正确的。其实，停顿仍是思想感情的继续和延伸，不是休止，更不是中断。停顿运用得当，会给听众留下思索、回味、遐想的余地，收到"此时无声胜有声"的特殊艺术效果。正确的停顿与呼吸有很大的关系，但并不是说每次停顿都要吸气、换气，这样反而会使呼吸急促、情绪紧张。朗读节奏舒缓的作品，可用"慢吸慢呼"的方法，使呼吸和停顿有机地配合，不露呼吸的痕迹；朗读节奏快的作品，则用"快吸快呼"的方法，利用呼吸造成一种声势，使朗读更有艺术感染力。总之，要根据文章的内容来决定停顿时采用哪种呼吸方法。恰当地运用停顿和呼吸，能使它们配合相得益彰。

（3）重音。

朗读时，为了强调或突出某个词或短语甚至某个音节而读得重一些，这些重读的成分称为重音。朗读时，必须区分句子中哪些词是主要的，哪些词是次要的，并使次要的词从属于主要的词。一个独立完整的句子，只能有一个主要重音。重音不一定都是重读，突出重音的方法多种多样，重读是突出，轻读、拖长也是突出。要处理好重音与非重音、主要重音与次要重音的关系，要学会在朗读时把非重音、次要重音一带而过的技巧。重音分语法重音和强调重音两种。

其一，语法重音（用"．"表示）。语法重音是根据句子语法结构对某个句子成分所读的重音，这种重音只是比一般的非重音稍重，不很明显。语法重音的位置比较固定，以下成分一般重读。

① 句子中的主语。

　　早晨，阳光照到了阳台上，妈妈在给奶奶晒棉被。

② 一般短句里的谓语。

　　风停了，雨住了，太阳出来了。

③ 名词前面的定语。

　　我们的哨所，在那高高的山崖上。

④ 动词或形容词前面的状语。

　　祖国的山河多么美丽呀！

⑤ 动词或形容词后面的补语。

　　他的嘴唇干得裂了好几道血口子。

⑥ 某些代词。

　　这本书是从哪儿借来的？

⑦ 介词"把"的宾语。

　　鬼子把前后院都翻遍了。

其二，强调重音（用"．"表示）。强调重音，又叫逻辑重音或感情重音，是为了有意突出某种特殊思想感情而把句子里某些词语读得较重的现象。强调重音比非重音明显加重。强调重音在语句中并没有固定的位置，完全是根据语意的需要而定的。同样的一句话，在不同的语言环境中或不同的思想感情的支配下，所要强调的部分并不相同。如下面两组例句，只有说出或读出强调重音，才能准确表达每句话的意思。

　　那是你的书？这是我的书。（那本不是）
　　这是谁的书？这是我的书。（不是别人的）
　　这是你的什么？这是我的书。（不是别的东西）
　　这是不是你的书？这是我的书。（的确是）

（4）节奏。

朗读的节奏是指朗读过程中语音的快慢、强弱、轻重、高低、长短的有规律的回环往复形式。受作品的基调和思想内容的制约，朗读时应注意抑扬顿挫、轻重缓急的不同节奏。恰当地把握朗读的节奏，既能彰显有声语言的音乐美感，又能形象地表达作品的意境和思想感情。根据节奏的基本特点和表现形式，常见的节奏类型如下。

其一，轻快型。这种朗读节奏的语调轻松快捷，声音形式多扬少抑、多轻少重，语节少，词语密度大，有时有跳越感，多用来描绘欢快、欣喜、诙谐的情感。如：

　　我爱看天上的一片云，那片白白的、会变的云。瞧它一会儿变成只小黄狗，摇着尾巴，追着太阳跑；一会儿变成只小灰羊，在草原上撒欢儿跳高。

其二，凝重型。这种朗读节奏话语凝重，声音较低，音强而着力，语调多抑少扬，音节多，多用来表示严肃、庄重、沉思的意味。如：

　　然而，多数中国文人的人格结构中，对一个充满象征性和抽象度的西湖，总有很大的向心力。社会理性使命已悄悄抽绎，秀丽山水间散落着才子、隐士，埋藏在身前的孤傲和身后空名……再也读不到传世的檄文，只剩下廊柱上龙飞凤舞的楹联。再也找不到慷慨的遗恨，只剩下几座既可凭吊也可休息的亭台。再也不去期待历史的震颤，只有凛然安坐着的万古湖山。（余秋雨《西湖梦》）

其三，低沉型。这种朗读节奏语势沉缓，多抑少扬，多重少轻，音强而着力，词语密度疏，常用来表现庄重、肃穆的气氛和悲痛、抑郁的情感。如：

　　灵车队，万众心相随。哭别总理心欲碎，八亿神州泪纷飞。红旗低垂，新华门前洒满泪。日理万机的总理啊，您今晚几时回？（《敬爱的周总理永垂不朽》解说词）

其四，高亢型。这种朗读节奏语速较快，步步上扬，声音多重少轻，语节多连少停，语调高昂，常用来表现热烈、豪放、激昂、雄浑的气势。如：

　　暴风雨！暴风雨就要来啦！
　　这是勇敢的海燕，在怒吼的大海上，在闪电中间，高傲地飞翔；这是胜利的预言家在叫喊：
　　——让暴风雨来得更猛烈些吧！（高尔基《海燕》）

其五，舒缓型。这种朗读节奏语速舒展自如，语调较平稳，语节多连少顿，声音轻柔而不着力，常常用来描绘幽静的场面和美丽的景色，也可以表现舒展的情怀。如：

大海上一片静寂。在我们的脚下，波浪轻轻地吻着岩石，睡眠了似的。在平静的深暗的海面上，月光辟了一条狭而且长的明亮的路，闪闪地颤动着，银鳞一般。（鲁彦《听潮的故事》）

　　其六，紧张型。这种朗读节奏语速快，语调多扬少抑，多重少轻，声音较短，气息急促，多表达紧急、气愤、激动的情绪。如：

　　今天，这里有没有特务？你站出来！是好汉的站出来！你出来讲！凭什么要杀死李先生？杀死了人，又不敢承认，还要污蔑人，说什么"桃色事件"，说什么共产党杀共产党，无耻啊！无耻啊！（闻一多《最后一次演讲》）

第二节　不同文体的朗读

　　朗读是口语交际的一种重要形式。朗读可以提高阅读能力，增强艺术鉴赏能力。更重要的是，通过朗读，大者，可以陶冶性情，开阔胸怀，文明言行，增强理解；小者，可以有效地培养对语言词汇细致入微的体味能力，以及确立口语最佳表述形式的自我鉴别能力。

　　为了准确而有创造性地传达作品的思想感情，朗读者在朗读作品之前应该准确、深入地理解作品，尤其是不同体裁作品的内容和结构特点对朗读的影响和要求，掌握各类文体朗读的基本规律。对于诗歌、散文等抒情性比较强的作品，朗读时要注意表现其感情脉络和抒情线索；对于叙事性较强的小说、童话、寓言等作品，朗读时要注意表现作品的故事情节和人物性格；此外，还有说明文、议论文等。下面简要介绍诗歌、散文、小说、记叙文、童话、寓言、说明文、议论文等常用文体的朗读技巧。

一、诗歌的朗读

（一）不同类型诗歌的朗读

1. 格律诗的朗读

　　格律诗是中国古典诗歌中法度最为严谨的一种诗歌体裁。格律诗，有五言律诗和七言律诗，而且篇有定句，句有定字，字有定音，音分平仄。不同的格律，还有不同的语节，如五言律诗是二、二、一、二、一、二或二、三的格式，七言律诗一般是二、二、三的格式。虽然格律诗语节、韵脚、平仄一定，但朗读时要以充分表达诗的思想感情为目的，做到"语无定势"。

2. 自由诗的朗读

　　自由诗提倡以接近大众口语的简洁亲切的俗字俗语取代文言的艰涩滥调，实写社会状况，表现诗人自身真挚的感情和崭新的思想。自由诗语言凝练、跳跃性较强，体式上有意追求一种无拘无束、自由自在的表达方式。朗读这类诗歌时，要以具体形象的比喻和象征传达出意境的可感性，发挥意境的感染力。如徐志摩的《再别康桥》：

  轻轻的我走了，
  正如我轻轻的来；
  我轻轻的招手，
  作别西天的云彩。
  那河畔的金柳，
  是夕阳中的新娘；
  波光里的艳影，
  在我的心头荡漾。
  ……

  朗读这首诗时，要紧紧抓住诗中"康桥""金柳""新娘"等形象及其意境，以轻柔的语调、舒缓的语音，将诗中所描绘的"柳丝摇动，就像美丽的新娘摇动的身姿"那样的柔情表达出来。

  另外，朗读自由诗，要把握诗歌的节奏，重视其诗的意味。自由诗在体式上追求一种无拘无束、自由自在的表达方式，每行的字数不定，语节不定，但朗读时也要注意把握诗歌的节奏。郭沫若在《论节奏》中讲道："节奏之于诗是她的外形，也是她的生命。我们可以说没有诗是没有节奏的，没有节奏的便不是诗。"节奏是诗歌的生命，自由诗讲究诗的呼应对称、语节对称等，这种多层次、多样化的呼应对称、语节对称，更能增强自由诗的回环往复而不显杂沓的节奏感。如：

  轻轻的｜我走了，
     △
  正如我｜轻轻的来；
    △
  我轻轻的｜招手，
  △
  作别｜西天的｜云彩。
  那河畔的｜金柳，
  是夕阳中的｜新娘；
  波光里的｜艳影，
  在我的｜心头｜荡漾。

  按照上面音步的划分来朗诵这首诗，不仅能充分地展现出情景交辉的艺术境界，而且舒缓的节奏也会像甘泉一样汩汩流淌。由于自由诗在表达感情和使用语言上比古典诗词有更大的自由，因而音步的划分也要更灵活些。如果我们把带有"△"符号的字也作为一个音步，是完全可以的。把抒情主人公"我"作为一个音步，便突出、加强了"我"的地位和形象，从而可以获得不同的抒情效果。

  诗歌的节奏应该是随着作者的情感波涛而起伏的，诗人的情感也通过诗行传达出来。一节多行的诗使诗人的感情抒发得淋漓尽致。比如艾青的《大堰河——我的保姆》写道：

  大堰河，为了生活，
  在她流尽了她的乳液之后，
  她就开始用抱过我的两臂劳动了；
  她含着笑，洗着我们的衣服，
  她含着笑，提着菜篮到村边的结冰的池塘去，

她含着笑，切着冰屑悉索的萝卜，
她含着笑，用手掏着猪吃的麦糟，
她含着笑，扇着炖肉的炉子的火，
她含着笑，背了团箕到广场上去晒好那些大豆和小麦，
大堰河，为了生活，
在她流尽了她的乳液之后，
她就用抱过我的两臂，劳动了。

以上就是用一个多行诗节，尽情歌颂了保姆的勤劳。

（二）诗歌朗读的基本要点

1. 把握作品的感情基调

要使朗诵具有感染力，表达出自己的感受，传递出作品的神韵，关键的一点，是要把握好作品的感情基调。如果不了解白居易《琵琶行》中感伤的情感基调，就无法把离别之愁、琵琶声之悲、身世之悲、同病相怜之悲、触动自身坎坷之痛之悲一层一层地传递出来。如果不了解李白《将进酒》正值"抱用世之才而不遇合"之际，于是诗人借酒兴诗情，淋漓尽致地抒发满腔愤懑之情，就不能表现那既豪放又感伤的复杂情怀。

2. 体会人物的性格特征

朗读前可以了解诗歌中人物的性格特征，揣摩人物的语言口吻，从而细致入微地再现作品，达到传神动人的效果。如把握《诗经》中女子的痴情、专一、勤劳、善良，以及被弃后的坚强、果断的品质，把握《孔雀东南飞》里刘兰芝的忠贞、专一、善良、倔强，以及焦仲卿的专一、善良而懦弱的性格特征，可凭借富有个性的人物形象使作品的警示力量更加突出。

3. 注意作品的风格特征

创作时代不同、作者不同，或同一作者的创作时期不同，不同的诗歌会呈现出不同的风格特征：或豪放，或婉约；或浪漫，或现实；或轻快明丽，或沉郁悲壮……朗诵时注意对诗歌作品的风格加以仔细体会，可更好地演绎作品，传达出作品的神韵。

4. 处理好语言的声音表达

诗歌的朗读，节奏的停顿尤其重要，节奏停顿要注意连而不断，并且要注意为加强语气、阐明观点、表达感情做逻辑的停顿。朗读语速的快慢安排要依情节发展与感情的表达灵活处理。一般情节紧张、情绪欢快昂扬时语速较快，情节舒缓、情绪忧郁悲伤时慢语速较慢。重音的处理，要结合句子找出规律，以更好地表情达意，如谓语动词、表性状程度的状语、表性状强调的定语、表结果或程度的补语、疑问代词、指示代词等要重读。至于语气语调，只要理解作品中祈使、陈述、疑问和感叹句的作用，灵活处理，一定会为朗读添彩。

二、散文的朗读

散文是指篇幅短小、题材多样、形式自由、情文并茂且富有意境的文章体裁，其特点是通过叙述、

描写、抒情、议论等各种表现手法，创造出一种自由灵活、形散神凝、生动感人的艺术境界。朗读散文时要理清线索，摸准神韵，表达细腻，点染得体，语气要轻柔，抒情要真挚。

（一）散文的朗读基调

散文是从作者的主观视点来观察世界万物，从中有所感悟，于是有感而发，抒发自己的感想。朗读散文，是跟着作者的感受去看去想，最终和作者的感受合而为一，所以散文朗读的基调是平缓的，没有太大的起伏，即使是在作品的高潮之处，也不会像演讲那样异峰突起、慷慨激昂。在朗读散文时，要用中等的语速、柔和的音色，一般用拉长而不用加重的方法来处理强调重音。散文虽然不像诗歌那样有规整的节奏和严格的韵律，但也十分讲究节奏和韵律美。例如在朗读"风，轻悄悄的；草，软绵绵的"时，我们可以用相同的语调来读这组语句，使文中的韵律美表现出来。

散文也有不同的类型。有的散文以抒情为主，不写人和事。例如朱自清的散文《荷塘月色》《匆匆》，就是在抒发作者个人的感受。有的散文中虽然也会出现一些事物，但是这些事物都是虚写而不是实写的，是概括而不是具体的。例如朱自清在散文《春》中描写春天，赞美春天，发出"一年之计在于春"的感想，从而激发了对生活的热爱，文章基调是热情、愉快的，因此，我们应该用明朗、甜美的声音去朗读。文章的描述中虽然有山有水，有花有鸟，还有人，但是这些都不是具体的某一个人。我们在朗读这一类型的散文时，完全可以以作者的感受为线索。如在朗读《春》时，文章一开始展现的是一种殷切期盼的情感，所以在朗读"山，朗润起来了；水，涨起来了；太阳的脸，红起来了"时，要把三个层次读出来，把春天离人们越来越近、人们越来越欣喜的心情读出来。中间的部分，作者从各个方面来描写春天，也表现了作者对春天的热爱。我们可以用减慢语速、降低音量的方法把描写和抒情区别开来。最后的三小节，用娃娃、姑娘、青年来比喻春天，体现了人们对新的一年的憧憬和希望，情绪也随之转向高昂，因此朗读的音量、语速也应随之步步提高。

另外一种类型的散文稍有不同。这些散文中穿插着一些人和事，正是这些人和事给了作者以启示，由此产生了感慨。那么怎样来朗读这种类型的散文呢？总的说来，我们应该把其人其事作为散文的一个组成部分而不是把它们作为一个故事来朗读。

（二）散文的朗读要求

1. 抓住线索与主题

散文的结构、风格式样很多，写法多样，但无论什么类型的散文，都有形散神聚的特点，总是有一条清晰的线索贯穿全文，统领全篇。要么自始至终用一种充沛的激情来描写感人肺腑的人和事，使全文浑然一体，例如魏巍的《谁是最可爱的人》一文，作者向人们展现的就是一种激昂的爱国主义、国际主义之情；要么以一些寓意深邃的话语统领全文，如柯岩的《岚山情思》就是以周总理病重时的一句情深意切的话为主旨进行构思的。朗读散文时，应根据文章的主题和发展线索，用停顿的长短来显示文章的结构变化及语脉发展，用重音和语调来突出主题，使语脉清晰，聚而不散。

2. 感情要真实

朗读散文应力求展示作者倾注在作品中的情感，充分表现作品中的人格意象。朗读散文时要充分把握不同的主题、结构和风格，如茅盾的《白杨礼赞》热情地赞美了白杨树，进而赞美了北方的农民，赞美我们的民族在解放斗争中所展现出的质朴、坚强以及力求上进的精神，朗读时要充分把握这种感情基调。

3. 要善于变化

散文的语言风格自由舒展，表达细腻生动，抒情、叙述、描写、议论等表现手法相辅相成，显得生动明快。叙述性语言的朗读要语气舒展，声音明朗轻柔，娓娓动听；描写性语言的朗读要生动、形象、自然、贴切；抒情性语言的朗读要自然亲切、由衷而发；议论性语言的朗读要深沉含蓄、力透纸背。朗读者应把握散文的语言特点，恰如其分地处理好语气的高低、强弱，节奏的快慢、急缓，力求真切地把作者的"情"抒发出来，把握散文形散神聚的特点。

三、小说的朗读

小说是通过完整的故事情节和具体的环境描写，塑造典型鲜明而又立体生动的人物形象，多方面地反映社会生活的一种文学样式。一般来说，小说的朗读要尽可能地把作品中叙述的语言和人物交际的语言区分开来，朗读故事内容时声音要稍微地低一些，朗读人物语言时声音就要高一些，尤其要读好人物的对话。人物的语言是人物的间接形象，小说中的人物形象丰富多样，朗读时要特别注意每个人物的性格、身份及思想特点，处理好人物对话间的衔接，能够从一个人物快速地转移到另一个人物，把不同人物的特征逼真地显现出来。而且还要有准确而深刻的理解能力、丰富而细腻的感受能力，以及生动形象的表现能力等。小说的朗读要做到以下几方面要求。

（一）要把握好人物的特点

把握小说人物的性格主要从小说的情节和人物的行为、语言中去挖掘。如《红楼梦》里每个人物的性格都异常鲜明，作者写出了人物性格的复杂性，又着重描绘出他们各自的性格特点。人物突出的性格特点是通过许多不同的事件和行为所显现出来的，离开了这些事件和行为，人物的性格特点也就无从体现了。《红楼梦》中的王熙凤性格色彩丰富，个性鲜明突出，她的性格基调可以比作一条美丽的蛇，内里心毒手狠、贪婪无比、心计极深，外在则八面玲珑、惯于逢迎、口齿伶俐、谈笑风生，给读者留下不可磨灭的深刻印象，是个脍炙人口的不朽艺术典型。

人物性格同时也体现在人物的语言中。朗读者要反复钻研分析小说的每个情节，琢磨人物的每一句话，透过字里行间探索人物性格特点，理解人物的思想感情，在心中形成对人物的深刻认知。

（二）要用语言塑造形象

朗读者在朗读小说时，应充分表露、揭示小说人物的思想意愿、感情起伏、情绪变化，要试图把作者的创作想法表达出来，语言上要有鲜明的动作性，语言要性格化，从而体现出人物的性格特征。

语言和动作一样，都是人的内在思想感情活动的产物，而"语言是人的思想的最具体的表达者"，最能倾诉复杂、细腻的感情变化，亦即所谓"言为心声"。朗读者可以通过准确地运用为表现和传达丰富的思想所需要的极其细腻的语调变化，来使观众听见你的思想。

通过语言，我们可以表达劝慰、说服、阻止、打动、威吓、诱惑、煽动、刺激、激怒、挑逗、教训、命令、开导、请求、哀求、辩护、辩解等情形。语言作为塑造人物形象、刻画人物性格的重要手段，必须做到性格化。语言的性格化要做到两个方面：一是小说的内容中人物所说的话要符合人物的性格，体现出人物的个性特征；二是人物语言性格化的体现，这就要靠朗读者来完成了。朗读语言不能"千人一声"，而要做到语言肖似、宛如其人，说一个人像一个人，不使雷同。不同的人、不同的性格，其说话方式都有独特之处，老年人与中年人不同，中年人与青年人不同，性情粗暴的人与性情温和的人不同，工人与农民不同，文化程度高的人与文化程度低的人不同，轻浮的人与深沉的人不同，幽默的人与忧郁的人不同，坦率开朗的人与阴险狡诈的人不同……形形色色，不一而足。这些千差万别，具体地体现在人物的声音、音色、说话时的习惯、语气、语调等方面，所以在朗读中体现语言性格化的手段有"声音的化装"，探寻具有鲜明性格特征的说话习惯，掌握符合人物性格的语气、语调等。

（三）表达要把握分寸

朗读时要注意表达的节制，不要流于过火，也不要太平淡，既不能表演得过分，又不能太懈怠，这都属于朗读的分寸感问题。朗读的分寸感，少则偷工减料，多则庞杂臃肿，欠则意犹未尽，过则失真走味。听众往往是十分敏锐的，特别是紧要关头，人物思想感情变化复杂微妙的关键时刻，朗读表达的分寸稍稍不对、不足或是太过了，就会让听众感到很不满足，犹如别人给你搔痒没有搔到痒处那样难受。

那么，朗读分寸感的依据是什么？怎样算是分寸合适、恰到好处呢？莎士比亚对此已有正确回答："接受你自己的常识的指导"，合乎"自然的常道"。就是要符合生活的常情，符合人物的性格、人物所处的规定情境以及特定的人物关系。

（四）用声富于变化

朗读小说时，对故事情节过程的表现，需要朗读者有自如的用声能力。声音的虚实、明暗、强弱、快慢变化与气息的控纵有度是重要的表达技巧。这些外在的表达和内心的感受需要做到相互和谐，才能真正地感染听众。

四、记叙文的朗读

记叙文，无论记人、叙事、写景、状物，总会给人以启迪，而这种启迪是在清晰、亲切的叙事中隐约流露的，很少有说教的意味。因此，朗读记叙文时要求因事明理，以事教人，感受具体，表达细腻，语气自然，节奏简朴。记叙文的朗读应注意以下三个方面。

（一）要理清线索

记叙文的朗读，首先要抓住作品发展的线索，理清脉络。线索，有时候表现在人、事、物的轴心作用上，有时则以人物思想感情的贯穿作用为转移。剖析并把握线索，有利于突出记叙文的特点，也有利于把内容叙述交代清楚。记叙文中记叙的对象并不一定就是作品的线索，不能只从文字表面着眼，而要把握作品结构的内在联系。对于作品的线索，朗读者要在分析理解、具体感受之后，跳脱出来，综观全篇，以便把握住语流行进的方向。同时，还应该注意处理好各个曲折之间的转换，虽百转千回，但不离主线。

（二）注意具体立意

作品的立意就是作品的主题，记叙文的主题大多不直陈，而是通过记人叙事来展现的。朗读记叙文时也不能把主题强加给听众，而应沿着记叙的线索因势利导，使听众在不知不觉中有所感触，并从中得到启迪。要做到这一点，朗读者就必须具体到从作品的每一段、每一句中去感受作品的立意，而不能只在一些点题句上下功夫。

（三）表达要细腻

记叙文的语言表达总是十分细腻的，只有细腻地叙述和描写，才能具体地展示立意。对此，朗读时需要深入体味，准确表现。为了在朗读时表达细腻，我们必须特别注意以下几点。

1. 叙述要舒展

记叙文的大量篇幅是叙述，朗读时，要注意把语句"化"开，根据发展线索、主次关系，"丁是丁，卯是卯"地读清楚，这样不但可以显露真挚的情感，而且有利于语气表达自然、畅达。如果叙述不够舒展，就会出现紧巴巴的语流，显得仓促而平淡。

2. 描写要实在

描写在记叙文中有重要的作用，它使人产生真切的联想，加强形象感受，从而深化立意。但是，朗读描写语句不宜夸张，也不要故作多情，自我陶醉，应该把描绘的生活图景实实在在地呈现在听众面前，让听众获得真实的形象，自如地去体味。

3. 人物要神似

在朗读记叙文中的人物描写时，要以表达人物的精神境界、思想深度为重点，也要照顾到人物的性格特征、年龄大小和人物之间的关系。此外，不要模拟人物的音容笑貌、方言土话，那种扮演式的朗读，表面上似乎是在写实，实际上则远离了真实的情感，只能给人以做作的感觉，特别是人物的对话，一定要为立意服务，不能单纯考虑用什么样的音色说话。如杨朔的《荔枝蜜》：

> 花鸟草虫，凡是上得画的，那原物往往也叫人喜爱。蜜蜂是画家的爱物，我却总不大喜欢。说起来可笑，孩子时候，有一回上树掐海棠花，不想叫蜜蜂蜇了一下，痛得我差点儿跌下来。大人告诉我说，蜜蜂轻易不蜇人，准是误以为你要伤害它，才蜇；一蜇，它自己耗尽生命，也活不久了。我听了，觉得那蜜蜂可怜，原谅它了。可是从此以后，每逢看见蜜蜂，感情上疙疙瘩瘩的，总不怎么舒服。
>
> ……
>
> 透过荔枝树林，我沉吟地望着远远的田野，那儿正有农民立在水田里，辛辛勤勤地分秧插秧。他们正用劳力建设自己的生活，实际也是在酿蜜——为自己，为别人，也为后世子孙酿造生活的蜜。
>
> 这天夜里，我做了个奇怪的梦，梦见自己变成一只小蜜蜂。

文章以"我"对蜜蜂的感情变化为线索，我对蜜蜂从讨厌到喜欢，从喜欢到赞叹，再由赞叹到"梦见自己变成一只小蜜蜂"，感情得到了升华。朗读这篇记叙文时，要注意作者的感情的转换，突出记叙性，避免平铺直叙。

五、童话的朗读

童话是一种通过丰富的想象、幻想和夸张来创造形象、反映生活、对儿童进行教育的文学体裁。童话的语言浅显、生动而优美，情节富有趣味，对孩子们有磁石般的吸引力。同时借助虚幻的故事、假想的童话形象，展示了多姿多彩的童话世界，向儿童传授知识并进行思想教育。因此，朗读童话时就要相应地运用适合儿童心理特点的声音技巧,再现神奇的童话情节,表现特异的童话形象。朗读童话要掌握以下几方面技巧。

(一)带着童心,再现童话形象

童话是儿童们的精神食粮,朗读童话作品时,要有一颗童心,像儿童那样看待童话中的每个人物、每个情节。童话的基本内容主要是通过童话形象来表现的,童话形象主要是运用拟人手法来塑造的,是虚拟的。出现在童话作品中的形象,不管是花鸟虫草、风霜雨雪,它们都披着人的外衣,像人一样会说话、有思想,和现实生活中的人一样活动着,而且它们的言行举止都是稀奇的,极度超越常人之外。童话作者正是通过拟人这一修辞手法,塑造出一个个栩栩如生的童话形象,描绘出一幕幕曲折离奇的童话场景,从而深深地吸引了无数的小读者。所以,朗读童话时,朗读者必须带有一颗童心,将自己童化,在感受原作的基础上,抓住童话形象的特点,可以与现实生活中某些人相类比,看看童话形象与现实生活中的哪些人有相同、相近或相似的特点,并赋予童话形象以人格化,还可以按照与童话形象相同、相近或相似的现实生活中某种人的某些特点,去构思和设计朗读的语气和语调。如安徒生的《卖火柴的小女孩》:

  天冷极了,下着雪,又快黑了。这是一年的最后一天——大年夜。在这又冷又黑的晚上,一个光着头、赤着脚的小女孩在街上走着。她从家里出来的时候还穿着一双拖鞋,但是有什么用呢?那是一双很大的拖鞋——那么大,一向是她妈妈穿的。她穿过马路的时候,两辆马车飞快地冲过来,吓得她把鞋都跑掉了。一只怎么也找不着,另一只叫一个男孩捡起来拿着跑了。他说,将来他有了孩子可以拿它当摇篮。

  ……

  "她想给自己暖和一下……"人们说。谁也不知道她曾经看到过多么美丽的东西,她曾经多么幸福地跟着她奶奶一起走向新年的幸福中去。

这篇童话中的小女孩,她虽具有一般人的体态,但她的所作所为又是离奇、超出一般常人之外的。朗读这类作品,要着重抓住人物形象在语言、行动、心理、神态等方面的特点,通过音色、音高、语气、语调等的变化,把人物形象的个性展现给听众。

第一段主要描写小女孩所处的寒冷、凄凉的环境。朗读时,朗读者的内心要充满对小女孩深深的同情,语调应低沉、缓慢。对环境的描述要着重表现出"冷""雪""黑",对小女孩的描述要着重表现出"冷""饿"。这一段在朗读时气沉声缓,多用降调。第一句"天"后做短暂停顿,用重读的方式突出全句的主要重音"冷","雪"轻扬,句末"黑"字用虚声,同时拖长音节,句调下降,渲染出"冷"的氛围。第二句强调"最后"二字,因为这一天既是一年的"最后"一天(大年夜),同时又是小女孩在这个世界的"最后"一天;破折号停顿时间稍长,然后缓缓读出"大年夜"。第三句中重读"冷""黑",这是对环境的描写;重读"赤",这是对小女孩的描写。第四句接着写小女孩原本穿着一双拖鞋。试想,在这漆黑、寒冷的大年夜,小女孩光着头、赤着脚,穿的还是拖鞋,而且还是很大的、妈妈穿的拖鞋!朗读时,"但是"后稍顿,"很大""那么"重读。第五句写小女孩穿过马路,两辆马车冲过来,因为马车是"冲"过来的,所以朗读这句话时速度要快,节奏要强。朗读男孩嘲弄小女孩的话时,语气不能轻松、活泼,因为要联想到当时小女孩所处的环境和遭遇,语气应该是严肃而沉重的。

最后一个自然段,对"多么美丽""多么幸福""新年的幸福"要用缓慢的速度予以重读,以引起听众的深思。

（二）展开想象，再现幻想世界

童话是一种带有浓厚幻想色彩的虚构故事，幻想是童话的基本特征。童话作品无不充满神奇而生动的幻想，为人们展示了一个个绚烂多彩的幻想世界。所以，朗读童话时，朗读者必须根据所读的内容，展开丰富的想象，从而将多彩的幻想世界，真切生动地再现在听众面前。

例如在朗读安徒生的《卖火柴的小女孩》这篇童话时，朗读者要在研读作品的基础上，对小女孩忍饥挨饿冒雪在街头卖火柴、在极度饥寒交迫中四次擦燃火柴以及在大年夜被冻死等情境，展开合理的想象，真切感受安徒生笔下小女孩的悲惨生活，体会小女孩的喜悦与悲哀。在此基础上确定这篇童话的基本语调为低沉、缓慢，朗读的基本语气为哀怜并带有启发性。在具体朗读时，根据故事情节的发展和再想象获得的真切感受，灵活变换语气和语调，这样朗读起来才能真切感人。

文中写到小女孩四次划亮火柴，出现四幅不同的幻景，而且幻景里出现的具体场面，又和小女孩的现实需要紧密联系。如现实生活中的小女孩需要温暖，她第一次划亮火柴后，就出现了一个装着闪亮的铜把手的火炉，火炉里的火烧得旺旺的，小女孩感到温暖、明亮而舒服。小女孩每划一次火柴，情节就向前推进一步。但幻景毕竟不是现实，几次失望的痛苦，使小女孩几乎绝望了，在这个世界上没有一个人疼爱她，所以，当她在火光中看见唯一爱她的奶奶时，便不顾一切地喊出了"奶奶""请把我带走吧"的呼喊。第四个幻景，是小女孩心理活动发展的顶点，朗读"奶奶"时，要用较高的声音、较快的语速，表现惊喜的心情，小女孩哀求奶奶把她带走，因为她预感到幻景即将破灭，奶奶就会随着火柴的熄灭而不见，可以想象到她向奶奶扑过去，跪在奶奶面前哀求的情景。朗读"请把我带走吧"时，应用祈求的语气，表现小女孩急切的心情。

虽然文章出现的四次幻景，作者不是以第一人称来叙述的，但朗读者要从主人公的处境去感受所发生的一切，表现出小女孩的内心世界。在朗读小女孩第二次擦燃火柴出现的幻景时，朗读者要展开合理而丰富的想象。火柴发出亮光后，要努力想象小女孩看见透明的薄纱、雪白的台布、精致的盘子和碗、正冒着香气且背上插着刀蹒跚向小女孩走来的烤鹅等幻景。火柴灭了，美丽的幻景消失了，小女孩又回到了饥饿、寒冷、痛苦的现实中。通过这样的想象，朗读者把自己融进作品里，和小女孩一起快乐、一起悲哀。朗读时要突出幻想和现实的强烈对比。幻景出现时，语调要稍高一点，带着惊奇、喜悦的语气，从而把小女孩在幻景出现时的欢乐表现出来；幻景消失时，用较低弱的声音，较缓慢的速度，带着悲哀、痛苦的语气来读，从而把小女孩在幻景消失后的悲痛显示出来。

此外，朗读童话时，要尽量用生活中口语的语气、语调，甚至可以比口语更夸张一些，但也不能机械地去模仿那些动物的声音和样子，免得冲淡了作品的情节和思想性。童话中重复出现的情节和对话，朗读时要加以区别，以显示出层次感。[①]

（三）虚实结合，适度夸张

朗读童话的语气很重要，应尽可能接近口语，自然、流畅。夸张的口吻可以从节奏、速度、音量等方面进行技巧处理，以求取得较好的效果。《安徒生童话》《格林童话》是优秀的童话著作，作者用充满童心童趣的创作手法来告诉人们生活的道理。如《皇帝的新装》：

> 许多年以前，有一位皇帝，他非常喜欢好看的新衣服。为了要穿得漂亮，他不惜把他所有的钱都花掉。他既不关心他的军队，也不喜欢去看戏，也不喜欢乘着马车去游公园——除非是

[①] 方彩芬. 童话的朗读艺术 [J]. 宁波大学学报（教育科学版），1999（3）：60-61.

为了显耀一下他的新衣服，他每一天每一点钟都要换一套衣服。人们提到他的时候总是说："皇帝在更衣室里。"

……

"他实在是没有穿什么衣服呀！"最后所有的老百姓都说。皇帝有点儿发抖，因为他似乎觉得老百姓们所讲的话是对的。不过他自己心里却这样想：我必须把这游行大典举行完毕。因此他摆出一副更骄傲的神气，他的内臣们跟在他后面走，手中托着一条并不存在的后裙。

在朗读这篇童话故事的时候，最重要的是要把每个角色的特点读出来。读到皇帝的时候，要将其腐败无能的一面读出来，语气应该是嚣张跋扈却又无知肤浅的；骗子也就是裁缝的角色塑造应该是狡猾阴险的；说真话的小孩应该是天真烂漫、无所畏惧的；读到大臣的时候，应该是矛盾、纠结、心虚的……不同的角色因为被赋予了不同的性格特色，因此要在充分理解各个角色的感情色彩后，用正确的朗读技巧诠释此作品。

六、寓言的朗读

在世界文学宝库中，寓言是一颗晶莹璀璨的明珠。在人类文学发展史上，寓言以简洁而富有哲理的故事，储藏着人类的智慧，传承着思想的火花，伴随着人类从蒙昧时代一步步走向现代化。寓言是文学作品的一种体裁，常带有讽刺或劝诫的性质，用假托的故事或拟人手法说明某个道理或教训。"寓"有寄托的意思，这就决定了我们的朗读任务——揭示寓意。

寓言故事的特点就在于构思巧妙，层次感强。层次感是通过句子停顿和语气转换体现出来的。寓言的特点是语言含蓄、生动活泼、篇幅短小、情节紧凑，富于浪漫夸张的色彩，人或物的个性形象鲜明，感情外露明显，是非特点突出，说理具体深刻。有的寓言讽刺意义很浓，大多采用借古喻今、借此喻彼等手法，在简洁明了的故事中蕴含一些深刻的道理，寄托鲜明的哲理。朗读寓言时，必须仔细揣摩寓言中每个字词的含义、人物的个性心理、故事的情节及其蕴含的哲理。人物的个性心理是通过故事中人物的言行举止表现出来的，寓言的哲理有时就是通过故事中角色的愚行窘态表现出来的，要想使听众从寓言中得到正确的观点，悟出深刻的道理，就必须在把握寓言情感色彩的前提下，对故事中角色的愚行窘态的内容，在朗读时通过恰当的语调、否定的语气，进行淋漓尽致的表现。朗读寓言时要注意以下几方面的技巧。

（一）明确作品寓意

寓言的特点之一是借事喻理，每一篇寓言的寓意都是不同的。有的反映人们对生活的看法，有的是对某种社会现象加以批评，有的是对某一阶层或某一类人物有所讽刺，或提供某种生活的教训，或进行某种劝诫。总之朗读时应先弄清寓言的寓意是什么，然后抓住关键所在，用最适当的语气语调予以表现。

对于中国古代寓言的朗读，应尽可能弄清楚寓言的出处，掌握相关背景知识，增加自己的知识积累，以准确概括寓意。在阅读一篇寓言故事时，不能仅仅停留在故事的表层，应该用心去体会故事想要告诉我们的道理，洞察故事深刻的思想内涵，准确把握寓意，从而有所感悟、有所收获，这样在朗读的时候也可以以一个知情者的身份去告诫他人。如《龟兔赛跑》的寓言故事就是用乌龟和兔子两种动物拟人化的行为来告诫人们谦虚使人进步，骄傲使人落后，不要轻易小看比你弱小的对手。

（二）生动刻画形象

寓言故事大都通过相关形象的具体行为来表现所要说明的问题，因此，对形象的塑造展开想象就非常重要。在想象中，不仅要对作品中出现的一些动物、植物或其他物体有所印象，更重要的是还要感受具体形象的行为、动作、心理、情感、神态、声音等。同时，还要在脑海中对作品的时间、地点、环境、人物关系有一个基本的了解。

寓言中出现的一些形象体态只有在朗读者的脑海里活跃起来，才有可能通过有声语言行之于外。寓言的语言表达技巧也要根据作品里的人物设定而变化，对于寓言中出现的形象，作者一般是有所褒贬的，在朗读时，应对作品中的形象好好揣摩，然后决定用什么语气语调进行朗读。

（三）准确把握节奏

寓言是托一个故事来说明道理，一般由故事和寓意两部分构成。一些寓言的寓意是在作品的开头或结尾部分插入议论，直接阐明或帮助点明寓意。这类寓言在朗读时，要注意节奏的处理，故事部分可以朗读得活泼一些，而议论寓意部分的节奏要沉稳，语速适中，含而不露，引而不发，语调平而不板，从容有力。还有一些寓言的寓意是隐含在作品的字里行间，这类寓言在朗读时要通过轻重缓急、高低停连的节奏变化来表现情节的张弛。

（四）适度运用夸张

寓言经常采用夸张的表现手法，以达到讽刺批评的目的。寓言的主人公是粗线条的、写意式的，甚至是漫画的虚构的人物形象，情节的设置大多也是虚构的。因此，在朗读时，可以在人物的动作、语言、心理刻画等方面采用夸张的表现手法，使人物性格中的可笑愚蠢之处得到渲染，让听众在哑然失笑中捕捉到深刻的寓意。

七、说明文的朗读

说明文，就是以说明为主要表达方式来解说事物、阐明事理而给人以知识的文章。它通过对实体事物的解说或对抽象道理的阐释，使人们对事物的形态、构造、性质、种类、成因、功能、关系，或对事理的概念、特点、来源、演变、异同等有所认识，从而获得有关的知识。说明文的朗读要注意以下几个方面的要求。

（一）确定朗读基调

说明文具有条理清楚、结构严谨的特点。在朗读说明文时，不像朗读记叙文、寓言等文章需要投入一定的情感。说明文的朗读基调应较平实，在语速、停顿等方面可以用叙述的语气把文章读正确，强调说明文中所介绍事物的特点，使听众理解说明文的内容。例如《太阳》一文的朗读：

> 有这么一个传说：古时候，天上有十个太阳，晒得地面寸草不生，人们热得受不了，就找一个箭法很好的人射掉九个，只留下一个，地面上才不那么热了。其实，太阳离我们约有一亿五千万千米远。到太阳上去，如果步行，日夜不停地走，差不多要走三千五百年；就是坐飞机，也要飞二十几年。这么远，箭哪能射得到呢？
>
> ……
>
> 太阳光有杀菌的能力，我们可以利用它来预防和治疗疾病。
>
> 地球上的光明和温暖，都是太阳送来的。如果没有太阳，地球上将到处是黑暗，到处是寒

冷，没有风、雪、雨、露，没有草、木、鸟、兽，自然也没有人。一句话，没有太阳，就没有我们这个美丽可爱的世界。

这篇说明文开头引用了一个神话故事，是为了帮助我们理解说明事物的状况，朗读时，可以区别于朗读一般的神话故事时所带着的神秘感情色彩，而应用较平实的叙述语气来朗读。为了强调太阳离我们很远，传说中的"箭能射到太阳"和现实的"箭射不到太阳"，中间用了连词"其实"衔接，为了让听众形象地感受太阳的遥远，朗读时可以将"其实"适当加强语气，又可以让人体会到"其实"这个连词含有转折的意思，引导听众关注句与句之间的条理和顺序。

文章第一段就写明了太阳离地球很远的特点："其实，太阳离我们约有一亿五千万千米远，到太阳上去，如果步行，日夜不停地走，差不多要走三千五百年；就是坐飞机，也要飞二十几年。这么远，箭哪能射得到呢？"此处用了列数字、举例子、类比等说明方法，充分体现了太阳离地球很远的特点。朗读时，应将"其实""一亿五千万千米""太阳""步行""日夜不停""三千五百年""坐飞机""二十几年"等都重读，并且从"就是坐飞机"开始，语速稍微加快，这样太阳远的特点就能很清晰深刻地印在听众的脑海中了。最后，"箭哪能射得到呢"，我们可以用若有所思的语气来读，效果会更好。

（二）把握作品逻辑结构

说明文对科学知识的说明，是按序列层层展开的，为了让听众把握好说明文内在的逻辑结构，在朗读时主要靠正确的停顿、节奏的变化来感受文章的内在逻辑结构。例如朗读事理说明文《蛇与庄稼》：

几十年前，广东沿海发生了一次海啸，是台风引起的，许多田地和村庄被海水淹没了。这场洪水过后，那儿的庄稼总得不到好收成，接连几年都是这样，即使风调雨顺，也不见起色。后来，老农们想出了一个办法，他们托人去外地买了一批蛇回来，把蛇放到田里。说也奇怪，那一年庄稼就获得了丰收。大家不明白这是什么道理。老农把秘密说破了，原来那场洪水把深藏在洞里的蛇都给淹死了，田鼠却游到树上和山坡上，保住了性命。后来洪水退了，田鼠又回到田里糟蹋庄稼，没有蛇来捕捉它们，它们繁殖得特别快，庄稼都让田鼠给糟蹋了。现在田里又有了蛇，大量的田鼠让蛇给吃掉了，因而庄稼又得到了好收成。

……

天上下雨，地面就湿；太阳出来，东西就容易晒干；火会烧毁东西，水可以灭火。这些事儿都是显而易见的，大家都知道。但是世界上的事物除了这样简单的联系之外，还有不少复杂的联系，不是一下子能看清楚的。一个人不讲卫生，在马路上吐一口痰，也许会使许多人得病，甚至染上肺结核。肺结核病人躺在床上呻吟的时候，他怎么会想到使他生病的就是那个在马路上随便吐痰的人呢？事物之间的相互联系是非常复杂的，咱们必须不怕麻烦，研究它们，掌握它们的规律。这样，才能把事儿做得更合咱们的意愿。

第一自然段，叙述了广东沿海地区在发生了一次大规模的海啸后，庄稼得不到好收成，后来一位老农说破了秘密。老农说破秘密时的一段话是因果关系，在这一段话中，老农为了说清蛇与庄稼的关系，先从现象分析，再分析问题的实质，层层递进。因此我们朗读时，应通过语调的变化来表达课文的内在逻辑结构。"深藏在洞里的蛇都给淹死了，田鼠却游到树上和山坡上，保住了性命"读得稍慢，而"它们繁殖得特别快，庄稼都让田鼠给糟蹋了"读的时候应加快语速，"那儿的庄稼总得不到好收成"可以用平常的语速读。

第三自然段，举了一些生活中的简单联系的事例，如"天上下雨，地面就湿；太阳出来，东西就容易晒干"等，每读完一个简单联系的例子，停顿的时间应稍长一些，强调这两种事物之间有一定的联系。这一段中的另外一个例子：一个人随地吐痰，使许多人得病，甚至染上肺结核，这是一个复杂事物的联系，我们在一些关键词的处理上就应该加强语气重读，如"也许""甚至""怎么会"等，突出看似无关的两件事，其实它们之间存在着隐而难见的复杂联系。最后说明文要告诉我们的道理："事物之间的相互联系是非常复杂的，咱们必须不怕麻烦，研究它们，掌握它们的规律。这样，才能把事儿做得更合咱们的意愿。"目的是引导我们掌握事物之间联系的规律，这里可以用较平实的语调、叙述的语气来朗读。

八、议论文的朗读

议论文又叫说理文，是一种剖析事物、论述事理、发表意见、提出主张的文体。作者通过摆事实、讲道理、辨是非等方法，来确定其观点正确或错误，树立或否定某种主张。由此，议论文的朗读，必须有的放矢地把握作品内在的逻辑关系，把概念、判断、推理融会贯通，并以鲜明的态度和具有逻辑力量的有声语言表达出来。议论文的朗读要注意以下几点：首先，观点鲜明，以理服人，议论文是有论点、论据、论证的，这三者关系密切、互相联系，在朗读时要把握住这些，积极主动地去说服别人，让朗读在动感中进行，要据理力辩、以理服人；其次，态度要明朗，感情要含蓄，在朗读时，就是要持肯定、果断、从容的态度，还要讲究分寸，感情要含蓄，就是把感情的运动控制在心里，只在适当时候给予流露；最后，语气要肯定，重音要坚实，议论文有大量的议论句，为了强调论证，在朗读时，要通过加重并延长音节突出重音，有时为了表示语气的深沉，同时并用低、重、长的方法表达重音。此外，语气中要注意停连，证论的过程都可用停连揭示出来。

第三章 复述和解说

导言：复述技能融汇了感知、理解、筛选、归纳、记忆和表达，是教师开展课堂教学的一种重要的表达形式。复述在语文教学中有着重要的作用，它有助于学生理解课文，积累和运用文中的优美词语、精彩句段，在发展学生语言表达能力的同时提高学生的思维能力。解说是利用有声语言对事物进行解释、说明、介绍的一种表达形式，它也是教师课堂教学的一项基本功，常用于教学释疑、实验分析、展览讲解、知识介绍、赛场解说等。因此，学习复述和解说的技能，对于未来的人民教师，是非常必要的。

第一节 复述的基本知识

一、复述的概述

复述是在理解和记忆的基础上，把已经有的材料内容加以整理，有重点、有条理、有感情地将内容重新予以表现的一种口语表达方式。复述是以言语重复刚识记的材料，以巩固记忆的心理操作过程。通过复述，可使短时记忆中的信息得到进一步的加工和组织，使之与预存信息建立联系，从而有助于向长时记忆转移。

二、复述的基本类型

复述主要分为三种基本类型：简要复述、详细复述和创造性复述。

（一）简要复述

简要复述也叫摘要复述或概要复述，是对材料内容进行浓缩概括，即摘取主要观点、主要情节或内容并进行讲述，同时必须保留原材料的中心意思。简要复述要注意把握材料内容的整体和全局，在理清线索的情况下去除枝蔓，同时保持材料内容的前后衔接和结构的完整性，一些描写、过渡、解释、举例等文字语言可省略掉。下面简要复述《林则徐请客》。

林则徐请客

林则徐五十三岁那年，道光皇帝派他到广州担任湖广总督，负责查禁鸦片烟。

一些外国人，总想找机会摸摸林则徐的底细。

一次，英国领事查理设宴，邀请林则徐参加。宴会快结束时，送上来的最后一道点心，是甜食冰激凌。那时候，冰激凌还很罕见。林则徐见冰激凌冒着气，以为很烫，送到嘴边时，还用口吹了吹。这一来，在座的外国人便趁机哄笑。林则徐受到侮辱，心里非常生气。但是，他压住怒火，似乎毫不在意地说："这道点心，外面像在冒热气，其实是冷冰冰的。今天，我算是上了一次当。"

过了几天，林则徐在总督府设宴请客，回敬上次参加宴会的那些外国人。宴席上，一道道端上的都是中国名菜。那些外国人，一个个张大了嘴巴狼吞虎咽。他们一边吃喝，一边赞不绝口。酒足饭饱之后，有个外国人说："中国菜，好吃得没话说，只可惜少了一道甜食。""有！"林则徐便吩咐道，"上甜食！"话音刚落，一盆槟榔芋泥端了上来。外国人见是甜食，便举起汤匙，兴冲冲地舀着往嘴里倒。这一下，可够那些外国人尝的了。他们"啊——""啊——"嚷成一片，喉咙里比卡着鱼骨还要难受。有的挥起手，想伸进嘴巴去抓；有的按住嘴，泪水直淌。一个个洋相出尽，狼狈不堪。

林则徐不动声色，若无其事地说："这是我家乡福建的名点，叫槟榔芋泥。这甜食，看上去外面冰冷，内里却滚烫非常，正好和似热实冷的冰激凌相反。吃的时候，性急不得，性急了就要烫了喉咙！"外国人瞪圆了蓝眼睛，个个呆似猴样。

他们这才感到林则徐不是个好对付的中国官员。

以下是对上文所做的简单复述：

林则徐担任湖广总督时，负责查禁鸦片烟。一些外国人总想找机会摸摸林则徐的底细。一天，英国领事查理宴请林则徐，席间，林则徐吃甜食冰激凌受到侮辱。后来，林则徐在总督府设宴请客，回敬那些外国人。宴席上，那些外国人吃了林则徐安排的槟榔芋泥，个个洋相出尽，狼狈不堪。经过这两次宴请，那些外国人感到林则徐是个不好对付的中国官员。

（二）详细复述

详细复述要尽量完整地保留原作品的观点、主要情节或内容，一般不改变原作中材料的顺序，但在语言风格、人称等方面可以进行改动。下面详细复述《狐狸和葡萄》。

狐狸和葡萄
《伊索寓言》

狐狸饥饿，看见架子上挂着一串串的葡萄，想摘，又摘不到。临走时，自言自语地说："还是酸的。"

以下是对上文所做的详细复述：

有一天，饥饿的狐狸越过果树园的外墙头，看到了成串的葡萄伸出了墙头，非常诱人，这时，狐狸的视线盯到了葡萄上，眼睛都发亮了。多汁的葡萄在阳光中亮晶晶的，像碧玉一般，可惜的是葡萄都挂得高高的，无论狐狸怎样跳，也无法抓到葡萄，眼睛看得见却吃不着！

狐狸白费了许久，什么也没捞到，它只好走了。可是心有不甘，便愤愤地说道："葡萄虽然看上去挺好的，实际上却还没成熟，没有一颗不是酸的！我又何必叫我的牙齿酸得格格地响呢？"

（三）创造性复述

创造性复述是在不改变原材料主题和重点内容的基础上，根据表达需要对原材料进行合理加工、展开想象，使内容更生动、更完整的一种口语表达形式。所谓"合理"，指的是加工、想象的内容与原材料的内容吻合，不发生矛盾；所谓"加工"，指的是对原材料中没有展开的内容有选择性地进行发挥，其目的是更好地表现主题和重点。创造性复述有以下几种形式。

1. 改变人称

语文课文中的记叙文大都是以第三人称来写的，也有的是以第一人称来写的。复述时教师可以引导学生把人称进行变化，这种方法可以使学生进一步地感受到作品中认为的思想感情的熏陶，加深对课文的充分理解。下面是《草地夜行》节选：

他焦急地看看天，又看看我，说："来吧，我背你走！"我说什么也不同意。这一下他可火了："别磨蹭了！你想叫咱们俩都丧命吗？"他不容分说，背起我就往前走。

天边的最后一丝光亮也被黑暗吞没了。满天堆起了乌云，不一会儿下起大雨来。我一再请求他放下我，怎么说他也不肯，仍旧一步一滑地背着我向前走。

突然，他的身子猛地往下一沉。"小鬼，快离开我！"他急忙说，"我掉进泥潭里了。"

我心里一惊，不知怎么办好，只觉得自己也随着他往下陷。这时候，他用力把我往上一顶，一下子把我甩在一边，大声说："快离开我，咱们两个人不能都牺牲！……要……要记住革命！"

我使劲伸手去拉他，可是什么也没有抓住。他陷下去了，已经没顶了。

我的心疼得像刀绞一样，眼泪不住地往下流。多么坚强的同志！为了我这样的小鬼，为了革命，他被这可恶的草地夺去了生命！

下面是以第三人称老红军的角度复述上面内容：

老红军焦急地看看天，又看看小红军，说："来吧，我背你走！"小红军说什么也不同意。这一下老红军可火了："别磨蹭了！你想叫咱们俩都丧命吗？"老红军不容分说，背起小红军就往前走。

天边的最后一丝光亮也被黑暗吞没了。满天堆起了乌云，不一会儿下起大雨来。小红军一再请求老红军放下他，怎么说老红军也不肯，仍旧一步一滑地背着小红军向前走。

突然，老红军的身子猛地往下一沉。"小鬼，快离开我！"老红军急忙说，"我掉进泥潭里了。"

小红军心里一惊，不知怎么办好，只觉得他也随着老红军往下陷。这时候，老红军用力把小红军往上一顶，一下子把小红军甩在一边，大声说："快离开我，咱们两个人不能都牺牲！……要……要记住革命！"

小红军使劲伸手去拉老红军，可是什么也没有抓住。老红军陷下去了，已经没顶了。

小红军的心疼得像刀绞一样，眼泪不住地往下流。小红军想："多么坚强的同志！为了我这样的小鬼，为了革命，他被这可恶的草地夺去了生命！"

2. 改变词句

根据具体的语言环境，选择不同的词语和句子来表达同一个意思，或将书面语改为口头语，进行创造性复述。如《武松打虎》片段（原文）：

  武松走了一阵，酒力发作，焦热起来，一只手提着梢棒，一只手把胸膛前袒开，踉踉跄跄，直奔乱树林来。见一块光挞挞大青石，把那梢棒倚在一边，放翻身体，却待要睡，只见发起一阵狂风来。那一阵风过处，只听得乱树背后扑地一声响，跳出一只吊睛白额大虫来。

  武松见了，叫声："呵呀！"从青石上翻将下来，便拿那条梢棒在手里，闪在青石边。那个大虫又饥又渴，把两只爪在地下略按一按，和身望上一扑，从半空里撺将下来。武松被那一惊，酒都做冷汗出了。说时迟，那时快，武松见大虫扑来，只一闪，闪在大虫背后。那大虫背后看人最难，便把前爪搭在地下，把腰胯一掀，掀将起来。武松只一闪，闪在一边。大虫见掀他不着，吼一声，却似半天里起个霹雳，震得那山冈也动；把这铁棒也似虎尾倒竖起来，只一剪，武松却又闪在一边。原来那大虫拿人，只是一扑，一掀，一剪，三般提不着时，气性先自没了一半。那大虫又剪不着，再吼了一声，一兜兜将回来。

以下是创造性复述：

  武松走了一会儿，酒力开始发作，全身焦热起来，他一只手提着梢棒，一只手把胸膛前袒开，踉踉跄跄地往前走。他看见一块光挞挞的大青石，于是，把那梢棒放在身边，躺下身就睡着了。这时，突然发起了一阵狂风来。那一阵风过处，只听得乱树背后扑地一声响，跳出一只大老虎。

  武松一看，叫了一声："呵呀！"很快地从青石上翻了下来，拿起那条梢棒，闪到青石的另一边。那只老虎又饥又渴，将两只爪在地下按一按，向武松扑了过来，从半空里撺将下来。说时迟，那时快，武松眼看大老虎扑过来，只一个让闪，就闪到了大老虎背后。那只大老虎呢，一下子转不过身来，就把前爪搭在地上，腰胯向后腾空一掀，只见武松抽身一缩，躲在一边。大老虎掀不着武松，大吼一声，就像是半天空响起了一个炸雷，震得山冈也摇晃了起来。大老虎圆瞪双眼，把尾巴倒竖起来，像一根铁棒又直又硬，嗖的一声音，顺地抽了起来，像剪刀一剪，武松又闪在另一边。大老虎一扑，一掀，一剪，都抓不住武松，气性先自没了一半。仰天怒吼一声，树叶儿给震落了一大片，又一步一步将身子兜转过来。

3. 改变体裁

根据材料，采取不同的体裁进行复述，如将诗歌内容以记叙文或散文的形式进行复述。例如以改变体裁的方式复述李白的《赠汪伦》：

赠汪伦
李白

李白乘舟将欲行，
忽闻岸上踏歌声。
桃花潭水深千尺，
不及汪伦送我情。

以下是对该诗所做的创造性复述：

李白在汪伦家住了数日，突然接到消息，老母病危。李白心急如焚，在早晨匆匆收拾了一阵，便不辞而别。

此时正值春季，花开茂盛，李白远远地就闻到了一阵阵花香，远远望去，桃树一颗挨着一颗，密密层层，整个桃花林犹如一片粉红粉红的"海洋"。桃花开得那么灿烂，那么美丽，姹紫嫣红，鲜艳娇美。可李白早已无心观赏美景，直奔桃花潭。

突然，岸上响起了边用脚拍打地面边唱歌的声音。李白心头一热，遁声望去，只见汪伦边唱边迎了上来。"天下茫茫知己难寻啊！"李白高呼，"我这一生有你汪伦这么一个知己真是我的福气，可是我们这么匆匆分别，又不知何时才能相见！""只要我们有缘就一定可以相见，如果没缘我们也会在心中想念对方的。"汪伦意味深长地喊道。

李白心中升起一阵暖意，心想：桃花潭固然很深，但也比不上汪伦对我的情谊深呀！

于是，李白诗兴大发，高声吟道："李白乘舟将欲行，忽闻岸上踏歌声。桃花潭水深千尺，不及我汪伦送我情。"

他们离别了。汪伦注视着李白的船，一直到小船从他的视线中消失……

4. 改变结构

创造性复述可以改变叙述顺序，如倒叙、插叙等，以提高学生独特的布局谋篇的能力；或者是改变句式的表达方式，如变概括性描写为细节描写，变静态描写为动态描写，等等。如《卖火柴的小女孩》，作者是按照事情发展的顺序叙述的，在复述时可以改为倒叙的方法：先讲述在新年的第一天清晨，一个光头赤脚的小女孩冻死在街头，然后再讲述卖火柴的小女孩悲惨的遭遇。《我的伯父鲁迅先生》和《灯光》就是运用了倒叙的写作方法，在复述时可以改成按时间或事情发展的顺序进行复述。

5. 补充内容

针对课文中某个片段的概括性语句，或者是课文中的省略号，或者是文章的结尾，教师可让学生凭借自己的知识积累、生活经验、思想感情，通过创造性想象，具体地加以描绘，以此发展学生的想象力，充实对课文的理解。如创造性复述《掩耳盗铃》：

掩耳盗铃

从前有一个人，看见别人家大门上挂着一个铃铛，很想把它偷走。

他明明知道，那个铃铛只要用手一碰，就会"丁零丁零"地响起来，立刻会被人发觉。可是他想："如果我把耳朵掩住，不就听不见响声了吗？"于是他掩住了自己的耳朵，伸手去偷铃铛。没想到，手刚碰到铃铛，他就被人发觉了。

补充内容复述：

从前，有一个人很愚蠢，还爱占小便宜。凡是他喜欢的东西，总是想尽办法弄到手，甚至是去偷也在所不惜。

有一次，他看见邻居门口新挂的铃铛十分惹人喜爱，这只铃铛做得十分精致，声音也很响亮，在很远的地方便能听见。于是，他动心了。他边走边想：怎样才能把铃铛弄到手呢？最后他决定等到没人的时候，把它偷走。

他知道，只要用手碰到这个铃铛，就会"丁零丁零"地响起来。铃铛一响，就会被人发现，那样就得不到铃铛了。该怎么办呢？他冥思苦想，始终也想不到一个好办法，他的一个朋友帮他出主意说："只要把耳朵掩起来，不就听不到铃声了吗？"听了这个主意，他大受启发，他想：只要把自己的耳朵掩住，就听不见铃声了。于是，他自作聪明地用这个方法去偷铃铛。

一天晚上，他借着月光，蹑手蹑脚地来到邻居家门前。他伸手摘铃铛，但是，铃铛挂得太高了，怎么也够不着，他只好扫兴地回去了。

第二天晚上，他带着凳子，又蹑手蹑脚地来到邻居家门前。他踩着凳子，一手掩住自己的耳朵，一手摘铃铛。谁知他刚碰到铃铛，铃铛就响了。铃声惊醒了睡梦中的人们，众人纷纷披着衣服出来，想看个究竟。邻居走上前，当场抓住了偷铃铛的人。这个人看着大家奇怪地问道："我都把耳朵掩上了，你们怎么还听得见啊？"

6. 人物、事件的评述

对一些以描写人物为主的记叙文，教师可让学生在复述时自行增加几句议论，使学生提高自己对人物的理解，如增加评述语。

三、复述的作用

课文复述就是学生在理解、熟悉课文的基础上，打破原来的知识体系，用学过的语言材料，按照一定的要求，通过口头或笔头把课文内容重新表达出来。它不同于简单、机械地背诵原文，也不是介绍课文大意。在课堂教学中，通过课文复述，能有效地培养学生学习语言的兴趣，有利于培养学生阅读、口语表达的能力，促进学生的思维能力的发展，从而提高课堂教学效率。

（一）有利于提高教学效率

提高课堂教学效率必须做到讲在应讲时，练在当练处。课文复述可以帮助教师了解哪些知识学生已经掌握，哪些学生不太理解，再根据实际情况，对学生适时点拨，析疑解难，从而大大提高教学效率。在课文复述中，学生既要运用新知识，又要联系旧知识，在新的语言知识的串联过程中，可以达到温故知新的效果。同时，课文复述能够提高学生正确处理语言的能力，从而提高学习效率。

（二）有利于培养学生阅读、口语表达的能力

要想复述好课文，首先必须对课文内容和形式有一定的了解，知晓作者的写作意图，以及文章的体裁、表达方式、基本思路和线索等。这样，学生只有主动地去阅读课文、研究课文，从而使阅读能力得到锻炼和提高。其次，复述课文并不是机械地重复课文，而是用自己的语言概括归纳出课文的内容，这是一种创造性思维的语言活动。通过这种语言活动，可以使学生慢慢地领悟到什么样的语言表达什么样的思想，反之亦然。长此以往，在潜移默化中，学生的表达能力会有质的飞跃。

（三）有利于实施"师—生—教材"三位一体教学

教学任务的完成是教师与学生通过认真研究教材来实现的。学生在复述之前必须熟读课文，了解其主要内容和脉络，然后根据自己的理解改写课文，并用自己的语言表达课文的内容。复述不是背诵，更不是照搬原文，而是基于理解的创新。因此，课文复述有利于教师组织课堂教学和推动学生主动学习，有助于"师—生—教材"三位一体三者和谐，从而达到课堂教学的最佳境界。

（四）有利于训练学生的思维能力

著名语言学家本韦尼斯特说过："思维的可能性总是同语言能力不可分割。"语言能力和思维能力是

相互作用、相辅相成的。学生要复述课文，首先要考虑说什么、怎么说，无论是词语的选择、句子的组成，还是时间顺序的安排、复述的条理等，都要经过理解、分析、记忆、推理、归纳等一系列的思维活动对语言进行加工处理，然后才能成功地复述出来。

（五）有利于培养学生的成就感和自信心，提高其学习兴趣

一般说来，学生都有较强的表现欲望，希望得到教师和同学们的认可和赏识。复述正利用了学生的这种心理，它给学生提供了展现自我、展示学习能力的机会。通过课文复述，学生的口头语言表达能力得到了提升，增强了自信心，会更加自觉愉快地参与到学习中去，真正成为学习的主人。因此，课堂教学中，复述这种方法值得提倡。

思考与练习

1. 复述有哪些作用？
2. 根据以下材料，展开合情合理的想象，以改变体裁的方式进行创造性复述。

寻隐者不遇

贾岛

松下问童子，言师采药去。

只在此山中，云深不知处。

3. 根据以下提纲，详细复述《端午节的由来》一课的主要内容。
（1）屈原忠诚爱国，遭陷害被流放。
（2）楚国被秦国占领，悲愤的屈原抱石投江自尽。
（3）悲痛万分的楚国百姓投食物、倒雄黄酒祭奠屈原。

端午节的由来（原文）

农历五月初五是我国的传统节日端午节。每到这一天，人们都要吃粽子、赛龙舟、喝雄黄酒、在屋檐上插上艾叶，有时还要佩带香囊、在手腕上缠红丝线。

据说，端午节是为了纪念我国古代著名诗人屈原。这个节日至今已有两千多年的历史了。

屈原是战国时期楚国著名的诗人，还是一个很有名望的官员。他忠诚爱国，很有才干。在他的辅佐下，楚国实行了一系列改革，国家渐渐强盛起来，人民的生活也得到了改善，百姓对他十分爱戴。但是，朝中有些权贵对他提出的改革措施非常不满，他们想方设法诬陷屈原，无中生有地在楚王面前说他的坏话。楚王听信了谗言，逐渐疏远了屈原，不再听他变法图强的正确建议，最后把他流放到南方去了。但是，屈原依然热爱自己的祖国，关注人民的疾苦。他写了很多爱国诗歌，并被人们广泛传颂。

后来，楚王中了秦王的圈套，被骗到秦国软禁了起来。秦国又趁机派兵来攻打楚国，占领了楚国的首都。屈原万分悲愤，就在五月初五这一天，抱着石头投汨罗江自尽了。

楚国的百姓知道后，放声大哭，他们像潮水一样涌到屈原投江的地方想去救他。人们大声呼唤着他的名字，驾着小船沿江打捞。他们捞啊，捞啊，可捞了很长时间，还是没有捞到他的尸体。万分悲痛之下，他们把船上的大米、鸡蛋等食物投到水里祭奠他，也祈祷江里的水族吃了这些东西后，不再伤害屈原的尸体。有人还把雄黄酒倒进水里，想药昏江中的蛟龙，使它无法张口。

过了几天，有人梦见了屈原，发现他的容颜十分消瘦。人们一传十，十传百，都纷纷议论起来。大家都很奇怪：我们往河里投了那么多食物，怎么屈大人还是那样消瘦呢？一个老渔夫告诉大家："那些食物都让水中的蛟龙鱼虾给吃了。屈大人怎么会跟它们争吃的呢？"那怎么办呢？大家想啊，想啊，终于想出了一个办法。他们把米饭用箬叶裹起来，外面缠上红丝线，再投到水中，让蛟龙鱼虾以为是菱角而不去吃，这样屈大人就能吃到了。人们管这种食物叫"粽子"。从此，每年五月初五祭奠屈原的时候，人们都往水中投粽子。这一天也逐渐成了我国的传统节日——端午节。

流传到今天，人们已不再往江里投粽子了，但有一些活动依然保留了下来，逐渐演变成端午节吃粽子和赛龙舟等习俗。

第二节 复述训练

一、复述的基本要求

采用复述的方法，一方面可以进行记忆能力的训练，强化知识，另一方面，可以训练有理、有节、有序的表达能力。针对一些叙事性较强的文章，我们可以采取不同的复述方法，或简要复述，或详细复述，或创造性复述。不论哪种形式的复述，都要注意把握以下几点要求。

（一）必须准确地体现原材料的中心和重点

复述要求教师在理解和熟悉原材料的基础上进行，必须准确把握原材料的主题，确定表达的重点。在复述时，原材料中的事件、中心思想、人物、环境等要素都不能随意改变。

（二）条理清楚，结构完整

复述要在分析理解原材料的基础上弄清原作品的结构层次，理清原作品的脉络。在复述时，条理要清晰，要反映各部分内容的内在联系。当复述一件事情时，一定要交代清楚时间、地点、人物，以及事情的起因、经过和结果等，不能仅仅抓住事件的精彩部分而不交代其他内容，要保持事件的完整性。

（三）把书面语转换为口头语

复述必须要对语言进行加工处理，把书面语转换为口头语。复述所依据的材料来源丰富，可以是口头的，也可以是书面的。为了使听众更加容易接受，复述者要把原本书面语体的词汇和句法转换成口语体的词语和句法，使表达浅显易懂。

（四）必要时可以加入个人想象

为使复述内容更生动，创造性复述要求复述者在保留主题、故事情节及内容等不变的基础上，可根据原材料提供的情节和内容，展开想象，合情合理地进行扩展复述。

二、复述的步骤

复述必须经过三个步骤，即熟悉原文、整合材料、实践讲述。

第一步：熟悉原文，即看原材料或听原材料。掌握原材料的全部内容，其中包括原材料中的事件、情节、环境、人物、时间、地点等，理清材料内部的线索和逻辑关系，掌握基本思想，明辨主旨，同时把握原材料的重要细节。

第二步：整合材料。复述者要根据不同的听众，在不违背原材料主旨的前提下，对原材料进行合理的处理，如增减内容、调整结构，并提炼出复述提纲，突出复述重点。

第三步：实践讲述，即口语表达。复述者根据整合的材料，用口头语讲述给听众，要求语脉清晰，语言生动流畅，可适当运用态势语。如复述《拉断一千根琴弦》：

> 许多年前，有个老瞎子带着一个小瞎子走南闯北，四处漂泊。他们靠着手上的二胡，给人卖唱，维持着生计。
>
> 小瞎子说，师父，什么时候带俺去治眼病呀？俺不想一辈子做瞎子。
>
> 老瞎子说，俺的师父说过，只要拉断了一千根琴弦，就可以打开二胡盖子，里面有治眼病的秘方。
>
> 小瞎子倒吸了一口凉气，说，一千根琴弦？那得拉多少年呀？现在不可以打开盖子吗？
>
> 老瞎子不容置疑地说，不行！那会不灵验的。
>
> 小瞎子跟着老瞎子继续漂泊，小瞎子拉的二胡越来越中听了，不管是《平湖秋月》，还是《喜洋洋》，在他纤巧的手指下袅袅飘出，总会博得满堂喝彩。
>
> 小瞎子发誓要拉断一千根琴弦。
>
> 许多年后，小瞎子终于拉断了一千根琴弦。这时，老瞎子师父已经死了，小瞎子成了老瞎子。老瞎子颤巍巍地打开二胡琴盖，里面有一张纸条。
>
> 老瞎子逢人就出示这张纸条，然而所有的人都无一例外地告诉他，这只是一张空白纸条。
>
> 老瞎子把纸条撕得粉碎，也把自己的心撕得粉碎。他茫然地在大街上踯躅，喃喃自语，师傅，你为什么要骗我？
>
> 老瞎子想了很久很久。他终于想清楚了：师父是为了激励自己练好琴艺，以后不会饿死。
>
> 后来，老瞎子又带了一个小瞎子。他们继续拉着二胡。
>
> 小瞎子说，师父，什么时候带俺去治眼病呀？俺不想一辈子做瞎子。
>
> 老瞎子说，俺的师父说过，只要拉断了一千根琴弦，就可以打开二胡盖子，里面有治眼病的秘方。
>
> 小瞎子倒吸了一口凉气，说，一千根琴弦？那得拉多少年呀？现在不可以打开盖子吗？老瞎子不容置疑地说，不行！那会不灵验的。
>
> 生活就是这样，有了目标，你才会觉得一切辛劳都是值得的。而一旦失去目标，你也就失去了生活的信念。人生也就是这样一代一代地重复，一千根一千根地拉断琴弦……

要复述上述文章，必须先熟悉原文的事件、情节、环境、人物等要素，理解文章的主旨，掌握前后逻辑关系，在此基础上，对原材料进行整合，提炼提纲，并进行复述。

三、复述训练

（一）训练要领

复述是一项综合性训练，富有创造性，能把记忆、思考、表达三者有机地结合起来，使之融为一体。

1. 记忆

记忆是复述的基础，要想复述好，在阅读时，必须要快速记住语言材料里的一些重要词语、结构层次，以及材料的具体内容，边读边记，养成口脑并用的良好习惯。反复阅读的过程就是记忆的过程，记忆就是复述的准备，复述反过来又能进一步加深记忆。

2. 思考

复述不是照搬原材料，而是按照一定的要求，对原材料的内容进行综合、概括，适当取舍，并认真选词，组织安排材料。这就是在记忆的基础上进行思考的过程。复述不仅可以训练思维能力，而且可以培养思考问题的习惯。

3. 表达

复述的特点就是要连贯地叙述原材料，无论是在口头还是在笔头，都要围绕一定的中心内容去思考，然后准确而明晰地说出或写出来，这有利于培养和提高个人的表达能力。

因此，成功的复述首先要对原材料进行认真的阅读和理解，同时注意掌握记忆的技巧，既要有框架记忆，又要有细节记忆。留意能提示记忆的重点语句，为了疏通语流，可以先自言自语地试述一遍。如果要简要复述的话，应防止取舍不当、偏离中心。

（二）训练方法

复述训练的较好方式之一是讲故事。这里的"讲故事"指的是一种复现性的表达，即把看到的、听到的情节完整的语言、文字材料讲述给别人听。

讲故事可以不受原材料的束缚，有的地方可以详述，有的地方可以扩展，有的地方可以变序、变角度，乃至改变表达的形式。这样，对原材料的改变、加工就是一种再创作了。其一般规律是：

一是根据需要，确定一个有积极意义的主题，确定故事的主要人物和情节主线；

二是通过删节、充实、调整，使故事紧凑、生动，既有形神兼备的细节描述，又有反映人物性格的对话，并且要突出故事的高潮；

三是故事要完整，应设计一个有吸引力的开头，并安排一个让人回味的结尾。

讲故事的语言要用通俗易懂的口语，尽量淡化书面语色彩，尤其要避用文言词汇。叙述时要从容不迫地把环境、情节、人物关系交代清楚，描述时要正确表达感情倾向，对话可适当运用拟声技巧，做到"言如其人"。此外，还要把握好语速、节奏的变化，并适当运用表情、手势、姿态辅助表达。

> **思考与练习**

1. 根据以下材料，进行简要复述。

神笔马良

从前，有个孩子叫马良。他很喜欢画画，可是家里穷，连一支笔也没有。一天，他放牛回来，路过学馆，看见里面有个画师，拿着笔在给大官画画。

马良看得出神，不知不觉地走了进去。他对大官和画师说："请给我一支笔，可以吗？我想学画画。"

大官和画师听了哈哈大笑，说："穷娃子也想学画画？"他们把马良赶了出来。

马良气呼呼地说："我偏不信，穷娃子就不能学画画！"

从此，马良用心学画画。他到山上去打柴，用树枝在沙地上画天上的鸟。他到河边去割草，用草根在河滩上画水中的鱼。他见到什么就画什么。

有人问他："马良，你学会了画画，也去给那些大官们画吗？"

马良摇摇头说："我才不呢！我专给咱穷人画！"

日子一天一天过去，马良画画进步很快。可是他依然没有笔。他多么盼望能有一支笔啊！

一天晚上，他躺在床上。忽然屋里闪起一道金光，一个白胡子老爷爷出现在他面前。老爷爷给他一支笔，说："马良，你现在有一支笔了，记住你自己的话，去给穷人画画！"

马良真高兴啊！他立刻拿起笔在墙上画了一只公鸡。奇怪，公鸡活了！它从墙上飞下来，跳到窗口，喔喔地叫起来。原来白胡子老爷爷给他的是一枝神笔。

马良有了这支神笔，天天给村里的穷人画画。要什么就画什么，画什么就有什么。

一天，他走过一块地边，看见一个老农和一个小孩儿拉着犁耕地。泥土那么硬，拉不动。马良拿出神笔，给他们画了一头大耕牛。"哞——"耕牛下地拉犁了。

大官听说马良有一支神笔，带着兵来捉他，把他带到衙门里，要他画金元宝。马良恨透了大官，站着一动不动，大声说："我不会画！"大官气极了，就把他关在监牢里。

到了半夜，看守监牢的士兵睡熟了，马良用神笔在墙上画了一扇门，一推，门开了。马良说："乡亲们，咱们出去吧！"监牢里的穷人都跟着他逃出去了。

大官听说马良逃了，就派兵去追。可是马良早已画了一匹快马，骑上马跑远了，哪里还追得着！

一天，他走到一个地方，那儿天气干旱，庄稼都快枯死了。农民们没有水车，用木桶背水，哼唷！哼唷！真够吃力。马良说："我来给你们画几架水车吧！"农民们有了水车，都很高兴。这时候，人堆里忽然钻出来几个官兵，拿铁链往马良颈上一套，又把他抓去了。

大官坐在大堂上，不住地吆喝着，"把马良绑起来！""把他的神笔夺下来！""快去叫画师来！"

画师来了。大官叫他画一棵摇钱树。画师拿起马良的神笔，就画了一棵摇钱树。

大官欢喜得很，急忙跑过去摇，不料头撞在墙上，额角上起了个大疙瘩。画仍旧是画，没变成真的摇钱树。

大官走过来，给马良松了绑，假装好声好气地说："马良，好马良，你给我画一张画吧！"

马良想夺回神笔，就一口答应，说："好，就给你画一回吧！"

大官见马良答应了，非常高兴，把神笔还给他，叫他画一座金山。

马良不说什么话，用神笔在墙上画了个无边无际的大海。

大官恼怒了，说："谁叫你画海？快画金山！"

马良用笔点了几点，海中央出现了一座金山，金光闪闪，满山是金子。

大官高兴得直跳，连声说："快画一只大船，快画一只大船，我要上金山运金子去！"

马良就画了一只大船。大官带了许多兵，跳上船就说："快开船！快开船！"

马良画了几笔风，桅杆上的帆鼓起来，船直向海中央驶去。大官嫌船慢，在船头上大声说："风大些！风大些！"马良又加上粗粗的几笔风，大海涌起滚滚的波涛，大船有点儿倾斜了。大官心里害怕，着急地说："风够了！风够了！"马良不理他，还是画风。风更猛了，海水咆哮起来，山一样的海浪不断地向大船压去。

大船翻了，大官他们沉到海底去了。马良又回到村里，给穷人画画。

2. 根据以下材料，进行详细复述。

哥哥的心愿

圣诞节时，吉姆的哥哥送他一辆新车。圣诞节当天，吉姆离开办公室时，一个男孩绕着那辆闪闪发亮的新车，十分赞叹地问："先生，这是你的车？"

吉姆点点头："这是我哥哥送给我的圣诞节礼物。"男孩满脸惊讶，支支吾吾地说："你是说这是你哥哥送的礼物，没花你半毛钱？我也好希望能……"

当然吉姆以为他是希望能有个送他车子的哥哥，但那男孩所谈的却让吉姆十分震撼。

"我希望自己能成为送车给弟弟的哥哥。"男孩继续说。

吉姆惊愕地看着那男孩，冲口而出地邀请他："你要不要坐我的车去兜风？"

男孩兴高采烈地坐上车，绕了一小段路之后，那孩子眼中充满兴奋地说："先生，你能不能把车子开到我家门前？"

吉姆微笑，他心想那男孩必定是要向邻居炫耀，让大家知道他坐了一部大车子回家。

没想到吉姆这次又猜错了。

"你能不能把车子停在那两级阶梯前？"男孩要求。

男孩跑上了阶梯，过了一会儿吉姆听到他回来的声音，但动作似乎有些缓慢。原来，他带着跛脚的弟弟出来，将他安置在台阶上，紧紧地抱着他，指着那辆新车。

只听那男孩告诉弟弟："你看，这就是我刚才在楼上告诉你的那辆新车。这是吉姆他哥哥送给他的哦！将来我也会送给你一辆像这样的车，到那时候你便能去看看那些挂在窗口的圣诞节漂亮饰品了。"

吉姆走下车子，将跛脚男孩抱到车子的前座。满眼闪亮的大男孩也爬上车子，坐在弟弟的旁边。就这样他们三人开始一次令人难忘的假日兜风。

那一次的圣诞夜中，吉姆真正体会什么是兄弟深情。

3. 根据以下材料，展开合情合理的想象，以改变体裁的方式进行创造性复述。

蚕妇

昨日入城市，归来泪满巾。
遍身罗绮者，不是养蚕人。

4. 根据以下材料，请以第三人称进行创造性复述。

衣角的硬币

十几岁的时候，我第一次离开家，独自去邻城上中学。母亲用了很长一段时间为我预备行囊。直到临行前的晚上，母亲居然还把我早已打点好的行囊都翻了出来，重新整理了一下。第二天，当我掏出一件外套穿上时，才惊讶地发现，我的每一件外套的衣角都多了一枚硬币。

于是我去问母亲，怎么好好的衣服，都缝上了一枚硬币啊？母亲淡然一笑，说，硬币可以辟邪。

我就笑着责怪她太过迷信，思想不开窍。母亲却只是憨笑，并不反驳。

后来，我开始了孤独的学习生活，每天劳累于繁重的学业之中，渐渐淡忘了这件事情。只是每当穿上外套的时候，手插在口袋里，总会习惯地隔着布料捏捏那枚硬币，这时便会想起母亲，心中也继续暗笑她的迂腐。

再后来，一场意外却改变了我对硬币的想法。

记得那是一个阳光稀薄的阴天，我独自坐车离开城市，去西郊外的一个风景区游玩。那里其实是个无人打理的森林保护区，山野苍茫，郁郁葱葱，风景极好。我一下子被那秀美的山景打动了，决心去攀爬最高的山峰，看那最辽阔的风景。我站在山顶上，遥望那辽远的土地上崛起的城市，平时令人备感惶恐的它，如今在自己的脚下变得如此渺小，此时，我年轻的心中顿时升起一种征服者的快意，不由得尽情大喊起来……

下山的时候，已经临近黄昏，我准备坐路过的班车回学校。但当我摸索口袋的时候，才发现自己的钱包居然不见了。我回望那茫茫山野，心中一片懊悔和迷惘。当时，周遭都是空旷的山野和马路，没有人家，只有偶尔驶过的汽车。那是个惊惶的年纪，失去钱包的我顿时无比焦灼和恐慌起来。我在周身反复地找着我的钱包，但是始终没有发现它的踪影。

就在濒临绝望的时候，我摸到了那枚硬币，那枚衣角的硬币。当我从衣角挖出来这枚一块钱的硬币时，激动得差点要落下泪来，这枚硬币，足以让我坐上回城的夜车，顺利地回到学校了。

回去后，我特地给家里打了个电话，说起这件事情。接电话的是父亲，他听完我的诉说之后，居然大叫起来，说果真让你妈猜中了，没想到这么惊险的事情真的会在你身上发生！

原来，因我从未远离过家，在我要离家的那几天里，母亲总是忐忑不安，甚至有些神经过敏，总想着会有某种灾难落到我的头上。她反复地问父亲，若孩子在外面遇到不测，或被偷或被抢，陷入困境怎么办啊？父亲却是情理中人，反复地回答人生祸福无常，并不是能轻易揣测和躲避得了的。但母亲还是情不自禁地陷入那种无边的无奈和恐慌之中。最后思来想去，在我离开前的那天夜里，连夜为我在每一件衣服里缝上了一枚硬币。她固执而无奈地认为在一个隐秘的地方留下一个硬币，兴许会对我有用。

听罢，我猛然醒悟过来。原来硬币的本意并不是迷信辟邪，而是母亲为独在他乡的我种下的一根救命稻草啊！未曾想，在困境面前，那一枚带着母爱的硬币真的带来了无限的生机。因此，我满怀感激地想，辟邪的并不是那衣角的硬币，而是母亲无比深沉的爱啊！

今年年初，我又开始打点行囊，准备再次离开家乡，去江南一座遥远的海边城市工作。母亲依旧帮我整理行囊，反反复复，一遍又一遍地整理，直到临行的前一天夜里还在张罗。

第二天，当站台上那个苍老的身影变得遥远模糊时，我迅速地打开行李包，抽出一件件外套。果然，每一件外套的衣角都缝着一枚沉甸甸的硬币。

在一座陌生的城市，在那漂泊流浪的日子里，我总习惯将手插进外套的口袋，隔着布料将那衣角的硬币踏踏实实地捏在手里，仿佛母亲那深沉的爱从未远离。

5. 根据以下材料，请补充内容，进行创造性复述。

狼和小羊

狼来到小溪边，看见小羊正在那儿喝水。

狼非常想吃小羊，就故意找碴儿，说："你把我喝的水弄脏了！你安的什么心？"

小羊吃了一惊，温和地说："我怎么会把您喝的水弄脏呢？您站在上游，水是从您那儿流到我这儿来的，不是从我这儿流到您那儿去的。"

狼气冲冲地说："就算这样吧，你总是个坏家伙！我听说，去年你在背地里说我的坏话！"

可怜的小羊喊道："啊，亲爱的狼先生，那是不会有的事，去年我还没有生下来呐！"

狼不想再争辩了，龇着牙，逼近小羊，大声嚷道："你这个小坏蛋！说我坏话的不是你就是你爸爸，反正都一样。"说着就往小羊身上扑去。

第三节 解说训练

解说，即解释、说明，是对抽象事理和具体事物的准确说明或解释，是人们获得知识的重要途径，在书面表达上也叫作"说明"。简单地说，就是对人们不明白的事物、事理做分解性的说明。当我们对某些事物的性质、状态、功能等不太清楚的时候，当我们对某些事理的奥妙、变化、发展规律不太了解的时候，清晰、明了的解说就显得非常重要了。

在日常生活中，陈列展览的讲解、科普知识的介绍、体育比赛的解说、导游讲解、游戏规则的说明、新产品的推荐等，都会运用到解说这一口语表达形式。教师在课堂教学时也常用解说来释疑，因此，从某种程度上讲，解说是教师口语表达的基本功之一。

一、解说的要求

无论是何种解说，运用哪种解说方法，都应做到以下几点要求。

1. 内容真实、准确

这是解说最基本的要求。解说是向人们阐明事理、传授知识，因此，解说的内容必须真实可靠，不能违背事实、任意夸大。

2. 重点突出，条理清晰

解说的内容对听众来说大都比较陌生，如果解说的内容太多、太杂，听众接受起来是有难度的。所以，解说的中心一定要明确，重点要突出，一次解说一般只确定一个中心，一个语段只讲一个意思。为了使解说清楚明白，还必须注意解说的条理与顺序。解说不能只停留在对事物表层的说明，必须根据事物本身的条理和人们认识事物的特点或规律，精心安排解说的顺序，否则，会使听众感到层次不清、思维混乱。

3. 语言简洁、通俗

解说的语言要简洁明了，要用最简洁的语言抓住事物的关键，使人一听就能明白事物的主要特征。

解说的语言还要做到深入浅出、通俗易懂，能够把各种抽象深奥的事理或专业性的知识通俗化，要善用数字、巧打比方，使人一听便明白。

4. 注意表达技巧

为了使听众能够理解和接受解说者所介绍的道理或知识，解说时，解说者的口齿必须清晰，"语清意自明"，让人听得明明白白；语速不宜过快，要把握好表达的节奏，说到数字、地名、专业用语或关键的地方和不好理解的地方，要说得慢一些，可辅以停顿、重音等表达技巧的使用，必要时还可以重复所说的内容，给听众充裕的时间去理解、消化，使其感知更加准确、更加深刻。

二、解说的分类

解说作为一种口语表达形式，大量存在于我们的日常生活当中。解说的类型大致分为以下几类。

1. 简约性解说

简约性解说，是指用比较简洁的语言来说明事物、解释事理。这一类解说需要对各种信息进行筛选、过滤，提炼解说内容的中心要点，用言简意赅的语词表达事物或事理的关键，达到解说简明清晰的目的。现代社会的生活节奏越来越快，简约性解说有助于提高工作和学习的效率。

• 示例 •

《现代汉语词典》中对字词的解释，都属于简约性解说：

　　台风：发生在太平洋西部海洋和南海海上的热带气旋，是一种极强烈的风暴，中心附近最大风力达到12级或12级以上，同时有暴雨。
　　任性：放任自己的性子，不加约束。[①]

• 示例 •

　　1998年9月2日《焦点访谈》中，主持人专访国家发展计划委员会主任李荣融，主持人的提问切中要害："一般来说，要启动国家经济让它迅速发展的话有三个手段，一个是扩大出口，一个是扩大国内需求，还有一个是靠政府向基础建设投资来带动。那么在现在的经济环境下，这三个手段各自情况怎么样？"[②]

这位主持人用简约性解说清晰地说明国家经济建设发展的一般规律，一开始就切入问题的症结所在，同时也体现了主持人扎实的功底。由此可见，简约性解说的特点就是尽可能省略烦琐的说明，用简明扼要的话语，把事物的本质说清楚。

[①] 中国社会科学院语言研究所词典编辑室. 现代汉语词典 [M]. 7版. 北京：商务印书馆，2016.
[②] 应天常，王婷. 主持人即兴口语训练 [M]. 北京：中国传媒大学出版社，2009.

2. 阐明性解说

阐明性解说，是对一个事物、一种见解做较详尽的分析和说明。这一类解说通过要求解说者对内容做具体详细的讲解，对相关的细节做详尽的阐述，使听众对内容有全面、具体的把握。这一类解说通过采用各种方法来把抽象的事物说得具体、形象，把难懂的道理说得浅显、明白，把专业性强的知识说得通俗易懂。这种类型的解说可以用来进行介绍或阐明一些话题。

阐明性解说可以采用的方法如下：

举例子——举出实例，使所要说明的事物具体化，使深奥的内容变得浅显，晦涩的内容变得畅达。

打比方——利用两种不同事物之间的相似之处进行比较，以突出事物的特点，从而增强解说的形象性和生动性。

作分解——通过分解，把整体分成若干部分，从不同的角度去做深入的解说。

讲特征——抓住有别于同类事物的突出部分进行解说。

作比较——将两种或两种以上的事物加以比较，使人们在准确区分事物的过程中认识事物，深入把握事物的本质特征和一般规律。

高中化学"微粒子之间的相互作用"这一单元，概念相当抽象，教师可在解释说明"离子键"时，以钠和氧气的反应为例：

> 原子的稳定结构为8电子结构，氢原子为2电子结构。从原子结构来看，钠原子最外层上有1个电子，为了达到稳定的电子层结构，钠原子觉得这个电子是个累赘，他想甩掉这个尾巴，以达到稳定结构；而氯原子的最外层上有7个电子，如果再得到1个电子，就达到稳定的电子层结构。因此，氯原子对钠原子的这个最外层电子早就垂涎三尺。这样，一个想扔，一个想要，两人一拍即合，钠原子把最外层这个电子拱手让给氯原子，双方皆大欢喜，都达到了稳定的电子层结构。对双方来说，如此美事，何乐而不为呢？[①]

微粒之间的相互作用和结合形式，不可能像人一样，有感情、有思想，但是，教师在讲授中运用充满感情的语言，对微粒之间的结合形式进行拟人化的解说，把钠原子失去一个电子说成"甩掉这个尾巴"，把氯原子得到一个电子说成"氯原子对钠原子的这个最外层电子早就垂涎三尺"。这样拟人化的解说，把抽象的理科知识转化为贴近学生生活的东西，便于学生理解和接受，同时也使枯燥的知识变得趣味盎然。这里便是运用了打比方的阐明性解说，使学生对深奥难懂的知识产生了浓厚的兴趣。

3. 纲目性解说

纲目性解说，是提纲挈领地分列式说明事物或事理的解说方法。这一类解说要求解说者对所解说的事物或事理有全面的认识，在对相关信息进行筛选、选择之后，用浓缩性的精练语言以纲目式的结构来解说。这种解说方式，条理清晰、简洁明了，给人印象明确而深刻。纲目性解说主要分为分列式、总分式和层递式等。

---

① 葛宁. 形象化语言在化学教学中的应用 [J]. 考试周刊，2010（29）：173-174.

下面谈谈水的用途：

> 水是地球上不可缺少的物质，地球上的万物都不能离开水而单独存在，水究竟有哪些用途呢？下面就来简单介绍下：① 一切生命活动都是起源于水的，人的生命活动需要水才能得以维系；② 水是植物的命根子，用手抓一把植物，你会感到湿漉漉的、凉丝丝的，这是水的缘故；③ 水是工业的血液，水参加了工矿企业生产的一系列重要环节，在制造、加工、冷却、净化、空调、洗涤等方面发挥着重要的作用，被誉为工业的血液；④ 因为有水的存在，才有了人类的水上交通运输工具，才使得船应运而生，人们借助船可到达世界的各个角落，新大陆的开辟也离不开船；⑤ 水绘制出了一幅幅美丽的风景画，历来的风景名胜之地，多半是以水为主角进行安排的。万事万物都与水息息相关，水使得地球上的生命得以生存，同时也点缀了我们的世界，使世界更加美好。

这一段解说，就是纲目性解说当中的总分式，首先总说"水是地球上不可缺少的物质，地球上的万物都不能离开水而单独存在"，紧接着把"水"的基本特点分项罗列并逐一说明，从而使人们对解说对象"水"有了一个完整清晰的认识。

4. 形象性解说

叶圣陶先生曾说过"说明文并不一定要板着面孔说话"，他认为形象化的解说有其独特的优势。形象性解说，是指运用形象化的手段进行表述，使解说更具体、生动、可感。形象性解说需要对事物和事理进行描述。这些描述，有的是静态描述，需要说明事物的空间位置，讲清其形态、方位和结构，有的是动态描述，需要注意时间顺序和在不同时间中不同事物的状态。在描述的过程中，适当地运用比喻、拟人、借代等修辞方法，能使解说更生动、具体。

一位教师在提醒同学们认真听课的时候说："这一章比较难学，要认真听讲，不可大意。知识就像一根链条，中间只要有一节脱落，知识的链条就全断了。"

教师用"链条"比喻知识的连贯性、系统性，形象生动，言简意赅，能够引起学生的足够重视。

在解说地球内部构造时：

第一种解说：地球内部由三部分构成，表面是地壳，中间是地幔，中心是地核。

第二种解说：地球内部的构造很像我们吃的鸡蛋，它是由三个部分组成的：表面是地壳，相当于鸡蛋壳；中间是地幔，相当于鸡蛋清；最里面是的是地核，相当于鸡蛋黄。①

---

① 国家教育委员会师范教育司. 教师口语（试用本）[M]. 北京：语文出版社，2000.

上述两种解说方式：第一种是概念性的解说，其中包含专业术语，一般人不好理解；第二种是形象性解说，用人们非常熟悉的事物打比方，从而帮助人们对不熟悉的事物或抽象的道理有了更加具体、深刻的理解。

5. 平实性解说

平实性解说，就是用平平实实、生活化的语言把事物或事理说清楚。这类解说最大的特点就是极少修饰，因此这种解说在表达上看似缺乏文采，显得有些"平"，不易调动人们的听觉兴趣，但也正因为它的平淡，使其更广泛地使用于人们日常的生活和学习中，给人以可靠、真实的感受，易于人们理解和接受。

下面是关于握手的学问的解说：

> 握手也有学问。比如初次相识，或对长辈，除了握手，还可以把身子欠一欠，就是有礼貌、有涵养的表示。性别相同，通常是年纪轻的先伸出手；性别不同，一般要女方先伸出手才握手，但不要把对方的手握得太紧，握的时间也不宜过长。女方不伸出手，你可以欠欠身表示礼貌。冬天，应该摘下右手的手套握手，如果来不及摘，对方就同你握了手，应该说一句表示歉意的话。但女人同男人握手，有时就不一定非脱手套不可了。①

这一段解说，用语很朴实，没有太多生动的描绘和修饰，直截了当，但其解说明快、简朴而周密，很容易被人们所接受，能让听众感受到真诚和严谨。

中央电视台气象主持人宋英杰这样解说天气：

> 其实我们都经常同冷空气打交道，不过，冷空气有强有弱，范围有大有小，有的冷空气小得在我们这样的气象图上都难以看清，但有的冷空气却是真正的庞然大物。现在我们看到的这股冷空气，它们占据的范围足足有几百万甚至几千万平方千米。在这样大范围的高气压控制之下，天气现象就比较单一，尤其现在北方地区基本上都是比较晴朗的空气，但是南方呢，还有一些地区是偏东风，能够吹来充分的水汽，所以通过今天的卫星云图我们就可以看到，南方地区上空还有一些降雨云系，不过以后这样的降雨将有所减少。
>
> 可能我们对温带气旋不是特别熟悉，但我们对它的同胞——热带气旋却耳熟能详，因为热带气旋所带来的热带风暴、台风等都是我们经常说到的话题。热带气旋主要出现在夏季，而温带气旋是在春天活动。所以在春天，我们不妨记住这个名字——温带气旋。②

主持人对天气的平实性解说，有如聊家常一般，既传播了气象信息，又缩短了与观众之间的距离，既讲清了一个事理，又让观众觉得可靠、实在和信赖。

---

① 国家教育委员会师范教育司. 教师口语（试用本）[M]. 北京：语文出版社，2000.
② 应天常，王婷. 主持人即兴口语训练[M]. 北京：中国传媒大学出版社，2009.

6. 谐趣性解说

谐趣性解说，是指在解说事物或事理的时候给语言蒙上幽默、诙谐的色彩，会使得解说更具吸引力，使听众在听讲的过程中获得轻松、愉快的心理感受。这里要特别说明的是，"谐趣"只是手段，解说的最终目的还是要把事物或事理说清楚，所以万万不可把"谐趣"作为重点。

要把话说得有趣，首先要能突破常规思维的限制，用"趣味思维"来解释被说明的事物，其次要注意表达方式，避免陈词滥调或中规中矩的习惯表达，可多用大词小用、一语双关、夸张等修辞手法，化平实为俏皮，变平淡为有趣。这样人们听解说的过程就是一种愉快的接受过程了。

毛主席在井冈山讲游击战术时：

> 白军强大，红军弱小，我们以弱斗强，只能采取游击战术。什么叫游击战术？简单扼要地说就是"敌进我退，敌驻我扰，敌疲我打，敌退我追"，十六个大字……从前井冈山有个山大王，叫朱聋子，他和当时的统治者斗了好些年，总结了一条经验："不要会打仗，只要会打圈"，朱聋子前一句话不对，后一句话是对的。我们改它一下好了：既要会打仗，又要会打圈，这样才能歼灭敌人，使根据地不断巩固，不断扩大。打圈子是为了避实就虚，迷惑敌人。强敌来了，先领着他兜几个圈子；看到他的弱点，抓准了就打。要打得干净利落，要缴到枪炮、抓到人。打得赢就打，打不赢就走，赚钱就来，蚀本不干。"（1928年）[①]

毛主席这一番妙趣横生的解说，把游击战术讲得活泼有趣：先讲了一个故事，形象鲜明地证明了"兜圈子"的好处；接着讲怎么"兜圈子"，用的都是通俗的话语，说的都是俏皮的短句子，透出了诙谐与自信，显得轻松愉快，易于理解。

三、解说的步骤

1. 确定解说内容的重点和条理

首先要理清解说内容的层次和条理，讲清"是什么""为什么""怎么做"。这三个方面不是孤立的，而是相互组合、相互渗透的，有时各有侧重，就要根据语境的需要来确定解说的重点。这点很重要，只有这样才能确保解说的思路清晰、中心明确。

2. 选定解说的方法

解说的方法有很多，比如打比方、作描述、作比较、举例子、列数字、引材料等。这些方法常常穿插使用，使解说清晰明了、生动活泼。

3. 把握表达的语调

解说的语言节奏平缓，语速以中等或偏慢为宜，应注意用停连、重音等表达技巧突出关键字词、重点概念。

---

① 应天常，王婷. 主持人即兴口语训练[M]. 北京：中国传媒大学出版社，2009.

思考与练习

一、简约性解说训练

请用一句话对下列概念做解释。

1. 什么是微信？
2. 什么是幽默？
3. 什么是打边炉？
4. 什么是月光族？

二、阐明性解说训练

1. 运用分解、举例、比较等方法，对下列话题做阐明性解说。

（1）说说体育锻炼的好处。

（2）怎样保护视力？

（3）怎样学习外语？

（4）减肥的重要性和主要方法。

【训练提示】

人逐渐发胖的原因，主要是进食过多而消耗过少。食物的热能单位是卡路里，如饮食量多于生命活动的新陈代谢，以及运动、日常活动经氧化所消耗的能量，卡路里就积累于体内，转化为多余的体重。摄入3500卡路里相当于增加1磅（约0.45千克）体重。适度减少进食并选择适当的菜肴是必要的。在菜肴中，含卡路里相对较多的是猪、牛、羊肉，相对低的是鱼和禽类，当然蔬菜类就更低了。此外要注意运动，包括家务劳动等，可以增加卡路里的消耗（见表3-1）。

表3-1 不同运动消耗卡路里的数量

每1小时	消耗卡路里	每1小时	消耗卡路里
走1千米	275	打乒乓球	500
站立	46	擦地板	150
骑自行车	410	游泳	550
爬楼梯	1100		

2. 就一部中国经典名著做阐明性解说。

要求：著作名称、成书时间、作者生平、写作背景、内容梗概、主要特色、影响等。

三、纲目性解说训练

纲目性解说需要层次清晰，表达精确。试解说下列话题。

1. 介绍一种家用电器的使用和保养方法。
2. 介绍某项体育运动训练时应该注意的问题。
3. 作为教师，个人形象应该注意的问题。
4. 说说现在交通事故越来越多的原因。
5. 说说雾霾的成因。
6. 我们在求职应聘时应该注意的问题。

四、形象性解说训练

1. 先想好自己要说的是什么（如笔记本电脑、闹钟等），然后做形象性解说，尽量少用态势语，解说以后让别人猜猜你说的是什么？

2. 用形象性解说讲一讲酒后驾车的危险性。

3. 假如你是一名导游，选择一个景点，用形象性解说设计一段导游词。

五、平实性解说训练

1. 请用平实性解说介绍自己学习某一门功课的经验或体会。

2. 用平实性解说向全班同学介绍一种游戏规则。

3. 假如在应聘面试时，招聘单位给你3分钟，请用平实性解说准备3分钟的自我介绍。

【训练提示】

应聘时的自我介绍，既要讲清自己的长处、优势，又不能给人"如数家珍"、骄傲得意的感觉，所以一般采用平实性解说，这样既可以说清个人情况，又能增加对方对自己认同感和可信度。表达要坦诚朴实，用语简洁，有分寸。有的地方要说得坦率、肯定，有的地方要适度运用一些副词弱化语势，隐含自谦（比如"比较……""一定的……""算是……"等），既有对自己情况的客观描述，又有恰如其分的自我评价，有明确的针对性，以显示出内在的自信和力度。

六、谐趣性解说训练

1. 以"趣说自己"为题，进行谐趣性解说练习。

2. 你有饲养小动物的经验吗？试用谐趣性解说的方法向同学解说一下养好小动物的诀窍。

3. 请从解说的角度分析下面这一段自我介绍。

哑剧表演艺术家王景愚曾经这样介绍自己："我就是王景愚，就是表演《吃鸡》的那个王景愚。人说我是多愁善感的喜剧家，实在不敢当，只不过是个'走火入魔'的哑剧迷罢了。你看我这40多公斤的瘦小身躯，却经常负荷着太多的忧虑和烦恼，而这些忧虑和烦恼又多是自找的；我不善于向我敬爱的人表达敬和爱，却善于向憎恶的人表达憎与恶，然而，胆子并不大。我虽是执拗，却又常常否定自己。否定自己既痛苦又快乐，我就生活在痛苦和欢乐交织的网里，总也冲不出去。在事业上人说我是敢于拼搏的强者，而在复杂的人际关系面前，我又是一个心无灵犀、半点不通的弱者。因此，在生活中，我总是交替扮演强者和弱者的角色。"

第四章 讲故事

> **导言**：讲故事，是指用通俗易懂的口语将故事材料描述给别人听。讲故事是口语的独白形式之一，是语言训练的一种载体，也是教师口语中需具备的一种口语能力，是教育教学活动中常见的一种活动形式。它寓教于乐，有利于增长知识、培养语言能力、激发想象力和创造力，其形式深受少年儿童欢迎。一个故事，可以活跃课堂，启发学生；一个故事，也可以春风化雨，寓教育于无形。对于师范生来说，学会讲故事，不仅能为将来的工作做好准备，也可以锻炼自己运用普通话进行口语表达的能力。

第一节 讲故事的概念及其作用

一、基本概念

什么是故事？《现代汉语词典》里给出的解释是：故事，真实的或虚构的用作讲述对象的事情，有连贯性，富吸引力，能感染人。韩进在《儿童文学》一书中对"故事"有了一个更明确的说明："故事，本指叙事性文学作品中一系列有因果关系的生活事件。……故事指文体时，属于散文中的一种，所以又称叙事散文。它侧重于事件过程的描述，强调情节的主动性和连贯性，而对人物性格较少作细致的刻画。它和小说有相似处，又带有'说话'的特点，既可以由说故事人讲述，也可以由自己阅读，是一种深受人们喜爱的文学形式。"

由此可见，故事可以自己阅读，也可以由说故事人讲述。一位优秀的教师，除了能够指导学生自己读故事外，还应当具备讲故事的能力。讲故事，不是"念"故事，即使是朗读故事，也需要结合肢体语言去展现生动的故事情节，把听众带进阅读的世界，感受一段美妙的旅程。

讲故事是一种古老的讲课方式，是家庭教育和课堂教学常用的手段。儿童喜欢听故事，他们在听故事的过程中能获得一种强烈的真实的情境体验，这种体验深刻而有趣。听故事能够进入那些直接教育无法触及的领域，无论是成人还是儿童，都可以从故事中找到解决问题的办法。听故事的过程，能够让说故事人和听众相互之间建立起一种信任的关系，并且更加亲近。

二、讲故事的作用

讲故事在教育中具有神奇的力量。当我们喋喋不休地想要说明一个道理的时候，一个故事也许就能带来意想不到的效果。教师为学生讲故事是一种综合性的教育活动，教师通过讲故事对学生进行有计划、有目的的教育，使学生在听故事的过程中滋养想象力、疗愈心灵、获得知识、丰富情感、积累语言、培养专注力等。不要忽视讲故事的力量，教师出色的讲故事能力，不仅会给故事加分，还会影响到学生的成长和发展。

（一）讲故事可以滋养想象力

从前有个小男孩很聪明，他的母亲把他带到爱因斯坦面前，问怎么样才能让孩子把数学学得更好。爱因斯坦回答说："试着给他讲些故事。"这位母亲坚持要问关于数学的问题。爱因斯坦说："如果想让他聪明，就给他讲故事；如果想让他有智慧，就讲更多的故事。"[①] 在爱因斯坦看来，知识仅仅是人们目前所知道和所了解的事物，而想象力则包括了人们将要认识的一切事物。想象力比单纯获得知识更重要。

孩子的想象力与生俱来，并且相当丰富，而故事当中无限的想象空间，正是孩子们喜欢故事的原因。有人曾经问一个6岁的孩子为什么喜欢童话故事，孩子回答说：因为故事所说的就是我所想的。对于孩子来说，想象的世界就如同日常生活一样真实。孩子们就是有一种力量把自己融入童话的世界里，故事里的世界就是他们的世界，在故事当中，他们的想象力得到无限的滋养。

（二）讲故事可以帮助疗愈心灵

所有的故事都具有疗愈心灵的作用。如果一个故事让人笑了，笑的人的心灵就得到了疗愈。如果一个故事让人哭了，泪水也是疗愈心灵的方式。故事里的内容可以给孩子带来希望和勇气，让他们勇于面对生活中的挫折，并帮助他们继续前进。有一个4岁的小孩子，在幼儿园的户外玩耍时表现得很奇怪，尤其是玩伴们都在兴高采烈地玩泥巴的时候。后来才知道，原来半年前小孩子家里发生了一次泥石流，他受到了惊吓。尽管现在已经搬到了新房子里，他还是不敢靠近泥巴。小孩子的爸爸就给他讲了一个故事：一家人住在小竹棚里，一到下雨，就到处漏水，还有泥巴。最后这家人收拾好行李，搬到新房子里，再也没有漏水了。连续几天，这位爸爸都给孩子讲这个故事，并且是以一种轻松幽默的方式讲述，小孩子很喜欢这个故事。几周以后，教师说他已经能够和小朋友们一起快乐地玩泥巴了。[②]

（三）讲故事可以丰富知识和情感

故事为孩子们打开了一扇窗户，孩子们从故事里获得知识，开阔眼界。尤其是儿童故事里的各种知识，常常以动物或物体代替人的言行，这种形式对孩子们的成长起到的作用是潜移默化的。比如：《小蝌蚪找妈妈》的故事通过小蝌蚪一次次找错妈妈的故事情节，为孩子们介绍了青蛙的知识；《小猪请客》的故事教会孩子们正确使用礼貌用语。孩子的感情丰富，容易受到感染，教师富有感染力地讲故事，可

---

① 苏珊·佩罗. 故事知道怎么办：如何让孩子有令人惊喜的改变[M]. 重本，童乐，译. 天津：天津教育出版社，2011.
② 苏珊·佩罗. 故事知道怎么办：如何让孩子有令人惊喜的改变[M]. 重本，童乐，译. 天津：天津教育出版社，2011.

以使孩子们获得不同的情感体验。比如孩子们在《卖火柴的小女孩》的故事中体验到了同情，在《萝卜回来了》的故事中体验到朋友之间的相互帮助和关心。

（四）讲故事可以加强语言的积累

儿童心理学和生理学的研究成果和教育实践表明，幼年时期是人类语言发展的最佳时期。孩子们的语言模仿能力很强，不论是发音用词还是语法规则，孩子都是在日常模仿中逐步习得的，而讲故事这一形式在丰富孩子的语言方面比其他形式更有优势。因此，在听故事的过程中，讲述者的语言是孩子们直接的学习对象。这就对讲述者提出了语言方面的要求：标准的普通话、准确的用词、丰富的词汇、流畅的表达能力、富有表现力，同时能根据孩子的接受度辅以生动形象的语气语调、儿童化的态势语等。

（五）讲故事能培养和增强专注力

现在很多孩子都习惯于使用电子产品，导致他们的专注力越来越差，电子产品是唯一可以让他们专注的东西。听故事、讲故事，这是一个可以有效改进孩子专注能力的途径，因为故事可以抓住孩子们的心。父母应该多多和孩子一起读故事、讲故事、演故事。

综上所述，讲故事的作用是多方面的。对于教师而言，这是一个非常实用的工具，我们可以把讲故事融入各项教育教学活动中去，发挥其潜移默化的神奇作用。

• 思考与练习 •

1. 什么是故事？什么是讲故事？
2. 举例说明讲故事的作用。

第二节 讲故事的技巧和要求

讲故事是教师的一项基本技能。师范生作为未来的教师，首先，可以通过讲故事锻炼自己的口语表达能力，在讲故事中训练自己的语音、语气、语调和辅助的态势语。其次，师范生通过讲故事能建立自信，对以后的即兴演讲训练也会有很大的帮助。

一、讲故事的技巧

讲故事最好的办法就是"讲"，尽可能多地练习讲故事，我们每天都会在不经意间讲了或听了很多故事。讲故事是一门个性化、个人化的艺术。每一个故事，不同的人讲有不同的效果，正如"一千个观众眼中有一千个哈姆雷特。"

有人说，我当众说话就很紧张，怎么办？换个角度，你不是来讲故事的，你是来分享故事的。带着这种分享的心情，可以有效地舒缓紧张情绪。除此之外，要想讲好故事，还需要掌握一些技巧。

讲故事前，要做好充分准备。即便是口语基本功好的人，如果在正式讲故事之前没有做好充分准备，也是不可能有好效果的。我们常常看到有的人讲故事时表达生硬，在讲故事中出现结巴、前言不搭后语，或者因只顾着说情节而表情呆滞，缺乏必要的手势动作，姿态模仿不自然，甚至中途停顿讲不下去等情况。这都是讲前准备不充分的结果。所以，讲故事前要做好充分的准备工作。

1. 选好故事

在讲故事之前，首先要根据讲故事的目的、对象、场合来选择合适的故事材料。故事材料的选择要考虑几个因素，即讲什么、为什么讲、跟谁讲、在什么语境中讲、讲多长时间等。这些因素会帮助我们选择故事的方向。

第一，为什么讲——看目的。教师讲故事很多时候都是配合教育目的开展的。比如：进行品格教育，就选英雄模范的故事；鼓励好人好事，就选日常生活中的故事；传授科学知识，就选科学故事等。

第二，跟谁讲——看对象。选材要看听众的接受能力和不同口味。给小学低年级学生讲，要选情节简单、人物单一的短故事，如《小猫钓鱼》《狐狸和乌鸦》之类；给小学高年级学生讲，则要选情节稍复杂、人物较多、篇幅较长的故事，如《三顾茅庐》等。

第三，在什么语境中讲、讲多长时间——看场合。如果是课前调动课堂气氛，只宜讲微型故事；如果是课上组织班团活动，则可根据活动主题讲述情节曲折、一波三折的长篇故事。

2. 分析故事

分析故事的目的是明确主题思想、人物形象和人物关系，掌握情节结构，把握故事的开端、发展、高潮、结局，处理好各部分的关系。分析故事是讲好故事的基础。具体做法如下：

第一，抓中心。选定要讲的故事后，认真分析并准确把握故事的中心，明确故事的教育目的。

第二，抓重点。找出故事中的重点情节和重点语句，在把握中心思想的基础上，具体分析故事的情节，抓住故事的高潮部分，理清故事的层次，以便把故事讲得有节奏感和层次感。

第三，抓角色。分析故事中角色的一般心理特征、生理特征，同时根据故事情节分析各个角色的性格、性别、年龄、身份、心理、情绪、动作、神情等。

3. 适当改编

分析故事后，就要熟悉故事中的人物、情节。要理清贯穿故事的主要情节线索，把握事情的发生、发展、高潮和结局，还要弄清人物的主次、性格特点以及互相之间的关系，领会故事的主题思想。在这个基础上，再根据讲述目的、听故事的对象以及故事本身的不足，对故事进行改编加工。要使故事内容深刻，情节波澜起伏，生动有趣，这样才能抓住听众，受人欢迎。改编故事包括删、扩、改编故事以及设计故事的开头和结尾等方面。

（1）删故事。

故事中有些细节或过程与主要情节无关的，可以考虑删去，把重点放在故事的主线上，使故事紧凑些，尤其是长故事。有些不合时宜的内容也要删去，以免产生不好的影响。许多外国故事的原著翻译过来，情节长、描述多，因此在讲之前会有大段的删减。比如经典童话故事《丑小鸭》，如果照着叶君健先生翻译的安徒生原著来讲的话，恐怕大多数听众都无法耐心听下去。原著故事的结尾部分是这样写的：

当太阳又开始温暖地照着的时候，他正躺在沼泽地的芦苇里。百灵鸟唱起歌来了——这是一个美丽的春天。忽然间他举起翅膀：翅膀拍起来比以前有力得多，马上就把他托起来飞走了。他不知不觉地已经飞进了一座大花园。这儿苹果树正开着花，紫丁香散发着香气，又长又绿的枝条垂到弯弯曲曲的溪流上。啊，这儿美丽极了，充满了春天的气息！三只美丽的白天鹅从树荫里一直游到他面前来。他们轻飘飘地浮在水上，翅膀发出飕飕的响声。小鸭认出这些美丽的动物，于是心里感到一种说不出的难过。

"我要飞向他们，飞向这些高贵的鸟儿！可是他们会把我弄死的，因为我是这样丑，居然敢接近他们。不过这没有什么关系！被他们杀死，要比被鸭子咬、被鸡群啄、被看管养鸡场的那个女用人踢和在冬天受苦好得多！"于是他飞到水里，向这些美丽的天鹅游去。这些动物看到它，马上就竖起羽毛向他游来。"请你们弄死我吧！"这只可怜的动物说。他把头低低地垂到水上，只等待着死。但是他在这清澈的水上看到了什么呢？他看到了自己的倒影。但那不再是一只粗笨的、深灰色的、又丑又令人讨厌的鸭子，却是——一只天鹅。

主持人鞠萍姐姐在讲述这个故事时则改为这样简单的几句：

冬天过去了，春天来到了。丑小鸭经历了种种的磨难和考验，他长得高大结实，竟然能够展翅飞翔了。他看到花园里有三只天鹅，想游过去，可是又担心他们会啄死他。忽然，他头一低，看到了自己的倒影。啊，原来他再也不是丑小鸭了，而是一只美丽的天鹅！

原著多用描述性语言，从景物描写到心理描写，都是文笔出色、情感真挚的语句。但是对于孩子来说这些语句就太复杂了，超过了他们的接受和理解范围。这时就需要教师根据作品内容进行删减，减少描述性的语句、删掉语句中大量的修饰语，把长句改为短句，以适应孩子的语言接受能力。

（2）扩故事。

可以通过在故事中增加一些情节或细节，使故事具体生动，跌宕起伏，尤其针对短故事的扩写。如《猪八戒换脑袋》的原文中有一段："孙悟空急忙扶住他说：'唉，你一早上哪儿去了？'猪八戒皱着眉头说：'都怪我嘴馋贪吃，吃坏了肚子，拉屎去了……哎哟，哎哟……喔哟哟……'沙和尚慌忙对孙悟空说：'师兄，快把八戒送医院抢救。'"为了突出猪八戒借用计谋的憨憨模样，可在"沙和尚慌忙对孙悟空说"的前面增加这样的情节："猪八戒索性在地上打起滚来，装得可像呢！"

（3）改编故事。

故事文本一般都是由儿童文学作家创作的。作家从故事的完整性、可供阅读性角度出发，有时未能考虑到言语表达的问题，词汇、语法过于书面语，不适合"讲"。因此，故事的讲述者必须考虑儿童的言语表达习惯和接受能力，把书面语改成口头语，把长句子改成短句子。如《小猪变干净了》原文是这样的："小猪走着走着，看见前面有一只长耳朵、短尾巴、红眼睛的小白兔，就高兴地喊道。"我们就可以改成："小猪走着走着，忽然看见前面有一只小白兔，长长的耳朵，短短的尾巴，红红的眼睛，可漂亮啦！他就高兴地喊起来。"这样就比较通俗易懂，而且也显得生动活泼。把平淡的叙述改为生动的对话，从而突出情节和人物性格；把不出声的地方改用象声词，听起来妙趣横生、活灵活现。比如《乌龟与兔》原文就是较为平淡的叙述，而改编的《龟兔赛跑》里，兔子笑眯眯地说："乌龟，乌龟，咱们来赛跑，好吗？"乌龟生气了，说："兔子，兔子，你别神气活现的，咱们就来赛跑！"这样的口语化讲述，充满了生活气息，很有童趣。

乌龟与兔
《伊索寓言》

乌龟与兔为他们俩谁跑得快而争论不休。于是，他们定好了比赛的时间和地点。比赛一开始，兔觉得自己是天生的飞毛腿，跑得快，对比赛掉以轻心，躺在路旁睡着了。乌龟深知自己走得慢，毫不气馁，不停地朝前奔跑。结果，乌龟超过了睡熟的兔子，夺得了胜利的奖品。

龟兔赛跑
根据《伊索寓言》改编

兔子长了四条腿，一蹦一跳，跑得可快啦。

乌龟也长了四条腿，爬呀，爬呀，爬得真慢。

有一天，兔子碰见乌龟，看见乌龟爬得这么慢，就想戏弄戏弄他，于是笑眯眯地说："乌龟，乌龟，咱们来赛跑，好吗？"乌龟知道兔子在开他玩笑，瞪着一双小眼睛，不理也不睬。兔子知道乌龟不敢跟他赛跑，乐得摆着耳朵直蹦跳，还编了一支山歌笑话他：

乌龟，乌龟，爬爬，

一早出门采花；

乌龟，乌龟，走走，

傍晚还在门口。

乌龟生气了，说："兔子，兔子，你别神气活现的，咱们就来赛跑！"

"什么，什么？乌龟，你说什么？"

"咱们这就来赛跑。"

兔子一听，差点笑破了肚子："乌龟，你真敢跟我赛跑？那好，咱们从这儿跑起，看谁先跑到那边山脚下的一棵大树。预备！一，二，三，——"

兔子撒开腿就跑，跑得真快，一会儿就跑得很远了。他回头一看，乌龟才爬了一小段路呢，心想：乌龟敢跟兔子赛跑，真是天大的笑话！我呀，在这儿睡上一大觉，让他爬到这儿，不，让他爬到前面去吧，我三蹦二跳地就追上他了。"啦啦啦，胜利准是我的嘛！"兔子把身子往地上一躺，合上眼皮，真的睡着了。

再说乌龟，爬得也真慢，可是他一个劲儿地爬，爬呀，爬呀，爬，等他爬到兔子身边，已经筋疲力尽了。兔子还在睡觉，乌龟也想休息一会儿，可他知道兔子跑得比他快，只有坚持爬下去才有可能赢。于是，他不停地往前爬、爬、爬。离大树越来越近了，只差几十步了，十几步了，几步了……终于到了。

兔子呢？他还在睡觉呢！兔子醒来后往后一看，咦，乌龟怎么不见了？再往前一看，哎呀，不得了了！乌龟已经爬到大树底下了。兔子一看可急了，急忙赶上去可已经晚了，乌龟已经赢了。

兔子跑得快，乌龟跑得慢，为什么这次比赛乌龟反而赢了呢？[①]

乌龟和兔子赛跑的故事，我们都非常熟悉。第一个故事选自《伊索寓言》，篇幅短小，只有故事梗概，没有具体情节和人物形象的描写，显然不适合直接"讲"。而第二个故事，可以看作对第一个故事的改编。它在第一个故事的简单框架上，增加了很多情节，增加了人物的心理描写、动作描写和对话描写等，使故事的情节生动活泼，人物栩栩如生。在讲这个故事的时候，可以采用语音造型塑造，分角色表达，把双方的对话和心理活动运用恰当的语气语调加以表现，同时辅以态势语，把故事讲述得生动有趣。

（4）开头设计。

凡是有过上台讲故事经验的人，都会感到一走上台便开始讲，总有点不太自然，而心里都是希望听众从一开始就喜欢听自己讲的故事。事实上，如果我们为故事设计了一个好的开头，便能一下子吸引住听众，引起听众的兴趣和欲望。相反，如果开头平淡，就会使听众感到索然寡味。所以，给要讲的故事

[①] 吴雪青. 幼儿教师口语［M］. 上海：华东师范大学出版社，2012.

设计一个好的开头,应该说是讲好故事的重要技巧之一。当然,一个好的开头应根据故事的内容来设计,这里,介绍几种开头的方法。

① 提问式。先提一个使听众感兴趣的问题,引起听众的思考。提问时,语调要上扬,停顿时间可稍长一点。如:"小朋友们,你们都知道孙悟空吗?孙悟空手里使的兵器叫金箍棒。你们知道他的金箍棒是从哪儿来的吗?现在老师就给你们讲一个《孙悟空大闹水晶宫》的故事。"又如:"小朋友们,你们说是乌龟爬得快还是兔子跑得快?今天老师要讲的故事当中,乌龟竟然在跑步比赛中战胜了兔子。你们想知道为什么吗?"

② 议论式。针对教育目的,简单地阐述一个道理,这样既能引起听众的兴趣,又便于更好地发挥讲故事的教育作用。比如:"大家都知道西瓜是吃瓤而不是吃皮儿的,可是那些猴子知不知道吃西瓜是吃瓤的呢?下面,老师就给小朋友们讲一个《猴子吃西瓜》的故事。"又如:"小朋友们,我们都知道兔子跑得快,乌龟爬得慢。下面老师要给小朋友讲一个故事,故事中的乌龟竟然在跑步比赛中战胜了兔子。你们相信吗?"

③ 介绍式。这种方法适合于节选的故事,或是根据某一个故事续编的故事,即先把故事的起因介绍一下,然后把前后连贯起来,使听众对故事有一个完整的印象。例如:"社会上有不少人认为金钱是万能的,甚至有的家长为了赚钱而让小学尚未毕业的孩子去做生意。其实,世间最有价值的东西要算知识和智慧,一个人有了这两样东西不愁赚不到金钱,相反金钱却无法买来知识和智慧。不信,请听我讲一个《金钱和智慧》的故事。"

(5) 结尾设计。

每个故事都有结尾。讲故事的人有时可以使用原故事的收尾,有时可根据故事的内容和听众的情况对原结尾进行加工处理,以便取得更好的效果。故事结尾的设计,可视故事长短而定,长故事一次讲不完,可用突然刹车的方式在关键的地方停下来,给听众留下悬念,常用的说法是"欲知后事如何,且听下回分解"。短故事收尾,主要有以下几种方式。

① 高潮处收尾,言尽而意不止,使听众产生种种猜测。比如《猴子吃西瓜》的故事中,以一只猴子的人云亦云且不懂装懂的一句话"西瓜嘛,就这味儿",让人感到这群猴子愚蠢到了极点,既好笑又耐人寻味。

② 提问式收尾,启发听众思考故事中的思想意义。如:

"小朋友,你们说,母鸡的话对吗?"——《小土坑》

"小朋友,你们知道那只鸟的教训到底是什么呢?"——《白头翁的故事》

③ 总结性收尾,直接告诉听众这个故事的教育目的。例如:

"唉,谁叫他们上课不专心呢!"——《上课》

④ 尾声式收尾,扩展原故事的情节和结局,以满足听众的心理要求。有的故事并没有结尾,可是听众的心理上需要一个结局,并且是大团圆结局。例如童话故事的结局:"从此以后,王子和公主过上了幸福的生活。"

4. 熟记试讲

选择、分析、加工好故事之后,讲述者要做的就是熟记故事的主要内容,先理清故事的情节结构,然后熟读、默记并反复练习,以便在讲述时能从容应对。对所讲故事充分熟悉,可以有效地舒缓紧张情绪。

(1) 熟记故事。

一是要熟记故事中的人物及其性格；二是要记清故事的情节，把握故事发生的时间、地点、起因、经过和结局。例如《猪八戒换脑袋》的故事。

  时间：有一天半夜。

  地点：人间医院。

  起因：猪八戒脑子笨，又听说人的本领大到可以给人换心、换肺、换脑袋。

  经过：想换个脑袋—看病—白胡子医生出主意—八戒装病—悟空上当来医院—医生手术—互不相认—手术换回—八戒不高兴—装电子计算机。

  结局：八戒变成新八戒。

通过这样层层记忆，便很好记住了。

(2) 试讲故事。

准备工作的最后一步，一定要开口"讲"几遍，而不要只是在脑子里"想"。对于一个讲故事的新手来说，从书面语变成口中说出的话，一定要落实。要反复体会故事中人物的思想感情，使自己也真正进入角色，这样讲起来才会从容不迫，以情感人。正如话剧演员上台表演之前需要排练动作一样，讲故事时设计的表情动作也需要先排练一下，临场发挥才会更自然贴切。

二、讲故事的要求

讲故事不是简单地念故事或背故事。讲故事的过程中，讲述者要通过眼神、手势、声音以及近距离接触，与听众做直接的交流。以"讲"为主，"表"为辅，做到绘声绘色，声情并茂。讲述者还可以根据现场的反应，在语言和细节上自行发挥，使所讲故事更加自然、生动。

1. 以"讲"为主

"讲"就是讲述的意思，是指讲述者用语言直接叙述故事的情节和内容，属于讲故事中有声语言的部分。讲故事时，"讲"的技巧主要体现在以下几点。

(1) 口语化。

讲故事，是一个由书面语到口头语的转换过程。口语化的语言讲着顺口，听着悦耳，自然朴素，俗中存雅，充满着生活气息。讲故事的口语化具体表现为词汇口语化、长句变短句、整句变散句、多使用"了""啊"等语气词、少用关联词等。

比如著名儿童教育家、讲故事专家孙敬修在讲故事时，就会把"因为天下雨，所以带把雨伞"改为："啊，天哗哗地下雨了，怎么办呢？带把伞吧！"去掉关联词，运用短句子，语言立刻变得十分口语化。

(2) 区分叙述语言和对话语言。

讲故事中，叙述语言主要用来交代故事发生的时间、地点、人物、事件，介绍故事情节的来龙去脉和前因后果。在叙述时，还应把作者对故事中人物和事件的褒贬态度表达出来。叙述语言的语气、语调比较客观，节奏比较稳定。

对话语言是用来刻画人物性格特征和表现人物思想感情的手段。讲述故事时，要着力运用对话语言对人物形象进行塑造和刻画，要根据不同人物的性格特征和思想感情，通过运用不同的音色、语调、语气和语速来塑造生动的人物形象。对话语言一般比较夸张，语调变化较多，因此也更生动有趣。

叙述语言和对话语言在故事当中形成对比，二者相互映衬，形成语调和节奏的错落之美，使故事的层次性更强。

（3）语气、语调富于变化。

要使听众感到亲切自然，讲故事时必须做到口语化。要使故事情节生动有趣，就必须注意语气、语调的变化，应用抑扬顿挫、灵活多变的语气语调去叙述情节，刻画人物，再现情境。例如：讲到高兴处，语调上扬，气满声高，以烘托出兴奋热烈的气氛；讲到悲伤处，语调下抑，气沉声缓，以营造出压抑的气氛。

一个人讲故事平淡无趣，很大的原因是语气、语调缺少变化。举个例子，如"猴儿王找到个大西瓜"这个句子，有的同学就会讲得平平淡淡，语速平均，轻重一样，句调也是平平的，没有升降变化，连那个作为儿化韵标志的"儿"字，也念得不够清晰响亮。正确的念法应该是："王"字后面稍作停顿，"王""西"两字语调稍高，"到个""瓜"都是轻声念法，"王""大""西"三字念得较重；语速上，"找到个大西瓜"这一部分比前面"猴儿王"稍快。这样，念出来的句子就显得起伏有致，自然也就生动活泼了。

句子本身尚且如此，句与句之间的语气、语调就更应该有变化了。叙述时要根据句意及上下文的联系处理好出语气的轻重、稳重、快慢、升降。具体表现为：需要强调的读重一些；语气连贯的，即使中间有不少标点符号也可不停或少停；表现紧张惊险的场面、兴奋热烈的情绪，速度可快一些；表现悲哀、疑问、思考，则可慢一些；表现转折、惊疑的语气或反问句，句调要高一点，高调后面往往都要把句调降低一些。

2. 以"表"为辅

"表"，即表演，是指讲述者运用自己富有感情色彩的语言、动作、表情，把故事中人物的性格、情感形象地表达出来，把故事发生、发展的环境气氛渲染出来。在讲故事中，"表"的技巧，主要指声音塑造、口技和态势语。

（1）用声音造型，塑造不同的角色。

要讲好故事，需要对故事中的角色进行处理，塑造鲜明的性格特征。鲜明的性格特征往往通过人物的语言、表情及动作表现出来。讲故事时对角色的塑造，首先需要把握和揣摩角色，根据人物的年龄、性别、性格、职业等要素，为人物设计不同的声音，听众能够借助这种特有的"声音"将该人物与故事中的其他人物区别开来。只有这样，听众才会感到故事中的人物栩栩如生、活灵活现。例如，《小蝌蚪找妈妈》这个故事，在讲之前，讲述者首先要熟悉故事，然后对其中的角色形象进行分析、设计。故事中总共出现小蝌蚪、鸭妈妈、大鱼、乌龟、青蛙这几种动物。小蝌蚪，可以看成单纯冲动的孩子，鸭妈妈是直爽的大妈，大鱼是温柔的女性，乌龟是稳重的长者，青蛙则是热情、有活力的年轻妈妈。经过这样的形象塑造后，故事里的每个角色都有自己的角色定位和性格，讲述时会更生动形象。

在确定每个角色的性格特征之后，就要选择适当的声音来表现，也就是声音的造型。声音的造型要求清晰准确、绘声绘色、形象生动、略带夸张、富有趣味性。故事中的人物在年龄、性别、身份、性格等方面各不相同，讲述故事时要把他们区分开来。例如：小孩说话声音高而细，吐字靠前，语速较快；老人说话声音低而粗，吐字靠后，语速较缓；刚直豪爽的人，说话声音厚实，吐字饱满有力；善良柔弱的人，说话声音半虚半实，吐字轻缓等。另外还可以使用一些特殊的声音，比如用又粗又涩的声音扮演鸭爸爸，用恶狠狠的腔调演绎大灰狼，用尖细做作的嗓音塑造狐狸，用阴郁沉闷的怪声表现老巫婆等。这样，一个个活生生、有个性、有魅力的声音形象就出现了。这样的声音会把听众带入故事，更好地领会故事的意义，获得愉悦的审美享受。

（2）模拟自然声响或动物的叫声。

对自然声响的模拟，虽没有办法像真正的口技那样惟妙惟肖，但还是可以将环境特点鲜明地表现出来，如风雨声、雷电声、流水声、风吹树叶的沙沙声等，给人身临其境的感觉。对自然环境的适当模拟，有助于增加故事的真实感、形象性，渲染出所需要的气氛，牵动听众的心弦。

模拟动物所发出的声音，这样做能给人如闻其声的感觉。要模拟好各种动物的叫声，首先，要消除怕丑心理，只有当我们的声带和发音器官彻底放松，才有可能伸展自如，发出尖细粗哑、大小高低各不相同的声音来。其次，要注意观察体会，细心琢磨。如：羊叫的声音是极为尖细且有些发颤；公鸡打鸣高亢嘹亮且往往由小到大；母鸡发出"咕嗒"的声音，"咕"音是反复出现的，"嗒"音则拖泥带水，有点像"咕咕咕嗒——"；狗叫声尖而且锐，有股狠劲；牛叫声低沉浑厚而且悠长。诸如此类，只要我们细心体会，认真练习，模拟到七八分像还是不太困难的。这样的"表"，可以增加讲故事的真实性和感染力。

（3）用丰富的态势语，表现人物的形象和性格。

要把故事讲得生动有趣，突出人物的形象和性格，常常需要借助一些态势语。用态势语来"表"，主要是用动作和眼神来表现符合故事内容要求的各种姿势，这样既可以吸引听众的视觉，又可以帮助听众形象地理解故事内容。使用态势语要注意手、眼跟讲话配合，讲到哪儿，指到哪儿，眼神跟到哪儿。还要注意姿态得体，切忌故弄玄虚。讲故事中运用态势语，大体表现为以下几个方面：运用面部表情来模拟人物的表情；运用手及身体其他部位的动作来模拟人物的动作形态或其他事物的形态。例如讲《白头翁的故事》：讲到"白头翁看见喜鹊在大树上造房子"时，讲述者便可朝右上方望一望，讲到"忽然听见外边黄莺唱得很动听"时，便做出侧耳倾听的样子，这样就把白头翁那种看到什么就对什么产生兴趣、不专心学习的性格生动地表现出来了。又如讲《猴子捞月》的故事：讲到猴子们"抬头一看"时要随之抬头；讲到"啊，月亮掉到井里了"时，可以瞪大双眼、握紧双手、手足无措，表示紧张；讲到最后"什么也没捞着"时，头要摇一摇，脸上流露出失望的表情……这些态势语可以增加故事的感染力，吸引学生的注意力，引发他们对故事情节的兴趣。

3. 善于控场

讲述者必须采用一些技巧有效地控制讲故事的场面。讲故事过程中，孩子的情绪、周围的环境时常会有变化，讲述者要借助控场技巧，有效地吸引注意力，维持气氛和秩序。比如：在故事开讲之前，可以采用猜谜、游戏、问答等方式调动孩子参与的积极性；开始讲故事时，可以利用声音去吸引孩子的注意力；讲故事的过程中，可以设置悬念、提问进行互动，激发兴趣，保持孩子的注意力。一旦出现秩序混乱的情况，不要惊慌，可以采用较长的时间停顿或者变化讲故事的节奏等方式去唤回孩子的注意力。

讲故事前的温馨提示：

第一，抓住讲故事的时机。再好听、再有意义的故事，在孩子不想听的时候无论怎么讲都只能是徒劳。

第二，选择恰当的故事很重要。即使孩子很想听故事，可是选择的故事不适合当时的场景或者不适合孩子的需求，也不会有很好的效果。

第三，要注意语音正确、吐字清楚、速度适中，有一定的节奏。尽可能使用标准的普通话，不认识或不确定的字要先查字典。语速要适中，因为讲得快孩子会听不懂，讲得过慢孩子又会不耐烦，甚至出现烦躁的情绪。

第四，讲故事时要绘声绘色，抑扬顿挫，辅以音效。讲故事就是要把表情、声音、手势各方面都调动起来，把人物演绎得生动形象，这样才能吸引学生，让他们产生更加浓厚的兴趣。

第五，观察孩子的接受度。在讲故事的同时要注意观察孩子的接受度。观察故事是否被孩子听进去了，以及在讲的过程中孩子的反应如何。

思考与练习

1. 讲故事前要做哪些准备工作?
2. 说说讲故事的具体要求有哪些。

综合技能训练

【请你讲故事】

猴子吃西瓜

猴儿王找到个大西瓜,可是怎么吃呢?这个猴儿啊是从来也没吃过西瓜。忽然他想出一条妙计,于是就把所有的猴儿都召集来了,对大家说:"今天我找到一个大西瓜,这个西瓜的吃法嘛,我是全知道的,不过我要考验一下你们的智慧,看你们谁能说出西瓜的吃法,要是说对了,我可以多赏他一份儿;要是说错了,我可要惩罚他。"

小毛猴一听,搔了搔腮说:"我知道,吃西瓜是吃瓤儿。"猴王刚想同意,"不对,我不同意小毛猴的意见!"一个短尾巴猴儿说,"我清清楚楚地记得我和我爸爸到姑妈家去的时候,吃过甜瓜,吃甜瓜是吃皮的,我想西瓜是瓜,甜瓜也是瓜,当然该吃皮啦!"

大家一听,有道理。可到底谁对呢?于是都不由把眼光集中到一只老猴身上,老猴一看,觉得出头露面的机会来了,就清了清嗓子说道:"吃西瓜嘛,当然……是吃皮啦!我从小就吃西瓜,而且一直是吃皮,我想我之所以老而不死,也正是由于吃了西瓜皮的缘故!"

有些猴儿早等急了,一听老猴儿也这么说,就跟着嚷起来:"对,吃西瓜吃皮!""吃西瓜吃皮!"猴儿王一看,认为已经找到了正确的答案,就向前跨了一步,开言道:"对!大家说得都对,吃西瓜是吃皮!哼,就小毛猴崽子说西瓜是吃瓤儿,那就让他一个人吃去,咱们大家都吃西瓜皮!"于是西瓜一刀两断,小毛猴吃瓤儿,大伙儿共分西瓜皮。

有个猴儿吃了两口,就捅了捅旁边的猴儿说:"哎,我说这可不是滋味啊!"

"咳——老弟,我常吃西瓜,西瓜嘛,就这味儿……"

【角色分析】

《猴子吃西瓜》的角色分析如表 4-1 所示。

表 4-1 《猴子吃西瓜》角色分析

角色	性格	声音设计
猴王	外表威严,内里空虚	中、平、偏慢
小毛猴	大胆机灵	尖、细、较快
短尾巴猴儿	纯朴天真	高、平、稍尖、较慢
老猴	倚老卖老	低、粗、偏慢
"有个猴儿"	胆小怕事,不敢说话	中、偏慢
"旁边的猴儿"	傻乎乎,不懂装懂	粗重

【指导讲故事】

猴儿王找到个大西瓜,可是│怎么吃呢?↗│这个猴儿啊是从来(摇头)也没吃过西瓜。

忽然｜他想出一条妙计，于是就把所有的猴儿都召集来了，对大家说（双手后背）："今天｜我找到一个大（双手掌心向内比画一下）西瓜，这个西瓜的吃法嘛，我是全（晃一下脑袋）知道的，不过｜我要考验一下你们的智慧，看你们谁能说出西瓜的吃法，要是说对了，我可以多（和颜悦色地、右手向右前方点一下）赏他一份儿；要是说错了，我可要（瞪眼，向左瞥一下）惩罚他。"

小毛猴一听，搔了搔腮（搔头，眼神亮出）说："我知道，吃西瓜是吃瓤儿。"猴王刚想同意，"不对，↘我不同意小毛猴的意见！↘"一个短尾巴猴儿说，"我清清楚楚地记得｜我和我爸爸到姑妈家去的时候，吃过甜瓜，吃甜瓜是吃皮的，我想（神情认真）西瓜是瓜，甜瓜也是瓜，当然该吃皮啦！"

大家一听，有道理。｜可到底谁对呢？于是都不由把眼光集中到一只老猴身上，老猴一看，觉得出头露面的机会来了，就清了清嗓子说道（清嗓子状）："吃西瓜嘛，当然……是吃皮啦！我从小就吃西瓜，而且一直是吃皮，我想（摸长胡须）我之所以老而不死，也正是由于吃了西瓜皮的（得意地摇头晃脑）缘故！"

有些猴儿早等急了，一听老猴儿也这么说，就跟着嚷起来："对，吃西瓜吃皮！"↗"吃西瓜吃皮！"↘猴儿王一看，认为已经找到了正确的答案，就向前跨了一步，开言道："对！大家说得都对，（自信地、肯定地）吃西瓜是吃皮！哼，就小毛猴崽子说西瓜是吃瓤儿，（冷漠地）那就让他一个人吃去，咱们大家都吃（双手揽一下）西瓜皮！"于是西瓜一刀两断，小毛猴吃瓤儿，大伙儿共分西瓜皮。

有个猴儿吃了两口，就捅了捅旁边的猴儿说："哎，（皱眉、吐舌）我说这可不是滋味啊！"

"咳——老弟，↘我常吃西瓜，西瓜嘛，（不以为然地挥一下手）就这味儿……"

【请你讲故事】

小马过河

马棚里住着一匹老马和一匹小马。

有一天，老马对小马说："你已经长大了，能帮妈妈做点事吗?"小马连蹦带跳地说："怎么不能？我很愿意帮妈妈做事。"老马高兴地说："那好啊，你把这半口袋麦子驮到磨坊去吧。"

小马驮起口袋，嗒嗒嗒往磨坊跑去。跑着跑着，一条小河挡住了去路，河水哗哗地流着。小马为难了，心想：我能不能过去呢？如果妈妈在身边，问问她，那多好啊！他向四周望望，看见一头老牛在河边吃草。小马跑过去，问道："牛伯伯，这条河，我能趟过去吗？"老牛说："水很浅，刚没小腿，能过去。"

小马听了老牛的话，立刻跑到河边，准备趟过去。突然从树上跳下一只松鼠，拦住他大叫："小马！别过河，别过河，河水会淹死你的！"小马吃惊地问："水很深吗？"松鼠认真地说："当然啦！昨天，我的一个伙伴就是在这条河里淹死的！"小马连忙收住脚步，不知道怎么办才好。他叹了口气，自言自语道："唉，还是回家问问妈妈吧！"

小马甩甩尾巴，跑回家去问妈妈。妈妈说："河水到底是深还是浅呢？你仔细想过他们的话吗？"小马低下了头，说："我……我没想过。"妈妈亲切地对小马说："孩子，光听别人说，不能了解河水究竟有多深。你去试一试，就会明白了。"

小马跑到河边，试着往前趟……原来河水既不像老牛说的那样浅，也不像松鼠说的那样深。他顺利地过了河，把麦子送到了磨坊。

【角色分析】

《小马过河》的角色分析如表 4-2 所示。

表 4-2 《小马过河》角色分析

角色	性格	声音设计
小马	男孩型、天真、稚嫩、活泼	高、快、偏亮
老马	妈妈型、慈母、温和、沉稳、亲切	轻、慢、低缓
老牛	伯伯型、沉着	浑厚、轻、慢、低缓
松鼠	女孩型、急切	尖细、清亮、急、高

【指导讲故事】

第一场景，老马和小马的对话。运用声音造型，区分老马和小马的声音。老马就像一位慈祥的母亲，对小马的问话是温和亲切的，问话要低而慢，很沉稳，句末有明显的升扬。小马稚嫩天真，爽快地接受妈妈的任务，要回答得高而快，活泼些。"怎么不能？"这虽是问号，但意思是肯定的"能"，所以不能按问句语调来表达。

第二场景，小马"嗒嗒嗒往磨坊跑去"，这里的"嗒嗒嗒"象声词要处理得短而快，同时还带着欢快。在小马和老牛的对话中，一问一答当中的两个"能"字，要说得重一些。

第三场景，小马和松鼠的对话。松鼠的"突然"要有急促的神态和惊讶的心情，"当然啦！昨天，我的一个伙伴就是在这条河里淹死的！"这一句要用平调处理，显出松鼠的"认真"。小马"连忙收住脚步"，要描绘出小马遇到无法过河的困难，不动脑筋、无能为力的神情。

第四场景，小马回家求助妈妈。小马在回答妈妈的问话时，语气是比较低的，并且省略号的地方要表现出小马结结巴巴、难为情的神态。最后妈妈的话处理的时候要低、慢、有力，但依旧是"亲切"的。

第五章 演讲

导言：演讲是一种通过口头语和态势语表达思想感情的高级语言形式，是培养和提高人们口头表达能力的一种积极有效的手段，是社会信息传播的重要途径。演讲活动是一种社会现象，历史悠久，源远流长，古往今来，演讲活动因其能产生强烈而普遍的社会作用，具有独特而重要的社会意义，始终伴随着人类文明的发展而发展。

第一节 演讲概述

一、演讲的定义和特点

（一）演讲的定义

演讲又称"讲演""演说"，是指在特定的环境下，演讲者凭着自己的口才，借助有声语言和态势语的艺术手段，面对广大听众，针对某个具体问题，鲜明、完整地发表自己的见解和主张，阐明事理或抒发情感，以达到感召听众并促使其行动的一种语言信息交际活动。演讲既是一门学问，又是一门艺术。"演"含有表演的意思，是辅助语言表达情感的姿势和动作；"讲"就是语言陈述，即把经过组织的语言表达出来。"演"和"讲"的密切结合，既要运用动作、姿势、表情等态势语给人们以具象化展示，又要运用口语进行表述与论证，其目的都是说明事理与说服听众。柏拉图曾说："演讲艺术是对人们灵魂的统治，其主要职责就是向观众讲解爱和情感。"

（二）演讲的特点

任何一种蕴含着艺术性的活动，都会依据其独特的构成和表达形式形成自己的特点，作为口头表达的一种高级表达形式和言语交际活动，演讲具有以下特点。

1. 针对性

演讲是一种社会实践活动，面对的是广大社会公众，演讲者要针对听众的年龄、身份、文化程度等选择不同的主题和内容，针对不同场合、时间采取不同的演讲方式等，从而实现良好的演讲效果。

2. 目的性

演讲是一种用于公众场合的宣传形式，通过演讲者对某种社会现象或观点的评价和判断，直接向广大听众公开阐述自己的看法和主张，告诉听众一些道理，促使听众展开一些行动等，演讲的目的性非常明确。如演讲者在表达"年轻的朋友们，人生能有几回搏"时，其目的是告诉人们要努力拼搏。

3. 鼓动性

演讲的内涵决定了其必然具有鼓动性的特点。演讲者要有鲜明的观点、独到的见解及深刻的思想等，要善于用流畅生动、自然风趣的语言和恰当的修辞手法打动听众，激发听众的情绪，赢得听众的好感，让听众产生共鸣，达到影响、征服听众的目的。古希腊学者德谟克利特有一句名言："用鼓动和说服的语言来造就一个人的道德，显然是比用法律和约束更能成功。"

4. 思想性

演讲过程中，演讲者不仅要靠语言声音吐露真情，打动听众，还要阐发见解，明辨事理，给听众以深刻的思想启迪和灵魂的震撼。演讲者只有以自身渊博的学识、敏锐的认知，言别人所未言，言听众所欲言，言他人未敢言，才能传递出观点正确、思想深刻的演讲内容。

5. 艺术性

演讲的艺术性是现实活动的艺术，它的艺术性在于它具有统一的整体感和协调感，演讲中的各种因素（包括语言、声音、服饰、姿态、动作、表情等）之间形成一种相互依存、相互协调的美感。同时，演讲还具有戏剧、舞蹈、曲艺等各种艺术门类的某些特点，这些因素有机、和谐、自然地融为一体，形成了富有特色的演讲艺术效果。

6. 逻辑性

与口头语言交流不同，演讲活动必须带有强烈的逻辑性。一个成功的演讲者的演讲内容中，都有清晰的逻辑链条贯穿始终。为了实现演讲的预期效果，演讲者必须具备缜密的逻辑思维能力，口头表达层次清晰、条理分明，这就是演讲活动的逻辑性特点。

二、演讲的目的和作用

（一）演讲的目的

德国大哲学家黑格尔在《美学》里讲道："一般说来，演说家在演讲里的最高旨趣并不在于艺术的描述和完美的刻画，他还有一个越出艺术范围的目的，他的演讲的形式结构无宁说只是一种最有效的手段，利用来实现一种非艺术性的目的或旨趣。从这个观点来看，他感动听众，也不单是为感动而感动，听众的感动和信服也只是一种手段，便于达到演说家要实现的意图。所以对听众来说，演讲家的描述也不是为描述而描述，也只是一种手段，用来使听众达到某一信念，做出某一种决定，或采取某一种行动。"

黑格尔的这段论述，十分精辟地剖析了演说家在演讲中所使用的手段，都是为了达到自己的目的。那么演讲的目的是什么呢？

人们的任何社会实践活动都有明确的目的，其功利性是非常鲜明的。由于演讲活动是演讲者与听众的双边活动，所以，演讲的目的就分别体现为演讲者演讲的目的和听众听演讲的目的。每个演讲者由于身份、地位、年龄、专长各不相同，演讲的目的也不尽相同，甚至每位演讲者每次演讲的目的也不相同。我们可以从宏观和微观两方面来分析。

1. 演讲的宏观目的

演讲者演讲的意图也就决定了其演讲的目的。从总体上看，演讲的目的就是演讲者与听众取得共识，使听众改变态度，激起行动，推动人类社会向理想境界迈进。演讲者无论是宣传自己的政治主张、观点，或是传播道德伦理情操，还是传授科学文化知识和技艺，都是为了让听众同意自己的主张、观点和立场，以求取得共识，并在此基础上激发听众的实际行动，向着理想境界迈进。如美国总统林肯在解放黑奴时所做的演讲，目的就是动员美国人民为解放黑奴、废除奴隶制而斗争。

2. 演讲的微观目的

演讲者大多有自己的正式职业或专业，如鲁迅是文学家，闻一多是学者、诗人，林肯是总统，丘吉尔是首相等。他们的职业不同、专业不同、经历不同，所进行演讲的目的、内容也有所不同。如闻一多1946年在李公朴追悼会上的演讲，目的就是揭露和痛斥敌人的罪行，鼓舞听众，发展民主运动。中国著名的演讲家彭清一、曲啸、李燕杰、刘吉，他们的演讲活动大多是向广大青年进行理想、道德等方面的宣传教育。因此，从微观上看，每位演讲者的每一次演讲都有不同的具体目的。

演讲是一种复杂的社会实践活动，更是一种宣传工具。人们拿起工具总是有目的的，没有目的的演讲是不存在的，只是目的的正确与否、高雅与否有所不同。所以，演讲者必须树立正确的演讲目的，做到宏观和微观的统一、表层与深层的统一、目前与长远的统一，这样的演讲才是有意义、有价值的。

（二）演讲的作用

演讲作为一种社会实践活动，有着不可估量的社会价值和极其深远的历史意义。演讲是一种武器，应用它可以捍卫真理，打击敌人；演讲是一种途径，应用它可以培养才能，增强勇气。演讲在人类文明社会中有着悠久的历史，它既是唤醒民众进行斗争的有效手段，又是讲授知识、传播信息、社会交际和经营管理的重要手段。

1. 对演讲者的作用

（1）促进自己成长。

演讲家都不是天生的，而是后天实践造就的，是经过多方面的努力才成功的。当我们看到演讲家在演讲台上口若悬河、滔滔不绝地讲述的时候，自然会对那悦耳的声音、和谐的语调及优美的态势语等由衷地赞叹，这是演讲台上的功夫。演讲者自身必须有站在时代前面的魄力，勇敢地探索先进的思想，孜孜不倦地吸取广博的知识。同时，演讲者还必须具备敏锐的观察能力、深刻的分析能力、敏捷的思维能力、准确的判断能力、丰富的想象能力、机智的应变能力和良好的记忆能力，这更需要经过刻苦的磨炼。可以说，正是多方面刻苦的学习与磨炼才能造就一个成功的演讲家。当一个演讲者成为演讲家的时候，我们会说他成才了，而当他正在加倍努力学习与磨炼、尚未成"家"的时候，他的思想、学识、智能等方面也会得到极大的提高。所以说，演讲对促进人的成才有极大的作用。

(2) 培养良好的人际关系。

现代社会是人们交往日益密切的社会，是信息广为交流和传播的文明社会。有人说，只有良好的人际关系，才有良好的经济关系。在现代社会中，无论是个人交际场合，还是团体交际场合，都可以进行演讲，而社交中的演讲可进一步地促进人与人之间、团体与团体之间、国家与国家之间的友好关系。演讲家经过长期训练和实践所得的本领，不仅可以在演讲台上表现出他们的文雅举止和出众口才，而且在日常交际生活中，他们所具备的丰富的学识、机智的应变能力、良好的修养也很容易冲破种种人际关系的障碍，能比一般人更迅速、更有效地开展人际交往和沟通合作。同时，演讲家通过演讲活动可以广泛地接触各阶层、各地区人士，从而扩大自己的交际面。

(3) 不断地自我完善。

在当今社会，人与人之间的关系和交往日益密切，思想文化、科学技术的交流日益广泛，知识信息的传播日益频繁。在这种形势下，不用说一个思想平庸、知识浅薄、口齿不清的人根本无法适应时代的飞速发展，就是一个品德高尚、学识渊博、技巧超群的人，如果不善言谈、词不达意也是无法充分表达自己全部的聪明才智的。演讲在人类口语中是最高级、最完善、最具有美学价值的一种口语表达形式。除此之外，演讲需要综合知识，它既需要演讲学本身的理论和经验，又需要运用哲学、美学、逻辑学、心理学、教育学、语言学等学科的基本理论和知识。我们学习、了解并掌握演讲艺术并付诸实践，便能够增长才干、开阔眼界、陶冶情操、积累知识，还能提高个人修养、锻炼口才、培养气质，乃至扩大知名度，取得事业上的更高成就。

所以说，学习演讲和演讲实践的过程是一个不断提高口头表达能力、综合素质能力、敏锐的观察能力、深刻的分析能力、敏捷的思维能力、准确的判断能力、丰富的想象能力、机智的应变能力和良好的记忆能力的过程，也是一个不断自我完善的过程。

2. 对社会的作用

(1) 舆论引导、启迪教育的作用。

演讲者在演讲中总要摆事实、讲道理，意在透过人们习以为常的生活现象，揭示出生活的某种真谛，阐发生活的某一哲理，以此来引发听众的思考。演讲的宗旨在于引导听众向符合演讲者所希望的方向行动，其指引行动方向的作用有时是直接的、立竿见影的。演讲重在说理，重在阐发带有某种真理性的道理，以理服人，从而对听众产生启迪作用。真理的启迪作用体现在很多方面，主要包括政治的、科学的、人生的真理以及各种社会真理。真理的启迪作用，也是一种理性的教育作用，它可以使人们认识社会现实和历史状况，辨别客观事物的美与丑、真与假、善与恶，可以帮助人们祛邪扶正，用真理取代谬误，从而使听众的情操得到陶冶，思想得到净化，道德得到规范。一次成功的演讲，除了启迪人心、传播真理、培养情感外，最终目的是唤起听众的行动和实践，使之投身于改造主客观世界的社会活动中。

(2) 传播知识的有效途径。

当今社会，尽管科学技术高度发展，知识传播的途径日益增多，但作为直接运用语言进行传播的演讲活动，由于现场的作用，能对人体产生多重的感官刺激，高度调动人们的注意力，从而加深对演讲所传播的科学知识的理解，增强学习效果，因此演讲始终是传播科学文化知识、提高文化素养的有效途径。学校是传播科学文化知识的主要基地，学校广泛开展的读书演讲、专题辩论演讲、竞赛演讲等，对培养学生的观察能力、分析综合能力、表达能力等方面也都有积极的作用。

(3) 激发和渲染情感的作用。

演讲对理性的阐述总是伴随着情感激发进行的，以情感人是演讲不可缺少的情感作用。"水激石则鸣，人激志则宏。"列宁指出："没有人的情感，就从来没有也不可能有人对真理的追求。"我们常常说的"感人心者，莫先乎情""通情才能达理"等，都是强调情感对于听众接受思想的重要性。演讲者在表达理性的内容时,是饱含情感的,而情感又必然在声音、语调、姿势、动作、表情等方面表现出来,近距离地触动听众的心灵、激发听众的共鸣,使听众无法平静,或激动欢呼,或愤懑不平,或热泪盈眶,或沉痛哀叹。演讲是一种实用艺术,具备直观性的艺术感染力,使听众在精神上产生愉悦感、激动感和满足感。演讲的魅力也在于它可以晓之以理,动之以情,授之以知,导之以美,明之以实,联之以身,所以演讲者在演讲时要做到用正确的道德情感感染和影响听众。

(4) 推动社会文明发展的作用。

人类社会的文明史,就是真善美与假恶丑的斗争史,而演讲历来是这种斗争的主要工具之一。古今中外一切正义的演讲家,都是拿着演讲这个武器,宣传真理,唤醒民众,推动社会进步。1775年,美国演讲家帕特里克·亨利在弗吉尼亚州会议上发表了激励人心的抗英演讲,迅速地唤起了千百万人民坚定地投身斗争中。他的"不自由,毋宁死"的名言,至今仍教育着千万民众为自由而战。可见,正确的演讲可以启迪人心、传播文化、宣传真理、祛邪扶正,把人类社会推向理想境界。越是成功的演讲,它的导发作用越大、越持久,它不仅作用于一代人,而且作用于几代人;它不仅在一定区域内产生影响,还会超越民族和国家界限,作用于全人类。

第二节 演讲的类型及其训练

一、命题演讲

(一)命题演讲的定义和特点

1. 命题演讲的定义

命题演讲是指演讲组织者事先确定了演讲题目或规定了主题范围,演讲者提前做了充分准备而进行的演讲。这种演讲涵盖面比较广,像各种会议上的开幕词、报告、闭幕词及学术课堂上的专题演讲等均属此类。

命题演讲又可分为全命题演讲和半命题演讲。全命题演讲一般是由演讲组织者事先规定一个演讲题目,演讲者据此题目进行演讲。半命题演讲是演讲组织者规定演讲的范围,即演讲的主题,由演讲者自行拟定具体演讲题目进行演讲。无论是全命题演讲还是半命题演讲,演讲者都应事先根据命题或范围写好演讲稿并做好充分的准备。

2. 命题演讲的特点

(1) 严谨性。命题演讲是一种较严肃的演讲,通常涉及重要的、为大众所关注的、关乎民众的迫切需求的主题,注重宣传真理、传授知识、陶冶情操、启迪心灵,必须本着认真、求实的严肃态度。命题演讲一般进行了较充分的准备,无论是主题的确定、材料的选择、演讲稿的设计,还是演讲过程,都是经过周密安排的。

(2) 针对性。命题演讲的"题"瞄准听众关心的热点问题,如社会形势、国家政治、经济文化等相关问题,此外涉及理想、人生观、道德观等思想观念问题,也是听众较为关心的话题。命题演讲根据听众关心的热点问题进行发挥和阐释，通过有目的的演讲，进行宣传、教育、鼓动和澄清，因此，演讲者在演讲中针对性越强，演讲的效果就越好。

（3）稳定性。命题演讲的内容是事先确定的，一般是演讲者就主题和范围做了深思熟虑之后进行的演讲。在临场演讲时，演讲者一般都照写好的演讲稿讲演，它所受时境的限制较少，内容因时境而变化的可能性也相对较低，演讲过程也不会出现太大的起伏，从演讲内容上讲，具有相对稳定性。从社会历史过程上看，演讲产生的影响是深远的，随着岁月的流逝，很多事物都可能被淡忘，但一些成功演讲中精辟的语句、独特的演讲方法等却被人们永久的传诵，虽历经多年，但仍然感召人们努力奋斗。

（4）鲜明性。命题演讲要求主题鲜明，指的是主题要突出，论证要深入而全面，并以理服人。主题是否鲜明是衡量命题演讲能否成功的重要标准之一。

（5）完整性。命题演讲事先确定了演讲的范围和题目，演讲者又做好了充分的准备，诸如怎样开头、怎样结尾，语调什么时候高亢急促、什么时候低沉缓和等，体现在结构层次安排上是完整而缜密的。

（二）命题演讲的训练

苏联著名演讲家、理论家阿普列相在《演讲艺术》一书中指出："真正的演讲家总是一身而三任：既是作者（'剧作家'），又是排练者（'导演'），还是完成自己的演讲、谈话的表演者。"他是从演讲者在演讲过程中所肩负职责的角度说的，其实也道出了命题演讲的全部程序。

1. 命题演讲的准备

（1）酝酿与构思。不管是自愿还是受命，一旦准备登台演讲，就必然有一个由酝酿到构思的过程，而这一过程的结果就是演讲稿。

（2）审定题目。审题，不仅仅是审定题目本身的内涵，或者是单纯给自己的演讲确定一个恰当的标题，更重要的是注意把握三个方面。一是选择角度和范围。角度要新，范围要适度。新，是对同台演讲者而言，尽可能避免与别人的演讲内容相同或相近，尽可能给人耳目一新的感觉。范围还要适度，太大，驾驭不了，讲不透，太小，包容量不够，无法尽情发挥。二是选择自身的优势。演讲审题不仅要观点角度新颖、范围适度，还应该结合自身的优势，深入开凿命题，立意深刻，情真意切。三是确立主题。主题是命题演讲的核心，确立主题应特别注重把握两方面。第一，主题要适时，就是适合社会的需求，具有时代感，还要适合听众当时当地的需求，同时也需要考虑听众的年龄、职业、文化程度等方面的共享性。这就是说，演讲者要用探索的、创造性的态度去思考和处理演讲主题。第二，主题要单一。一次演讲稍纵即逝，讲得太多、太杂，反而适得其反。正如德国著名演讲家海因兹·雷曼说的："在一次演讲中，宁可牢牢地敲进一个钉子，也不要松松地按上几十个一拔即出的图钉。"

（3）选择材料。演讲是信息的传播，信息的载体是材料。信息有疏有密，有强有弱。前者表现为力量，即材料的多寡；后者表现为质量，即材料的优劣。演讲者可以选择自己亲身经历的、耳闻目睹的、新鲜、真实、可信的材料，这种材料用在演讲中是最容易感动他人的第一手材料，以及通过书本、杂志、报纸、电视、广播、网络等途径获得的第二手材料，在具有一定数量的基础上，对两类材料进行优化组合。组合的依据是：一是能恰当地表现主题；二是能满足听众的预期需要；三是真实典型；四是具体新颖。

（4）构思。命题演讲的构思，包括两个方面：一是构思演讲稿；二是精心设计现场实施。演讲稿的构思，包括开场白、主体、高潮、结尾，这实际上就是对材料的安排与处理，同时也包括对材料的思维框架与基本语言形态的选定。精心设计演讲的现场实施，实际上在构思演讲稿的过程中，就基本上包含了现场实施的设计。但两者比较，后者需要更具体、更细化、更具有操作性。这种设计是在构思演讲稿的基础上，进一步琢磨演讲实施过程中细节和技巧的处理与表现，其中包括各种演讲技巧的运用，譬如手势、眼神、声音等。构思在命题演讲过程中是较为重要的一个环节。

(5) 写稿。执笔成文，是上述各个环节总的归宿。命题演讲的好坏，取决于演讲稿的优劣。演讲稿必须精心写作，最好是自己动手写稿，保持个人的风格。怎样写出好的稿件，将在后面进行介绍。

2. 命题演讲的演练

演练是命题演讲必经的一个阶段，主要是背诵和处理演讲稿。有的演讲者以为只要把演讲稿记牢背熟就可以了，其实不然，演讲稿只是把对材料的酝酿构思用文字记录下来了，而演讲过程中的语调、节奏、停顿，甚至身姿、手势、表情等方面的设计，在文字稿中却无法体现，这些细节都需要细心揣摩，精心处理。

(1) 情感基调的把握。情感基调或平实，或激昂，或欢快，或悲壮，都是根据稿件内容决定的，演讲者在演讲时做出相应的情感表达。自己写的讲稿相对好把握，别人代写或者经过别人加工的稿子，就要仔细琢磨。如果情感基调把握不准，感情不到位，甚至错位，再好的稿、再真挚的情感也表达不出来，因此，对情感基调的把握是至关重要的。

(2) 语音处理。由书面语转化为口头语，一定要经过语音处理。没有经过严格的语音处理，便会在演讲中出现念稿或背稿的现象。演讲既要自然，又要恰当地进行艺术处理，否则便会造成演讲氛围的不和谐。

(3) 态势处理。演讲者的手势、身姿、表情等，会随着演讲的过程、随着内容与情感的变化而不断改变，原则上很难做出精确的设计。但在稿件的几个关键处，在演练中可以适当地设计合理的态势。

3. 正式演讲

登台演讲，是对演讲稿的全部落地实施。如何演讲好，有几个关键之处。

(1) 登台亮相。亮相，就是上台之后，要让听众第一眼就看清演讲者的面目神情。演讲者应先站定，后抬头，向全场投去亲切的目光，并轻轻点头或鞠躬，端庄大方，亲切自然，给听众创造良好的第一印象。

(2) 开场白。开场要开得好、开得妙，既要扣题，又要营造气氛。精妙的开场白，瞬间就能吸引全场听众的目光，甚至几句话就使场内气氛变得十分热烈，掌声、笑声一片。演讲稿一般都会做开场白的设计，只需要演讲者临场恰当表现即可。但是，原有的设计常常会与现场状况不完全吻合，甚至相反，在这种情况下必须及时进行调整或改变。例如，台湾地区名师沈谦教授去台中静宜大学演讲，题目是"中国古典式的爱情"。到达现场休息室后，接待他的同学告诉他，两周前余光中教授在这里做过同题演讲。情况突变，不能按原来的想法讲了，必须改变开场白，改变讲法。调整思路之后，他是这样开场的：

听说前两个礼拜，余光中教授也在这里讲跟我一样的题目，不过，他讲的正题，是我今天讲的副题。（笑声）

余光中教授是研究西洋文学的，他来讲中国古典式的爱情，绝对是个外行。不过，他的学问很好，一定讲得很内行。而我是学中国古典文学的，我来讲中国古典式的爱情，绝对是内行。不过我的学问差一点，也许讲出来会有些外行……而且，余光中是诗人，他往台上一站，大家都"醉"了，陶醉在诗人的风采里；我是教书匠，往台上一站，大家都"睡"了……（哄

堂大笑）还好，我没有跟余光中先生一起登台演讲，否则在座的各位，一个个都要"醉生梦死"去了！（全场哈哈大笑）

沈教授诙谐巧妙地把两场同题演讲做了衔接，尤其是营造出极为轻松热烈的现场氛围。如果不是这样改变开场白，绝对不会有这样的效果，甚至还可能出现听众因听到重复的演讲话题而产生厌倦的情绪。

（3）高潮与造势。演讲现场需要出现高潮，没有高潮的演讲是平淡的，甚至是乏味的。高潮的标志是场内爆发的热烈掌声。精彩的演讲，总能闪现思想的火花，掀起情感的波涛。思想火花的闪现之处，情感波涛的掀起之处，就是演讲高潮的所在之处。听众常常在这种精辟之处、动情之处，与演讲者形成思想交汇、情感共鸣、理智互震，从而由衷地爆发掌声。虽然演讲稿中一般都会在关键之处进行设计，但是如果现场处理不当，也不一定会有高潮出现，效果不一定很理想。高潮的设计有两个步骤，一是高潮前要造势，二是高潮处要做强化处理。造势，就是在高潮前造成一种气势、一种情势、一种态势。高潮不是突然出现的，更不是想出现就能出现的，而是有一个过程，即顺着听众由感性到理性、由感动到感悟、由期待到满足这样一个思维的、情绪的、心理的过程来实现的。譬如高潮之前的叙述或描述，要说得真真切切，把情境再现出来。讲欢快的事，听得听众个个眉飞色舞；讲伤心的事，听得听众泣不成声；讲气愤的事，听得听众咬牙切齿。如此等等，就是造势。在这种情况下，再晓以精辟的语段，岂会不出现高潮，听众岂会不鼓掌？

（三）命题演讲的现场调控

演讲的目的在于影响听众的意识，促成某种行为的实现或改变。要达到这一目的，就必须实施有效的调节与控制。正如斯坦尼斯拉夫斯基指出的那样："创作愈是有控制地进行，演员的自制力愈大，角色的设计和形式就会表达得愈鲜明，它对观众的影响就会愈强烈，演员的成就就会愈大。"演讲虽然有别于表演艺术，但两者却有共同的艺术规律。失去调控，就不可能获得"善讲"与"动听"的艺术效果。在演讲的诸要素中，演讲者和听众是最根本、最主要的两个因素，是信息传递的两个方面，两者相互影响，相辅相成，相得益彰。成功的演讲，都是两者完美的结合。因此，命题演讲必须对两者实施调控：一是自控，即演讲者的自我调控；二是控场，即对全场听众的调控。

1. 自控

演讲者的自我调控，主要体现在两个方面，一是心理调控，二是情感调控。

（1）心理调控。

心理调控最根本的是克服怯场心理。怯场，就是临场紧张、惧怕。英国首相迪斯雷利甚至公开承认，他宁愿带一支骑兵队冲锋陷阵，也不愿首次去国会上发表演说。西塞罗说："演说一开始我就感到面色苍白，四肢和整个心灵都在颤抖。"林肯曾表示自己在演讲时"也有一种畏惧、惶恐和忙乱"，丘吉尔说自己在演讲时"心窝里似乎塞着一个几寸厚的冰疙瘩"。还有人说，演讲时会手心冒汗、汗流浃背，严重的时候还会导致休克。如此等等，怯场严重地干扰和破坏着演讲的顺利进行。

为什么会出现怯场的情形呢？演讲家、心理学家们众说纷纭，有的说是因为胆小，有的说是因为缺乏自信心，有的说是因为自我意识太强。罗斯福对此的看法是："每一个新手，常常都有一个心慌病。心慌并不是胆小，乃是一种过度的精神刺激。"这种刺激来自两方面：一是外在的，即台下黑压压的听众，一双双明亮的眼睛全都投向演讲者，使演讲者望而生畏，局促不安；二是内在的，演讲者担心讲不好，担心听众不爱听，担心这，担心那，甚至连自己的长相也在担心的情况之列，因而形成过度的精神刺激。刺激引起生理变化，于是出现血压增高、心跳加快、脸色涨红、呼吸局促、手心冒汗，甚至全身颤抖的情况。

如何调控怯场心理呢？首先要对怯场心理有正确的估计。这是一种正常的生理和心理现象，人人都有，只是程度不同。同时，怯场也不完全是坏事，可以促使演讲者认真准备，不马虎，不轻率。

其次，加强自信心。一上台只把注意力集中在眼前的动机和效果上。华盛顿曾说："我只知道眼前的听众，而我说的词，正是眼前的听众说的。"至于过后听众怎样评价，演讲者在演讲过程中可以暂时不加考虑，避免出现"我不如你"的自我否定。

最后，上台之后，少用实眼多用虚眼，回避听众的各种表情、各种举动，只在听众中造成一种交流感。演讲一开始可以讲点具体的、生动的、有趣的事，这样讲有两个好处，一是不用担心讲不好，二是可以立即引起听众的兴趣，这种兴趣反馈过来，可以使演讲者的情绪立即放松下来。

（2）情感调控。

演讲需要投入感情。亚里士多德在《修辞学》中写道："一个充满了感情的演说者，常使听众和他一起感动，哪怕他说的什么内容都没有。"但情感需要调控，失控的情感是不堪设想的。

在演讲中，有的演讲者激动起来，就脸红脖子粗，手舞足蹈；说到伤心处，就泪流满面，放声痛哭；场内不安静，便提高声调，声嘶力竭，甚至拍桌子，发脾气；等等。这些都是情感失控的表现，容易造成听众的对立情绪，导致场面失控。情感应该服从理智，服从动机和目的，服从演讲的表达。傅雷曾经教育他的儿子："中国哲学的理想，佛教的理想，都是要能控制情感，而不是让情感控制。假如你能掀动听众的感情，使他们如醉如狂，哭笑无常，而你自己屹如泰山，像调动千军万马的大将军一样不动声色，那才是你最大的成功，才是到了艺术与人生的最高境界。"这是每个演讲者都必须牢牢记住的精妙所在。自我调控应体现在方方面面，如内容调控、时间调控、语速调控、音量调控、节奏调控等。

2. 控场

控场就是演讲者在整个演讲过程中都能把握主动，对现场情况实施有效控制，无论发生什么情况，都能随机应变，使演讲得以顺利进行。命题演讲的现场能达到这种状态，获得这样的效果，就是一场成功的演讲。控场的手段主要有以下三种。

（1）兴趣调控。

"兴趣是最好的老师。"在兴趣的驱动下，听众才会产生全部的热情和注意力。引发兴趣不是单纯的逗乐，兴趣必须同社会价值连接起来，因此演讲的内容、动机、目的、形式都必须与听众的认知、需求和审美相吻合，否则就不能引发听众的兴趣。听众的兴趣，是演讲活动中具有选择性的积极态度，是一种具有优势的情感倾向。要引发听众的兴趣，需要手段和技巧。譬如，演讲中穿插这样一个故事："有一个人，住在大楼的20层，可他每天坐电梯回家，总是坐到第10层就走出来，你们说这是为什么？"讲到这里，演讲者停下来，并向听众投去询问的目光。于是听众开始议论，有的说这个人肯定很胖，是为了减肥，有的说这个人可能是心脏病患者，步行可以增强血液循环，有利于早期心脏病康复，等等。正当议论纷纷时，演说者笑容可掬地说："因为他太矮了，只能按到第10个按钮，再上面的就够不着了。"于是听众哗然，燃起了兴趣。

凡是能调动听众参与感、引发听众想象与联想、具有新奇感的人或事，一般都能引发听众的兴趣。演讲者所使用的调动听众兴趣的方法大体是设问、对比、制造悬念，再加上适当的幽默。

（2）激发情感。

早在20世纪30年代，杨炳乾先生在《演说学大纲》中就指出："演讲重在诱动他人情感。"情感一旦被激发，便使人精神振奋，全身心都处于高昂的积极状态，进而产生一种不可估量的能动作用。演讲在于影响听众的意识，促成和改变听众的行为。要达到这一目的，就必须采用各种手段和技巧激发听众的感情，使之投入极大的热情，从而实现演讲的情感功能。激发情感常见的方法是以情感情、以情驭理。"激人以怒，哀人以怜，动人以情"，高明的演讲者总能用各种手段激发听众的情感，形成各种情感状态，从而获得演讲的成功。

（3）以情驭理。

以情驭理即以理征服。演讲者有时也会面临一些难堪的局面，如：站在台上滔滔不绝地发表演说，可台下却冷冷清清，毫无反应；或者听众交头接耳，乱哄哄的；更有甚者，听众吹口哨，喝倒彩，甚至还会有人站起来提问或反驳，直至把演讲者轰下台。出现这种现象，除了听众对演讲不感兴趣、不抱热情之外，根本的原因还是演讲的内容不能服人。演讲是事、理、情的融合，虽然三者相辅相成，相得益彰，但核心的还是理，应用理征服听众。马克思早就指出："理论只要能说服人，就能掌握群众；而理论只要彻底，就能说服人。"所谓"彻底"，就是有真知灼见，有充分事实根据，而且思维严密，并且能适时地给听众解释疑惑。演讲者能够说服听众，自然就控制了局面。与此相反，演讲内容平庸浅薄，理论片面，甚至漏洞百出，与听众所想的所做的完全相悖或无关，听众自然不愿听，也不会听，这样的演讲必然会失控。能征服听众的"理"，必须观点鲜明，针对性强，由事生理，理中有情，简要明快，庄中有谐。

除了上述最根本的调控手段之外，还有场内的气氛调控，以及听众的心理调控、思维调控，等等。

二、即兴演讲

（一）即兴演讲的定义和特点

1. 即兴演讲的定义

即兴演讲，指演讲者在某种特定的情境下，在事先没有准备或没有充分准备的情况下为满足表达意愿或现场需要兴之所至、有感而发的演讲。即兴演讲是演讲中的快餐，也是演讲中的精品。

2. 即兴演讲的特点

（1）篇幅短小精悍。即兴演讲是演讲者临时起兴，毫无准备，所以不容易长篇大论，一般要求在最短的篇幅里能够阐明一个道理。即兴演讲的篇幅虽然短小，但结构要合理，详略要得当，主题要鲜明，要有快节奏风格和一气呵成的气势，切忌颠三倒四、拖泥带水、重复拉杂。

（2）形式灵活多变。即兴演讲可以采取多种形式，就事论事，或分享一个故事，或发表一段感言，或就某问题进行辩论，或来一段即兴点评等，表达自己的某种感受或观点即可。

（3）内容有感而发。即兴演讲一般处于一定情境，感事、感人、感情、感景，随想随说，所以必须从眼前的事、时、物、人中找到触发点，引出话题，再将心中所思所想表达出来，真实流露演讲者的心声。

（二）即兴演讲的训练

1. 即兴演讲的准备

即兴演讲比赛大体可以分为两种：一种是在比赛之前，给演讲者一个较大的内容范围和一段准备时间，在比赛中再抽题演讲；另一种则是没有内容范围，在演讲开始后抽题，演讲者做短暂准备后即开始演讲。前者表现出模糊性的特点，后者表现出临场性的特点。根据这两者的特点，其准备方法也有不同。

（1）模糊性准备。演讲者得知了一个较大的内容范围，但并不了解具体题目，在这个基础上进行准备，首先要求演讲者具备比较宏观的把握事物的能力，能居高临下地看待问题，全面深刻地思考。这时，虽然具体目标比较虚，但有了思想准备，一旦拿到具体题目，模糊的目标就会迅速变得清晰起来。其次是纵向与横向上的比较与结合。在这一准备方法中还要求演讲者通过纵向与横向的比较与结合去丰富资料，充实内容，考虑的范围要大，内容的挖掘要深。演讲的观点还需要用大量的人物事例来具体阐释，只有人物事例丰富了，才更容易归纳总结出新的观点。

（2）临场性准备。即兴演讲者不知道演讲内容的范围，在比赛时才拿到题目，这种类型的演讲准备难度较大。为了在短时间内把演讲的腹稿组织得较完善，通常使用的准备方法是布点连线法。当演讲者拿到题目后，在短暂的临场准备时间里，应该围绕着题目进行"点"的分布。"点"可以是一个很有感情色彩的事例，一句幽默风趣的话，一位伟人或者哲人的警句，所要阐述观点的核心词语，等等。然后就要马上考虑这些"点"之间的联系，围绕着主题，并根据一定的逻辑关系将其分布在恰当的位置上，成为一个有机的系统，最后连贯成文。

2. 即兴演讲的技巧

即兴演讲是人们在某种特定的场合，受客观事物的触发而临时进行的发言，实践证明，即兴演讲的"兴"，即话题，来源是丰富多彩的。演讲者临场选择与特定场合的发言主题一致的话题，或选择听众所熟悉的、易理解的话题等，可以使即兴演讲取得良好的效果。

（1）保持警觉，选准话题。比如演讲者参加了某个会议，应始终保持全神贯注，要掌握会议的主题、讨论的具体题目、争论的焦点等，有很强的警觉和思想准备。一旦即兴演讲，也不会心慌意乱。有了思想准备，还必须寻找一个好的话题，而好的话题，源于对会议有关情况的熟悉与掌握。即兴演讲要注意在什么时间、什么场合，对谁讲话。

（2）抓住话题，组合材料。确立了话题，就要抓住不放，进而紧扣话题精心组织材料进行论证。即兴演讲无法在事先做充分准备，完全依靠即兴抓取材料，其来源一是平时的知识积累，二是眼前的人和事，主要以后者为主。若过多地引用间接材料，往往失掉即兴演讲的现实感和针对性，起不了应有的作用，只有多联系现场的人和事，才能紧紧抓住听众的注意力。

（3）情感充沛，以情夺人。要使听众激动，演讲者首先自己要有激情。演讲者动了真情，才能喜怒哀乐分明，语言绘声绘色，从而感染听众，达到交流情感的目的。

（4）演讲语言生动、活泼。根据听众的知识结构和文化修养，选用不同风格的演讲语言。对一般群众的演讲可选用平实朴素的语言，对文化素养较高的听众则可选用专业性更强的语言。这就要求演讲者应多加观察和学习积累。

（5）短小精悍，逻辑严密。即兴演讲多是在一种激动的场合下进行的，没有人乐意听长篇讲话，因此必须短小精悍。短小，是对篇幅而言；精悍，是对内容而言。即兴演讲不像命题演讲那样讲究布局谋篇，但也要结构合理、详略得当，切忌颠三倒四、离题万里、拖泥带水。

3. 即兴演讲者的素质要求

（1）一定的知识广度。只有学识丰富，才能在短暂的准备时间内从脑海中找到生动的例证和恰当的词汇，为即兴演讲增添魅力。这就要求演讲者开阔视野，既要具备一定的自己所从事的专业知识，了解日常生活知识，如人文常识、风土人情、地理环境等。

（2）一定的思想深度。这是指即兴演讲者对事物纵向的分析认识能力。演讲者应对内容进行宏观的把握，通过表层迅速深入事物本质，形成一条有深度的主线，围绕着它丰富资料，连贯成文，以免事例繁杂、脱离主题。

（3）较强的综合能力。即兴演讲要求演讲者在很短的时间里把符合主题的材料组合、凝集在一起，所以演讲者应具备较强的综合能力，有效地发挥出其知识的广度和思想的深度。

（4）较高的表达技巧。即兴演讲没有事先精心写成的演讲词，临场发挥是特别重要的。演讲者在构思初具轮廓后，应注意观察所处场所和听众，摄取那些与演讲主题有关的人物或景物，因地设喻，即景生情。

（5）较强的应变能力。即兴演讲由于演讲前无充分准备，临场时就容易出现意外，如怯场、忘词等现象。遇到这种情况，只有沉着冷静，巧妙应变，才能扭转被动局面。

4. 即兴演讲的训练技巧

（1）即兴演讲的结构。

在特定的语言环境中即兴发言，现场的压力往往催生出演讲者灵感的火花，但这些火花般的"思维点"是支离破碎、稍纵即逝的。有经验的演讲者能充分利用这瞬间的灵感，根据已经确定的主题，镇静而又迅速地对散乱的"思维点"进行连缀，或以一个模式框架进行快速构思，使自己的表达既符合人们的思维习惯，又能让自己有"路"可寻、有"径"可依。具体的构思方法有以下几种模式。

一是散点连缀法。在即兴发言前紧张地选材构思时，人的头脑中会出现很多散乱的思维点，发言时要捕捉这些思维点，从这些点的关系中确定一个中心，并用它连缀其他思维点，同时舍去与主题无关的点。当表达网络形成后，就可以开始演讲了。

二是卡耐基的"魔术公式"。这个公式的要点是：援引例子—出观点—警句收尾。发言时，先把实例的细节告诉听众，说明具体意念；接着以详细清晰的言辞说出论点，陈述缘由；最后向听众强调，如果按所说的去做，会有什么好处。这个公式非常适用于当今快节奏的生活方式，如演讲者想让听众为贫困儿童慷慨解囊，可以先描述一个缺乏经济援助的儿童的困境，为发言的目的铺路，然后再进行详细说明。

三是理查德的"四部曲"模式。这一模式的步骤是：第一，"喂，请注意"，唤起听众的兴趣；第二，"为什么要费这个口舌"，强调发言的重要性；第三，"举例"，用具体事例形象化地将论点印入听众的脑海；最后，"怎么办"，讲清楚听众该做什么。理查德认为，"为什么要费这个口舌"和"举例"这两部分如同馅饼里的馅，味道全在这里面，但是这两部分要注意与开篇和结尾相呼应。

四是"三么"框架模式。在即兴发言前短暂的准备时间里，可以快速思考三个基本的问题：是什么、为什么、怎么做。如教师演讲者在谈学生的厌学情况时，就要调动自己的知识积累和工作经验，从"三么"的角度来构思。

五是"三点"归纳模式。"三点"是归纳前面所有讲话人的"要点"，提取前面某个人或某些人讲话的"特点"，捕捉前面某个人或某些人讲话的"闪光点"。一般总结性的即兴发言可以综合运用要点、特点、闪光点"三点"归纳模式。中场性的即兴发言，则可抓住其中的某一点或闪光点。

六是"链形"延展模式。"链形"延展模式的特点是先确定发言的主旨，并以此为"意核"，演讲者以"意核"为开篇首句，然后句句紧扣"意核"（首句），单线纵向发展，形成环环相扣的链条。

（2）即兴演讲的话题选择。

一是感"时"起"兴"。特殊的时间点，是即兴演讲的一个构思要素。有些主题与特殊的时间点相关，如教师节师生联欢会上的即兴演讲，演讲者就可以问候一声："辛勤培养我的老师们，你们辛苦了！"或祝愿一声："无悔奉献人生的老师们，你们节日快乐！"演讲者抓住"教师节"这个具有特定意义的时间点，表达了自己对教师的问候和祝愿之意。这种朴实自然的发言，可以吸引听众的注意力，现场效果很好。

二是感"地"起"兴"。特定的地点同构成演讲的环境因素密切相关，如果处在现场环境中的人对这一地点有着难以忘怀的人生记忆,就有可能激起内心强烈的情感活动,从而产生一吐为快的表达欲望。如老同学聚会时的即兴发言:"当年一声再见,我们含泪离开母校。今天为了重温旧梦,我们又从四面八方汇集到母校……唤起许多青春的记忆。"重返校园,讲述让人魂牵梦绕的校园故事,能够使听众感同身受。

三是感"人"起"兴"。在即兴演讲时,最切实可行、最容易做到的就是用自己做例子,或从听众的身份、职业、爱好、语言、籍贯等方面入手寻找演讲兴奋点。如某演讲者有关身高问题的即兴演讲:"这话题之二嘛,是'矮子问题'。由我当众提出这个问题,岂不惹火烧身?这也要点勇气呢!"演讲者由自己的身高开题,向听众发表对"矮子问题"的看法,亲身的经历、深切的体验、自信的语调,引起了听众的强烈共鸣。

四是感"事"起"兴"。在社会生活中,热门话题常常成为即兴演讲的主题。其实,所谓的生活小事,只要蕴含重要的意义,同样可以成为富有启发性和感召力的话题。如某教师在周末班会上针对商店招牌上的错别字进行了即兴演讲,抓住用字规范这一现象,向学生表达了对规范汉字的见解,使学生深受教育和启发。

五是感"景"起"兴"。即兴演讲时,某些特定的景象引起了演讲者的讲话兴趣,产生一吐为快的冲动。如在举行班级联欢会前,气氛热烈,因此班主任进行了即兴演讲。

六是感"物"起"兴"。例如会议现场有时会出现某些引人注目的物品,演讲者就可以着眼于其特殊内涵、象征意义进行主观联想,借题发挥。如某演讲者在"钻石表杯"业余书评授奖大会上的即兴演讲,演讲者就眼前之物"钻石表"起兴,揭示了"钻石表"的品牌内涵,表达了对读书人的殷切希望,给听众以深刻的启示和教育。

七是感"言"起"兴"。当我们置身于座谈会、迎送会等场合中,看到别人滔滔不绝、侃侃而谈时,有时也会深受感染,产生说话的兴致。可是怎么说呢?这时最简单的办法就是从别人的表达中捕捉话题,加以引申、发挥。如某位教师在高职语文研讨会上聆听了别人的发言后进行即兴演讲,其所表达的对高职语文教学改革的看法,正是由对他人观点强烈的赞同感而激发出来的。

三、竞聘演讲

(一)竞聘演讲的定义和特点

1. 竞聘演讲的定义

竞聘演讲是演讲的一种,指的是竞聘者为争取某一职位,通过演讲来展示个人才华,向听众推销自己,以得到听众的赞赏和认同的演讲。

当今社会,竞聘演讲越来越有实用价值,引起了越来越多的领域的重视。无论是企业求职面试、岗位人才提拔,还是学生干部竞选,要想在竞争的年代实现自我奋斗的目标,做好竞聘演讲是十分重要的。

2. 竞聘演讲的特点

竞聘演讲是演讲中的一种,具有口语性、群众性、时限性、临场性、交流性等演讲的一般特点。但由于它是针对某一竞争目标而进行的,所以,除了演讲的共性特点外,还具有以下个性特点。

(1)目标的明确性。这是竞聘演讲区别于其他演讲的主要特点。演讲者一上台就要鲜明地亮出自己所要竞争的职位目标，演讲的内容和手法也都是为了竞争成功，演讲者的目标非常明确。打个比方说，如果演讲如大海行船，那么一般演讲是要告诉人们如何战胜困难，驶向遥远的彼岸，而竞聘演讲则是竞争看谁有条件来当船长。

（2）内容的竞争性。在其他的演讲中，演讲内容尽管可以海阔天空地谈古论今，但是其目的一般都不是来彰显自己的长处。而竞聘演讲，演讲者必须"八仙过海，各显其能"，都要尽最大可能显示出"人无我有，人有我强，人强我新"的优势来，有时甚至把自己本来是劣势的东西变换角度说成是优势。

（3）主题的集中性。所谓主题的集中，是指所表达的意思单一，不枝不蔓，重点突出。这就是说，在表达意思时，必须突出一个重点，围绕一个中心，而不要搞多重点、多中心，不能企图在一场演讲中说明和解决很多问题。在竞职演讲时，一定要"立主脑""减头绪""镜头高度聚焦"，这才能在听众心中产生共鸣。

（4）材料的实用性。实用性是指所选材料既是符合实际的，又是对自己的竞争"有利"的，无论讲自己所具备的条件还是谈任职后的构想，都要从自我出发、从实际情况出发。竞聘演讲是竞争，但并非在比赛中谁更能"吹牛"，谁更能耍嘴皮子，就能收获听众的认可。听众一边听演讲，一边也在掂量演讲者的讲话是否具有可行性，能否在现实中取得良好的效果。

（5）思路的程序性。思路，就是演讲者的思维脉络；程序，是指演讲中先讲什么后讲什么的顺序。竞聘演讲不像一般演讲的内容那么自由无拘，除了题目和称呼外，一般遵循以下程序进行演讲。先开门见山讲自己所竞聘的职务和竞聘的缘由。其次，简洁地介绍自己的个人情况，如年龄、政治面貌、学历、现任职务等。再次，摆出自己优于他人的竞聘条件，如政治素质、业务水平、工作能力等（既要有概括的论述，又要有"降人"的论据。比如，讲自己的业务能力时，可用一些获得的成果和业绩来证明），并提出假设自己任职后的施政措施，这一步是重点，应讲得具体翔实，条理清楚，主次分明，切实可行。最后，用最简洁的话语表明自己的决心和请求。

（6）语言的准确性。准确，一般是指要恰如其分地表情达意，但竞聘演讲中的准确除此以外还有另外两层意思：一是所谈事实和所用材料、数据都要求真求实，准确无误；二是要注意分寸，因为竞聘演讲的角度基本上是以"我"为核心，如掌握不好分寸，夸大其词，就会让人产生逆反心理，从而导致演讲失败。

（二）竞聘演讲的要求

1. 气势要先声夺人

竞聘演讲的一个重要特征就是竞争性，其实质是争取听众的响应和支持，要做到这一点，在演讲中就要有气势，当然，这种气势不是霸气，更非傲气，而是浩然正气。

2. 态度要真诚老实

竞聘演讲其实就是毛遂自荐，自荐，当然要将自己最优良的方面展现出来，让听众了解自己。但值得注意的是，在自我展示时，态度要真诚老实，有一分能耐说一分能耐，不能为了竞聘成功说大话、说谎话。

3. 语言要简练有力

老舍先生曾说："简练就是话说得少，而意包含得多。"竞职演讲虽然是展示自己的好机会，但也不应长篇大论，应该以简练的语言把自己的思想充分表达出来。

4. 内心要充满自信

著名演说家戴尔·卡耐基曾说:"不要怕推销自己,只要你认为自己有才华,你就应该认为自己有资格担任这个或那个职务。"当你充满信心时,在演讲台上,你就会从容不迫,就会以最好的心态来展示自我。信心会成为你竞职的力量,变成你工作的动力。

(三)竞聘演讲的答辩应对

答辩也是竞职演讲中的一个环节,要想取得竞聘成功,答辩时必须注意以下几个方面。

1. 淡化答辩成败的意识

演讲者对于答辩的成败,首先在思想上应注意淡化得失心,要有一种对成功不过分惊喜、对失败不过分沮丧的平和心态。如果在答辩中有这样的心态,那么就能更好地应付各种局面,即使在答辩中遇到了意想不到的情况,也能保持情绪稳定。如果有"只准成功、不许失败"的心态,那么在答辩中一遇到意外情况,就容易惊慌失措、情绪沮丧。例如,一位演讲者在答辩前自认为各方面都比其他竞争者优越,自信答辩一定能取得成功。谁知主考官在其答辩时提了一个他未想到的问题,他顿时就手足无措,像失了魂似的,情绪十分低落。等到后来主考官提问了他完全能够回答的问题时,他也回答不出来了。由此可见,如果这位演讲者淡化成败意识,心态平和,可能就不会出现这种情况了。

2. 保持良好的自信心

演讲者应在答辩中始终保持坚定的自信心,因为自信心建立在丰富学识的基础上,建立在顽强毅力的基础上,建立在良好心理素质的基础上,所以,只有保持坚定的自信心,就能在答辩中始终保持高度的注意力、敏锐的思维力、充沛的精力,一举夺取答辩的胜利。

3. 保持愉悦的精神状态

愉悦的精神状态,能够充分地反映出人的精神风貌。作为演讲者来说,保持愉悦的精神状态,面部表情就会更轻松自然,语言也会更加得体流畅。反之,就会给人一种低沉、缺乏朝气活力的感觉,会让考官和听众对演讲者产生一种精神状态不佳的负面印象。由此可见,演讲者在答辩中一定要注意保持一种愉悦的精神状态,给人一种自信大方的感觉。

4. 树立尊重对方的意识

演讲者处于被动地位,考官或面试主持人处于主动地位。正因为如此,演讲者要注意树立对方意识。首先要尊重对方,对考官和面试主持人要有礼貌,尤其当考官或面试主持人提出一些难以回答的问题时,演讲者脸上不要露出难看的表情,甚至抱怨考官或面试主持人。当然,尊重对方并不是要一味地奉迎对方,看对方的脸色行事,对考官的尊重是指对其人格上的尊重。其次,在答辩中不要一味地以"我"字当头,如每句话的开头都是"我"的能力、"我"的水平、"我"的学识、"我"的文凭、"我"的抱负、"我"的要求等。要尽量减少"我"字,尽可能地把对方单位摆进去,如"贵单位向来重视人才,这一点大家都是清楚的,这次这么多人来竞争就说明了这一点"。这种语言既得体,又确立了强烈的对方意识,考官或面试主持人是很欣赏的。最后是当考官或面试主持人提问时,演讲者再进行回答,不要还没有提问,就侃侃而谈,既耽误了时间,又会给考官或面试主持人带来不愉快。答辩完后,应向考官或面试主持人恳切地道别。

5. 保持语言的简洁流畅

答辩有着严格的时间限制，因此，答辩语言要尽可能简洁，要抓住问题的要害答辩，可说可不说的话坚决不说，要用尽可能少的语言表达出最多的思想意蕴。同时，语言要富有条理性、逻辑性，讲究节奏感，保证语言的流畅性。切忌答辩语言含含糊糊、吞吞吐吐、有气无力，一方面会破坏答辩语言的简洁性和流畅性，另一方面也会给考官或面试主持人留下不好的印象，从而导致答辩的失败。因此，一定要注意答辩语言的简洁性和流畅性。

6. 调控自己的心理情绪

有些演讲者尽管在答辩前已做好了充分的心理准备，但是一进入答辩程序，或在答辩中遇到"卡壳"时，心情立刻变得紧张起来。演讲者应该去掉自惭形秽的意识，树立"大家都差不多，我的水平与其他人一样"的意识，有了这种意识，紧张的情绪就会得到减轻。当遇到"卡壳"而十分紧张时，可以抱着"能取胜则取胜，不能胜也无妨"的态度，尽快恢复正常的答辩状态，还有可能出现"柳暗花明又一村"的境界。所以，演讲者在答辩中一定要注意调控好自己的心理情绪。

（四）竞聘演讲的注意事项

竞聘演讲作为一种直抒胸臆、发表己见的重要形式，越来越成为考察一个人综合素质的有效途径。竞职演讲有如下忌讳事项。

1. 忌信口开河、杂乱无章

竞职演讲具有较强的针对性和时效性，演讲者必须在事前对要争取的职位做大量的调查研究，全面了解职位特征和胜任这一职位所应具备的素质，在演讲的内容上做好自己的文章。有些演讲者对自己要竞争的职位没有一个完整清晰的认识，对一些鸡毛蒜皮的小事翻来覆去地解释，对所应从事的工作抓不住重点，"东扯葫芦西扯叶"，自己说不明白，听众也搞不清楚。

2. 忌狂妄自大、目空一切

有的演讲者过高地估计了自己的能力，在谈工作优势时好提当年勇，自认为条件优越，某职位非我莫属，做好工作不过是小菜一碟，导致在谈工作设想时，过于脱离实际，高谈阔论，极易引起听众的反感。

3. 忌妄自菲薄、过分谦虚

竞聘演讲要求演讲者客观公正地评价自己的竞争优势，大胆发表行之有效的措施手段。但有的演讲者却唯恐因自己的标榜引起评委和听众的不悦，而把对自我的认识和评估刻意放低到水平线以下。这种过分谦虚的表达，不仅不能反映自己真实的能力、水平和气魄，也不利于听众做出正确客观的评价。

4. 忌吐词不清、含混模糊

竞职演讲一般要求演讲者在有限的时间内，言简意赅地把自己的基本情况、工作特点、工作设想向听众娓娓道来，但是有的演讲者却不善于把握演讲的轻重缓急，或吐词不清，或语速过快，使听众不知所云。

5. 忌服饰华丽、求新求异

登台演讲时，服饰是一个人内在修养的外在表现和自然流露。竞职演讲是一项正规、严肃的主题活动，评委往往会以所竞争职位的需要和自己的审美观来评判演讲者。因此，演讲者的穿着应做到庄重、朴素。有的演讲者认为穿得与众不同能够以新奇取胜，于是服饰过于华丽，或故意不修边幅，给评委留下了负面的印象，从而使演讲的效果大打折扣。

四、论辩演讲

（一）论辩演讲的定义

论辩演讲指的是论辩双方应用口头语言就某一特定题目的是非曲直、优劣正误分别从不同的立场或角度面对面地展开辩驳，确定自己的论断，试图说服对方或驳倒对方，获得共同的见解所进行的演讲。

（二）论辩演讲的特点

1. 雄辩性

论辩演讲区别于命题演讲和即兴演讲，最本质的特点是对立双方不同观点的辩驳，表现出强烈的针锋相对和直接对抗。论辩双方都力求用最鲜明的论题、最充分的论据、最有力的论证，来树立己方的论点而驳倒对方的论点。这类演讲针锋相对，穷理竭智，雄谈阔论，信心十足，具有极强的雄辩性和论战性。

2. 理论性

论辩双方为了在论战中形成自己的说服力和论辩优势，都必须诉诸逻辑思维，致力于对辩题的理性发掘和完美论证，使论辩的内容具有理论上的深刻性和系统性，迸发出创造性的思想火花，从而产生无可辩驳的论辩锋芒和震撼人心的理性力量。

3. 即兴性

论辩演讲不同于一般的演讲，如命题演讲可以按事前准备好的较为理想的讲稿去讲，但论辩演讲不能这样。虽然，论辩演讲也应当有充分的准备，但由于论辩演讲是双方面对面的口头交锋，所以对方如何论述论点，运用什么样的论据，如何进行论证，以及提出什么样的问题、驳诘，都是不能预先知道的。因此，在论辩进程中，双方都必须按照论辩所处的特定情形考虑辩驳内容，组织口头语言，既要有理有据，形成凌厉的攻势，又要机智巧妙，显示出赛场的风度。这就决定了论辩演讲具有极强的即兴性，要求演讲者具有过人的临场应对才能和思辨灵活的口才。

4. 竞争性

一般的演讲是个人的单向演讲行为，演讲的目的在于宣传自己的观点，表达自己的情感，以取得听众的理解和支持。而论辩演讲则是双方针锋相对的较量，主要目的是争取"你错我对"的结果，从而战胜或说服对方。另外，随着新时期的发展，人类在政治、经济、军事等方面的竞争愈来愈激烈，为了求得认知的一致，为了辨析是非曲直，上自联合国讲坛，下至街头巷尾，大到国际争端的调解，小到商务活动的谈判，都需要进行论辩演讲。于是论辩演讲这个古老的语言艺术，在如今的年代又焕发出青春，而且愈来愈具有竞争的色彩。

（三）论辩演讲的训练技巧

在论辩过程中，被动是赛场上常见的劣势，也往往是败北的先兆。下面介绍几种论辩演讲的语言和逻辑上的技巧，若能融会贯通，便能反客为主，变被动为主动。

1. 借力打力

武侠小说中有一招数叫借力打力，是说内力深厚的人，可以借对方攻击之力反击对方。这种方法也可以运用于论辩演讲中。正方之所以能借反方的例证还施彼身，是因为正方积累了一系列并没有表现在口头上的、能够重新阐释字词的理论基础作为坚强的后盾。

2. 移花接木

剔除对方论据中存在缺陷的部分，换为于我方有利的观点或材料，往往可以收到"四两拨千斤"的奇效，我们把这一技法命名为移花接木。移花接木的技法在论辩理论中属于强攻，它要求辩手勇于接招，勇于反击，因而也是一种难度较大、对抗性很高、说服力极强的论辩技巧。诚然，实际临场时，这一技巧需要对对方当时的观点和我方立场进行精当的归纳或演绎后才能运用得当。

3. 顺水推舟

表面上认同对方观点，顺应对方的逻辑进行推导，并在推导中根据我方需要，设置某些符合情理的障碍，使对方观点在所增设的条件下不能成立，或得出与对方观点截然相反的结论。

4. 正本清源

所谓正本清源，本书取其比喻义而言，就是指出对方的论据与论题关联不紧或者背道而驰，从根本上矫正对方论据的立足点，把对方论据拉入我方"势力范围"，使其恰好为我方观点服务。较之正向推理的顺水推舟法，这种技法是反其思路而行之。

5. 釜底抽薪

刁钻的选择性提问是许多辩手惯用的进攻招式之一。通常这种提问是有预谋的，它能置人于"两难"境地，无论对方做哪种选择都于己不利。对付这种提问的一个具体技法是从对方的选择性提问中，抽出一个预设选项进行强有力的反诘，从根本上挫败对方的锐气，这种技法就是釜底抽薪。

当然，辩场上的实际情况十分复杂，要想在论辩中变被动为主动，掌握一些反客为主的技巧仅仅是一方面的因素，另一方面，反客为主还需要仰仗即兴发挥，而这一点却是无章可循的。

6. 攻其要害

在论辩演讲中常常会出现这样的情况：双方纠缠在一些细枝末节的问题、例子或表达方式上争论不休，结果看上去辩得很热闹，实际上已离题万里。这是辩论的大忌。一个重要的技巧就是在对方一辩、二辩陈词后，迅速地判明对方立论中的要害问题，从而抓住这一问题，一攻到底，以便从理论上彻底击败对方。如"温饱是谈道德的必要条件"这一辩题的要害是：在不温饱的状况下，能否谈道德？在辩论中只有始终抓住这个要害问题，才能给对方以致命的打击。

7. 利用矛盾

由于论辩演讲双方各由四位队员组成,四位队员在论辩过程中常常会出现矛盾,即使是同一位队员,在自由辩论中,由于出语很快,其言语也有可能出现前后矛盾的问题。一旦出现这样的情况,应当马上抓住,竭力扩大对方的矛盾点,使之自顾不暇,无力进攻我方。

8. 引蛇出洞

在辩论中,常常会出现胶着状态:当对方死死守住其立论,不管我方如何进攻,对方只用几句话来应付时,如果仍采用正面进攻的方法,必然收效甚微。在这种情况下,要尽快调整进攻手段,采取迂回的方法,从看起来并不重要的问题入手,诱使对方离开其立论阵地,从而一举打击对方,在评委和听众的心目中造成轰动效应。

9. 李代桃僵

当碰到一些在逻辑或理论上都比较难辩的辩题时,可以采用李代桃僵的技法,以引入新的概念来化解原本的困境。李代桃僵这一战术之意义就在于引入一个新概念来与对方周旋,从而确保我方立论中的某些关键概念能在隐处,不直接受到对方的攻击。

10. 缓兵之计

在日常生活中,可以见到如下情况:当消防队接到求救电话时,常会用慢条斯理的口气来回答,这种和缓的语气,是为了稳定说话者的情绪,以便对方能正确地说明情况。俗话说:"欲速则不达。"在时机不成熟时仓促行事,往往达不到原本的目的。论辩也是如此,以慢制胜实际上就是缓兵之计的方法,缓兵之计是延缓对方进攻的谋略技巧。当论辩局势不宜速战速决,或时机尚不成熟时,应避免针尖对麦芒式地直接交锋,而应拖延时间等待战机的到来。一旦时机成熟,就可后发制人,战胜论敌。

总之,辩论是一个非常灵活的过程,在这一过程中,可以施展以上提到的比较重要的技巧。只有使知识积累和辩论技巧珠联璧合,才可能在辩论赛中取得较好的成绩。

第三节 演讲的基本要求及技巧

一、演讲的基本要求

一般来讲,演讲的施受面广,影响力较大,所以,无论哪种形式的演讲,都要注意体现演讲的基本要求,以正确发挥演讲的职能或作用。

(一)对演讲内容及材料的要求

1. 演讲内容正确、观点鲜明、平易近人、亲切感人

演讲是必须有内容的,单纯追求演技而内容空泛的演讲,只会给人留下无病呻吟或哗众取宠的印象。演讲的内容必须是正确的，一要实事求是，二要具有科学性、真实性。同时，演讲不能出现知识性错误，更不容许宣传迷信、错误或反动的东西。演讲所阐发的各种思想，必须观点鲜明，赞成什么、反对什么、提倡什么、否定什么必须旗帜鲜明，便于听众做出明确的选择。同时，演讲所阐发的思想观点，要在人们现有的认知水平和认知方法上有所突破创新，或新颖，或深刻，或独到别致，要给人以启发教益。演讲最忌讳老生常谈，没有新意，没有个人的想法。但无论多么重要、多么正确、多么先进的思想，演讲时都要做到平易近人，切忌拿真理吓人，或板着面孔说教，或打着名人的幌子骗人。

2. 演讲材料充实、论据确凿、论证严密、逻辑性强

演讲要靠事实说话，演讲所占有的材料：一是要材料充分，既有名人名言或在群众中广泛流传的俗语俚语的引用，又有情节生动感人的故事和传说的讲述，还可以列举图表、数字、图画或实物来说明观点；二是要论据确凿，选择各种用以说明问题的材料，不能总是大概、估计，而是要确实、肯定。各种材料，既应该是新鲜、有用的，又应该是典型、有力、最能说明问题的。材料能否发挥其应有的作用，在很大程度上取决于材料与观点的结合。所以，演讲要论证严密、说理透彻，要让整个材料与观点的组合产生一种不可辩驳的逻辑力量。

（二）对演讲者的修养和能力的要求

演讲者为了使演讲获得最好的效果，应该在思想、道德品质、学识、表现力、意志品质等方面达到一定的标准和水平，而其自身为此所做的努力和培养就是演讲者的自我修养。那么，演讲者应具备哪些修养呢？概括地说，就是先进的、科学的思想，高尚的道德品质，丰富的学识，以及良好的表达能力和意志品质。

1. 演讲者要有先进的、科学的思想

演讲者演讲的目的是教育人、启迪人，提高听众的思想认识、文化水平，这就要求演讲者本身必须具备先进的、科学的思想，这样才能具有远见卓识，高瞻远瞩，识前人所未识，讲前人所未讲。历史上许多著名的演讲家如德摩斯梯尼、西塞罗、林肯、马克思、恩格斯等，他们无一不是伟大的思想家，他们的演讲也无时无刻不在闪烁着真理、科学、智慧的光芒。今天我们提倡的"要给别人一杯水，自己先得有一桶水"，也就是这个道理。尤其在科技高度发展的时代，新知识、新学科不断涌现，演讲者更需要努力学习，迅速掌握各种新思想、新科学和新知识，以更好地服务于听众。

2. 演讲者要有高尚的道德品质

古人所说的"其身正，不令而行；其身不正，虽令不从"，正是从某个侧面说明了演讲者必须具有高尚的道德品质的重要性。在生活中，任何一种行为都会直接或间接地与他人或社会发生关系，并受到一定社会规范的限制和协调，演讲也是如此。作为演讲主体的演讲者，更应以一个具有高尚的道德品质的形象出现在听众面前，带头恪守社会道德规范。

3. 演讲者要有丰富的学识

演讲者要有丰富的学识，不仅是出于"传道、授业、解惑"的需要，也是演讲获得成功的基本条件。古今中外的演讲家无一不学识渊博，他们之所以能旁征博引、妙语惊人，之所以能把生动、具体、精彩的事例自如地组织到演讲中，就因为他们博览群书，知识宏富。

4. 演讲者要有良好的表达能力

演讲者必须具备良好的口头表达能力。演讲稿写得再好，表达不出来，同样做不了演讲家。当然，良好的口头表达能力不是天生的，而是可以经过后天培养、训练而成的。

5. 演讲者要有良好的意志品质

演讲作为一种相对高强度的活动，其实质是一种意志行动。良好的意志品质包括自觉性、自制力、果断性和坚持性。这四种品质对完成一次成功的演讲来说都是必需的。演讲者对演讲的目的有着深刻的认识，这是自觉性的表现；为了达到目的主动克服各种内部和外部困难，如抵制无关刺激的干扰，调节自己的情绪，机智地处理演讲过程中的突发事件，这是自制力、果断性和坚持性的集中表现。演讲者要有较高的情商——对听众和自身的情绪状态能及时感知，并施以有效的调控，使演讲朝着自己期望的方向顺利进行。

以上正是演讲者应当具备的基本的修养和能力。其实，演讲者所应具备的修养和能力远不止这些。比如，演讲者应具有理论家的分析、综合、观察、判断能力，文学家的记叙、描述能力，等等。一句话，演讲者所具备的修养越高，能力越强，演讲成功的概率也就越大。

二、演讲的技巧

俗语说，"冰冻三尺，非一日之寒"，想要成就一次精彩的演讲，一方面要在平日里注重锻炼和学习，另一方面也要掌握一定的演讲技巧和方法。

（一）结构设计技巧

演讲是一种综合性的语言实践活动。要想使一场演讲获得成功，必须对整个演讲过程从内容到形式进行周密的设计和准备。一般说来，演讲由标题、开头、主体和结尾四部分组成。

1. 标题的拟定

演讲标题是演讲过程中不可缺少的有机组成部分，是演讲的"眉目"。好的标题，具有"眉目传神"的特点，可以给人留下鲜明的印象，如同"指路标"，使听众产生有正确指向的定式，引起听众浓厚的兴趣，也为演讲的顺利开展创造了条件。演讲的标题不是演讲者随意拟定的，新颖、生动、恰当而富有魅力的演讲标题，是演讲者经过认真思考反复推敲而成的，是有一定标准的。

（1）贴切自然。

演讲标题的含义要清晰，与内容切合，要能概括演讲的基本内容或提示主旨，不可文不对题或题不及意。例如，标题"美在生活中"就明确地揭示出演讲的主题，且富有哲理，能启迪听众的思考。同时，标题的范围要适度，不宜过宽，太宽则难以抓住文章的中心，也不宜过窄，太窄则容易束缚思想。例如，"气论"这一标题，就显得空泛含糊，令人费解。

（2）富有启发。

演讲的标题要有积极性，有时代精神，适合现实要求，令人鼓舞，催人奋进，要耐人寻味，富于启发性，能抓住听众渴望聆听的急切心情。同时，题目要饱含情感，爱憎分明，能引起听众感情上的共鸣。例如，"让中华腾飞""改革何惧担风险""身残未敢忘忧国"等题目，热情洋溢，掷地有声，鼓动性强，能激起听众积极向上的感情。

2. 开头的设计

开头也叫开场白，有人说，"好的开头是成功的一半"，是演讲者"献给听众的第一束鲜花"。开头在很大程度上决定着这场演讲能否吸引听众的注意力，能否激发听众听下去的兴趣。开场白有两个主要任务：一是吸引听众的注意力，激发听众的兴趣，控制听众的情绪；二是为整场演讲确定范围，定好调子，为导入主体做好铺垫。开头的设计有以下几种具体形式。

（1）开门见山，亮出主旨。

开篇就提出演讲的核心内容，不绕弯子，直奔主题，开宗明义地提出自己的观点。这是一种直截了当的开头形式，不做过多的铺垫。这种形式适用于时间紧迫的情况，或大部分听众已经知道事情进展的情况。如《在马克思墓前的讲话》的开头：

> 3月14日下午两点三刻，当代最伟大的思想家停止思想了。让他一个人留在房里还不到两分钟，等我们再进去的时候，便发现他在安乐椅上安静地睡着了——但已经永远地睡着了。
>
> 这个人的逝世，对于欧美战斗的无产阶级，对于历史科学，都是不可估量的损失。这位巨人逝世以后所形成的空白，不久就会使人感觉到。

演讲一开始就直接抒发了对马克思的无限敬爱和对其逝世的惋惜之情。

（2）叙述事实，引人入胜。

开头向听众报告一些新发生的事实，比较容易引起人们的注意，吸引听众倾听，这对演讲是有利的。如1941年斯大林演讲的《广播演说》开头：

> 希特勒德国从6月22日向我们祖国发动的背信弃义的军事进攻，正在继续着。虽然红军进行了英勇的抵抗，虽然敌人的精锐师团和他们的精锐空军部队已被击溃，被埋葬在战场上，但是敌人又从前线调来了生力军，继续向前闯进。……我们的祖国面临着严重的危险。

（3）提出问题，发人深思。

通过提问，引导听众思考一个问题，并由此造成一个悬念，引起听众欲知答案的期待感。这是演讲中使用频率较高的一种开头形式。如曲啸的《人生·理想·追求》就是这样开头的：

> 一个人应该怎样对待自己青春的时光呢？我想在这里同大家谈谈我的情况。

这种开头，一下子就把听众带入积极的思考中去，有助于演讲信息的传递。

（4）引用名句，哲理启迪。

引用内涵深刻、发人深省、富有哲理的名句，引出后文的内容，使听众易于接受。如中央电视台节目主持人白岩松在以"人格是最高的学位"为题的演讲中，就设计了这样的开头：

> 很多很多年前，有一位学大提琴的年轻人去向本世纪最伟大的大提琴家卡萨尔斯讨教：我怎样才能成为一名优秀的大提琴家？卡萨尔斯面对雄心勃勃的年轻人，意味深长地回答：先成为优秀而大写的人，然后成为一名优秀和大写的音乐人，再然后就会成为一名优秀的大提琴家。

运用名言警句开头，语言精练，使听众更易于接受演讲者的主张。所以，用名言警句作开头，有启人心扉、振奋精神之妙。

（5）巧设悬念，石破天惊。

悬念式开头是使演讲开头具有艺术吸引力的有效方法。对于一些超出自己想象之外的问题或事件，听众都会产生特别强烈的探求欲望，强烈的探求欲望会增强人对外界信息的敏感度，极易激活思维，进而产生一种欲罢不能的情绪冲动。因此，开头设置悬念，引起听众的好奇，吸引听众的注意力，然后切入主题。比如罗鸿亮演讲的《震不垮的战斗堡垒》开头：

尊敬的各位领导，同志们：

我是四川省都江堰市向峨乡党委书记罗鸿亮。5月12日下午，我正在莲花湖畔的莲月村主持一个村道建设工作会。突然，地动山摇，莲花湖像开水一样翻滚。有人大声喊："地震了！"我和大家赶紧跑出会议室，爬上湖边的岩石，朝乡政府方向望去，那边已是满天黄烟，什么都看不清。不好，得马上赶回去！我和同事们急忙往乡政府跑。一路上，周围的房屋几乎都垮了，水泥路面到处坍塌开裂。乡政府和周边的情况比我想象的更严重：成片的房屋只剩下几栋孤零零地立在废墟中，整个街道变成了一片砖瓦堆！

演讲者开头即设置悬念，讲述了这场灾难来势之猛、破坏力之大、场景之惨，从而使听众产生焦虑、紧张、揪心、震惊的情感体验，绷紧了思维之弦，渴望进一步了解地震灾区的情况。听众急不可耐地想听下去也是再自然不过的事了。

演讲的开头形式是多样的，究竟采取哪一种形式，要因人、因事、因时、因地而异。但最重要的是，必须做到开头新颖，不同凡响，给人耳目一新的感觉，而且语言要简洁精练，入题要快。

3. 主体的构思

主体指的是演讲正文部分，是演讲的躯干和重点。主体的任务是围绕着演讲的中心论点进行分析论证，目的在于解决问题，感染听众和动员听众。可以说演讲主体讲述得如何，直接决定整场演讲质量的好坏。可见，在对主体部分进行构筑设计时，必须处理好以下几个问题。

（1）内容要紧扣主题。

"总文理，统首尾"，从开头到结尾，展开论证也好，进行叙述也好，必须紧扣主题。一个问题可能是多侧面、多角度的，但无论多少个侧面和角度，必定有其最主要的一面，演讲者必须抓住主干，理清脉络，分清主次轻重，不可"开口千言，离题万里"。

（2）条理要清楚，层次要分明。

材料的组织和安排一定要井然有序、有条不紊。要做到这一点，就必须在科学分析的基础上，把散乱的材料分门别类、分清主次先后地组织和安排好，从而更充分、更完善地表现主题。比如，哪些材料应该先说，哪些应该后讲，哪些要详讲，哪些要略说，如何开头，如何结尾，如何照应，如何过渡，都要有周密的计划，要处理好层次与段落、过渡与照应等方面的配合。

（3）结构要富于变化。

讲述的内容应当有起有伏，节奏错落有致，使整个结构富于变化、多姿多彩，以结构的艺术性吸引、打动并说服听众。心理学家认为，人的有意注意每隔5～7分钟就会有所松弛，而跌宕起伏、张弛有度的结构，就能很好地适应有意注意的这一特点。演讲者应当时而深刻地说理，时而轻松地谈笑，时而慷慨陈词，时而诙谐幽默，甚至还可以根据需要适当穿插一些奇闻逸事、诗文警句、谈资笑料等。这样会使演讲内容丰富多彩，表演形式别出心裁，使听众精神振奋，乐于倾听。

（4）要造成几个高潮。

"文似看山不喜平"，创造演讲高潮，不仅可以渲染气氛，产生良好的现场效果，而且能加深听众的印象。1962年，陈毅在广州做关于知识分子的长篇演讲时，听众欢笑声多达62次。高潮能产生良好的现场效果，所以演讲者要尽可能地制造高潮，调动听众情绪，如果一次演讲没有出现高潮，那么它必然是平淡乏味的。

4. 结尾的安排

结尾是演讲的重要组成部分,是彰显一个人演讲的艺术性的重要环节之一。精彩的结束语犹如与人话别,能促人深思,耐人寻味,给听众留下难以忘怀的印象。心理研究表明,听众对演讲者最后的几句话能保持最长时间的记忆,好的结尾能使演讲锦上添花,营造出"余音绕梁,三日不绝"的效果。因此,在演讲的结尾要努力调动一切积极因素,把听众的情绪推到最高的浪峰上,使听众情绪激昂、感奋起来,让听众在头脑中出现一个更为强烈的兴奋点,给听众以希望和信心,做到说服和感染听众,并给听众以启迪的强烈效果。如何达到这种强烈的效果呢?有以下几种结尾的安排方式。

(1)收拢全篇,首尾呼应。

演讲者可以在演讲结束前用极其精练的语言,简明扼要地阐述自己的思想和观点,做一个高度概括性的总结,以起到突出中心、强化主题、首尾呼应、画龙点睛的作用。

(2)发出号召,催人行动。

演讲者在结尾时如果能以充满激情、热情奔放、扣人心弦的语言来表达自己的思想和主张,赢得听众在感情上的共鸣,对听众的理智和感情进行呼唤,提出任务,指明前途,表达希望,发出号召,鼓舞听众振奋精神,付诸行动,那么演讲就能取得非同凡响的效果。

(3)问题作结,引人深思。

在演讲结尾时,演讲者可以向听众提出问题,甚至是一系列的问题,让听众进行思考。这样的结尾方式,优点在于能更好地让观众参与到演讲中来,让人深入思考,做到以境感人。

(4)引用名言,耐人寻味。

恰到好处地引用名言、格言、诗句等作为演讲的结束语,可为演讲的主题思想提供一个有力的证明,使听众在联系和印证中得到更深刻的启发,还能增添演讲的文学色彩。

(5)含蓄幽默,余味无穷。

用含蓄、幽默的言辞或动作作为演讲的结尾,意思虽未直接表露,但富有趣味,发人深省,听众在欢声笑语中不禁去思考、领会演讲者那含而未露的深刻用意。可以说一个演讲者能在结束时赢得笑声,不仅是自己演讲技巧十分成熟的表现,给本人和听众双方都留下愉快美好的回忆,也是演讲圆满结束的重要标志。

(二)态势语的表达技巧

态势语也叫体态语言、无声语言,是指在人际交往中用以表达情意的姿态、神情和形体动作。在演讲中,态势语作为有声语言的补充,对有声语言起着辅助和加强的作用。演讲中的态势语主要有面部表情语言、手势语言、形体动作语言,它们是演讲者进行思想感情交流和信息传递的必要手段。

1. 面部表情语言

俗话说,"出门看天色,进门看脸色",这就说明人的表情能把丰富多彩的内心变化,诸如高兴、愤怒、悲哀、失望、得意、羞涩、痛苦等情感充分地表现出来。在演讲中,演讲者各种复杂的心理活动都会通过面部表情表露出来。面部表情语言主要体现在脸部和眼睛等。

(1)脸部。

人的脸部是可以反映出内心和情绪变化的,因此,演讲者在演讲时脸部表情应该丰富,通过积极的调节、控制和支配,使表情准确、自然、恰当地表现自己的内心情感,使听众便于领会。脸部语言,即将演讲者各种心理活动和情绪变化,外化为脸部的肌肉活动和神色的变化,具体表现为两种形式:一是笑，笑是获得友谊、取得信任、融洽关系、化解窘态的重要手段，演讲中，演讲者一般面带微笑，自然流露出美好的情感，真诚的微笑不仅能表明演讲者对自己有信心，同时也能表明对听众的友好与信赖；二是哭，俗话说，"人不伤心泪不流"，演讲者讲到悲伤、凄凉处所表现出的痛苦情感，有时会从哭声中传递出来。

（2）眼睛。

在整个面部表情中，最鲜明、最突出、最能反映演讲者深层心理的是眼睛的神态，即眼神。"眼睛是心灵的窗户"，人的喜怒哀乐、爱憎好恶都会从眼神中表现出来，眼神甚至能表达出用言语难以表达的极其微妙的思想感情。演讲者要学会用眼神说话，把自己真实的情感流露在眼神中，随时运用眼神与听众交流感情。演讲时运用眼神传情达意的方法主要有以下几种。

一是前视法，即视线平直向前流动的方法。这一方法要求演讲者的视线平直地向前流动，统摄全场。一般来说，视线的落点应放在全场中间部位的听众的脸上。在此基础上可以适当地变幻视线，照顾到全场听众，并用弧形的视线在全场流转，不可忘掉任何一个角落的听众。这一方法不仅有利于演讲者保持端正良好的姿态，还能随时注意到会场的气氛和听众的情绪。

二是环视法，即用眼睛环视听众的方法，要求表演者的视线在会场的左右前后迅速来回扫动，不断地观察全场，与全体听众保持眼神接触，增强双方的情感交流。将前视法与环视法结合起来，既能观察到听众的神情变化，又能检验表演效果，控制全场的氛围。

三是专注法，即把视线集中到某一点或某一方面的方法，要求演讲者的视线有重点地观察个别听众或会场的某一个角落的听众，并与之进行目光接触，同个别听众交流感情。这种方法既可以启发、引导听众，又可以批评、制止不守纪律的听众。

四是斜视法，即把眼珠向左或向右移动的方法。这一方法既可表现出对现场左右两侧观众的关注，同时配合面部表情，又可表现喜欢或鄙夷的情感。

五是虚视法，即视线似看非看的方法。这种"视而不见"的方法，可减轻演讲者的心理压力，还可表示思考，把听众带入想象的境界。演讲者最忌讳的是从始至终用一种眼神，这样会给人呆滞、麻木的感觉。当然眼睛也不能毫无目的地乱转、仰视房顶、偷看评委或死盯讲稿。

2. 手势语言

手势语言是态势语的一个重要组成部分，是最有表现力的体态语言。罗丹说过："没有灵敏的手，最强烈的感情也是瘫痪的。"手势语言在演讲中是不可少的，手势不在于多，而在于简练，在于有表现力。手势语言需要自然协调，既要符合演讲内容的需要，又要符合听众的文化心理需要，还要符合演讲者的身份和性格特征，做到恰如其分，和谐得体。

（1）手势的类型。

从手势表达的含义、手势活动的方位以及手势的作用部位来看，可以归纳为四种基本类型：一是情意手势，这种手势主要用来表达演讲者强烈的思想感情，以增强演讲的感染力，如握紧拳头挥动表示愤怒，摊开双手表示无奈等；二是指示手势，这种手势具有指示具体对象的作用，它的特点是动作简单，表达专一，基本上不带感情色彩；三是象征手势，这种手势常用来表示一些抽象的概念，使听众对抽象的事物有一种具体化的感受；四是象形手势，是用来模拟人或事物的形状、体积、高度、大小等意义的手势动作，给人一种具体形象的感觉，便于听众对所描述的事物产生直观的了解。

（2）手势活动的范围。

手势活动的范围可以分为上、中、下三个区域。上区域一般在肩部以上，多用来表达昂扬、肯定、积极的内容和情感。中区域一般在肩部与腰部之间，多用来表示平和的思想感情，常用于叙述、说理、说明等内容。下区域一般在腰部以下，多用于表示憎恨、否定、消极等意义。

(3) 手势的动作。

手势的动作一般分为三类。一是手掌动作。手掌伸开，抬至胸前，然后向上方挥动，一般表示号召、勇往直前等附加意义；手掌向下压，臂弯曲，一般表示制止、反对、否定等意思；两手掌从胸前往外推出，一般表示拒绝某种观点或某种东西；两手掌由外向内、由分而合，一般表示联合、团结等意思。二是手指动作。用手指表示各种动作，具有表示具体数目、力量及控制、抓握等意义。三是拳头动作。拳头紧握、高举，常表示为坚决拥护、强烈反对、严重警告等意思；拳头向下用力挥动或捶击，常表示为愤怒、决断等意思；拳头向前冲击，常表示反击、对抗等意思。

3. 形体动作语言

(1) 头部动作。

演讲中演讲者的头部不是僵直的，而是各种位型交替变化，时而正位，时而侧位，时而点头，时而摇头，时而抬头，时而低头，并配合各种手势和身姿，既有表现力，又生动多姿。

(2) 站姿。

演讲者站在台上演讲看似简单，但如果不注意一些基本的姿态，会直接影响到演讲的效果。常言道，"站如松"，"站要有站相"，这显现了站姿的重要性。演讲站姿的基本要求是：脊椎、后背挺直，胸略向前上方挺起；两肩放松，重心主要支撑在脚掌、脚弓上；挺胸，收腹，精神饱满，气息下沉；脚应绷直，稳定重心位置。一般常见的有三种站姿。一是前进式。这种姿势是演讲者用得最多、使用最灵活的一种站姿：右脚在前，左脚在后，前脚脚尖指向正前方或稍向外侧倾斜，两脚延长线的夹角成45度左右，脚跟距离在15厘米左右。这种姿势重心没有固定，可以随着上身前倾与后移的变化而分别定在前脚跟与后脚上，不会因时间过长而身体无变化以致显得不美观。另外，前进式能使手势动作灵活多变，由于上身可前可后，可左可右，还可转动，这样能保证手做出不同的手势，表达出不同的感情。二是稍息式：一脚自然站立，另一只脚向前迈出半步，两脚跟之间相距10厘米左右，两脚之间形成约75度夹角。运用这种站姿时，形象比较单一，重心总是落在后脚上。一般适应于长时间站着演讲中间的短期更换姿势，使身体在短时间里松弛一下，得到休息，一般不长时间单独使用，因为它给人一种不严肃之感。三是自然式。两脚自然分开，平行相距与肩同宽，约20厘米为宜，太远会影响呼吸声音的表达，太近则显得拘束。总之，演讲者的站姿要有利于表演、行走和发音。

(3) 移位。

演讲中恰到好处地移动身姿，不但有助于演讲内容的表达，而且可以显示出演讲者的优雅风度。演讲者在台上的移位，不外乎向前、向后、向左、向右移动，但也要根据表达的需要来确定。向前移动，多表达希望、进取等意思；向后移动，多表达退让、犹豫等意思；向左或向右，则可以活跃台上的气氛等。演讲中，身姿移动的幅度不宜过大，也不要太频繁，否则会使听众感到不安和厌烦。

（三）语言声音技巧

好的声音，不仅能准确恰当地表情达意，而且声声入耳，娓娓动听，能更好地吸引听众。所以，要讲究发声的方法和技巧，如音准和音变、吐字和归音、呼吸和换气、停顿和重音、语速和节奏等。要想在演讲中有动听的语音和语调，需要注意以下几方面内容。

1. 语言的要求

(1) 要口语化。

"上口""入耳"是对演讲语言的基本要求，也就是说演讲的语言要口语化。如果演讲语言不"上口",那么演讲的内容再好,也不能使听众"入耳",甚至无法完全听懂。演讲语言的口语化,不是日常的口头语言的复制,而是经过加工提炼的口头语言,要逻辑严密,语句通顺。由于演讲稿的语言是作者写出来的,受书面语的束缚较大,因此,要冲破书面语的束缚,使演讲稿的语言尽可能口语化。

(2)要通俗易懂。

演讲首先就是要让听众听懂。如果表达的语言谁也听不懂,那么这场演讲就失去了听众,也就失去了演讲的作用、意义和价值。因此,演讲的语言要力求通俗易懂。列宁说过:"应当善于用简单、明了、群众易懂的语言讲话,坚决抛弃难懂的术语、外来语,背得烂熟的、现成的但是群众还不懂、还不熟悉的口号、决定和结论等一系列重炮"。

(3)要生动感人。

成功的演讲,其语言一定要生动感人。如果一场演讲只是思想内容好,而语言干干巴巴的,那就算不上是一场成功的演讲。列宁的演讲,毛泽东的演讲,鲁迅的演讲,闻一多的演讲,都是既有丰富深刻的思想内容,又有生动感人的语言。语言大师老舍说得好:"我们最好的思想,最深厚的感情,只能被最美妙的语言表达出来。若是表达不出,谁能知道那思想与感情怎样好呢?"

(4)要准确朴素。

准确,是指演讲使用的语言能够确切地表现所讲述的对象、事物和道理,揭示它们的本质及其相互关系。演讲要做到这一点,首先要对表达的对象熟悉了解,其次要做到概念明确,判断恰当,用词贴切,句子组织结构合理。朴素,是指用普普通通的语言,明晰、通畅地表达演讲的思想内容,而不刻意在形式上追求华丽的辞藻。如果过分地追求文辞的华美,反而会弄巧成拙,失去文字朴素美的感染力。

2. 声音调控

(1)声音的响度变化。

响度是指声音的大小、高低、强弱的程度。演讲时声音必须有一个合理的响度,才能让听众听真切、听清楚。物理学中响度是以分贝来计量的,而在演讲中,演讲中只能靠演讲者自己的耳感监听,并从听众的反应中了解响度的效果,做到及时调控。演讲者在整个演讲过程中,要根据表达思想感情的需要、会场空间及听众分布等情况,随时变化声音的响度,以达到理想的效果。合适的声音响度要做到低而不虚,沉而不闷,声音有强有弱,错落有致,以显示出演讲口语的层次感和声音的错落美。

(2)声音的清晰度。

演讲是靠有声语言来表达思想感情并与听众进行交流的。常言道:"语清意自明。"演讲时,想让声音集中清晰,首先来自咬字器官力量的集中,主要指舌和唇力量的集中。如果演讲者声音含混不清,就无法准确地传情达意。

(3)演讲的语言要流畅。

演讲是一种口语表达艺术,不仅要求声音清晰准确,而且要求演讲者的语言流畅自然、婉转甜美,以充分彰显这一口语表达艺术严谨的逻辑力量和语言魅力。语言流畅度训练重在加强语言实践,要多读、多讲。多读,就是多读演讲名篇,包括默读、朗读、快读等。多讲,就是只要条件允许,就不要放过机会,多多进行练讲,还可以参加论辩演讲,以提高话语的流畅度。

(4)注意语气的交错性。

在演讲过程中,语气要随着演讲内容的发展变化而变化,有时在表示某种感情基调的同时,又出现了其他的感情色彩,于是就有了语气的交错和重叠。如闻一多先生的《最后一次的讲演》,整篇的基调是愤怒、激动的,但其中也渗透着对李公朴先生及其家属的强烈的敬意,以及对光明未来的期待和追求。因此,在进行语气训练时,要注意语气的交错性,分清主次,处理好重叠和过渡,使语气更好地为内容服务。

(5) 控制好说话的速度。

说话的速度是演讲过程中需要注意的一点。若营造沉着的气氛，说话应稍微放缓，速度的标准大致为 5 分钟 3 张左右的 A4 原稿。不过，要注意的是，倘若从头至尾一直以相同的速度来进行演讲，听众会感到乏味。所以，要根据演讲的内容调整说话的速度，做到有快有慢，快慢结合，才能更高地吸引听众的注意力。

（四）演讲心理的调控

所谓演讲心理，就是指演讲者和听众在演讲实践活动中所必然产生的心理活动和必然经历的心理体验及其心理过程。在演讲活动中，心理素质好的演讲者，情绪调控自如，思维顺畅，言语流利，演讲能力得以正常发挥。而心理素质差的演讲者，精神紧张，思维受阻，言语不畅，影响到演讲能力的正常发挥。因此，在演讲训练中，必须进行心理素质训练。

1. 演讲者必备的心理素质

演讲无疑是一种复杂的综合性精神劳动。要获得理想的演讲效果，除了要求演讲者应具有较高的思想水平、文化修养、表达能力之外，还应具备良好的心理素质。一般来说，成功的演讲者一般应具有如下心理素质。

（1）坚定的自信心。

自信是个体对自身认识活动和实践活动的后果抱有成功把握的一种预测反应，是一种推断性的心理过程，具有明显的理性思维色彩。演讲者自信心的强弱对于演讲的后果具有重要的影响。强大的自信心可以坚定演讲者的意志，鼓舞演讲者的精神，演讲者要有意识地培养和树立坚强的自信心。

（2）敏锐的观察力。

优良的观察品质是使演讲成功的必要条件。演讲者的观察视野涉及对演讲材料的感知和发现、对演讲环境的了解、对演讲对象的外部行为和心理活动的洞察等方面。演讲者的观察要有目的性、敏锐性、准确性、全面性等特点。演讲者观察力的提高，不仅可以增强演讲效果，也可以促进自身智力结构的综合发展。

（3）较强的自制力。

演讲中，演讲者经常会遇到一些意外的情况，这些情况往往会令演讲者措手不及，难以应付。这就需要演讲者保持冷静的头脑，运用演讲的规律与技巧沉着应对，切忌情绪激动、言语失措、不能自制。

（4）强烈的成功欲。

成功欲是促进演讲水平提高的重要内驱力。演讲的成功欲主要表现为一种获得交际表达效益的欲望和快感，它可以触发演讲者的心理动机，使演讲者对演讲后果高度关切，进而引起演讲者对演讲内容与演讲技巧的关注，促使其不断改进演讲技巧，以取得更高的演讲水平。

（5）良好的记忆力。

记忆力是一个人智力构成的重要因素。由于记忆力好的人大脑中储存的信息量更多，往往在表达时会滔滔不绝，能言善辩。因此，演讲者平时要学会巧妙地运用记忆规律，掌握记忆技巧，以增强记忆力，积累更多的知识储备，这样也有利于演讲的超常临场发挥。

（6）完整的分析、推理能力。

分析能力是一种善于从类似的事物中发现不同，或从不同中看到相同的能力。它是一种联想力，能够为推理能力提供素材。在演讲尤其是即兴演讲过程中，常常会运用到分析能力。分析能力的直观展现往往是演讲者爱用许多比喻来说明问题。演讲者在平时可强化对分析能力和推理能力的训练。

2. 怯场心理及其克服

所谓怯场心理，就是指演讲者在演讲中出现的胆怯害怕的心理。怯场是一种常见的心理现象。大多数演讲新手走上讲台都会出现这样的状况：一个人孤零零地处在大庭广众之中，一切细微的动作、情态、声息，都在众目睽睽之下，因此感到紧张害怕、手足无措、脸红冒汗；有的人甚至张口结舌，表情僵硬，手脚发抖，思维中断。怯场并非不治之症，只要掌握了一定的方法，并通过反复的实践，怯场心理是完全可以克服的。

（1）充分准备。

在演讲之前，须做好充分的准备，才不至于因临场恐慌而怯场。林肯说过："即使是有实力的人，若缺乏周全的准备，也无法做到有系统、有条理地演说。"这是很有道理的。在演讲前，演讲者如果对观点和材料深思熟虑，反复熟记，并对情感的表达方式做好必要的设计，对临场可能出现的特殊情况做好思想准备，那么，演讲者就会胸有成竹，从而产生一种安全感。演讲界有一种通俗的说法："未做准备而对人演说，无异于以裸体示众。"这也会令人感到尴尬不安。

（2）反复演练。

常言道，熟能生巧。当演讲者选择了熟悉的演讲题目，在演讲时就能做到得心应手，无所畏惧。演讲次数越多，紧张程度就越低，两者存在着反比关系。这就告诉我们，克服紧张感的最有效的方法就是多在相同规模的观众面前演讲。只有多多历练，才能更好熟悉演讲氛围，才会在心态上感觉轻松。只要勇敢地跨出这一步，成功就会在不远处向你招手。

（3）适应变化。

如果你原计划给二三十个人做演讲，到场后却发现听众有二三百人，这时你该怎么办？如果你原本准备了长达两个小时的演讲内容，可上场前主持人告诉你只有十五分钟的演讲时间，你又该怎么办？诸如此类的情况在演讲中绝非偶然情况。所以，当你被邀前去演讲，不要忘了事先收集一下有无固定论题、论题范围、听众成分、演讲地点、表演时长、有无听众提问等信息，这些都会为你适应各种情况的变化增加筹码。

（4）降低效果标准。

并非所有的演讲都会是成功的，能游过英吉利海峡的人只是少数。我们对自己的要求最多是竭尽全力，争取下次做得更好，这样就不会有太大的心理压力。如能达到庄子所提倡的"无我"之境，完全忘记名利得失、成败荣辱，将准备好的、应该讲的熟记于心，适当表达，演讲效果可能会比想象中更好。

（5）把握亮相环节。

对演讲者来说，出场时的亮相是一个非常重要的环节。演讲者精神饱满、稳重大方，会给人以信心十足、胸有成竹之感，会给听众留下一个好的第一印象。演讲者进入会场时，步伐要稳健、沉着，要以亲切的目光迎向听众。走到讲台站定或落座后，要自然地扫视全场听众，尽量与听众的视线接触，进行感情交流。这样做不仅会使演讲者与听众之间产生一种信任感，使整个会场营造出一种友善的氛围，而且有助于演讲者稳定情绪，避免怯场，为即将进行的演讲做好铺垫。

（6）积极自我暗示。

怯场心理，往往产生于演讲者的注意力过分集中于自己的成败。有的人把演讲当作自我价值表现的机会，反而忽略了演讲的内容，结果导致演讲的失败。其实，有经验的演讲者，总会把自己的思想集中于演讲的本身，从不让个人的得失来干扰演讲的思路。初次参与演讲的人，应该不断地自我暗示，如"这是我生命中的最后一次演讲，我一定能放开自己，认真投入""我已做好充分的准备，不会出错的"等一系列话语来积极地暗示自己。积极自我暗示可以起到缓解紧张情绪的作用，是克服怯场心理、增强自信心的一种行之有效的方法。

（7）练习放松。

演讲前，如果你仍感到紧张，下面几种方法有助于放松心情：深呼吸，帮助你在演讲时更好地控制自己的声音；肌力均衡运动，有意识地让身体某一部分肌肉有规律地紧张和放松；转移注意力，演讲前积极听取主办方和听众的意见，暂时转移注意力，更好地放松身体和思想。

（8）带点幽默感。

幽默是演讲中的食盐。优秀的演讲者和有吸引力的演讲内容再加上恰到好处的幽默能够创造出成功的演讲。幽默还可以消除听众的心理紧张。此外，运用幽默的自嘲能使自尊心通过自我排解的方式得到保护，而且还能体现出演讲者宽广大度的胸怀。

（五）塑造自我形象

演讲者在台上开讲，其自我形象的魅力就会不自觉地充分显露，每个听过演讲的人都会看到，演讲者站在听众面前，他的一举一动都受到听众的关注。因此，塑造最好的个人形象，对取得演讲成功起着不可低估的作用。自我形象，包括精神面貌和言谈举止、仪表仪容和习惯动作等。

1. 精神面貌和言谈举止

作为演讲者，出现在演讲台上，外在形象神采奕奕、容光焕发，会让听众感觉精神舒畅，这是构成演讲者精神面貌的第一要素。演讲者给听众留下良好的第一印象，演讲则更容易被听众所接受。例如：

> 1960年，尼克松和肯尼迪进行了美国总统竞选历史上第一次电视辩论。
>
> 尼克松当时是美国副总统，肯尼迪不过是马萨诸塞州一名资历尚浅的参议员，大多数人认为这将是一场一边倒的竞选——经验老到的尼克松肯定会胜出。但电视屏幕改变了一切，当时尼克松刚动过膝盖手术，脸色苍白，身体消瘦，加上连日疲劳，精神疲惫，声嘶力竭，形象很不好；而肯尼迪则刚刚参加完加州竞选活动，肤色黝黑，精神抖擞，满面春光，轻松自如，活力四射，形象很好。两人的竞选结果自然不言而喻。
>
> 当年参加现场直播的桑德尔·范奴克回忆说："我注意到副总统嘴唇附近满是汗渍，肯尼迪则非常自信，光彩照人"。

可见，良好的精神面貌给听众留下的第一印象和所产生的积极的感染力是多么重要。

演讲者在台上英姿勃发，行走稳健，就会给听众一种赏心悦目的感觉，从而增强演讲的效果；如果手足无措，随意频繁走动，身姿体态松松垮垮，就会使听众感觉不舒服。在行为举止上得体、优雅、有风度尤其重要。有经验的演讲者，很重视走上演讲台的那一瞬间，虽然时间很短，但如果走得有风度、有神韵，会给听众留下好的第一印象。据心理学研究表明：听众在演讲开始的7秒钟内就能对演讲者的水平做出判断。因此，演讲者的精神面貌和言谈举止与演讲能否取得成功有很大关系。

2. 仪表仪容和习惯动作

有许多演讲者都会遇到这样的情况：刚走上讲台，下面的听众就开始互相地小声讨论，还会对演讲者指指点点，让演讲者感到很尴尬。其实是听众会对演讲者的仪表仪容和习惯动作进行议论，若演讲者的仪表仪容不端正，习惯动作不雅观，听众不仅会认为演讲者没有品位，还会认为他的演讲能力也不会很好。

（1）演讲的穿着要求。

一是穿着要与体态协调。演讲者的穿着必须能够体现出个人整体形象的美感。

二是穿着要与演讲主题协调。演讲者要根据演讲主题来确定自己要穿的服装。

三是穿着要与现场风格协调。演讲者的服装款式一定要与现场的风格相和谐。

四是穿着要与身份协调。服装对人体有扬美、遮丑的功能，它可以反映人的精神风貌、文化素质和审美观念。演讲者的衣着应该典雅美观、整洁合身、庄重大方、色彩和谐、轻便协调。

（2）演讲的动作要求。

一是雅观自然。动作的运用要做到端正、高雅，符合生活美学的要求。演讲者的体态动作要做到姿态优美、恰如其分，符合大众的审美习惯。演讲者的动作贵在自然，自然才能做到感情的真实流露，才能真实地表情达意，才能给人以美感。

二是一致协调。演讲者的手势动作从来不是单独进行的，动作的一举一式，总是和声音、姿态、表情等密切配合的。演讲以讲为主，以演为辅，没有动作的演讲，只能称为讲话，但动作要和演讲者的体态协调才有美感。手势与口语表达应该相协调，手势的起落应和话音的出没是同时、同步的，不可互为先后。如果话说出去了，手势还没有做，或话已讲完，手势还在继续，不仅失去了手势与演讲相配合的意义，而且也使听众感到滑稽可笑。手势还能与感情的表达相协调，演讲中感情激昂时，手的幅度、力度可稍大，否则应略微收敛，手势幅度和感情的浓淡是成正比的。例如，下面这段演讲词的动作幅度就应该较大：

> 如果说，中国是头沉睡的雄狮，就需要我们每一个人用热情去唤醒，让它咆哮，让它呐喊！如果说，中国是条俯卧的巨龙，就更需要我们做主人的用双手去托起，让它腾飞，让它振兴，让它永远屹立于世界强国之林！到那时，我们都将自豪地说："我是中国的主人。"

而下面一段演讲词的动作幅度就相对收敛：

> 青年人有青年人的脚步，老年人有老年人的脚步，但不管是谁，无论你迈的是什么样的脚步，都是凭着两只脚，一步一步地走完漫长而短暂的人生之路的。朋友们，我们正在走着这条路，请经常回头看看自己走过的脚步，更不妨仔细想想，在未来的征途中，我们的双脚该怎样迈步，往哪迈步？

三是适宜简练。动作应与演讲内容相适宜，手势动作只有在与口语表达密切配合时，其含义才最为生动具体。演讲者的手势动作必须随演讲的内容、个人的情感和现场的气氛自然地表现出来，手势的部位、幅度、方向、力度都应与演讲的有声语言、面部表情、身体姿态相适宜，做到协调一致，切不可生搬硬套地勉强去凑手势。手势动作要简单精练，体态语言毕竟是口语的辅助手段，使用时切忌过多过滥、毫无节制，应尽量做到少而精。演讲者每做一个动作，都要力求简单精练、清楚明了、干净利索、优美动人，不可琐碎，不可拖泥带水。

四是因人制宜。在演讲中，态势语的恰当运用可以表现一个人的成熟、自信，并彰显其涵养、气质和风度。演讲者要根据自身条件，选择符合自己的身份、性别、职业、体貌、有表现力且合适的手势动作。在演讲中，什么情况下做什么动作，有时是无法确定的，因而全靠演讲者自己摸索、模仿。但初学者一定要注意：不要去追求那种千人一招、万人一式的模式化的态势动作，每个人都有自己的特点，应尽量突出自己的特点并将动作予以美化。

第四节　演讲稿写作

演讲稿的优劣直接关系到演讲的质量，所以成功的演讲第一步便是演讲稿的写作。

一、演讲稿的定义和作用

（一）演讲稿的定义

演讲稿又称演说词、演讲词，是演讲者在特定场合通过语言表达向听众直接传达信息的一种实用文体。演讲稿是进行演讲的主要依据，也是进行演讲的规范和提示，是人们在工作和社会生活中经常使用的一种文体。

（二）演讲稿的作用

演讲稿可以用来表达个人的主张和见解，也可以用来介绍自己的学习、工作的情况和经验，可以把演讲者的观点、主张与心得传达给听众，以便双方互相交流思想感情，因此演讲稿具有宣传、鼓动、教育和欣赏等功能。具体而言，演讲稿的作用主要表现在以下五个方面。

1. 帮助演讲者消除怯场心理，保证思路顺畅

演讲者会因为有了演讲稿而心中有底，思路畅通无阻，不仅能消除演讲时的种种顾虑和恐惧心理，还有利于全力发挥主动性和灵活性，全身心地在态势语技巧上下功夫，从而在演讲时做到声情并茂，并获得成功。

2. 避免演讲者临场斟酌词句，增强语言的感染力

演讲主要靠有声语言和相关的态势语，若在没有演讲稿的情况下，演讲者在演讲现场临时把脑内想法转变为有声语言的时间很短，没有足够的时间来斟酌词句，必然出现如"嗯""呀""哦""呃"等语气词，给人以凌乱啰唆的感觉。为了防止口语中的各种偏差，演讲者必须预先写好演讲。这种根据提纲写的演讲稿，实际上是把默讲变成书面语，实质就是把口语表达转换成书面语表达。撰写演讲稿的过程中，一些词不达意、言不及义的现象，经过认真、仔细地揣摩都能得以克服。在接下来的正式演讲时，再将这种书面语的讲稿转变为口语化表达，就能使语言能力大大提高，做到出口成章。

3. 促进演讲者研究演讲技能，探索演讲规律

演讲是一门独立的学科，演讲稿的写作有别于一般文章的写作。演讲稿的写作受现场演讲的制约，要重点考虑口语表达和临场应变的需要，因为演讲稿虽是书面表达的形式，但演讲最终是用口语呈现的，有着明确的目的性。通过对演讲稿的撰写及其特点的分析，可以促进演讲者对各种演讲技能技巧的研究，探索演讲的规律。

4. 检验演讲题材的实践性，完善演讲内容

人们认识问题的过程，即由此及彼、由表及里，是一个逐步深入完善的过程。演讲者完成了对材料的收集、整理和对提纲的编列之后，对演讲的内容已经有了大概的轮廓，但这毕竟只是个框架，还没有具体的内容填充，不是完整的讲稿。试想演讲者仅仅根据提纲去演讲，就有可能因为选材、组材和提纲的不足和疏漏而出现一些不尽如人意的情况；也有可能由于各种原因而出现大纲临时性更改，打乱演讲者的思路；还可能出现对于判断的程度、范围等方面的表述失当。通过撰写演讲稿，可以进一步修改、完善、充实演讲的内容，保证演讲质量和演讲内容的至臻至善，从而使观点和材料得到高度的统一。

5. 避免演讲时间松紧失当，限定演讲语速

演讲通常是在一定的时间段内完成的，有时间限制，如果没有准备好演讲稿，对时间往往难以掌握得当。要么前松后紧，开头大肆发挥，扩展内容，到后面因时间不足就大删大减，虎头蛇尾。有了演讲稿就可以按照稿件的篇幅来计算演讲时间，演讲者还可以在自己的思维中加进文字以外的语言成分，合理地规划演讲的速度，有计划、从容不迫地在限定时间内完成演讲。

二、演讲稿的特点

演讲稿的特点是通过演讲者在特定的时间、空间内，运用有声语言，面对听众直接发表的实践活动中显示出来的，主要有如下几点。

（一）鲜明的针对性

演讲是一种社会活动，是用于公众场合的宣传形式。演讲稿的写作要针对演讲对象即听众的需要来写，从内容的选择、中心论点的确定、材料的取舍到语言的表达方式和运用等，必须是听众想听的，必须是听众迫切想要了解的。演讲稿的针对性还表现在，既要了解和掌握听众的思想状况、文化程度、职业心理、愿望要求等，又要充分注意演讲的场合。演讲中提出的问题要是听众所关心的问题，评论和论辩要有雄辩的逻辑力量，要能为听众所接受并心悦诚服，这样，才能起到应有的社会效果。针对听众有不同的类型，公众场合也有不同的类型，如党团集会、专业性会议、服务性俱乐部、学校、社会团体、宗教团体、各类竞赛场合等，写作演讲稿时要根据不同的公众场合和不同类型的听众，设计不同的演讲内容。

（二）内容的丰富性

演讲是一门艺术，好的演讲自有一种激发听众情绪、赢得听众好感的鼓动性。要做到这一点，首先要做到演讲稿内容丰富、深刻，见解精辟，有独到之处，能够发人深思，语言表达要形象生动，富有感染力。如果演讲稿写得平淡无味，毫无新意，即使在现场"演"得再卖力，效果也不会好。

（三）材料的真实性

演讲稿不同于文学作品的创造，文学作品可以适当地拔高、可以虚构，而演讲稿必须主题正确、观点鲜明，材料必须真实准确。演讲的目的是宣传、说服和教育，因此，演讲者就要具备科学的态度。在演讲中，使用的材料必须实事求是，不能马虎大意，更不能随意拼凑、凭空想象，不管是直接的还是间接的材料，都要大力宣扬真善美，坚决杜绝那些颓废、消极的思想在听众中传播，要做到材料的准确可靠、真实可信。

（四）灵活的现场性

演讲是在一定的场地设施和环境条件下，面对听众直接发表有声语言的实践活动，因此必须考虑演讲的时空环境，考虑听众对演讲内容可能做出的反应，如对演讲内容或赞同，或反对，或饶有兴趣，或无动于衷。因此，在写演讲稿时，要充分考虑其灵活的现场性，在保证内容完整的前提下，要注意留有伸缩的余地，要充分考虑到演讲时可能出现的种种问题，以及应付各种情况的对策。

（五）语言的有声性

演讲是以"讲"为主，是要将无声的文字变为有声的语言。演讲稿是根据口头发表的需要而写出的文稿，是现场演讲的主要依据，是由心声变成有声语言的中介。所谓语言的有声性，含有两层意思：其一是演讲用的这种文字稿，读之会给人一种有声的感觉，声声入耳；其二是演讲稿具有的声音——包括演讲者的心声和语声，演讲就是将这种声音在另一种时空的移进。演讲稿是讲给听众听的，必须讲究"上口"和"入耳"，要求运用口语化的表达，明白如话，说者顺畅上口，听者明白易懂，短时间内能弄清楚演讲者的意图。

（六）宣传的鼓动性

演讲稿是宣传发动群众的一种有效形式，具有鼓动性。演讲稿通过理、事、情的交融统一，冷静严肃的层层剖析，高度概括的哲理，生动形象的叙事，辅以热情的鼓动、感人的情怀，营造出一种感染力极强的氛围。好的演讲具有激发听众情绪、赢得听众好感的鼓动性，鼓动性源于说话中所蕴含的使听众按照某一意旨去行动的力量。因此，演讲稿要依靠丰富深刻的思想内容、形象生动的语言表达、典型充分的论据材料，丰富细腻的感情色彩等，鼓动、说服、感化、召唤听众，使他们行动起来。

（七）表达的口语性

口语性是演讲稿区别于其他文体的重要方面。演讲的过程中有较多的即兴发挥的情况，也不可能事先将演讲稿发给听众阅读，因此演讲的语言必须口语化，让人一听就能明白。口语可以通过语音的轻重、语调的高低、语气的抑扬、停顿的长短、速度的快慢等变化显示出其丰富灵活的特点，只有这些因素协调配合，才能起到有效传递信息的作用。

（八）严密的逻辑性

睿智的演讲者懂得以严密的逻辑力量去打动、征服听众。演讲稿的逻辑性，主要表现在谋篇布局上。若演讲稿思路不清、没有条理，必将影响主题的表达。可以说，演讲稿是演讲者的思想修养和知识水平等方面的综合表现。一篇成功的演讲稿是由许多相关因素构成的。写作演讲稿要力求思路清晰，条理分明，才能保证讲起来朗朗上口，听起来清楚明白。

三、演讲稿的类型

演讲稿按不同的划分标准，可以分为以下几种类型。

（1）从演讲的专业内容上看，可以分为政治演讲稿、学术演讲稿、社会生活问题演讲稿、巡回报告、教学演讲稿、诉讼演讲稿等。

（2）从演讲方式的限定性上看，可以分为命题演讲稿、即兴演讲稿和论辩演讲稿等。

（3）从演讲的场合上看，可分为集会性演讲稿、广播演讲稿、电视演讲稿、课堂演讲稿、法庭演讲稿、街头演讲稿等。

（4）从演讲的目的上看，可分为娱乐性演讲稿、传授性演讲稿、说服性演讲稿、鼓动性演讲稿、凭吊性演讲稿（葬礼性演讲稿）等。

（5）从演讲风格上看，可分为激昂型演讲稿、深沉型演讲稿、活泼型演讲稿、严肃型演讲稿等。

（6）从演讲的要求和性质上看，可分为即席演讲稿、专题演讲稿和报告演讲稿等。

四、演讲稿的结构和写法

一篇完整的演讲稿，其结构一般由标题、称谓、正文三部分组成。

（一）标题

演讲稿的标题应做到两点：一是概括反映演讲内容，使听众知道所要演讲的是什么；二是鲜明、响亮，迅速引起听众对演讲的兴趣。标题的写法主要有以下两种类型。

1. 主旨式标题

主旨式标题也叫文章式标题，如《当前反腐倡廉的几个问题》《用全国职教会议的精神创建一流的高职院校》等。这类标题使用高度概论的语言，点明演讲的内容或揭示演讲的中心思想，常用于专题演讲稿与报告演讲稿。

2. 公文式标题

如《孙中山在东京中国留学生欢迎大会上的演讲》。这类标题往往是后人或他人在发表或选稿时加的，原本演讲时并没有标题。公文式标题常用于即席演讲稿。

（二）称谓

在正式开始演讲之前，需要称呼与会者，以示礼貌和引起听众的注意。演讲的对象不同，场合不同，称谓也就不同。如果是代表会议，一般称呼"各位代表"；如果是工作会议，可称"各位领导、各位同事"；如果是群众性集会，应称"朋友们、女士们、先生们"；如果有重要来宾，还应加上专指性称谓，以示礼貌、尊重。称谓还可以在演讲稿中多次出现，起到引起听众注意的作用，还可以在演讲内容转入新的层次时起提示和强调的作用。

称谓一般写在标题下方左侧顶格处，独占一行，用冒号引起下文。

（三）正文

演讲稿的正文由开头、主体、结尾三个部分组成，其结构原则与一般文章的结构原则大致一样。

1. 开头

演讲稿的开头是关系到整场演讲效果的开场部分。俗话说："良好的开端，是成功的一半。"对演讲稿来说，一个好的开头尤为重要。因此，要根据演讲的内容、环境以及听众的需要，写好开头，讲好开场白，充分调动听众的情绪，打开演讲的局面。演讲稿的开头，或采用开门见山提出问题的方法，或开宗明义阐明自己的见解和主张，或叙事举例、引述格言等，为后边的演讲打好基础。演讲稿常用的开头方法主要有以下几种。

（1）开门见山，提示主题。这种开头是一开讲，就进入正题，直接提示演讲的中心，显得质朴明了，重点突出，使听众易于迅速把握演讲的要领。例如，宋庆龄《在接受加拿大维多利亚大学荣誉法学博士学位仪式上的讲话》的开头："我为接受加拿大维多利亚大学博士学位感到荣幸。"运用这种方法，必须先明晰地把握演讲的中心，把向听众提示的论点摆出来，使听众一听就知道将要讲的内容是什么，注意力马上就集中起来。

（2）介绍情况，说明缘由。这种开头可以迅速缩短演讲者与听众的距离，使听众急于了解下文。这种开头的方法一般是先交代演讲的背景、缘由，使听众很快地了解演讲的目的。例如恩格斯在 1881 年 12 月 5 日发表的《在燕妮·马克思墓前的讲话》的开头："我们现在安葬的这位品德崇高的女性，在 1814 年生于萨尔茨维德尔。她的父亲冯·威斯特华伦男爵在特利尔城时与马克思一家很亲近；两家人的孩子在一块儿长大。当马克思进大学的时候，他和自己未来的妻子已经知道他们的生命将永远联结在一起了。"这个演讲的开头对发生的事情、人物对象做出了必要的介绍和说明，为进一步向听众提示论题做了铺垫。

（3）提出问题，引起关注。这种方法是根据听众的特点和演讲的内容，提出一些激发听众思考的问题，以引起听众的注意。例如，弗雷德里克·道格拉斯 1854 年 7 月 4 日在美国纽约州罗切斯特市举行的国庆大会上发表的《谴责奴隶制的演说》，一开讲就能引发听众的积极思考，把人们带入一个愤怒而深沉的情境中去："公民们，请恕我问一问，今天为什么邀我在这儿发言？我，或者我所代表的奴隶们，同你们的国庆节有什么相干？《独立宣言》中阐明的政治自由和生来平等的原则难道也下降到我们的头上？因而要我来向国家的祭坛奉献上我们卑微的贡品，承认我们得到并为你们的独立带给我们的恩典而表达虔诚的谢意么？"

（4）设问祈使，制造悬念。这种开头方法的好处，就是把听众的注意力吸引过来，追随演讲者的思路，由被动地听讲转为主动地思索，从而更好地掌握演讲的内容和思想。通过设问的方式，催人深思，发人深省，一下子就能吸引住听众。

（5）巧用名言，借题发挥。这种开头方法是引用名言、警句、俗语、谚语、歇后语及成语典故等，使开篇即富有哲理性，为后文的论证做好铺垫和烘托，引起听众的兴趣。例如，一场演讲的开场白是："美国黑人教育家本杰明·梅斯有句耐人寻味的名言：'生活的悲剧不在于没有达到目标，而在于没有想要达到的目标。'这句话是极有道理的。"

（6）演示实物，巧妙切入。在一个古钱币展览会中，一位男士用两根手指夹着一枚钱币，高举过肩，观众的目光都往他手上的钱币看去。然后，他才开始演讲："在场的诸位，有没有人在街上捡到过这样的钱币？"接着，他就讲述起这枚钱币的稀少珍贵之处及收藏其的经过。拿实物给听众看，是引起听众注意的最容易的方法。

（7）幽默风趣，笑中开场。运用幽默的话语开场，不仅能表现出演讲者的智慧和才华，还能使听众在轻松愉悦的气氛中不知不觉进入演讲者营造的情境中，更快地接受演讲的内容。

2. 主体

演讲稿的主体是指开头和结尾之间的文字，这是演讲的主要部分。主体部分演讲得如何，决定着本场演讲质量的高低，论点是否令人信服，取决于主体部分的阐述是否合理。演讲稿主体部分的结构层次，通常有并列式、递进式和对比式。

（1）并列式。这种主体安排形式的特点是从不同角度、不同侧面来论证中心论点，即对演讲的中心议题所涉及的几个主要问题分别进行论述。并列式主体结构的语言标志通常有"首先""其次""再次"，或"一方面""另一方面"，或"其一""其二"等。

（2）递进式。递进式主体结构的特点是各个层次、各个段落之间的关系环环相扣、步步深入、层层推进，先讲什么，后讲什么，顺序是不可以任意改动的。前一部分的论述一定是后一部分论述的基础，后一部分论述一定是前一部分论述的升华或递进，通过对事理逐层深入地剖析，不断彰显演讲中所传达的思想的深刻性。递进式主体结构，通常情况下都是按照"是什么""为什么""怎么样"的逻辑顺序来安排整篇文章的论证结构的。

（3）对比式。这种主体结构是在分论点与分论点之间、段落与段落之间，形成一正一反、一前一后的对照，使听众从对比中认识中心论点的正确性或者事态的发展变化。如温家宝总理在哈佛大学的演讲《把目光投向中国》一文，其主体部分就是将中国的昨天、今天和明天进行对比，使听众了解我国过去的历史文化、今天的发展现状及未来的前景展望。

3. 结尾

结尾是演讲内容的自然结束。古人说："结句当如撞钟，消音有余。"言简意赅、一针见血的结尾能够使听众精神振奋，并不断地思考和回味；而松散疲沓、枯燥无味的结尾则会使听众感到厌倦，并被迅速遗忘。

怎样才能给听众留下深刻的印象呢？美国作家约翰·沃尔夫说："演讲最好在听众的兴趣到高潮时果断结束，未尽时戛然而止。"在演讲处于高潮的时候，听众的大脑皮层高度兴奋，注意力和情绪都达到最佳状态，如果在这种状态中突然结束演讲，那么保留在听众大脑中的最后印象就会特别深刻。结尾是演讲内容的自然结束，言简意赅的结尾能使听众精神振奋，使听众不断地思考和回味。

（1）总结式结尾。结尾是对整个演讲的高度概括，可以通过添加一些新的想法和元素来形成一个有意义的总结。如果演讲的目的是向听众传达信息，那么这种概括性的总结是非常合适的。通过重复演讲中的观点，可以帮助听众加深印象。

（2）号召式结尾。如果你已经告诉听众希望得到他们怎样的回应，那么在结尾时要做的就是让听众兴奋起来，用行动对你的号召做出最好的呼应，你只要增强自己的语气即可。

（3）故事式结尾。结束的时候可以讲一个有深意的故事，利用故事的含义，升华演讲的全部内容，让听众更深刻地体会演讲的内涵。

还可以采用反问式结尾，以问句引发听众思考，并提出希望和要求，可以起到号召、鼓动的效果；或采用启发式结尾，不把话说尽，给听众留有思考的余地；或采用引文式结尾，引用诗文名言及幽默俏皮的话，升华主题；也可以用感谢、展望、鼓舞的语句结尾，使演讲自然地结束，给人留下深刻的印象。

五、演讲稿的写作要求和技巧

（一）演讲稿的写作要求

具有充分现场感的演讲稿才是一篇出色的演讲稿。一篇成功的演讲稿要充分考虑现场的要求，并以此作为演讲稿写作的出发点。一般来说，演讲稿的写作有下面几个要求。

第一，了解对象，有的放矢。演讲稿是讲给人听的，对于演讲稿的创作者来说，只有充分熟悉听众的特点，才有可能创作出一篇成功的演讲稿。因此，写演讲稿首先要大致了解听众的思想状况、文化程度、职业状况，了解他们所关心和迫切需要解决的问题是什么，等等。否则，不了解听众，演讲稿写得再花功夫，讲得再天花乱坠，听众也会感到索然无味，无动于衷，难以达到预期的宣传、鼓动、教育、欣赏的演讲目的。

第二，观点鲜明，感情真挚。演讲稿的观点必须是鲜明的，感情必须是真挚的，显示着演讲者对一种理性认识的肯定，显示着演讲者对客观事物见解的透辟程度，能给听众带来一种令人信服的理性力量和令人动容的感性体验，从而体现出演讲者对于事物的透彻理解和深入分析能力。当然这种深厚动人的感情体验不应是"挤"出来的，而要发自肺腑，就像泉水喷涌而出。

第三，行文变化，富有波澜。构成演讲稿波澜的要素很多，有内容，有安排，也有听众的心理特征和认识事物的规律。如果能掌握听众的心理特征和认识事物的规律，恰当地选择材料，安排材料，便能使演讲在听众心里激起波澜。换句话说，演讲稿要写得有波澜，有起伏，这种波澜不是靠声调的高低，而是靠内容的丰富，有张有弛，有强调，有反复，有比较，有照应。

第四，语言流畅，深刻风趣。要把演讲者在头脑里构思的一切都写出来或说出来，让人们看得见、听得到，就必须借助语言这个交流思想的工具。因此，语言运用得好还是差，对写作演讲稿的影响极大。要提高演讲稿的质量，不能不在语言的运用上下一番功夫。

（二）演讲稿的写作技巧

演讲稿的好坏直接影响到演讲的效果，细心地品味一下世界演讲大师们的成功演讲，就会发现除去他们演讲时的神情风采和演讲场面的热烈气氛，他们的演讲稿也让人拍案叫绝。写出好的演讲稿，让语言闪现出思想的光芒、感情的火花，演讲就成功了一半。

1. 演讲稿主题的确定

演讲稿的写作是在动笔之前必须把主题先确定下来，因为主题是演讲稿的灵魂，对整个演讲稿起到统领的作用，决定着演讲稿思想性的强弱，制约着材料的取舍和组织，影响到论证方式和主题调度即文稿的形成。一般来讲，演讲稿的写作总是围绕着一个特定的主题范围而写的，只是范围有大有小。主题的形成与确定是演讲者对其所要参加演讲场合的具体情况（如会议的性质和目的，参会人员的职业、年龄等）做了详细的了解和充分的准备，并结合自己的人生经历、经验和对客观事物的认知后决定的。演讲稿主题的确定，需要演讲者注意以下三个方面。

（1）要选择听众感兴趣的话题。对于演讲者而言，演讲能否成功、能否吸引听众，一定程度上取决于演讲者所讲的话题是否为听众所感兴趣的话题。所以，有些演讲者的演讲之所以没有取得成功，除了可能没有找到合适的演讲方法，但在大多数情况下，最主要的原因是他们选错了主题。他们所谈论的内容往往是自己想要表达的话题，却不是听众感兴趣的话题。因此，对于演讲者而言，要想使自己的演讲最终能够取得成功，在选题方面，一定要选择听众感兴趣的话题，要不断拉近与听众的距离，让听众明白，你的演讲是专门为他们而准备的，所谈之事也是与他们息息相关的，这样才能够牢牢地抓住听众的注意力，保证沟通的线路畅通无阻。

（2）要立足当下时事热点、社会焦点问题。演讲稿的内容除了要选择听众感兴趣的话题外，还要尽可能地做到立足当下时事热点、社会焦点问题，尤其是与听众关系密切的热点、焦点问题，也就是在某一时期客观存在的、广大人民群众普遍关心的、领导机关和职能部门高度重视的问题。演讲者在进行演讲时，可以把这些话题纳入自己的演讲主题之中，把自己所要演讲的内容与当下的现实问题联系起来，这是吸引听众、抓住听众的一个非常好的办法。

（3）演讲稿的主题要鲜明、新颖。要让听众一听便知道演讲者的思想、意向是什么。演讲者的爱憎态度要明显地表现出来。同时，演讲稿的主题还要尽可能新颖有趣。演讲稿主题的新颖与否和演讲者选择主题的角度有很大的关系，正如"横看成岭侧成峰，远近高低各不同"，写演讲稿也是这样的。有些演讲稿的主题之所以一般化、大众化，原因之一就是不够新颖，大多数人都是这样想的，都是这样写的，就会缺乏新鲜感、新颖性，走的是大众化的老路。这样平淡无奇的演讲稿讲出来，只会让听众昏昏欲睡，产生倦怠感。所以，演讲稿的主题一定要鲜明、新颖，要尽可能地从不同角度进行分析、提炼，进而呈现出不同的思想意义。

2. 演讲稿材料的选择

演讲稿的材料是指演讲者就某一主题表达自己的观点、见解、主张时所选取的一些论据资料。俗语说得好："巧妇难为无米之炊。""巧妇"和"米"之间的关系就是演讲稿的主题与材料之间关系的真实写照,即材料是演讲者观点形成的基础,演讲者的观点又是材料收集的依据。在材料的选择上,也要注意四个方面。

(1) 选择真实可靠的材料。演讲稿的材料一定要真实可靠,因为只有真实,才会有力量。所谓演讲稿材料的真实可靠,是指所选材料必须是确实存在的,能反映客观事物本身面貌的,而不是那些道听途说甚至无中生有编造的事情。所以,材料的选择最好是那些自己亲眼看到的、亲耳听到的、亲身经历过的事情。因为只有选择了亲身经历过的、耳闻目睹的材料,才能表达出内心的真情实感,写出的演讲稿才更有说服力,才能使人听了后有一种身临其境的感觉。同时要知人论事,既不夸大事件的意义和刻意拔高人物的思想,也不低估事件的价值和贬损人物的品德,这样可增强材料的真实感,提高信息的可信度和影响力,进而给人以启迪,达到引人入胜、引起共鸣的效果。

(2) 选择典型的材料。选取的材料既要求真实、新鲜,又要求典型。真实具有可信度,新鲜具有吸引力,而典型则由于其能深刻揭示事物的本质,而有较强的说服力。演说的目的在于说服人、鼓动人,因而,演讲者要认真审慎地收集那些最能说明主旨、最具代表性的事实材料和事理材料,防止和避免材料的平淡化。

(3) 选择新颖的材料。新奇感是抓住人们注意力的重要因素。演讲者立论高妙,演讲材料新颖,就能激起听众的好奇心,引起听众的注意,这对深化主旨、充实内容都有着十分重要的意义。若演讲者"人云亦云",重复使用别人用滥了的材料,就会令听众感到乏味甚至反感。因此,演讲者要避免材料的雷同:一方面,演讲者要留心收集现实生活中新近发生的事情,同时要善于收集那些过去早已发生但并不为人所注意的事例;另一方面,还要善于观察分析,抓住现实中看似一般的材料,从中挖掘出新意来。

(4) 选择感人的材料。在演讲稿中,演讲者要尽可能地去选取那些能够打动听众的感人材料。在现实生活中,许多感人的事情都是看似违背常理、出人意料、不可思议的,但又在情理之中。演讲要感人,可以讲人们的奋斗经历,讲与听众切身利益相关的事情,更容易达到演讲的目的。好的演讲稿除了以情感人外,还要符合时间和场合的要求,即对不同的人说不同的话,在不同的场合用不同的讲话方式,这样才能取得良好的效果。

第六章 辩论

导言：辩论，是一种针锋相对的论争。辩论中的人们，会在最短的时间里，尽最大的努力，调动大量的知识储备，组织最有逻辑的语言来论战。作为一名教师，需要具备这样的能力。辩论能很好地培养敏捷的反应能力，帮助教师更加自如地驾驭课堂；辩论能激发求知欲望，活跃教学气氛，激发学生的潜能，培养创造性人才。教师应具备良好的辩论能力，这对于提高自身的课堂驾驭和学生管理能力，都将发挥极大的效用。

第一节 辩论的概念及其特征

一、什么是辩论

辩论，又称"论辩"，是观点对立的双方就同一问题，站在不同的立场上，进行针锋相对的论争。辩论，不仅是语言的技巧，还是人类在长期社会实践中形成的社会性活动。

辩论在我国有悠久的历史，《墨子·小取》有云："夫辩者，将以明是非之分，审治乱之纪，明同异之处，察名实之理，处利害，决嫌疑。"辩论的目的，就是要明辨是非，考察治乱的原因，懂得同异之所在，追求真理，权衡利弊得失，解决心中疑惑。早在先秦时代，我国就已盛行辩论之风，到了春秋战国时期，更是发展到相当成熟的阶段。先贤大儒们对于某些事理的争辩，或口若悬河，或娓娓而谈，或伶牙俐齿，或舌灿莲花，或辩口利辞，或妙语连珠，如"两小儿辩日"的故事，又如"白马非马"的问题，等等。当时诸侯割据的社会现实和群雄并起、称王称霸的动荡社会现状，造就了大批能言善辩之士，成就了"晏子使楚""苏秦合众""张仪连横"等令人津津乐道的故事。

二、辩论的特征

（一）观点对立，立场鲜明

对抗性是辩论的基本特点。辩论的过程中，辩论双方的观点是截然不同的，双方都千方百计地证明己方观点、维护己方立场，同时针锋相对地批驳对方的观点。这就要求辩论双方不仅要据理、据实、据情达到自圆其说，要求在考虑对方可接受的情况下，语言准确严谨、立场鲜明，呈现出一种攻与守的对抗状态。

（二）逻辑严密，思路清晰

逻辑是辩论的核心，逻辑严密是辩论取胜的关键。辩论是持不同观点的双方的论争，那么参与辩论的双方：一方面要努力做到观点鲜明、思路清晰、立场坚定，论据要充分，论证要合乎逻辑，不给对方可乘之机；另一方面，要善于抓住对方阐述当中的纰漏和破绽，以此作为进攻的突破口，使辩论过程形成一个攻防自如的有机整体。如果逻辑不严密，思路不清晰，就会使己方的观点前后矛盾，从而陷入窘境，招致失败。

（三）思维敏捷，反应迅速

在辩论中，双方短兵相接、唇枪舌剑，思维都保持在高度机敏的状态。由于辩论是在有限的时间里进行的，所以辩论双方既要把自己的观点准确地传递出去，防止对方进攻，又要明察对方的策略，应付对方的"明枪暗箭"。双方都必须迅速对对方提出的观点和质疑做出反应，这一切都来不及深思熟虑，除了掌握有大量的知识储备之外，需要的就是敏捷的思维。

（四）语言精练，简洁明快

辩论要求语言简洁明快、一语中的，使对方猝不及防、无法躲闪，语言表达绝不能冗长拖沓。这一要求的原因有二：一是由辩论的对抗性所决定的，既然辩论的过程是短兵相接，那么快节奏的语言会使辩论充满进攻的战斗性和防守的巧妙性，冗长拖沓只会给对方充分的时间来理清思路，想出对策，对己方非常不利；二是因为精练的语言可以降低暴露己方的语言和观点出现纰漏的可能性，不给对方留下话柄。

第二节 辩论的类型和作用

一、辩论的类型

（一）日常辩论

日常辩论是人们在日常交往中，因对某一个问题的看法不一致而产生的争辩。在生活中，每个人都会因自己的观念、想法与他人不同而发生争辩，双方各执一词，据理力争。例如同学之间对某一事件的处理方法不同，家庭之中父母对孩子的教育方法持不同意见等，都会产生争辩。争辩体现着人类社会的民主和自由，反映着人类社会的文明和进步。在日常辩论时，要注意以下问题。

一是要了解日常辩论的即兴特点。日常辩论随时随地都有可能发生，一般都是眼前突然发生的事件，这就要求争辩语言短小集中，一针见血，一语中的。

二是被争辩的对象是否有意义。日常辩论的问题大概有两类：原则性问题和非原则性问题。前者的争辩是必须的，而后者的争辩则是无意义的。日常生活中经常看到因鸡毛蒜皮的琐事或低级无趣的小事而引起的争辩，这些争辩是毫无意义的。所以在争辩前，先问一问自己，这场争辩是否有意义，这场争辩是为了探求真理、明辨是非，还是为了图一时之快。

三是日常辩论要保持胸襟开阔。在争辩时，如果自己的观点被证明是错误的，就要勇于承认，从善如流；如果证明自己的观点是正确的，也要注意吸收对方思想中的合理成分。对于非原则性问题，主动让步也彰显了容人的胸襟。

四是日常辩论要有礼貌。日常辩论不是争吵，日常生活中的争辩不可纵感情、凭意气，争辩双方应该相互尊重、克制情绪，否则会影响人际关系的和谐。要想使对方接受或理解你的观点，必须要在争辩中注意语言和行为的礼貌，显示出对对方人格的尊重。例如，普希金和贵族小姐之间发生的辩论：

> 普希金年轻的时候并不出名。有一次，他在彼得堡参加一个公爵家的舞会。他邀请一位年轻而漂亮的贵族小姐跳舞，这位小姐傲慢地看了普希金一眼，冷淡地说："我不能和一个小孩子一起跳舞。"普希金没有生气，微笑地说："对不起！亲爱的小姐，我不知道您正怀着孩子。"说完，他很有礼貌地鞠了一躬，然后离开舞厅。[①]

（二）专题辩论

专题辩论，是指在专门场合下对某一领域、某一部门的特定议题进行的辩论，主要包括法庭辩论、外交辩论、谈判辩论、学术辩论、竞选辩论等。

这一类辩论通常具有宏观的、大是大非的原则性，辩论中不同观点的持有者往往不是个人，而是不同的国家、政党、派别、社会团体或社会阶层，辩论的内容也大多是与社会、政治、经济、哲学、法律、艺术等领域相关的问题。

（三）赛场辩论

赛场辩论，是一种有组织、有准备、有程序、有评判的竞赛活动。赛场辩论双方的立场是由组织者给定并抽签决定的，因此，赛场辩论不强调辩论者的立场和观点是否正确，而注重辩论的技巧，其根本目的是锻炼辩论者的思维能力、表达能力，是一种高水平的智力游戏，极具观赏性。

实际上，赛场辩论是对日常辩论和专题辩论的模拟，但又不同于日常辩论和专题辩论，主要体现在以下几点。

（1）目的不同。日常辩论和专题辩论都是为了追求真理、明辨是非，而赛场辩论的目的是击败对方，获得比赛的胜利，在比赛中训练自己的辩论能力和技巧。

（2）内容范围不同。日常辩论和专题辩论是现实生活中的辩论，有可能针对对方的人和事来进行辩论，而赛场辩论是表演性质的，坚持对事不对人的原则，只针对观点展开辩论。

（3）评判不同。日常辩论和专题辩论的胜利是以己方观点说服对方，辩论时没有评判员和观众，只有双方对手在场。而赛场辩论的胜负，取决于评判员和现场观众的心理倾向对评判员的影响，因此，赛场辩论既要有充分的论据和有力的反驳，又要注意自己的语言美和风度佳，以获得观众和评判员的好感，最终获得辩论赛的胜利。

[①] 吴雪青. 幼儿教师口语 [M]. 上海：华东师范大学出版社，2012.

（4）表达方式不同。日常辩论和专题辩论要注意礼貌和分寸，不可言语尖刻、讽刺挖苦，在针对个人时尤其要注意言辞的委婉。而赛场辩论则因为坚持对事不对人的原则，所以不必担心言辞会刺激到对方，事实上对方越激动，对己方越有利。

（5）组织程序不同。赛场辩论作为比赛，有一套规定的组织形式和评判标准，辩论时必须严格遵守这些规则。双方的人员配备，每个人的发言时间、发言顺序等，都有规定。而日常辩论和专题辩论则没有这些规定，也完全没有这样做的必要。

二、辩论的作用

（一）辩论有利于明辨是非

真理越辩越明，辩论有利于人们分清是非，匡扶正义，提高人们的素质。如在五四运动时期，左翼作家就和反动派进行了大量的口头或书面的辩论，从而使国民更加清楚地认识到什么才是真善美，什么才是民主与科学。以下是梁实秋和鲁迅的一次交锋：

> 梁实秋曾说，"一切的文明都是极少数天才的创造"，"好的作品永远是少数人的专利品，大多数人永远是蠢的，永远与文学无缘"。对于这种论调，鲁迅先生反驳说："倘若说，作品愈高，知音愈少，那么，推论起来，谁也不懂的东西，就是世界上的绝作了。"鲁迅的反驳有力地说明了只有那些为大众所接受所理解的作品才是好的作品。[①]

（二）辩论有利于科学决策

为了保证决策的科学性和合理性，在做重大决策之前，都应该经过科学的论证和辩论，如：法庭的辩论，有利于案件的科学审理；政府举行听证会，能够减少决策失误。近年来，我国越来越多地将辩论引入国家部分政策的制定中，通过采取听证制度，听取多方意见和建议，为政策制定的科学性提供了保障。

（三）辩论有利于科学发展

科学都是在不断的辩论当中得以完善和发展的。如人类历史上围绕三大科学理论——太阳中心说、生物进化论、精神分析说所展开的三次大辩论，带来了人类认识自身和世界的历程中三次里程碑式的思想变革——从地球中心到太阳中心、从上帝造人到人从猿猴进化而来，从至高理性的人到非理性的人，极大地推动了科学的发展与普及。

（四）辩论有利于训练口才

演讲、讲故事、辩论，都是口语训练的重要形式。然而与演讲、讲故事相比，辩论需要更敏捷的反应和更丰富的知识储备，在辩论过程中需要随时根据对方的观点和质询迅速做出应对。这种口语形式能有效地激发说话者的潜能，锻炼其思维反应能力和话语应变能力。

---

① 马芝兰，段曹林，江尚权. 新编教师口语 [M]. 北京：中国传媒大学出版社，2010.

思考与练习

1. 简述辩论的特征。
2. 说说辩论有哪些类型。

第三节 辩论的技巧

辩论过程中,涉及的技巧、知识、方法非常多,同学们可以通过观摩辩论赛从中学习并借鉴相关辩论技巧。本书选取三场经典的国际大专辩论会(关于"人性本善还是人性本恶"的辩论;关于"真理越辩越明还是真理不会越辩越明"的辩论;关于"温饱是谈道德的必要条件还是温饱不是谈道德的必要条件"的辩论),并对其中的辩论技巧进行归纳和分析,同学们可以从中掌握一些基本的辩论技巧。

一、证明的技巧

(一)界定辩题

辩题的相对平衡决定了辩题的两面性,因此在辩论一开始,辩手就要对所辩论的题目进行一些界定或描述。概念的界定在辩论中起着决定性的作用,界定不具体、不全面,在辩论过程中就会处于被动地位。例如,在 1997 年国际大专辩论会①的总决赛中,正方首都师范大学的立场是"真理越辩越明",反方马来亚大学的立场是"真理不会越辩越明"。正方一辩在开篇陈词中说道:

……今天我方的立场是真理越辩越明。真理是人们对客观事物及其规律的正确认识,所谓辩则是以一定的逻辑基础为规则,通过摆事实、讲道理的方式与不同的观点交流、交锋。而明即清楚明晰,真理越辩越明就是说真理在与其他思想的论辩中更加清晰明白。

此外语言界定稍显简单。"明"的意思是清楚明晰,这句话告诉我们了什么?是真理被发现了,还是真理被大众接受了?站在正方的立场上,应该从后者具体界定会更有利于论证己方观点。另外还应对"越辩越明"进行界定,使其与"一辩就明"区别开来。

(二)论据充分

事实胜于雄辩。辩论以具体的事例作为论据来证明观点的合理性,具有较强的说服力。例如,在证明"温饱是谈道德的必要条件"这一论题时,反方复旦大学列举了很多论据去反驳正方的论据:

严嘉(反方三辩):下面我从事实的角度进一步论述我方观点。第一,在贫困的情况下,完全可以谈道德。鲁哀公六年,孔子和他的众学生"在陈绝粮",困境之下,孔子是否就不谈道德了呢?不!孔子对子路说:"君子固穷,小人穷斯滥矣。"其实,在中国历史数千年的流变

---

① 注:2007 年更名为国际大学群英辩论会。

过程中，从不食周粟的伯夷、叔齐，到北海牧羊的苏武，从不为五斗米折腰的陶渊明，到拒斥嗟来之食的朱自清，众多的志士仁人，无不以其言行甚至生命，驳斥了认为只有在温饱过后才能谈道德的"肠胃决定论"。（第）二次（世界）大战的时候，面对法西斯的疯狂空袭，英国民众也并没有放弃他们讲求道德的绅士传统。热爱祖国、伸张正义的信念使得众多尚处在不温不饱状态下的英国民众们顽强抗争着。面对着这些贫寒但是高贵的灵魂，来自英国的对方辩友难道还要告诉我们"温饱是谈道德的必要条件"吗？

反方列举的一系列事实，先讲贫困下谈道德的圣人孔子，再勾勒出时代发展的线索，从伯夷、叔齐到苏武，从陶渊明到朱自清，强调贫贱不移的普遍性，然后直接驳斥对方论据的归结点是"肠胃决定论"。充分的论据准备，不仅可以用事实阐明己方观点的合理性，还可以反驳对方的论点和论据，做到辩驳清晰有力。

（三）善于引用

引用经典、名言来证明己方的观点是辩论中常用到的方法。例如，1993年首届国际大专辩论会关于"人性本善还是人性本恶"的辩论中，反方复旦大学在论证"人性本恶"时，多处引用名人名言，如"康德也说过这样一句话：'恶折磨我们的人，时而是因为人的本性，时而是因为人的残忍的自私性。'"，"伟大的哲学家黑格尔一语道破天机：'人们以为当他们说人性本善时是说出了一种伟大的思想，但他们忘记了，当他们说人性本恶时，他们是说出了一种伟大得多的思想'"。

在辩论时引用古文要非常慎重，因为评判员与观众都只能靠耳朵听，辩手们语速都比较快，如果引用较为生僻的古文，观众没听明白或评判员的理解有分歧，那么是起不到论证作用的，效果往往适得其反。如果觉得这句古文对己方的论证作用实在太大了，可以选择在引用之后用现代语言解释一遍。

二、反驳的技巧

（一）归谬法

归谬法是一种以退为进的辩论策略，先假定对方的观点是正确的，然后从假定的观点出发，通过合理的推论，得出荒谬的结论，从而证明自己观点的正确以及对方观点的荒谬。1993年首届国际大专辩论会关于"人性本善还是人性本恶"的辩论中，正方二辩的归谬法就运用得十分恰当，推论很有力。

> 如果说人的本性是恶的而能够教成善的，那我们就觉得很奇怪了。如果人的本性没有善性，为什么我们一学就知道什么是善，一教就知道怎么行善，而教怎么飞再怎么教你都不会呢？就算如果本性是恶，那到底谁来教我们，是本恶的人来教我们本恶的人吗？他们为什么要教我们呢？他们到底有什么动机，我们能够信任他吗？他们教育我们行善，孔夫子要教育我们行善，他们背后是不是有一个更大的恶的动机呢？我们觉得很奇怪，对不对？

正方二辩以对方"人性本恶"的观点来引申推论，得出了不合逻辑的结论，其荒谬之处也得以完全暴露出来。如果正方能把握优势，再接再厉，一定会在辩论中占上风。

（二）以彼攻彼

以子之矛，攻子之盾，用对方的论据来驳斥对方的观点，这种用对方的材料打对方的脸，需要迅速的临场反应使己方的反驳更添分量,也往往是辩论中十分精彩的片段。例如,在1993年首届国际大专辩论会关于"人性本善还是人性本恶"这场辩论的自由辩论环节:

  正方四辩:我倒想请问对方辩友,在人性本恶之下,我们为什么要法律,为什么要惩治的制度呢?

  反方一辩:对呀,这不正好论证了我方观点嘛!如果人性都是善的,还要法律和规范干什么?

反方辩手很机敏,接过正方送过来的双刃剑还击对方,与此同时,反方还在悄悄地使正方的观点发生转移,将人性本善的观点模糊为人性都是善的。

(三)攻其要害

在辩论中,能迅速地判明对方立论中的要害问题,并以此为突破口,一而再再而三地就同一个问题变换形式反复提问,逼对手回答,使之无法回避,直到将其置于困境之中。善于敏锐地抓住对方的要害处,集中火力猛攻,是辩论的重要技巧之一。如,在"人性本善还是人性本恶"这场辩论的自由辩论环节,反方一开始就抓住了对方的要害。

  (反方)季翔:我想请问对方,你们的善花是如何结出恶果的?

  (正方)吴淑燕:我想先请问对方同学,您受的教育能够使您一辈子不流露本性吗?如果您不小心流露本性,那我们大家可要遭殃了。(正方避而不答,顾左右而言他)

  (反方)严嘉:所以我要不断地注意修身呀!曾子为什么说"吾日三省吾身"呢?所以,我再次想请问对方辩友,你们说内因没有的话,那恶花为什么会从善果里产生呢?

  (正方)王信国:我来告诉大家为什么会有。这是因为教育跟环境的影响嘛!(回答太简单,没有说服力)我倒请对方辩友直接回答我们的问题嘛,到底人世间为什么会有善行的发生?请你告诉大家。

  ……

  (反方)蒋昌建:我第三次请问对方辩友,善花如何开出恶果呢?第一个所谓恶的老师从哪来呢?(步步紧逼)

  (正方)吴淑燕:我倒想请问对方同学了,如果人性本恶,是谁第一个教导人性要本善的?这第一个到底为什么会自我觉醒?

  (反方)季翔:我方三辩早就解释过了,我想第四次请问对方辩友,善花是如何结出恶果的?

  (正方)王信国:我再说一次,善花为什么结出恶果,有善端,但是因为后天的环境跟教育的影响,使他做出恶行。(回答仍然笼统,缺乏说服力,很被动)对方辩友应该听清楚了吧?我再想请问对方辩友,今天世界上盛行好的行为,为什么泰丽莎修女会做出善行呢?

  ……

  (反方)蒋昌建:对方终于模糊了,我倒想请问,你们开来开去善花如何开出恶果,第五次了啊!

  (正方)吴淑燕:我方已经说过了,是因为外在环境的限制,我倒想请问对方同学了,对方同学告诉我们,人有欲望就是本恶,那么对方同学想不想赢这场比赛呢?如果想的话,您可真是恶啊!(正方上当了,被反方牵着走了。)

这是一个攻其要害、反复提问的成功实例。针对要害,语言表述上要简短明晰,重复提出,逼对方回答。对方越是不答，就越显得心虚，必然影响评判员和观众的心理和倾向，从而强化己方的优势，也增加了对方的压力。

三、巧用诡辩和识破诡辩的技巧

（一）偷换概念

关于"温饱是/不是谈道德的必要条件"的辩论赛中，反方二辩在陈词中说：

> 第二，从本质上看，道德是一个社会历史范畴，尽管在温饱的情况下可能给谈道德提供一些方便，但这绝不是必要条件。在不同的历史阶段和文化背景下，人们都在谈道德。达尔文在其环球旅行中发现，南非的布希曼人，即使快饿死了，也不会独吞发现的一条小鱼，而是要与族人分享。他们有温饱吗？没有。他们谈道德吗？当然谈。正如我们不能超出自己的皮肤一样，人类也不能超出乃至摆脱道德。人类谈道德，在贫困时有贫困的谈法，在温饱时有温饱的路数。谈道德，既可以坐而论道，也可以言传身教，甚至特立独行。千万不可一叶障目，不见泰山。

我们可以发现，贫困绝不等于不温饱，此处显然是偷换了概念。从反方的整个论述来看，反方似乎有意在不温饱之下还另外划出贫困的层级，这在逻辑上是说不通的，因为贫困是个相对的概念，而温饱则有一定的恒定性。

在这场辩论的自由辩论环节，反方四辩和反方三辩又一次用贫困代替不温饱。反方四辩："首先指出对方一个常识性错误：李光耀是总理而不是总统。我方认为'君子无终食之间违仁，造次必于是，颠沛必于是'。我请问对方一个问题：贫困的社会中有没有道德？"反方三辩："'穷人的孩子早当家。'欧阳修、笛卡尔和范仲淹，哪一个不是在贫困中培养起他们的高尚的道德呢？"

（二）偷换论题

在关于"温饱是/不是谈道德的必要条件"的这场辩论中，反方的立场是"温饱不是谈道德的必要条件"，反方一辩在陈词中说道："刚才对方辩友把温饱放到了压倒一切的位置，还问了我们很多的问题。我要告诉对方辩友的是，比温饱更重要的是道德。人活着不仅仅是为了吃饭。"

反方辩手在一开始就将对方的立论极端化，使对方走向死胡同。同时偷换了论题，将"温饱是/不是谈道德的必要条件"偷换为"道德比温饱更重要"。

（三）以虚对实

在"温饱是/不是谈道德的必要条件"这场辩论中，反方一辩在陈词中也运用了以虚对实的技巧："说到政府，新加坡也曾经筚路蓝缕。李光耀先生就告诫国人：我们一无所有，除了我们自己。他强调道德是使竞争力胜人一筹的重要因素。试想，如果没政府倡导美德，新加坡哪里有今天的繁荣昌盛、国富民强呢？""筚路蓝缕""一无所有"的说法就是采取了以虚对实的手法，故意岔题。

（四）混淆概念

在"真理越辩越明还是真理不会越辩越明"这场辩论中，反方三辩在陈词中采取了混淆概念的技巧。

谢谢主席，对方辩友告诉我们人不是生而知之，这点我方承认。但，我们知道孔子告诉我们要学而知之，可没告诉我们要辩而知之呀！对方辩友告诉我们强权的介入，对呀，正是因为强权的介入，才使真理不会越辩越明，这点不是印证了我方的立场吗？对方辩友提到三峡工程，我倒请问对方辩友，三峡工程到底是辩出来的呀，还是建起来的呀？对方辩友告诉我们推翻前任理论也叫辩，那我就奇怪了，爱因斯坦推翻牛顿的理论，对方辩友是否要告诉我们爱因斯坦和牛顿在进行争辩吗？

反方有意地混淆概念，采用浑水摸鱼的策略：首先混淆了三峡工程方案与三峡工程施工的区别；其次混淆了牛顿与牛顿理论的后继者的区别。三峡方案确实经过了激烈的辩论，虽然说方案最终是设计出来的，但辩在其中起到了使设计思路明了的效果。至于爱因斯坦与牛顿争辩这种关公战秦琼的提法，更是这种策略的充分体现。

1993 年首届国际大专辩论会初赛辩题——"温饱是谈道德的必要条件"，全部内容摘录如下。[①]

正方：英国剑桥大学队

反方：中国复旦大学队

主席：各位来宾，观众朋友，今晚的辩题是"温饱是谈道德的必要条件"。双方的立场是抽签决定的。正方是英国剑桥大学队，反方是中国复旦大学队。现在我宣布"1993 年国际大专辩论会"第四场正式开始。首先请正方第一位代表汤之敏表明立场和观点，时间 3 分钟。

正方汤之敏：各位好！今天的论题是"温饱是谈道德的必要条件"。温饱是人最基本的衣食需要，而谈道德是指推行道德。温饱是谈道德的必要条件就是说，我们不能脱离温饱而空谈道德。

什么是道德？有人说，道德是判断是非好坏的价值标准。我问对方同学，要判断是非好坏的基础到底是什么？归根到底是看这个事物符合不符合人的需要。而我再问对方同学，人要生存，最起码基本的需要是什么？就是温饱。那么我再来问对方同学，假如我们谈一种道德，其结果使大家温饱都不能保证，我们还要不要这种道德？当然不要。所以，我们说，温饱是谈道德的必要条件。

什么是道德？有人说，道德是人的行为准则。我问对方同学，人们定出行为准则是干什么的？定出行为准则，是为满足人们生活需要。我再问对方同学，人要生存，最基本、最起码的需要是什么？就是温饱。让我再问对方同学，假如我们定出一种行为准则，结果是大家的温饱都不能保证，我们还要不要这种行为准则？当然不要。所以说，温饱是谈道德的必要条件。

饥寒时，能不能脱离温饱而空谈道德？当然不能。我问大家，对饥寒的人，我们最应该做的是什么？我们最应该做的是让他们解除饥寒。所以此时，我们最应该讲的，是能够帮助他们求得温饱的道德。饥寒的人最爱听的是什么？是能够帮助他们求得温饱的道德，而不是脱离他们生活实际的空洞说教。如果你谈道德连温饱都不能保证，谈道德就不可能推行成功。所以我们说，温饱是谈道德的必要条件。

历史上，伯夷、叔齐耻食周粟，宁肯饿死。在那时，温饱是否就不是谈道德的必要条件？当然不是。伯夷、叔齐可算是仁人志士，仁人志士的道德能不能示范推广，姑且不论，我问大家，仁人志士一生奋斗，为的是什么？为的是救天下。让我再问大家：天下人要生存，最基本、最起码的需要是什么？就是温饱。让我再问大家，要是仁人志士一生奋斗，结果是天下人

[①] 引自《狮城舌战——首届国际大专辩论会纪实与评析》，本书有删改。（王沪宁，俞吾金. 狮城舌战——首届国际大专辩论会纪实与评析[M]. 上海：复旦大学出版社，1993：283-304.）

的温饱都没有保证,他们还会不会那样做?不会。他们这样做还有没有意思?没有意思。所以我们说,温饱是谈道德的必要条件。谢谢。(笑声,掌声)

主席:谢谢汤之敏同学。接下来我们请反方第一位代表姜丰同学表明立场观点,时间也是3分钟。(掌声)

反方姜丰:谢谢主席,谢谢各位。刚才对方辩友把温饱放在了压倒一切的位置,还问了我们很多的问题。我要告诉对方辩友的是,比温饱更重要的是道德。人活着不仅仅是为了吃饭。

我方认为,温饱不是谈道德的必要条件。有理性的人类存在,才是谈道德的必要条件。只要有理性的人类存在,在任何情况下都能谈道德。走向温饱的过程当中,尤其应该谈道德。

第一,温饱绝不是谈道德的先决条件。古往今来,没有解决衣食之困的社会比比皆是,都不谈道德了吗?今天,在衣不蔽体、食不果腹的埃塞俄比亚就不要谈道德了吗?在国困民乏、战火连天的索马里就不要谈道德了吗?古语说,人无好恶是非之心,非人也。人有理性,能够谈道德,这正是人与动物的区别所在。无论是饥寒交迫还是丰衣足食,无论是金玉满堂还是家徒四壁,人能够而且应该谈道德。

第二,道德是调节人们行为的规范,由社会舆论和良心加以支持。众所周知,谈道德实际包括个人修养、社会弘扬和政府倡导三层含义。我们从个人看,有衣食之困但仍坚持品德修养的例子,实在是不胜枚举。孔老夫子的好学生颜回,他只有一箪食、一瓢饮,不仍然"言忠信、行笃敬"吗?杜甫的茅屋为秋风所破的时候,他(不)还是想着"安得广厦千万间,大庇天下寒士俱欢颜"吗?说到政府,新加坡也曾经筚路蓝缕,李光耀先生就告诫国人:我们一无所有,除了我们自己。他强调道德是使竞争力胜人一等的重要因素。试想,如果没政府倡导美德,新加坡哪里有今天的繁荣昌盛、国富民强呢?

第三,所谓必要条件,从逻辑上看,也就是"有之不必然、无之必不然"的意思。因此,对于今天的辩题,我方只需论证没有温饱也能谈道德,而对方要论证的是,没有温饱,就绝对不能谈道德。而这一点对方一辩恰恰没有自圆其说。

雨果说过:"善良的道德是社会的基础。"道德是石,敲出希望之火;道德是火,点燃生命之灯;道德是灯,照亮人类之路;道德是路,引我们走向灿烂的明天。

以上我主要从逻辑上阐发了我方观点。接下来,我方辩友还将从理论、事实、价值三方面进一步阐述我方观点。谢谢各位。(长时间掌声)

主席:谢谢姜丰同学。接下来我们再听听正方第二位代表孙学军同学的发言。时间也是3分钟。(掌声)

正方孙学军:对方同学刚才说,温饱比道德更重要,她还说,人活着不仅仅是为了吃饭。但我们大家都知道,不吃饭,我们还怎么活着?不活着,我们还怎么谈道德?所以,从这个意义上说,温饱是谈道德的必要条件。

温饱和道德这个问题是不能简单化的问题。这不仅包括在达到温饱后谈道德的问题,它还包括在达到温饱之前、处在温饱的不同层次上谈道德。在达到温饱后谈道德是天经地义、不言自明的事实。但在温饱前,如何处理好温饱和道德之间的这种关系,如何处理好经济建设与道德建设之间的这种关系,这才是我们今天要谈的问题,也是人们所关注的问题,而对方恰恰忽略了这个问题。

大家都知道,温饱是人类生存最基本、最必需的条件。人类社会要繁衍、要发展,它必须有足够的经济实力来维持人民的生存。所以我们讲道德的时候,不能脱离人民的温饱。对方似乎在讲,一个社会只要有了道德,经济社会自然而然就会上去,只要有道德,大家的肚子就填饱了。这很可笑。这是一个天真的幻想。我方承认道德对于一个社会的重要性,但我们更深切地体会到温饱对每一个人与每一个社会要生存的不可或缺的重要性。所以，我们提出，谈道德不能与温饱相脱离。

建设一个国家就像培养一个孩子。我们都知道教育孩子的重要性，要教育孩子遵守社会道德规范，要教育孩子好好做人。但是，如果我们不给孩子吃饭，那会出现一个什么样的后果呢？我们在教育孩子吃饭的同时，如果不对他们进行道德教育，那么我们作为父母的过失不是更大了吗？从现实看，一个国家只有坚持道德与温饱不可分割，才有可能取得成功。对方从中国大陆来，对中国几十年来的经济变化所取得的成绩一定是感触颇深，世界上对这个问题也是有目共睹。这些成绩正是在中国政府坚持精神文明和物质文明两手抓的情况下所取得的。如果……只顾道德建设，而不讲经济建设的话，那么我们就很难想象中国会取得像现在这样的成绩。谢谢大家。（掌声）

主席：谢谢孙学军同学。接下来我们请反方第二位代表季翔同学发言，时间3分钟。（掌声）

反方季翔：谢谢主席，各位好！吃饭是为了活着，但是人活着就是为了吃饭吗？我再次提醒对方辩友，你们今天所要论证的是没有温饱就绝对不能谈道德。不管这种道德是保证温饱的道德，还是保证不了温饱的道德。既然对方还没有从逻辑上理解我方观点，我就进一步从理论上进行阐述。

第一，道德是随着人类的诞生而出现的，有了理性的人，有了人际关系，就有了道德规范。所以，不管人类处在哪一个阶段上，道德不仅是可能的，而且是应该的。《礼记·礼运篇》中记载着"老有所终，壮有所用，幼有所长，鳏、寡、孤、独、废疾者皆有所养"不正是中国远古时代道德状况的生动写照？《圣经·旧约》里，亚当和夏娃偷吃禁果和原罪的传说，不也表明了道德的最早起源吗？有关贫困中人们谈道德的文化学和人类学的证据在大英博物馆里是汗牛充栋的。想必对方对此也了如指掌吧。

第二，从本质上看，道德是一个社会历史范畴，尽管在温饱的情况下可能会给谈道德提供一些方便，但这绝不是必要条件。在不同的历史阶段和文化背景下，人们都在谈道德。达尔文在环球旅行中发现，南非的布希曼人，即使快饿死了，也不会独吞发现的一条小鱼，而是要与族人分享。他们有温饱吗？没有。他们谈道德吗？当然谈。正如我们不能超出自己的皮肤一样，人类也不能超出乃至摆脱道德。人类谈道德，在贫困时有贫困的谈法，在温饱时有温饱的路数。谈道德，既可以坐而论道，也可以言传身教，甚至特立独行，千万不可一叶障目，不见泰山。

第三，从功能和目的上看，道德用以协调人际关系，达到至善的人生境界。道德，自古洎今，目的是"在明明德，在亲民，在止于至善"。像对方所坚持的那样，在温饱之前都不能谈道德，都不去谈道德，而是用牙齿和爪子横决天下的话，那么人类恐怕早就销声匿迹于洪荒蛮陌之中了，又何来我们今天在这里辩论什么道德问题呢？

最后，奉劝对方辩友，不要对大量事实听而不闻，也不要对人类的历史视而不见。请对方举出实例，哪怕一个：人类在何时、何地、何种情况下一点道德都不谈呢？谢谢。（掌声）

主席：谢谢季翔同学。我们再听听正方第三位代表吴俊仲同学怎么反驳，时间3分钟。（掌声）

正方吴俊仲：各位好。关于今天的辩题，我方的定义跟对方的定义不一样。但是对方没有针对我方的定义做出答复，只一厢情愿地在对方的定义上加深发挥而已。我们比较一下对方的定义又有什么不同。

首先对温饱，我们提出的温饱是相对温饱的概念，所讲的饥寒只是指社会一般人、中产阶级的人的饥寒的定义，并不是对方所讲的那个饥寒，所以我们并不能承认对方的定义。如果照这个定义来讲，饥寒是什么样子的呢？根据生物学的研究，长期饥寒，热量不足以维持生命，就会发生突变，甚至死亡。对方举出新加坡的例子，新加坡在发展的时候，是饥寒的吗？大家都没有饭吃吗？

其次，谈到道德，道德是大家都能实践的规范。大家都不能够实践的规范，不叫作道德。对方只举出圣人英雄的例子，正因为大家都做不到，所以大家赞扬他，这是一种超道德的行为，这不是道德。（掌声）譬如说，一个医生冒着生命的危险，到瘟疫横行的地方去行医，大家赞美他。但是另外一个医生不去，大家会用道德谴责他吗？不会。所以，道德不是超道德，对方定义错误。如果那是道德的话，大家不要在这里辩论，不要在这里听辩论，大家去索马里呀。关于道德的起源，第一，先有社会，在资源、制度悉有的情形下才会产生道德。如果十个人在沙漠中，只有一块面包，那可能产生道德吗？大家抢都来不及。

道德是这样产生的，必须资源、制度悉有，资源要有，而且你分配后要达到温饱，才能产生道德。分配后不能达到温饱，也不会产生道德，这些是人类学的研究。从道德跟温饱的逻辑关系看，人类的温饱需求是与生俱来的，但是，道德的产生是人类形成社会之后才产生的。道德的目的是维持社会的和谐，所以在人生存的前提下，才有社会，才能谈道德，才能谈道德和谐。所以谈道德必须以温饱为前提。在我方的定义来看，我们谈道德不能脱离温饱。如果在衣食充足的情景之下，在路上看到中学生募款，我可以捐出身上的零钱给他。因为考虑我的收入，我能做到的就是这些。如果再考虑一个饥寒的情形，一个小孩子衣衫褴褛，吃不饱，偷了我一块面包，我会用道德谴责他吗？不会。所以我方说：人的生存和温饱是他的全部需要，你不能用社会的需要去剥夺他那么一点点生存和温饱。人一生只有一次，你不能用社会逼人。假如我们现在十个人投票，赞成说将对方的第三辩的财产充公，来满足大家的需要，这是公认的，这样是对的吗？（铃响）谢谢。

主席：谢谢吴俊仲同学。接下来，我们再听听反方第三位代表严嘉同学怎么反驳，时间3分钟。（掌声）

反方严嘉：谢谢主席，各位好。如果我的财产充公能够为很多的人民谋福利的话，那我想，我会选择这样做的，因为人要做有道德的人。（掌声）今天为什么我方观点与对方会出现定义上如此大的差别呢？是因为对方辩友将温饱这个衣温食饱的概念混同于了生存。如果照此办理的话，这个世界上就不存在不温饱的人了，因为他们都不生存不活着了。但是世界上还有很多不温饱的人存在啊！（掌声）下面我从事实的角度进一步论述我方观点。

第一，在贫困的情况下，完全可以谈道德。鲁哀公六年，孔子和他的众学生"在陈绝粮"，困境之下，孔子是否就不谈道德了呢？不！孔子对子路说："君子固穷，小人穷斯滥矣。"其实，在中国历史数千年的流变过程之中，从不食周粟的伯夷、叔齐，到北海牧羊的苏武，从不为五斗米折腰的陶渊明，到拒食嗟来之食的朱自清，众多的志士仁人，无不以其言行甚至生命，驳斥了认为只有在温饱之后才能谈道德的"肠胃决定论"。（第）二次（世界）大战的时候，面对着法西斯的疯狂空袭，英国民众也并没有放弃他们讲究道德的绅士传统。热爱祖国、伸张正义的信念使得众多尚处在不温不饱状态下的英国民众们顽强抗争着。面对着这些贫寒但是高贵的灵魂，来自英国的对方辩友难道还要告诉我们"温饱是谈道德的必要条件"吗？

第二，即使温饱了，富足了，道德水准也并不会自然而然地就得到提高，有时候甚至会倒退。中国就有句古话，叫作"饱暖思淫欲"。（笑）而古巴比伦王国、罗马帝国的由盛及衰，正是由于举国上下不重视道德修养与道德教化、物欲横流的恶果。日本可以算是富甲天下了吧？

但是政坛丑闻却不绝于耳：竹下登被贿赂蹬下了台；宇野宗佑被美色诱下了水；而金丸信呢，终究未能取信于民。（掌声）

第三，对于尚未实现温饱的社会来说，谈道德不仅仅应该、可能，而且尤为重要。马克斯·韦伯的新教伦理与资本主义的理论，杜维明先生的新儒学与工业东亚的阐述，无不表明了道德在社会发展中巨大的不可替代的推进作用。在经济资源越是匮乏的时候，良心和社会舆论就愈是应该而且可能承担它们的责任，历史和现实都已经昭示了我们……（时间到）谢谢。（掌声）

主席：谢谢严嘉同学。现在是他们正面交锋大展辩才的时候。在自由辩论开始之前，让我先提醒双方代表，你们每队各有4分钟发言时间，正方同学必须先发言。好，现在，自由辩论正式开始。

正方季麟扬：我先请问对方同学三个问题。第一个问题，颜回一箪食、一瓢饮，固然是圣人，请问，在座的四位有几个人做得到？在各位的复旦大学里面有多少人做得到？如果只有少数人做得到，这样能算是这种道德在社会上得到推行了吗？第二个问题，我们李光耀总统当初在新加坡推行道德建设的时候，是不是也同样发展了经济建设，不然哪会有今天丰衣足食的新加坡社会？请不要回避这个问题。第三个问题，请教对方二辩，您引《礼记·礼运篇》上边"鳏、寡、孤、独、废疾者皆有所养"，请问"皆有所养"是温饱还是道德？请回答。

反方蒋昌建：首先指出对方一个常识性错误：李光耀是总理而不是总统。（笑声，掌声）我方认为"君子无终食之间违仁，造次必于是，颠沛必于是"。我请问对方一个问题：贫困的社会中有没有道德？（掌声）

正方吴俊仲：我请问对方一个问题，又饥又寒的小孩子偷你一块面包，你会用道德去惩罚他吗？

反方季翔：难道法律中就没有道德观念吗？（掌声）

正方孙学军：对方三辩提出的问题从逻辑看，好像是说越穷道德就越好。有这个可能。但我认为这是一种虚伪的表现：让穷人去穷吧，可是，可是我可以说你好，这样，你就不用掏腰包去帮助他解决温饱了。这是一个很方便的虚伪做法。（掌声）

反方严嘉："穷人的孩子早当家。"欧阳修、笛卡尔和范仲淹，哪一个不是在贫困中培养起他们的高尚的道德呢？（掌声）

正方吴俊仲：我方认为，温饱，你要求他谈道德就是我吃得饱饱的，对方饿得很惨，但是大家为我好，这有什么不好呢？这种观念是错的。其次，法律不是道德。法律规定了离婚，离婚是道德的吗？法律可以规定公司破产，公司可以破产吗？所以，法律不是道德，它是代表最低的道德水平加上风俗习惯及强制力的。法律等于道德是苏格拉底那时候的观点，对方有两位学法律的应该知道。谢谢！（笑声）

反方季翔：法律中难道没有道德观念吗？从《汉穆拉比法典》到《大清律例》，从宋《刑统》到《权利法案》，请对方告诉我哪一部法律中不包含道德观念？（掌声）

正方孙学军：我们这位同学已经告诉你了，法律所规范的道德是最底层的道德。暂且不提这个问题，请问，对方刚才说了英国民众在（第）二次（世界）大战中发扬道德精神，但是要知道，英国当时所处的社会在资本主义国家中所处的经济地位是世界上领先的，而且据最近的资料表明，"二战"中英国人民的温饱程度是有史以来没有过的，营养价值在当时食物平均分配制度下是最好的。因此你不能通过这个例子来否认它是在温饱程度上讲道德的。

反方严嘉：《丘吉尔传》告诉我们，那时候好多穷人是怎么去填饱自己肚子的呢？是去排队买鸟食，还买不到啊！（笑声，掌声）

正方季麟扬：对方同学一直回避一个问题，你们总是举仁人志士的超道德行为，告诉我们社会上每一个人都做得到。请问对方，那么你们认为今天在座的各位，包括你我在内，有几个人做得到颜回一箪食、一瓢饮？有几个人是欧阳修？有几个人是笛卡尔？有几个人是范仲淹？

反方姜丰：既然对方辩友不喜欢谈仁人志士，那我们谈谈普通人。刚才的对方三辩讲到一个小孩子的例子，那我问对方辩友：如果你在吃不饱的情况下，你就不谈道德了吗？（掌声，笑声）

正方吴俊仲：对方是基于道德已经在心里的概念，你设身处地想，你饿得什么都没有了，你要谈道德，这是人道的吗？这公平吗？谢谢！（笑声）

反方蒋昌建：对方认为，教唆一个人追求温饱这就是最道德的。我们教唆一个贫寒的人去抢麦当劳，看样子是最道德的喽？（掌声）

正方孙学军：但我们的这个同学可以在他饥寒的时候帮助他，但是如果他身上什么东西都没有，他怎么帮助呢？我们讲问题要讲究功效，要做到任何事件都要从结果考虑。如果他根本就达不到什么功效，他何必做这件事情呢？

反方季翔：我方从来不反对温饱时也能够谈道德，但是今天对方讲道德，就因为十年前你吃过一碗"莫莫咂咂"（注：马来西亚的一种流行食品）吗？（笑声，掌声）

正方吴俊仲：对方一直回避这样的问题：超道德行为到底是不是道德？请对方回答。

反方严嘉：超道德当然不是道德。但如果按照对方的逻辑，那么裴多菲的《自由与爱情》诗大概就得改成："爱情诚可贵，自由价更高，若为'温饱'故，二者皆可抛"了？（笑声，长久掌声）

正方孙学军：难道我们能不顾温饱而只谈道德吗？请回答这个问题。

反方蒋昌建：对方还没有论证如果温而不饱该怎么样？减肥小姐可谓是温而不饱，那这个减肥中心不是按照对方的逻辑要变成拳击场了吗？（掌声，笑声）

正方吴俊仲：对方已经承认超道德行为不是道德，对方所有的论证与道德论证都已经证明是错误的。减肥中心那里是温饱的，对方理解错误。谢谢！（笑声）

反方姜丰：对方讲的无非是温饱也能谈道德，这一点我们什么时候反对过了？问题是对方所要论证的是没有温饱就绝对不能谈道德。请对方举例说明，哪怕是一个，人类社会在何时、何地、何种情况下一点道德都不谈？

正方孙学军：请对方不要搞错，我方在开始就说，温饱是谈道德的必要条件是指我们谈道德不能够脱离温饱，对方能对这个问题做出批评吗？

反方蒋昌建：任何理论应用到任何一个历史时期，比解一个一次方程都简单。请对方不要回避我们的问题，请举出你们的实例来。

正方吴俊仲：我方的论点对方没有任何批驳，所以我方的定义已经成立了。（哄笑）其次，对方的解释依然是在饥寒的情形下你可以对他进行道德要求，这可以吗？请回答。

反方季翔：你的论点不是自己说成立就成立了，不然，还要评判干什么？（全场大笑，掌声如雷）

正方吴俊仲：对方没有任何攻击，难道可以不成立吗？没有攻击，我就失败了吗？

反方姜丰：这是因为对方可攻击的地方太多了，我们攻击不过来了啊！（笑声）（正方铃响）

主席：请继续。（指反方）

反方蒋昌建：对方把温饱等于生存的话，我们说人类社会一开始就处于饥寒状态，那么，按照对方的逻辑的话，人类社会早就不存在了，你我之间恐怕不是在这里辩论了，而是在哪个阴曹地府里展开了。

反方严嘉：本该修身养性的和尚尼姑们如果信奉的都是"酒肉穿肠过，佛祖心中留"的话，那恐怕是炼不成什么正果的。（笑声，掌声）

反方季翔：世界上不是缺少道德，只是缺少发现道德的眼睛。莎士比亚早就告诫英国人："如果丧失天良，即使用钢盔铁甲包装起来，也是赤身裸体的。"

反方姜丰：荀子早就说过"争则乱，乱则穷"，所以我们走向温饱的过程当中，更要谈道德，否则不就是越走越穷，什么时候才能达到温饱呢？

反方蒋昌建：对方认为贫困向温饱的追求过程当中，可以不谈道德，这就告诉我们一个所谓基本的理论，就是：天下大乱，才能达到天下"大饱"。（笑声）

反方严嘉：如果这样的话，恐怕不是"争则乱，乱则穷"，而是"争则乱，乱则饱"了！（笑声）

反方季翔：我方从来就不否认谈道德和温饱有关系，但关键是这个关系是什么，是谈了道德才能温饱呀！

反方姜丰：对方辩友一直是"坐飞机扔炸弹——空对空"，讲来讲去，我问了那么多遍，他们也没有给我们举出一个实例来。

反方蒋昌建：对方辩友回答我方问题，向来不是"小巷里边抬竹竿——直来直去"，而是拐弯抹角。我想，在座的有一位神学的教师，他一定知道弘一法师在修炼的时候，可谓是不温不饱，（铃响）但他还不是"佛心常清静，无处染尘埃"吗？（掌声）

主席：对不起，时间到。非常精彩的自由辩论。经过了这个刀来剑往、字字珠玑的自由辩论之后，现在，我们请反方第四位代表蒋昌建同学总结陈词，时间是4分钟。（掌声）

反方蒋昌建：谢谢主席，谢谢各位。经过刚才一番的唇枪舌剑，我的肚子的确有些饿了，但是我仍然要把道德问题谈清楚。（笑声，掌声）

下面，我总结对方的几个基本错误。（对方）犯的第一个错误就是"李代桃僵"，对方用"温饱过"来代替"温饱"，用"温饱"等同于"生存"来构建他们的立论基础，这显然是错误的。对方犯的第二个错误就是"扬汤止沸"，认为一个贫寒的人只要教唆他追求温饱就可以了，从来不问用什么手段，我刚才已经说过，如果到麦当劳里面打砸抢的话，这难道就能合法地追求到温饱了吗？这显然又是荒谬的。对方犯的第三个错误就是"避实就虚"，对方始终告诉我们温饱能够给谈道德提供更好的条件，但是没有说不温饱的情况下绝对不能谈道德。对方犯的第四个错误就是"指鹿为马"，把谈道德与谈道德的效果混为一谈。对方今天的论点可谓是云山雾罩，让我们一头雾水，不知所云。相反，今天我们已经从逻辑、理论、事实上论证了：只要基于理性的人类存在就能够谈道德。下面我主要从价值层面论述我方的立场。

第一，谈道德是基于理性的人。只要人类存在着，就能够谈道德。"富贵不能淫，威武不能屈，贫贱不能移。"人类之所以不同于动物的一个重要的标志就是人能够基于自身的理性而谈道德。孔子说："不义而富且贵，于我如浮云。"不以温饱为基本前提而谈道德，恰恰显示了人类理性的伟大和崇高。

第二，谈道德是基于社会整体发展的价值选择。人类如果想求得生存和发展就要谈道德，否则必然导致人类历史的毁灭。群体统一的行动是社会生存下去的基本方式，而统一的行动要以谈道德为前提。只有在社会生活中谈道德，才能保证社会的相对稳定和有序，才能赋予整体人类活动的价值内涵。这是谈道德被历史和经验证明了的社会意义。

第三，谈道德是基于人们摆脱贫困的热望。我们今天在这里不仅要谈道德的理念，更要谈在现实社会当中的人类该何去何从。环顾当今的世界，衣不蔽体、食不果腹的人们成千上万，他们怎么办？不谈道德了吗？对方能够设想一下，在纷争四起的社会条件下，丧失人伦能够促成繁荣富强吗？相互残杀的鲜血能够浇灌出温饱的果实吗？显然不能。"宝剑锋从磨砺出，梅花香自苦寒来"，越是贫困向人性发出强烈挑战的时候，就更要谈道德！

第四，当人类迈向未来世纪的时候，更要基于人的理性来谈道德。当今的世界，环境、人口、饥饿、战争等等的问题都存在于贫困的国家和地区当中，他们不谈道德了吗？不谈的话会给人类带来什么样的命运呢？从罗尔斯到唐君毅，又有哪个伦理学家不告诉我们要呼唤人的道德感与责任感呢？我们、你们和他们难道还要让自己的心智像雾、像雨、又像风，以对道德的沉默来拯救这颗越发脆弱的星球吗？

谈到这里，我不由得想起一百多年前生活在哥尼斯堡的一位名叫康德的老人说过的一句话："这个世界唯有两样东西能使我们的心灵感到深深的震撼，一是我们头顶上灿烂的星空，一是我们内心崇高的道德法则！"谢谢各位！（长时间掌声）

主席：谢谢蒋昌建同学的总结陈词。最后我们请正方第四位代表季麟扬同学总结陈词，时间也是4分钟。（掌声）

正方季麟扬：主席、各位评委老师、对方辩友以及各位观众朋友，大家好！我想对方辩友一再地提到在饥寒的时候也能够谈道德，但是请注意在这个时候，您所谈的道德不能够帮人马上解除饥寒，您还能够谈这个道德吗？您现在肚子饿了，您还可以坐在这边继续谈，那是因为您已经吃过晚饭了。晚饭没吃也没关系，下餐还有得吃，这不叫饥寒呐！这您还是有温饱的。如果您已经三年五年长期处于饥寒之下，今天你哪有这个地位、身份和心情坐在这个台上跟我们大谈道德呢？无论道德是判断是非善恶的标准，或者是社会大多数人所接受的行为准则，今天我们要谈道德必须承认在人类生存的条件下谈才有意义，而人类求生存最基本、最起码的需要是什么？就是温饱。温饱确实是人类为求个体的生存，为了延续种族的生命而最基本的需要。更重要的是我们看温饱的时候，必须了解温饱是一种连续的变量。也就是说，从三餐不继到丰衣足食之间，有许多层次的温饱。对方同学借助于简单的二分法，将天下人分为：有温饱，没温饱；有道德，没道德。这么简单的分法怎么能把道德和温饱的关系讲清楚呢？所以我们建议，要检验道德和温饱的关系就必须了解道德与温饱是一个连续的变量。我们必须看它们相互之间变化的趋势以及相对的关系。我方刚才已经充分论证了，我们社会要谈道德就是要使一项道德能够在社会上推行成功。道德不能实现光谈有什么用呢？你饥饿的时候很想谈道德，但是您做不到啊！那么这个时候，我方的论点主要可以从以下四个方面来谈。

第一，我们从逻辑关系看，人的温饱需求是与生俱来的。一个小娃娃刚生下来，他就想吃想有温暖，但是人的道德是人类社会形成之后才产生的，而道德的目的呢，也是为了维持这个社会的和谐。所以如果人都不在了，那还怎么谈道德呢？所以谈道德就不能离开温饱这个前提。

第二，从政府施政的角度来看，我们认为道德建设当然是重要的，也唯是因为我们要把道德建设建筑在坚固的磐石之上，所以我们主张道德的提倡必须与经济建设双管齐下才能相得益彰。否则，只是一厢情愿地希望三餐不继、衣衫褴褛的人们表现出高尚的道德，恐怕不切实际。

第三，对于饥寒的人，我们也认为他们应该也可以谈道德，但是我们扪心自问、将心比心，这个时候，我们能够谈的道德更应是能帮助他们解除饥寒再进一步过上好日子的道德。从这个角度看，温饱是谈道德的必要条件。

最后，让我们从整个人类需要繁荣发展的最高原则来看，少数人或许为了个人的理念可以鄙视甚至放弃温饱这个最基本的需求，但是，整个社会是不可能也不应该接受这样一种理念。在历史上也从来没有一个社会的大多数人能够像现实颜回那样仁人志士舍己为人的高尚道德，那是一种超道德行为，并不能够被视为已经被大多数人接受的道德。所以综合以上的论述，对方一直在强调少数人可以做到的道德，但是那并不是我们社会的道德。所以从我们社会的观点来看，无论是从政府施政的角度，无论是从逻辑关系，无论是从饥寒人所需要的道德，或者是从整个人类繁荣发展的趋势……（铃响）谢谢！（掌声）

主席：谢谢季同学。"公说公有理，婆说婆有理"，究竟在面包和道德之间要如何选择呢？让评判先生们去决定吧。（休息，评判团评决）

主席：在成绩揭晓之前，先让我们邀请评判团代表钟志邦博士给我们分析今晚的赛情。钟博士请。（掌声）

钟志邦（三一神学院研究院主任）：主席、正反两方的队员、各位观众，我现在是代表今晚的评判团在这里做一个非常简单的评论。我们今天晚上的辩题是：正方——"温饱是谈道德的必要条件"；反方——"温饱不是谈道德的必要条件"。这个论题在表面看起来是非常平衡的，因此论题本身并没有对任何一方特别有利或者有弊。

正方在开始的时候，第一位队员气势庞大，非常肯定、非常有把握的，好像连珠炮那样自问自答，一直以一些机要的问题要对方来回应，（笑声）非常有效，非常有说服力，可惜这个气势，这种非常难得的辩论技巧并没有在整个辩论过程当中持续下去，而正方从开始到末了实际上并没有否定道德对人类社会的重要性，他们只不过是在重复地强调说我们不能离开温饱而空谈道德，这一点对反方来说并不容易回应，意思就是说正方一直在强调温饱和道德的关系是先后次序的问题，温饱是先决条件，先温饱而后谈道德才有意义。

正方也非常有力地反驳了反方一个论点，反方引证了历史上不少的事件和人物说明历代以来有不少伟大的人格是在不温饱的情况下建立起来的，这是反方的很重要的论点，但正方在回答的时候说：的确有不少这样的人，但是这些人，道德崇高的人，在不温饱的情况之下建立起人格的人，毕竟还是少数的，因此不能够变成普遍性。从这个角度来看，正方也许有一个弱点，就是在辩论当中没有很有效地重复地把这个温饱和生存分清楚，这使得反方有机可乘。

反方在一开始的时候就问了一个很重要的问题，第一位队员说，历代以来不是有很多社会达不到温饱吗，这是否意味着这些不温饱社会的人就不谈道德了呢？当然，历史的见证对他们有利，这一点使得正方不容易反驳。反方也在整个辩论的过程当中没有否定温饱的重要性，他们只是强调——重复地强调：温饱不是谈道德的必要条件。那就是说人类在还没有达到温饱的情况之下还是可以谈道德的，并且必须继续谈下去。反方也举了不少例子，刚才已经说过了，历代以来的确是有不少人是在很坏的情况之下——不温饱的情况之下——建立起非常崇高的道德人格的，并且反方第一位同学还引用雨果的话，说："善良的道德是社会的基础。"反方始终以道德为前提，认为只有道德才能够真正使社会安定，并且给予社会以内容，因为这样最终才能保证人的温饱。反方也非常有力地引用了古代的罗马帝国以及现代的日本的例子说明了人在温饱了以后是可以走向道德沦丧的道路的。在辩论技巧这方面，风度和幽默感这些方面，我们发现有好几位队员都有相当突出的表现，引经据典、上下古今、妙语如珠、出口成章，使得我们真是招架都来不及。（笑声）在整队的组织、合作跟配合这方面，我们很明显地看出反方的确比较强。

最后有关今晚在这八位队员当中有比较突出的表现的，我们一致认为，反方的第四位蒋昌建同学以及反方的第三位严嘉同学有很好的表现。（长时间掌声）正方呢，我们认为，刚才也提到了，第一位汤之敏同学，他开场的表现非常突出，如果他以及其他三位队友都能够这样持续下去，今晚的情况可能不太相同。（笑声，掌声）总的来说，我们评判团认为今天晚上辩论的水平很高。我感到非常欣慰。现在，我就把评决的宣告交给主席。（掌声）

主席：谢谢钟博士。现在宣布今天晚上的成绩。评判团经过慎重考虑之后一致同意，反方复旦大学获胜！（长时间热烈掌声）

思考与练习

1. 分析下面论述中存在的逻辑问题，如果是你，你准备如何反驳。

　　某校禁止学生在教室里穿拖鞋。一天下午，高二（3）班的"捣蛋鬼"梁勇同学"啪嗒啪嗒"地穿着一双拖鞋进了教室，班主任王老师发现后让他从座位上站起来，"我三令五申禁止穿拖鞋进教室，你为什么还穿？"王老师皱着眉头问。

　　"对不起，我没穿拖鞋。"梁勇大声回答。

　　"什么？你脚上穿的不是拖鞋？"王老师提高了嗓音。

　　"不是，是凉鞋。"梁勇语气坚定，还有意低下头望着自己脚上的鞋子。

　　全班同学的目光都移到了梁勇的鞋子上：这双鞋子原来是一双普通的塑料凉鞋，不过现在鞋后跟全被剪掉了，看上去和拖鞋没有两样。

　　"鞋后跟全剪掉了，难道是凉鞋？"王老师恼火地问。

　　"当然是凉鞋！这就像一个人的腿断了，他还是人，而不是狗！"梁勇昂起了头，大声反驳。

2. 有个青年在大街上随地吐痰，还乱扔果皮，一位清洁工人前去劝阻，批评他这是不讲卫生、不文明的行为，违反了《城市市容和环境卫生管理条例》的有关规定。这位青年狡辩说："我怎么不讲卫生？我比你干净得多。再说，没人扔东西，还要你们干什么？你们不就失业了吗？"

第四节　校园辩论赛的组织及参赛准备

一、校园辩论赛的组织

　　辩论赛的组织工作非常繁杂，需要进行周密细致有序的安排，包括选择赛制、选定辩题、选拔参赛队伍、确定主持人和评判标准等。下面详细介绍一下这些工作的主要内容。

（一）选择赛制

　　目前常用的赛制是"新加坡模式"（又称"4:4"阵式）。"新加坡模式"因中央电视台与新加坡新传媒联合举办的国际大专辩论会而闻名。国际大专辩论会从1993年举办首届至今，每两年举行一届，已举办十届（2013年停办），2007年更名为国际大学群英辩论会。这项赛事轮流在新加坡和北京举行，历届以来备受瞩目，逐渐成为华语辩论的最高舞台，其大赛赛制也在不断发展完善。

"新加坡模式"辩论赛分预赛、复赛、半决赛和决赛四轮比赛，通过比赛选出优胜队参加下一轮比赛，比赛采用积分与评议相结合的办法。每场比赛的人员安排为主席1人，评判团7人或9人以上，正反方两队，每队4人。正反双方的分配一般于赛前若干天由双方抽签决定。

具体程序如下：

（1）主席致开场词，介绍该场辩论赛的参赛队员、评判团成员和比赛规则。

（2）开篇立论开始，正反双方一辩依次进行，时间各3分钟。

（3）正反方二、三辩各交替发言3分钟。

（4）自由辩论8分钟，每队各4分钟，交替发言。正方任何一位辩手起立发言，在他发言结束后，反方任何一位队员立即发言，双方依次轮流发言。每位辩手的发言次序、时间、次数都不受限制，但整队的发言时间不得超过4分钟。

（5）正反方四辩总结陈词，各4分钟。

（6）评判团进行评判，工作人员计分做统分工作，请本场的评判代表分析赛情。

（7）主席宣布本场辩论赛两队的得分情况及最后结果。

（8）本场比赛结束，人员退场。

（注：每位辩手发言时间剩30秒时，将有一次提示，当辩论时间用完时，会再一次提示，辩手应立刻停止发言。）

（二）选定辩题

一场辩论赛精彩与否，和辩题有很大的关系。辩题的好坏，直接关系到辩论质量的高低，所以，拟制、确定一个好的辩题非常重要。组织辩论赛之前，要先准备一系列辩题。好的辩题应该要具备以下几个要素。

（1）辩题的可辨性。绝对公平的辩题是很难找到的，但是作为组织者，要努力选择相对平衡的辩题，双方获胜的机会大体相同，都有充分的发挥空间，从而形成言语的交锋，使辩论过程高潮迭起。早有定论的问题或是正在探索的科学问题，不宜选作辩题。

（2）辩题的时代性。辩题应立足于现实生活中人们关注的热点问题，这些问题能引起辩手和观众的广泛兴趣，并且可以为解决现实生活中的问题提供帮助。辩论双方的观点没有对错之别，在辩论过程中，正反双方提出的观点对于问题的解决都有一定的启发性，如"艾滋病是医学问题，不是社会问题"这个辩题，使人们对艾滋病有了更多的思考和关注。

（3）辩题的通俗性和深刻性。一个好的辩题，既要通俗易懂、贴近生活，又要有很深刻的内涵，给辩手留下充分的发挥空间，能让他们在深挖辩题之后领会到其蕴含的新意和深意。

（三）选拔参赛队伍

（1）以校园辩论赛为例，校园辩论赛一般以院系为单位组队参赛。各院系要提前进行选拔，因为参赛队伍的水平要旗鼓相当，才能棋逢对手，比赛才会精彩，才有可看性。

（2）各参赛队伍要做好充分的准备。拿到辩题以后，首先要审题立意，准确把握辩题，建构理论框架，整理论据，其次要从对方的立场出发考虑攻防的对策，最后要通过大量演练修改辩论方案，提高辩手的现场应变能力和心理素质。

（四）确定主持人和评判标准

1. 辩论赛的主持人

辩论赛的主持人，又叫"主席"。主持人负责导演并调度整场辩论赛，好的主持人不仅可以使辩论赛有序进行，恰当的过渡还有可能成为赛场的点睛之笔。辩论赛的主持人要注意以下相关事项。

第一，致开场词，介绍双方参赛队伍及评判团成员，介绍比赛规则，宣布辩题。

第二，调度赛程。流畅自然地介绍每一个环节，并请正反方辩手发言。

第三，掌握辩论的主题，把握辩论的方向。

第四，主持时要保持中立，对正反双方的态度、表现要不偏不倚。言语要精而不多，多说明性言语，少描述性言语。要有定力，认真看比赛的同时，不可忘记自己的职责。

2. 评判标准

辩论赛的评判工作一般由评判团负责。评判标准及评分方法，赛前由组织者规定。1993年首届国际大专辩论会的评分标准主要包括个人总分和团体总分。

个人总分共100分，其中分为辩论技巧40分、内容资料30分、风度及幽默感15分、自由辩论15分。

团体总分共440分，每位成员100分，4人共400分，此外还有整体合作40分。

具体来说，评判团的评分主要有以下几个方面。

（1）看双方观点的阐述是否有理有据、无懈可击。

（2）看反攻是否准确犀利。

（3）看队员配合是否默契。

（4）看语言是否优美，富有辩论力。

（5）看风度。

二、如何准备辩论赛

（一）分析辩题，确立论点

辩论赛，通常在赛前可见到辩题，在抽签决定正反方立场后，各自进行准备。审题，是辩论的重要环节，因为只有合理审题，才能有的放矢，正确立论。

分析辩题，包括分析辩题的内容范围，辩题中各词语的意义及其内涵、外延，辩题的中心要点，等等。要明确己方的论证重点，善于趋利避害，要找准对方的打击点和突破口。通过分析辩题，把握双方辩论的焦点，确立对己方有利的论点和策略，构建己方辩论的整体框架。

（二）制定战术，收集材料

制定战术就是制定作战的方向。在分析辩题之后，围绕从哪些角度切入对己方有利、如何对对方造成威胁、是先发制人还是后发制人、是抓住要害逼其就范还是稳扎稳打各个击破等问题，制定作战的方向。同时还要考虑辩手的个人特长、辩手之间的默契程度等。在正式比赛过程中，还要随时根据赛场形势的变化，对作战策略有所调整。

收集材料要多且广，主要包括两个部分的内容：一是理论材料，即与辩题相关的专业知识，或相关的政策、法律、法规，或经典的名人名言等；二是事实材料，即与辩题相关的事实材料，包括正面的、反面的、历史的、现实的等，或由权威部门统计的相关数据等。掌握的材料越充分、越新颖，就越有可能在辩论中占有优势。收集材料后，要对材料进行归类，看看哪些材料能够支持己方论点，哪些材料可以反驳对方观点，哪些材料可能会被对方抓住漏洞，要慎用这些材料或者对其进行加工，使材料的内涵更明朗，倾向更明确。

（三）合理分工，撰写辩词

前期准备工作之后，辩手们要开始撰写辩词，辩词是辩手在辩论时的主要依据。撰写辩词，要求从辩题出发，以总论点为中心，合理安排每一位辩手的发言内容，不可孤军奋战，以免出现辩词重复或矛盾的情况。辩手间要密切合作、相互配合，通过集中讨论确定整体思路和每个人的具体任务，然后把具体的内容付诸文字。

以"新加坡模式"为例，双方的四位辩手在整场辩论赛中要分别做到起、承、转、合。

双方第一位辩手的任务是"起"。第一位辩手要全面准确地向观众和评判员陈述己方的主要观点和理由，并对辩题的内涵加以界定，为全队的下一步辩论做好铺垫。因此，要求其思路清晰，语言简明清楚，同时又不能把话说得太透，以免过早暴露火力，给对方提供辩驳的缺口。

第二位辩手的任务是"承"。第二位辩手要承接第一位辩手的发言，对己方论点进行深入论证，同时要针对对方第一位辩手发言中的缺口进行反驳。第二位辩手要求逻辑思维能力强，富有进攻性和拓展性，善于运用大量的材料进行论证，使己方观点渐趋饱满。

第三位辩手的任务是"转"。转的意思是转换论证角度。第三位辩手发言时，对方的观点和论据已基本呈现，论证的不足和漏洞也已暴露出来，因此，要求第三位辩手有敏锐的反应能力，迅速捕捉到对方论证中的漏洞，进行有力的反击。第三位辩手主要采用事实材料来进行论证，要求角度新颖、材料新颖，语言富有辩论力和幽默感，从而把辩论推向高潮。

第四位辩手的任务是"合"。合即结辩。第四位辩手总结陈词时，既要对对方的错误、漏洞加以全面的总结并逐条剖析，又要强化、补充、完善己方的观点，给大家留下深刻的印象。总结陈词，是辩论的高潮，因此要做到高屋建瓴，既要有深度又要有力度，在言语上富有煽动力，给人以坚不可摧、收束有力的感觉。

思考与练习

1. 分析下列辩题的逻辑内涵和外延，设计辩论的逻辑框架。说说正方和反方可以从哪几个方面论证自己的观点，同时分析正反双方各自的逻辑要害。

（1）网络使人更亲近/网络使人更疏远。

（2）应试教育可以休矣/应试教育不能休。

（3）在校大学生创业利大于弊/在校大学生创业弊大于利。

2. 组织一次班级辩论赛，选出正反方两队，以校园热点话题为辩题进行辩论。

第三编

教师职业口语训练

第七章 教学口语运用

导言： 教学口语是教师口语中极为重要的部分，是课堂教学中师生交流沟通的主要媒介，对教学效果和学生学习有直观的影响。古今中外许多教育家都非常重视教师对于教学口语的运用。苏联著名的教育家苏霍姆林斯基曾说："教师的语言修养在极大的程度上决定着学生在课堂上的脑力劳动的效率。"我国杰出的教育家叶圣陶先生说过："凡是当教师的人绝无例外地要学好语言，才能做好教育工作和教学工作。"教师就是凭借教学口语向学生传授知识、指导训练，帮助学生启迪智慧、陶冶情操的。教师口语是课堂教学的灵魂，直接影响到学生的学习兴趣和教师的教学效果。因此，作为未来的人民教师，我们应该勤奋练习过硬的教学口语技能。

第一节 教学口语概述

一、教学口语的含义和作用

教学口语是指教师在课堂教学中所使用的专业口头用语，是教师在课堂上根据教学目标和任务，针对特定的教学对象，依据规定的教学内容，按照一定的教学程序和方法，在有限的时间内，为达到某种预期的教学效果而使用的语言，是一种有声语言的艺术。教师教学口语能力的强弱，直接关系到课堂教学水平的高低，教师掌握、提高教学口语有着无比重要的意义和作用，具体表现在以下几点。

一是能有效地提高课堂教学的效率和质量。教师的教学口语表达应准确流畅、简洁清晰、音量适中、快慢有致，善于化深奥为浅显，化抽象为具体，化枯燥为有趣，化平淡为神奇。动听的教学口语，使学生对教学内容爱听、乐听，既能改善教学质量，让学生有效地学习，又能消除学生学习时的紧张感，让学生快乐地学习。

有一位小学教师在进行入学教育时，设计了一个动听的故事：

一大早，小丁丁背着崭新的书包出门啦。路上，他遇到了一位白胡子老爷爷，老爷爷摸着长胡须，笑眯眯地说："小丁丁，我要带你去一个神奇的乐园。在那里，有亮闪闪的金钥匙，快乐的小伙伴，有各种各样的知识树和香甜的知识果……"小丁丁刚想说："快带我去吧！"可老爷爷不见了……咦，这神奇的乐园到底在哪里呢？①

可以想象，这位教师生动形象的教学口语对调动学生求知的兴趣和参与课堂的积极性将起到良好的教学效果。

示例

又如一位教师在指导学生作文时是这样讲的：

写作文要注意材料和结构的关系，只有材料没有结构不行，同样，只有结构没有材料也不行。这就像一家书店，书分了类，摆得也很整齐，但就是书太少，所以顾客不愿意去；还有一家书店，书很多很多，但并没有按类把书摆在架子上，顾客买书时找得很吃力，所以顾客也不愿意去。②

这位教师善于运用学生非常熟悉的生活实例来说明较为抽象的问题，化深奥为浅显，化抽象为具体，使学生更容易理解和接受知识点。

二是能有效地激发学生的思维能力和创造力。教师的教学口语运用，或巧置矛盾，适时点拨，或迂问曲答，引而不发，或故设迷津，暗中指点，等等，都能有效地诱导学生积极思考，使学生主动地、创造性地完成学习任务。

示例

有这样一个教学案例：

2019年获得国家"人民教育家"称号的于漪老师在教《宇宙里有些什么》时，课文里有这样一句话："这些恒星系大都有一千万万颗以上的恒星。"这时一位学生提出了疑问："老师，万万等于多少？"话音未落，大家都笑了起来，有一位学生说："万万不就等于亿吗？"在大家的笑声中，提问题的学生很尴尬地坐下了。于老师觉得这位学生的积极性受到了打击，于是她问："既然'万万'等于'亿'，但是这里为什么不说宇宙里有一千亿颗星星，却说宇宙里有一千万万颗星星呢？"这一问，学生们都陷入了沉思。过了一会儿，一位学生站起来说："不用'亿'用'万万'有两个好处，第一，用'万万'听起来响亮，'亿'听不清楚，第二，'万万'听起来好像比'亿'多。"这时学生们又笑了，其实这位学生的回答是正确的。于老师当即给予了肯定，并表扬道："你实际上发现了汉语修辞中的一个规律，字的重叠可以产生两个效果，一是听得清楚，二是强调数量多。"这时其他学生都用钦佩的目光看着刚才那位学生。于老师继续补充道："大家可以想一想，我们今天学到的这个新的知识，是谁给予我们的呢？"这时大

---

① 熊生贵. 新课程教学设计与传统备课之差异［J］. 语文教学通讯，2004（13）：39-40.
② 程培元. 教师口语教程［M］. 北京：高等教育出版社，2004：123.

家都将目光集中到第一位提出问题的学生身上,这位学生十分高兴,这无疑对他以后敢于大胆提出问题起到了很好的激励作用。

三能潜移默化地为学生学习语言提供示范。如果教师的教学口语发音正确、吐字清晰、表达顺畅、生动优美,不仅能够提升教师在学生心目中的地位,而且能成为学生模仿的榜样。如果教师的教学口语发音不准,表达有问题,则会对学生造成不良影响。古罗马教育家昆体良就十分重视语言影响力的问题,他曾说:"最要紧的是,孩子的保姆应当是说话准确的人。"因为"儿童首先听到的是她们的声音,首先模仿的是她们的言语。我们天生地能历久不忘孩提时期的印象,如同新器皿一经染上气味,其味经久不变,纯白的羊毛一经染上颜色,其色久不能改;越是令人讨厌的习惯,越是牢不可破,因为好的习惯变坏是容易的,但何时能使坏习惯变好?所以,即使还在婴儿时期,也不要让他学会以后不应当学习的用语"[①]。所以,教师一定要重视教学口语的规范性和科学性,为学生提供优秀的范例。

二、教学口语的特征

教学口语是经过转化的书面语和优化的口头语的结合。作为教学用语,教学口语受到教学内容和教学任务的约束,表达的随意性和灵活性较低,表达形式更为规范和严谨。另外,教学口语将书面语转化为口头语,不仅具有口头语通俗简明、生动形象的特征,而且兼具书面语精确、条理、规范的特征。教学口语主要具有以下特征。

(一)规范性

《中华人民共和国国家通用语言文字法》第十条规定:"学校及其他教育机构以普通话和规范汉字为基本的教育教学用语用字。"普通话是教师的职业语言,根据教师行业的规定,从事教师工作的人员,普通话要达到相应的规定要求,教学工作中要求教师所运用的教学口语必须是规范的。教学口语的规范性首先是语音的规范,应使用普通话。普通话以北京语音为标准音,以北方话为基础方言,以典范的现代白话文著作为语法规范。因此,教学口语应以北京语音为标准音,做到发音准确,吐字清楚,不使用方言,不念错别字,如不能把"师范"念成"私放",这是违反语音规范的表现。其次是词汇的规范。教学口语应以北方话为基础方言,运用普通话规范词汇,不用方言词、生造词等,比如不能把"母鸡"说成"鸡母"等。最后是语法的规范。教学口语应以典范的现代白话文著作为语法规范,不能使用方言语法,避免出现成分残缺、搭配不当、词类误用、语序失调等不规范用语现象,如"你先走"说成"走你先"或"你走先"等违反语法规范的表达。

(二)科学性

科学性指的是教学口语所体现出的不同学科教学内容的科学性,如语文、英语、数学、科学、音乐、美术等学科都有属于该学科的特定的概念、术语、原理等。教学口语的科学性首先表现在教学口语必须符合教学内容的学科特点。教学口语是专业语言,因为各学科的知识内容,本身就是一个严密的理论体系。教学中往往要通过假设、实验和逻辑推理,揭示客观事物的本质和规律,这时的教学口语是再现和传递人类认识世界的发明和创造的新信息。其次,教学口语的运用必须从学生的实际情况出发,要符合学生的年龄特征。不同年龄层次的学生在身心发展水平上是不同的,如认知水平、知识基础、思维能力等,都是逐步从低级向高级发展的。最后,教学口语艺术必须符合语言学的规范,具有语言学的科

---

① 杨汉麟. 外国幼儿教育名著选读[M]. 武汉:华中师范大学出版社,2008:28.

学性。强调教学口语的科学性，要求教师在运用教学口语时应遵循其在发音、语法、修辞、语调等方面的要求，发音要准确、悦耳，语法要合乎规律，修辞要简练、优美，语调要抑扬顿挫。教师在向学生传授学科知识时，必须正确划定相关概念的内涵和外延，不能随意用一般日常语言去代替学科术语，不能望文生义等，如：科学学科的教师不能将"头"说成"脑袋"，把"心脏"说成"心"；思想品德学科的教师不能把"货币"说成"钱"。

（三）生动性

教师口语的生动性，首先表现为语言的形象、直观，这能够唤起学生的想象力，充分调动学生的感觉器官去进行形象感受。

示例

如有一位教师在教朱自清《春》中的"春花图"一段时，在学生思考和议论的基础上进行了小结：

同学们，朱自清先生笔下的"春花图"多么美妙：春花开放了，春光烂漫！远看，花团锦簇，桃花怒放，红彤彤像火在燃烧；杏花绽放，粉亮亮像朝霞灿烂；梨花吐蕊，"千树万树梨花开"，白净净像雪花纯洁！它们争光斗艳，"你不让我，我不让你"地争春！近看，花丛中蜜蜂、蝴蝶飞舞，它们闹春！从上看，花海一片；往下看，野花遍地，像星星，像眼睛，春意盎然，生机勃勃。这就是春姑娘，花枝招展。作者多角度描绘，"春花图"美不美呀？[①]

学生也被教师优美的语言、生动的小结所吸引、所陶醉。

其次，教师口语的生动性表现为风趣幽默的言语品格。风趣幽默的语言往往是形象生动的，既能使人开心一笑，又能引人深思。想要实现教学口语的风趣幽默，可以借助修辞手法来实现。

示例

如一位教师在针对学生容易混淆离子化合物与共价化合物的电子式的现象时这样说道：

离子化合物中的成键电子是"私有制"（归阴离子所有），因此用"篱笆"（括号）围住，同时标出"贫富"（得失电子数目）；共价化合物中的成键电子是"股份制"，合股经营，围不得"篱笆"，分不出"贫富"。[②]

教师要善于运用比喻、拟人、摹绘、类比、夸张等多种修辞方法，使教学口语风趣幽默，能够形象生动地讲解抽象的科学知识，使学生更容易理解和接受。

（四）教育性

教书育人是教师的本职工作，体现在各学科教学的每一个环节之中。早在2001年《基础教育课程改革纲要（试行）》颁布后，开始强调新课程理念下课程目标的三个维度——知识和技能、过程和

[①] 韦志成. 现代阅读教学论[M]. 南宁：广西教育出版社，2000：264.
[②] 德瓦埃特·爱伦，王维平. 微格教学[M]. 北京：新华出版社，1996：96.

方法、情感态度和价值观的重要性。教师口语的教育性强调了教师在传授知识的过程中,应潜移默化地培养学生正确的价值观、人生观和世界观,这就决定了教师的教学口语的重要性,具体表现为教学口语的思想内容必须是积极的,各学科的教学都应当认真地挖掘健康向上的思想内容,选择那些科学的、进步的、有益的成分,加以合理编排,以帮助学生树立正确的人生观和世界观,培养正确的思想方法。

一位教师在讲授语文课文《小伙伴》时,设计了这样一个结束语。

  同学们,在学校这个快乐的大家庭里,我们每天学习、生活在一起,是亲密的好伙伴。在我们国家这个幸福的大家庭里,有许多和我们一样的孩子,也生活在学校这个快乐的大家庭里,我们同样是亲密的好伙伴。在地球这个绿色的家园里,有更多的孩子,和我们一样生活在学校这个快乐的大家庭里,我们也是亲密的好伙伴。在我们热爱和追求和平的世界里,我们的伙伴遍天下。同学们,热爱和平,创造和平,这是我们全世界人民的共同愿望。

这个总结语,是教师进行语文教学时通过教学口语自然而然地对学生进行热爱和平的教育。可见,教师的教学口语可以潜移默化地将教育活动自然而然地寓于知识的传授之中。

(五)启发性

教师口语的启发性是指教师的教学口语能诱发学生主动思考并让学生有所领悟。在新课程理念下,学生是学习的主体,教师要注意运用教学口语调动学生学习的主动性,引导学生独立思考、积极探索,自发地学习科学知识,提高分析问题和解决问题的能力。《论语·述而》中说:"不愤不启,不悱不发。举一隅不以三隅反,则不复也。"这是孔子论述启发式教学的重要名言。叶圣陶先生说过:"教师之为教,不在全盘授予,而在相机诱导。必令学生运其才智,勤其练习,领悟之源广开,纯熟之功弥深,乃为善教者也。"叶老不仅强调要"诱导",而且强调教师的诱导要"相机"进行。教学口语的启发性要求教师善于创设问题情境,激发学生强烈的求知欲;善于设障立疑,使学生经常处于"愤悱"状态;巧用"储蓄"的表达方式,给学生留有思考的余地。

一位教师在教《威尼斯小艇》时,是这样用启发性教学口语引导学生理解"新月"这个词的:

  师:谁能说说什么叫"新月"?
  生:新月就是新的月亮。
  师:是吗?月亮还分新的、旧的?
  生:新月就是月亮。
  师:大家看书。书上说"船头和船艄向上翘起,像新月的样子",这么说,新月是——
  生:新月就是刚刚升起的月亮。
  师:是吗?歌曲里唱"十五的月亮分外圆",农历月半,月亮刚升起,并不是两头向上翘起的呀!

生：（大悟）新月就是农历月初时候的月亮。

师：说对了。农历月初时升起的月亮是新月。[①]

这个教学过程表明，这位教师善于运用教学口语的启发性，引疑求趣，引导学生积极思考，调动学生学习的主动性，做到了启发得当、启而能发、引导及时、导而有效。

● 思考与练习

1. 教学口语有哪些特征？请结合小学某一门学科的具体课程，谈谈教学口语特征的表现。
2. 根据你的学习经验和体会，说说教学口语的作用。

第二节 常用教学口语基本技能训练

按照在教学活动不同阶段中的运用，教学口语分为许多类型，主要有导入语、讲授语、提问语、应变语、过渡语、小结语等。本小节主要对导入语、讲授语、提问语三种常用教学口语类型进行简要介绍。

一、导入语

（一）导入语的含义和功能

导入语又叫导语、开讲语，是教师为了引导学生进入教学内容而讲的话语。俗语说："良好的开端，是成功的一半。"好的导入语往往能在较短的时间内吸引学生的注意力，激发学生学习的兴趣和热情。魏书生老师说："好的导语像磁铁，一下子把学生的注意力聚拢起来，好的导语又是思想的电光石火，能给学生以启迪，催人奋进。""人民教育家"于漪老师也曾说过："课的开始好比提琴家上弦，歌唱家定调，第一个音定准了，就为演奏和歌唱奠定了基础。上课也是如此，第一锤就应敲在学生的心灵上，像磁石一样把学生牢牢地吸引住。"[②] 作为课堂的第一环节，导入语犹如一场戏的楔子、一本书的序言、一扇门的钥匙，对调动起学生的积极性和主动性、加强师生间的双边活动、提高授课效率起着至关重要的作用。课堂教学的导入语具有以下几方面的重要功能。

1. 激发兴趣

德国著名教育家第斯多惠曾说："教学的艺术不在于传授本领，而在于激励、呼唤、鼓舞。"美国心理学家布鲁纳说："学习最好的动机是对所学学科的兴趣。"爱因斯坦也曾说过："兴趣是最好的老师。"兴趣是推动学生学习的直接动力，因此在每一节课开始时，教师可以用引人入胜的教学口语导入新课，激发学生的求知欲，使学生对即将开始学习的新内容产生的浓厚兴趣。

---

① 国家教育委员会师范教育司. 教师口语［M］. 北京：语文出版社，2001：211.
② 任恩刚，张卫苹. 课堂导语艺术［M］. 呼和浩特：内蒙古大学出版社，2009：166.

• 示例 •

一位科学教师在讲授"虹"的知识点时，其设计的导入语如下。

同学们，每当夏天，一场雷阵雨过后，天空中就会出现彩虹。你们知道彩虹是怎么形成的吗？学习完这节课的内容，你们不仅会知道彩虹是怎么形成的，而且还可以在我们的教室里制造出一条七色的彩虹，让天上的彩虹从我们的手中"飞"出来。

这样的导语，使得学生不仅十分好奇彩虹的形成原理，而且还能够见证彩虹从自己的手中"飞"出来，这对于小学生来说是何等诱惑呀！

• 示例 •

一位数学教师在讲授"相似三角形"的知识点时，其设计的导入语如下。

同学们，请看外面的大树，你们能不能知道它有多高？如果你们前面有一条无法横渡的大江，那么怎样才能知道它有多宽？在这一节课我们学了"相似三角形"之后，大家就可以不用上树就能测量出树有多高，不用过河就可以测量出河的宽度。你们学懂了这一知识点之后，本领就更大了。

"兴趣是最好的老师"，只有当学生对学习内容产生浓厚的兴趣时，才能做到不是为了学习而学习，而是自发的产生探究的欲望。这位教师采用提问的方式，把生活中常见的事物和将要学习的内容联系起来，从而激发了学生的学习兴趣。

2. 启发思考

苏霍姆林斯基曾经说过："思考会刺激智力觉醒。"他还说："在人的心灵深处，都有一种根深蒂固的需要，这就是希望感到自己是一个发现者、研究者、探索者。"亚里士多德也曾说过："思维自惊奇和疑问开始。"因此教师在每一节课的开始，都应该精心设计导入语，即紧扣教学内容设置悬念、提出疑问，引导学生思考问题、发现问题、解决问题，点燃学生思考的火苗，引发学生的求知欲。

• 示例 •

一位科学教师在讲授"溶解"的知识点时，设计了这么一个导入语。

师：同学们，前天，在来我校演出的马戏团的演出过程中，有一位小丑十分可爱。他把手掌盖在一杯装满水的杯子上，然后按住杯子，把手掌翻过来，让杯子倒扣在手掌上，他往杯子上吹一口气，水就变红了。你们知道是为什么吗？

生：不知道。

师：同学们想不想揭开这个谜呀？

生：想！

师：很好，这就是这节课我们要学习的内容。

这位教师巧妙地设计悬念，激发学生学习的热情，为这节课的教学内容创设了一个良好的开端。

3. 承前启后

学习时要做到"温故而知新",由旧知识引入新知识,符合学生循序渐进的认知规律。教师在上课时,根据新旧知识之间的内在联系,设计导入语,帮助学生复习旧知识,进而引出新知识,为新旧知识的过渡架起一座桥梁,实现教学的承前启后和平稳过渡。

一位数学教师在讲授"小数减法"的知识点时,其设计的导入语如下。

师:同学们,上节课我们一起学习了小数加法,哪位同学能把小数加法的法则说一说?

生:计算小数加法,先把各数的小数点对齐(也就是把相同数位上的数对齐),再按照整数加法的法则进行计算,在得数里对齐横线上的小数点,最后点上小数点(得数的小数部分末尾有0,一般要把0去掉)。

师:回答得很好,那这节课我们就来一起学习小数减法。

这位教师通过复习上节课的旧知识,引出本节课要学习的新知识,承上启下,一脉相承。

4. 引入情境

课堂导入语常常是课间休闲状态与课堂肃静状态的分界线。学生从课间休息时的游戏打闹状态转变为上课铃响后的肃静状态,需要有一个过渡阶段,这就需要发挥课堂导入语的作用。教师巧妙地导入新课,可以起到先声夺人、吸引学生注意力的效果,使学生的身心状态尽快调整为最佳的学习状态,用形象化的教学手段将学生的兴奋点转移到课堂教学内容上,把学生引入课堂情境中。

一位语文教师在讲授"车的世界"时,设计的导入语如下。

师:同学们,坐在有限的教室里,你们渴望外面的世界吗?

生:渴望!

师:是啊,我和大家一样,也渴望外面的世界,因为外面的世界很精彩。今天,我们不出校园也能一起领略外面的世界。(教师播放录音)

师:同学们,请猜一猜这是什么声音?

生:汽车的声音。

师:我们再仔细听一听,你们能听出是什么车吗?你们能讲出的这种车的外形是什么样的吗?有什么功能呢?(学生们纷纷举手回答)

此处是一个巧妙的导入语设计,在学生还没有进入"车的世界"之前,教师首先在教室内营造了一种令人期待的外面世界的氛围,创设出一种"车的世界"的情境,为学生学习好这节课的内容打下良好的基础。

（二）导入语的类型

课堂教学中导入语的类型有很多种，各学科教师可以根据不同的教学内容、教学对象、课堂氛围等设计不同的导入语。常见的导入语有如下几种类型。

1. 故事式导入语

故事式导入语，就是教师先讲述一个与教学内容相联系的生活事例或风趣的小故事（例如典故、轶事、寓言、笑话等），以诱发学生的想象力和思维活动，从而使学生产生学习兴趣。

一位教师在教《草船借箭》一文时，便采用了故事式导入语。

师：同学们，下面，老师跟大家讲一个"诸葛亮大摆空城计"的故事。三国时期，司马懿带兵15万来攻打诸葛亮所在的西城，而城中仅有2500名士兵，粮草也不多，众人听到司马懿前来的消息都大惊失色。诸葛亮登城楼观望后，对众人说，"大家不要惊慌，待我略用计策，便可叫司马懿退兵"。于是，诸葛亮传令，把所有的旌旗都藏起来，士兵原地不动，又叫士兵将城门打开，每个城门之上派20名士兵扮成百姓模样，洒水扫街。诸葛亮自己则披上鹤氅，戴上高高的纶巾，领着两个小书童，带上一张琴，到城上望敌楼前凭栏坐下，燃起香，然后慢慢弹起琴来。司马懿的先头部队到达城下，见了这种气势，都不敢轻易入城，便急忙返回报告司马懿。司马懿听后，笑着说："这怎么可能呢？"于是便命令军队停下，自己飞马前去观看。在离城不远处，司马懿果然看见诸葛亮端坐在城楼上，笑容可掬，正在焚香弹琴。左面一个书童，手捧宝剑；右面也有一个书童，手里拿着拂尘。城门里外，20多个百姓模样的人在低头洒扫，旁若无人。司马懿看后，便命令军队撤退。他的二儿子司马昭说："莫非是诸葛亮城中无兵，所以故意摆出这个样子来，父亲您为什么要退兵呢？"司马懿说："诸葛亮一生谨慎，不曾冒险。现在城门大开，里面必有埋伏，我军如果进去，正好中了他们的计。还是快快撤退吧！"于是各路兵马都退了回去。

师：听完故事大家对诸葛亮有怎么样的印象？大家想不想知道更多关于诸葛亮的故事？今天，我们就一起来学习《草船借箭》这篇课文。

这位教师以故事式导入语导入新课，既吸引了学生的注意力，又激发学生学习新知识的浓厚兴趣，实现了良好的教学效果。

一位教师在讲授《皇帝的新装》时，也采用了故事式导入语。

师：丹麦有一位著名的儿童文学家叫安徒生，今天，老师讲一个有关他的故事。有一次，安徒生被邀请去参加舞会，一位小姐对他仰慕已久，于是大献殷勤："你觉得我这件衣服怎么样？你喜欢吗？"安徒生冷冷地说："谈不上喜欢。"小姐又问："那你觉得我穿什么样的衣服好看呢？"同学们猜猜安徒生是怎样回答的？他说："皇帝的新装。"今天，我们就一起来欣赏安徒生创作的童话故事——《皇帝的新装》。

这位教师以讲故事的方式，在欢声笑语中，把学生们引入了新的教学情境，妙趣横生，引人深思。

2. 游戏式导入语

游戏式导入语，是教师根据教学内容，设计与之相关的游戏互动环节，通过师生或学生共同参与，完成游戏互动，并借助这一环节导入新课。游戏的形式丰富多样，可根据不同学科、不同教学内容和不同教学目标等选择不同的游戏形式。这种类型的导入语，目的是让学生自然地进入学习新知识的情境中。使用游戏式导入语，教师要注意玩游戏的"度"，游戏内容与教学内容的相关性，语言的准确、简洁、清晰等问题。

一位数学教师在讲授"简易方程"这个知识点时，选择了游戏式导入语。

师：同学们，今天我们来做一个数学游戏。你们现在每个人心里想好一个数字，然后加上2，乘以3，得出的乘积减去5，再减去你原来想好的那个数。现在，只要你把最后的结果告诉我，我就能立刻猜出你最开始心里想的那个数。

游戏开始了，同学们纷纷举手。

生：我的最后结果是15。

师：那么你原来的数是7，对吗？

生：（高兴地说）对！

生：我的结果是37。

师：那么，你原来的数是18吧？

生：非常正确！

生：老师，您是怎么知道的，快告诉我们方法吧。（同学们兴趣盎然，精神大振，纷纷向老师提出要求。）

师：好，方法就是"简易方程"，（板书）学好了这一章，猜谜的方法也就全会了。

这位教师在教授"简易方程"这个知识点时采用了游戏式导入语，特别是选择在验证了几个例子之后再引出教学内容，这种既新奇又具有刺激作用的悬念，便深深地嵌入学生的头脑中了。

3. 实验式导入语

实验式导入语，是教师根据教学内容的需要，通过实物、模型、图片、幻灯片、电视等教学辅助工具进行实验演示，或通过开展实验的方法来设置问题情境，引导学生观察，将已知实验现象或知识经验与发现新现象进行对比，以此产生问题情境，并提出新问题，从而自然地过渡到新知识点的学习。

一位物理教师在讲"大气的压强"这一知识点时，是这样导入新课的。

教师先将硬纸片平放在平口玻璃杯口，用手掌盖住，并倒置过来，然后松开手掌，让学生注意看,手一旦移开,硬纸片便会掉下来。教师再将玻璃杯装满水,仍用硬纸片盖住玻璃杯口,用手掌盖住,并倒置过来,但这次松开手掌后,硬纸片却没有掉下来。同学们都十分好奇。教师问:同学们想知道硬纸片为什么不会掉下来吗?学习了这节课的知识,大家就明白了。

实验式导入语具有直观性,这位教师通过做一个简单的实验来导入新课的教学,从而给学生留下深刻的印象。

4. 悬念式导入语

悬念式导入语,是教师依据教学内容,采用设问、反问、疑问等形式布阵设疑,通过制造悬念来导入新课。利用悬念引人好奇、催人思索,往往能收到事半功倍的效果。制造悬念的目的一般有两点:一是激发兴趣;二是启动思维。悬念一般是出乎人们意料的情形,或展示矛盾,或让人迷惑不解,常能造成学生心理上的焦虑、渴望和兴奋,只想打破砂锅问到底,想尽快知道究竟为何出现这些情形,而这种心态正是教学所需要的"愤"和"悱"的状态。但须注意的是,悬念的设置要从学生的"最近发展区"出发,做到恰当、适度。不悬,难以引发学生的兴趣,太悬,使学生百思不得其解,都会降低学生学习的积极性。只有不思不解、思而可解,才能使学生学习的兴趣高涨。设置悬念应做到自始至终扣人心弦,给人以欲罢不能之感。

一位教师在讲授《孔乙己》时,设计的悬念式导入语如下。

师:凡是读过鲁迅小说的同学,几乎没有不知道《孔乙己》的;凡是读过《孔乙己》这篇小说的,几乎没有不在心中留下孔乙己这个"苦人儿"的形象的。根据鲁迅先生的学生孙伏园回忆,鲁迅在自己写的小说中最喜欢的就是《孔乙己》。鲁迅先生运用怎样的鬼斧神工之笔来塑造这个形象?我们仔细读了这篇文章之后,就可以得到回答。[①]

学生大多处于青少年这一年龄阶段,这位教师针对这一年龄阶段的学生普遍存在强烈的好奇心这一特点,巧设问题,制造悬念,引导学生迅速投入新知识的学习中。

5. 情境式导入语

情境式导入语,是教师利用语言、设备、环境、音乐、绘画等手段,根据不同的教学内容,设置不同的符合教学需要的情境,以激发学生的学习兴趣,诱发学生的思维积极性。情境式导入语运用得当,会使学生有身临其境之感,在潜移默化中获取知识,达到良好的教学效果。

一位教师在讲授《社戏》时,设计的就是情境式导入语。

师:听童年歌谣总会让我们回忆起美好的童年往事,童年的生活总是充满一种浪漫的理想

---

① 蒋念祖. 美育与中学语文教学 [M]. 长春:东北师范大学出版社,2000:244.

色彩。鲁迅笔下平桥村的孩子们又是怎样度过美好愉快的童年生活的呢？今天，我们就来共同学习鲁迅的《社戏》。

另一位语文教师在讲授《四季》时，也采用了情境式导入语。

师：（边播放音乐边朗诵）"秋天到，秋天到，园里果子长得好，枝头结柿子，架上挂葡萄，黄澄澄的那是梨，红彤彤的这是枣。"同学们，这首儿歌描写了哪个季节的景色呢？一年四季中你最喜欢的是哪个季节？今天，我们就来一起学习《四季》这篇课文。

还有一位音乐教师在讲授《摇篮曲》时，设计的导入语如下。

师：同学们请看屏幕，这是一位母亲在摇着摇篮，摇篮中的宝宝在睡觉。请同学们闭上眼睛，根据老师的朗诵来想象，然后回答老师的提问。

（老师放音乐，开始朗诵："夜晚星星闪烁，月光洒满大地。在屋里，妈妈的双手正轻轻地摇着摇篮，摇篮中的宝宝听着妈妈哼的歌，慢慢地入睡了……"）

师：妈妈的双手是轻轻地，还是非常用力呢？妈妈心里在想些什么呢？妈妈唱的歌又是什么呢？

生：妈妈轻轻地哼着，没有歌词。

生：妈妈心里想的是等孩子长大了就让他上大学。

生：轻轻地摇，轻轻地唱。

生：快睡吧，宝贝。妈妈要上班了。

（同学们尽情讨论）

师：同学们回答得真好，你们的想象力很丰富。是啊，妈妈的心中充满了对孩子的爱，充满了对孩子美好的希望和祝福。今天，我们一起来学习《摇篮曲》，切身地感受妈妈的爱。

这些教师分别根据不同的教学内容，精心组织，巧妙构思，创设了良好的符合教学需要的情境，帮助学生调动自身情感的源泉，通过思维诱导，帮助学生将相应的情境与其即将学习的内容联系在一起，使学生有一种身临其境的感觉，激发了学生探索知识的欲望。

课堂导入语中，除了以上介绍的几种常见的导入语之外，还有提问式导入语、展示式导入语等。

（三）导入语的要求

课堂导入语，在教学过程中架起了师生之间交流互动的第一座桥梁，成功的导入语对新课的教学有着事半功倍的效果。因此，教师一定要重视为每一堂课精心设计导入语。设计巧妙的导入语应做到以下几点。

1. 灵活多样，新颖独到

课堂的导入语要有新意，形式多样，才能激发学生的求知欲，否则，平淡无奇的导入语只会使学生失去学习兴趣，对课堂教学效果产生负面影响。由此，在教学中，教师应根据不同的教学内容、教学对象和教学环境精心设计导入语，切忌千篇一律、盲目地生搬硬套，而要根据教学目标和要求，因文而定，因人而用，因时而变，讲求实效。

如两位教师在讲授同一篇文章《咬文嚼字》时，就分别采取了故事式导入语和情境式导入语。

(1) 第一位教师采取了故事式导入语。

师：相传，一次苏东坡与苏小妹及诗友黄山谷在一起论诗，互相题诗。苏小妹说出"轻风细柳"和"淡月梅花"后，要哥哥从中各加一个字，成为诗眼。苏东坡当即给出答案："轻风摇细柳，淡月映梅花。"不料苏小妹却评之为"下品"。苏东坡认真思考后，得意地说："有了，'轻风舞细柳，淡月隐梅花'。"苏小妹微笑道："好是好了，但仍不属上品。"一旁的黄山谷忍不住了，问道："依小妹高见呢？"苏小妹便念了起来："轻风扶细柳，淡月失梅花。"东坡、黄山谷不禁拍掌称妙。

师：同学们，这就是咬文嚼字的妙处，也是今天我们要学习的内容。

(2) 第二位教师采取了情境式导入语。

师：一提到"咬文嚼字"这个成语时，人们往往会觉得这是对有些人为了卖弄学问而在某些字句上故意纠缠的极大讽刺，很少会想到有什么积极的意义。的确，如果查阅词典，你会发现词典里的解释大多含有贬义：过分地斟酌字句，多用来指死抠字眼。而在今天，当你读过了朱光潜先生的这篇《咬文嚼字》，你就会发现，这个成语被赋予了一种新的含义，"咬文嚼字"对我们养成好的阅读和写作习惯有着很重要的指导意义。

同一篇文章，虽然采用了不同的导入语，但各自都有其独到之处。故事式导入语，既有启发性，又有趣味性。故事式导入语能让学生在了解有趣的名人故事的同时，对阅读与写作中遣词造句的行为进行深入的思考，彰显出"咬文嚼字"的魅力之处，很好地将学生引入文本的学习中。

情境式导入语，则直接把学生引入课堂教学的情境中，使学生置身其中。教师通过解读咬文嚼字这个成语的固有含义，帮助学生分析和思考其中蕴含的内在深层的意义，唤起学生思维的碰撞，从而使其情不自禁地进入学习情境中。

2. 目的明确，准确简明

导入语是课堂正式讲授的引言，导入的目的是激发学生的学习兴趣，集中学生的注意力，唤起学生的求知欲，为新课的教学打好基础。因此，导入语要与新课内容相关联，重点在于让学生对新课内容产生学习的渴望。此外，切入主题要准确。导入语仅仅是一堂课的引子，不能夸夸其谈、口若悬河，要分清一堂课的主次，因此导入语应做到简明扼要。

3. 注入感情，诱导启发

导入语的设计目的是采用巧妙的语言，启发学生快速地进入教学情境当中，因此，在课堂导入过程中，教师本人要全身心地投入教学情境中去，教师只有用自己精彩的语言和真挚的情感去影响学生，才能激发学生的情感，使学生与教师之间产生强烈的思想共鸣，做到启发和投入相配合，最终达到预期的教学目的。

二、讲授语训练

（一）讲授语的含义和功能

讲授语是教师在教学中，系统、全面、连贯地向学生讲解教材、传授知识和技能，同时培养学生的情感和价值观的教学用语。它是课堂教学中最基本的、使用频率最高的语言表达形式,是教学口语主体。讲授语的特点是,让教师充分发挥教学的主导作用,使学生在较短的时间内掌握较多的系统的知识和技能。教师运用讲授语的水平如何,直接影响到教学的质量。讲授语的功能主要有以下几个方面。

1. 传授知识

教师运用讲授语的第一目标,就是把知识准确、清晰地呈现在学生面前,使学生感知事实,理解知识,帮助学生认识问题、分析问题、解决问题,实现学生在智力和人格等方面的全面发展。所以在教学中,关于课堂上每一个知识点的讲解,教师都要针对学生学习中的疑点和难点以及新知识传授的要点进行设计。教师设计的讲解片段,既是构成课堂教学的整体框架,又是实现教学目标的明晰线索。

示例

一位教师在讲授朱自清的《春》时,使用的讲授语如下。

师:作者对《春》描写细腻,富于情致。盼春,是文章的开端。作者写道:"盼望着,盼望着,东风来了,春天的脚步近了。"连用两个"盼望着",可见人们期待春天来临的心情是多么殷切。东风来了,报告了春天的消息,你听,那春天的脚步声近了。短短的十几个字,就将作者殷切而又喜悦的心情表现得淋漓尽致。

……

师:《春》的最后,作者用了三个比喻总写春天。春天是新的,春天有旺盛的生命力,"春天像刚落地的娃娃,从头到脚都是新的,它生长着";春天是美的,是活泼生动的,"春天像小姑娘,花枝招展的,笑着,走着";春天是健壮有力的,"春天像健壮的青年,有铁一般的胳膊和腰脚,领着我们上前去"。从刚落地的娃娃,到小姑娘,再到青年,文章描写的顺序也耐人寻味,写出了不同时段的不同景象。

师:《春》的结构严谨精美,作者先总写春天,继而又分几个方面细描细绘,最后又总写,以收束全文,画龙点睛。文章以"脚步近了"始,以"领着我们上前去"终,起于拟人,结于拟人,其构思布局、修辞润色,颇具匠心。至于语言的秀雅清新、朴实隽永,则更能令人感受到那"味道极正而且醇厚"的情致。

这位教师通过讲授语,全面赏析了朱自清的《春》,引导学生深入理解《春》这篇洋溢着诗情画意的散文,给学生传递了丰富的知识,让学生感受到了文学之美。

2. 启发思考

为了避免教师在用讲授语单向输出知识的过程中,误入"满堂灌输"式教学模式的歧途和弊病,教师要充分重视讲授语所具备的发展思维、培养能力的功能。教师的讲解要努力做到内容和学生的求知渴望合拍,思维与学生的探寻心理沟通,在已知和未知之间为学生架通思维的桥梁。[①] 在教学过程中,教师要提出一些问题启发学生思考,激发学生的学习兴趣,集中学生的注意力,可充分利用讲授语启发学生的思维,培养学生的思考能力。

---

① 程培元. 教师口语教程[M]. 北京:高等教育出版社,2004:133-134.

语文特级教师钱梦龙在讲解《愚公移山》这篇课文时,为帮助学生进一步理解"邻人京城氏之孀妻有遗男,始龀,跳往助之"这句话,设计的讲授语如下。

师:大家说说看,这个老愚公有多大年纪了?

(学生纷纷答,有人说"九十岁",有人说"九十不到"。)

师:到底是九十,还是九十不到?

生:(齐声)不到。

师:不到?从哪里知道?

生:"年且九十",有个"且"字。

师:"且",对!有的同学看书很仔细,有的同学就有些粗心。那么,那个智叟是年轻人吗?

生:(齐声)老头。

师:怎么知道?

生:(齐声)"叟"字呀!

师:啊,很好。愚公和智叟都是老头子。那么,那个遗男有几岁了?

生:七八岁。

师:你又是怎么知道的?

生:从"龀"字知道。

师:噢,"龀"。"龀"是什么意思?

生:换牙。

师:对,换牙。孩子七八岁时开始换牙。同学们不但看得很仔细,而且都记住了。那么,这个年纪小小的孩子跟老愚公一起去移山,他爸爸肯让他去吗?(此问的本意在于了解学生是否掌握"孀妻""遗男"二词,问在此而意在彼,谓之"曲问"。前面问的"老愚公有多大年纪了""智叟是年轻人吗"都是曲问的例子。问题"拐个弯",更容易激发学生思考的兴趣。)

生:(一时不能回答,稍一思索,七嘴八舌地)他没有爸爸!

师:你们怎么知道呢?

生:他是寡妇的儿子。孀妻就是寡妇。

师:对!遗男是什么意思?

生:(齐声)父亲去世的男孩。

学生在教师一步一步地启发追问下,找到了问题的答案,理解了课文,提高了阅读理解能力,这比教师直接告诉学生"龀"和"孀妻"的含义,并要学生死记硬背给学生留下的印象要深刻得多。

3. 传道育人

课堂教学不仅仅是为学生传授知识技能,而且要实现德育的教学目标。这个目标的实现要做到与教师的讲解内容水乳交融,给学生以潜移默化、润物无声的影响。在教学中,成功的讲解应该以积极向上的思想感情影响学生,使他们受到良好的道德品质和行为规范的教育;以健康的审美情感熏陶学生,促使他们形成正确的审美观;以正确的思维方法训练学生,培养他们良好的思维个性和勤学多思的学习习惯。

一位数学教师为"认识人民币"这堂课设计的讲授语如下。

师：这几张人民币同学们认识吗？来说一说它们分别是多少钱？（师出示第五套人民币中的100元、50元、20元、10元。生集体识别。）

师：你们细致地观察过这些钱吗？请看屏幕，这是老师放大后的刚才几张人民币的正反面，仔细观察一会儿，互相说说你们在人民币上都看到了什么？（屏幕展示，生相互交流。）

师：谁愿意说说你在人民币上都看到了什么？

生：我看见人民币上有国徽。

师：每一张人民币上都有国徽。国徽是我们国家的标志，它代表着我们祖国的尊严！

生：我看见人民币上有"中国人民银行"几个字。

师：中国人民银行是人民币印制和发行的地方。

生：人民币上有人民大会堂的图片。

师：你们知道这几张人民币的背面分别是哪里吗？老师带你们去浏览一番，好吗？

（屏幕展示：100元人民币的背面是雄伟的人民大会堂，我国重要的会议都在这里召开。50元背面是西藏的布达拉宫，这里洋溢着少数民族的风情。20元背面是秀丽的桂林山水，你们看，这里山环绕着水，水映着山，多美的景色啊！10元的背面是壮观的长江三峡。同学们看，祖国的山河多壮美啊！我们可以通过人民币来了解祖国美丽的山河！）

本堂课的这个环节，教师不仅帮助学生认识了人民币，而且让学生了解到国徽的庄严含义和祖国各地的名胜，潜移默化地渗透了爱国主义思想教育。

（二）讲授语的类型

讲授语根据语用目的的不同，可分为讲析式讲授语、点拨式讲授语、归纳式讲授语等。

1. 讲析式讲授语

讲析式讲授语就是教师在授课时用口头语对有关概念、语句、事理、公式、定理、法则等进行讲解与分析。

一位教师在讲授朱自清的散文《春》时，对文中的艺术表现是这样讲析的。

《春》在艺术表现上具有鲜明的特色。

一是诗情与画意的结合，和谐地创造情景交融的境界。作者对春天深沉赞美的感情，不是直抒胸臆地"直说"，而是通过含情的画笔，描绘春天的各种风景画来抒写的，赋予各种景物以鲜明的感情色彩。如对花的描写，既绘形绘色地描绘了各种果树的花，又这样描绘盛开的野花："野花遍地是：杂样儿，有名字的，没名字的，散在草丛里像眼睛，像星星，还眨呀眨的。"作者赏花的欣喜之情，倾注在字里行间，一切"景语"都是"情语"。由于感情的倾注，这些小野花儿都仿佛变成了富于感情的活灵灵的小动物了，内在的诗情与外在的景物和谐地交融为具体可感的艺术形象，画面的境界也因之抹上了一层浓郁的抒情色调。

二是结构严密，层次井然中见跌宕变化。作品根据揭示主题和抒情的需要，一共制作了五幅画面。画面之间连接自然、紧凑，并以前四幅画面作为第五幅画面的铺垫、烘托，从而开拓意境，揭示题旨。在揭题后，最后奇峰突起。文章层次清楚，脉络分明，而又有变化。

三是语言朴实、隽永。朱自清善于提炼通俗易懂、生动形象的口语。他的散文语言具有清新朴实的特点。如写草"园子里，田野里，瞧去，一大片一大片满是的"，如写花"你不让我，我不让你，都开满了花赶趟儿"，这些短句浅语都是从口语中来。从达意说，平易好懂，从修辞说，经过作者的艺术加工之后，节奏明快，不平淡，有浓厚的抒情味。作者还善于运用奇妙的比喻，增强语言的情味。如写春风拂面，说"像母亲的手抚摸着你"，如把春天比作"刚落地的娃娃""小姑娘""健壮的青年"等，这些比喻新颖、贴切，不落俗套，富有表现力，蕴藉深厚，句外有意，朴实清新中有隽永的意味。①

2. 点拨式讲授语

点拨式就是教师在课堂讲授中，针对重点问题或要义的讲解时，通过点明实质，使学生豁然开朗，获得新的思路，进入新的境界。

一位数学教师在讲授"加法"的知识点时，采取了点拨式讲授语。

在面对"26＋88＋74＝？""25＋89＋75＋11＝？"这样的算式时，不少学生会选择按顺序来计算，这时，这位教师对此进行了点拨：哪个数可以和别的数交换？又有哪两个数可以结合呢？经过教师的点拨后，有些学生很快就想出了更简便的算法。

点拨式讲授语是教师为了拨正学生在听课过程中所出现的思维误区和不正确的观点而使用的语言，是师生之间双向信息传递的过程。所以，教师应及时观察和了解学生的问题所在，及时而灵活地设计点拨的话语，引导学生自己去解决知识难点，纠正思维误区和错误观点，从而提高教学效果。点拨式讲授语，虽然言简意赅，但是能一针见血，最终达到"心有灵犀一点通"的最佳效果。

3. 归纳式讲授语

归纳式讲授语是教师对所讲授的内容从整体的、本质的、理性的高度进行总结，从而使学生更好地把握事物的本质和规律的一种讲授方式。归纳式讲授语是在讲析式讲授语的基础上进行归纳和总结。教师在讲授时，可以先归纳后讲析，也可以先讲析后归纳，还可以边讲析边归纳。

---

① 人民教育出版社中学语文室．九年义务教育三年制初级中学语文第二册（试用修订本）·教师教学用书[M]．北京：人民教育出版社，2000：73．

示例

一位教师在讲授朱自清的《春》时，设计的归纳式讲授语如下。

《春》一文寓情于景，情景交融。在朱自清的笔下，春草是如此的天真烂漫、活泼可爱。"园子里，田野里，瞧去，一大片一大片满是的。坐着，躺着，打两个滚，踢几脚球，赛几趟跑，捉几回迷藏。"如果作者没有发自内心的由衷的喜爱之情，怎能写出这等精彩之笔！在朱自清笔下，春风、春雨都显得那么美。风中的柳枝是多么温柔，风中的乐声是多么动听，风中的气息是多么令人心旷神怡！还有，那绵绵的春雨像牛毛、像花针、像细丝、像薄烟，表现了缥渺朦胧之美。我读着读着，仿佛正在春风中尽情地欣赏一部春天的乐章、一幅春天的写意画。作者对春天真挚的赞美之情，已不留痕迹地融入了景物描写之中，读来令人回味无穷。

示例

一位语文教师在讲授鲁迅先生的《从百草园到三味书屋》时，对文中描述的百草园部分归纳如下。

这一部分对百草园的描写有声、有色、有形、有味，就像一幅图画，给人一种绚丽明快、充满生气的感觉，而鲁迅先生幼年时的形象以及他对百草园眷恋也在这里展示了出来，而这又真实地反映了鲁迅先生对自由自在、无拘无束的生活的向往和热爱。

这一部分的归纳式讲授语既简要、明确地概括了作者对百草园的描写"有声、有色、有形、有味"，点明了这篇文章的语言特点，又反映了作者对百草园深深的眷恋之情。归纳式讲授语不仅帮助学生从总体上把握文章，而且为后文的讲解做了铺垫。

一位数学教师在为学生讲解"求一个数比另一个数多百分之几"的相关知识点时，选择了归纳式讲授语。

师：同学们是怎么理解"实际造林比原计划增加了百分之几"这一问题的呢？
生：实际造林比原计划多了百分之几？
生：实际造林比原计划增加了原计划的百分之几？
生：实际造林比原计划增加了单位"1"的百分之几？
师：求一个数比另一个数多百分之几，可以先求一个数比另一个数多多少，再求多的多少占单位"1"的百分之几；也可以先求一个数占另一个数的百分之多少，再减去100%。

这位教师在学生探讨的基础上进行了归纳总结，最后帮学生总结出"求一个数比另一个数多百分之几"的解题思路。

一位数学教师在讲授"推导圆周率"这一知识点时，运用了归纳式讲授语。

师：我们刚才分别把直径分别为1分米、1.5分米、2分米的圆形硬纸板在米尺上滚动了一周，并得到了这三个圆的周长大约是3.14分米、4.71分米、6.28分米。我们可以直接看出，三个圆的周长分别是各自直径的3倍多一些。课后我们还可以试着把直径不同的圆在米尺上滚动，而且也会发现，圆的周长总是直径的3倍多一些。因此，这个倍数实际上有一个固定的数，就叫作圆周率，圆的周长正是圆的直径乘以圆周率的值。

这位教师是通过实验展示、与学生共同推导后，进行归纳总结，最终帮助学生充分了解圆周率这一知识点的。

归纳式讲授语在语文教学中主要运用于概括段落和篇章大意，在理科教学中主要运用于公式定理的推导，在其他学科的教学中主要运用于总结教学。[①] 教师在使用归纳式讲授语教学时，选例要准确，要把握住个别例证中所包含的共同特征，要注意结论的普遍正确性。

（三）讲授语的要求

讲授语是教师系统完整地讲解和传授科学知识的主要用语，必须遵循教学规律，向学生正确地传授知识，培养学生熟练的技能，完善学生的人格。具体地讲，讲授语应该符合下列要求。

1. 目标明确，重点突出

教师在课堂上选择讲授什么内容，如何进行讲授，要解决什么问题，达到什么目的，哪些作为教学重点，哪些作为教学难点，等等，都要先明确教学目标，并对讲授语进行精心设计。在教学中，教师要紧紧围绕教学目标、教学重点、教学难点等教学内容展开讲授。

2. 严谨科学，准确清晰

讲授语是向学生传授科学知识的教学口语，用语须突出科学性，应做到观点明确、语意明晰。教学口语表达要层次清晰，遣词造句要符合文法，推理要符合逻辑，发音应标准、流畅、自然，不能含糊不清甚至存在歧义等。教师必须正确地理解教材，出语精当，有条不紊，将教学内容"是什么""为什么""怎样做"给学生交代清楚。

3. 深入浅出，生动形象

对于教材中难懂的词句，深奥的道理，以及陌生的概念、公式、定理、法则等，学生在初次接触时往往很难理解把握。教师的讲授语要善于化难为易、化深为浅、化抽象为具体，做到通俗易懂、深入浅出，才能帮助学生有效地接受新的知识。由于学生最初的思维处于具体形象思维阶段，之后才慢慢地向抽象思维发展，所以他们更善于接受直观形象的教学内容和教学方式。教师要有目的地锤炼课堂教学口语，尽量使讲授语听起来生动形象。要通过绘声绘色、有景有情的讲授语，将抽象的知识变得具体，深奥的道理变得浅显，枯燥的内容变得风趣，营造良好的教学氛围，使课堂学习充满快乐。

三、提问语

（一）提问语的含义和功能

提问语是指在课堂教学过程中，教师根据教学目的和要求，针对教学内容和学生的实际情况提出问题，促进学生思考以加深理解的教学口语形式。美国心理学家布鲁纳指出："教学过程是一种提出问题和解决问题的持续不断的活动。"[②] 善于提问，是教师教学艺术的特征，陶行知先生在《每事问》中曾

---

① 程培元. 教师口语教程［M］. 北京：高等教育出版社，2004：136.
② 程培元. 教师口语教程［M］. 北京：高等教育出版社，2004：141.

说:"发明千千万,起点是一问。"在教学过程中,教师精心创设问题情境,以问题为中心组织教学活动,不仅能培养学生思考、探究的意识和能力,而且有助于教师获得来自学生的反馈。

提问语的教学功能非常广泛,概括起来大致有以下几个方面。

1. 增进师生交流,活跃课堂气氛

教学活动是教师和学生共同参与的双边活动,在这种活动进程中,师生间不仅存在着知识的传递,而且还存在着人与人之间的情感交流。好的课堂提问,犹如一条纽带,将师生间的认知和情感紧密地联系起来,架起师生间双向交流的桥梁,活跃课堂气氛,促进课堂上教与学的和谐发展。课堂教学中,教师运用提问语与学生进行语言的问答,不但有助于师生间的心理沟通,促进师生间的情感交流,还能创设出和谐融洽的课堂氛围。

2. 开阔学生思路,启迪学生思维

亚里士多德曾提出:"思维自惊奇和疑问开始。"实践证明,提问是开启学生思维器官的钥匙,是思维的"启发剂"。课堂教学提问,能开阔学生的思路,启迪学生的思维,发展学生的智力和能力。教师在讲课过程中,适当地穿插提问,不仅可以训练学生的形象思维能力,还可以训练学生的抽象思维能力和创造思维能力。比如,在讲授新课时,通过提问把教学内容与学生已有的知识联系起来,对学生思维的刺激程度远远超出一般的讲授形式。

 示例

一位教师在讲授《将相和》中的"渑池会"时,便设计了这些问题。

师:渑池会上的斗争是打成了平局,还是分出了胜负?为什么?
生:是打成了平局,赵王为秦王鼓瑟了,秦王也为赵王击缶了,一比一。
师:读课文,再思考,再回答。
生:我现在认为是秦国输了,赵国胜了。因为赵王鼓瑟是秦王叫其弹的,秦王击缶是蔺相如叫其击的,秦国显得更难堪。
生:我也认为是赵国胜了,因为秦国大,赵国小,小国的王为大国的王演奏乐器,大国的王也为小国的王演奏乐器,比较起来,也是秦王更难堪。

最后,大家都认为渑池会上的斗争决出了胜负,赵国胜了,是蔺相如的勇敢机智使赵国取得了胜利。

教师的提问可以促使学生开动脑筋,全面地分析问题,进行全方位的思考,进而拓宽学生的思维空间。

3. 激发学习兴趣,集中学生注意力

要收获良好的教学效果,教师必须做到激发学生的学习兴趣,使学生集中注意力,并积极参与到课堂学习中来。叶圣陶先生曾说"提问不能答,指点不开窍,然后畅讲,印入更深",即教师在一堂课的开始,可以先用提问引起学生的注意,若经过教师的点拨,学生仍没有"开窍",这个时候再加以讲解,

则比一开始就讲解，效果要好得多，而这正功归于提问。教师常在课堂上通过提问诱发学生思考，使他们产生学习和探究的动力，营造良好的课堂氛围。

一位教师讲授《皇帝的新装》时，在分析课文的过程中提出了如下问题。

师：为什么这么多大臣、百姓看着皇帝赤身裸体地举行游行大典，却无人敢说出真相，最后却被一个小孩子揭穿骗局呢？

《皇帝的新装》是一个人们很熟悉的童话故事，对于里面的情节，学生大都了如指掌，但这位教师提出的问题，显然大多数人并没有认真思考过，而且这一问题也让学生感到很好奇：为什么作者要安排一个小孩子来揭穿骗局？于是这个问题引发了学生的兴趣，于是学生马上投入课文，在课文情节中寻找蛛丝马迹，认真思索，以获得正确答案。

在课堂教学中，教师要让学生经常感受到其所提问题中蕴含的趣味性或深刻的道理，才能充分调动学生思考问题和回答问题的积极性，使学生集中注意力，激发学生强烈的求知欲望和浓厚的学习兴趣。

4. 获得信息反馈，提高教学质量

学生在学习和日常生活中，获得的信息储存在大脑中，教师通过教学提问活动，引发学生已储存的信息的反馈，使教师能够及时掌握学生所学内容，并通过提问检验学生的学习效果，做出及时的补救和拓展。在课堂讲授中，教师要通过提问，不断地考查学生对教师讲解的知识内容的理解程度，及时了解学生的学习情况，比如学生对学习内容的理解程度和掌握知识的情况，从学生的回答中发现问题或得到反馈，从而针对每位学生和自己在教学中存在的问题，对症下药，因材施教，切实地改进和提高教学质量。同时，学生也可以通过回答提问，从教师那里获取关于自身学习状况的客观反馈，在学习中不断审视自己，改进自己的学习态度、学习方式等，使后继的学习活动更富有成效。

一位教师讲授叶圣陶的《爬山虎的脚》时，设计的提问语如下。

师：同学们，今天我们要学习《爬山虎的脚》，我知道同学们对这篇课文很感兴趣。那么大家课前都做了哪些准备呢？

生：我能熟读课文了。

生：我在网上收集了有关爬山虎等攀爬植物的资料。

生：我预习了课文，知道了这篇文章是叶圣陶老爷爷写的。

生：我进行了实地的观察，还采集了实物。

师：同学们真不错，课前进行了预习，还做了大量准备工作。这节课相信大家一定会有很大的收获。

教师通过提问语，从学生的回答中得到了许多反馈，如学生自发地阅读课文、收集资料、预习课文、实地观察、采集实物等，这为教师开展下一步的教学提供了依据，便于教师及时调整教学策略和教学方法。

（二）提问语的类型

关于课堂提问语的类型，国内外学者有不同的研究。有的从提问语水平的角度划分，把提问语划分为回忆、理解、应用、分析、综合、评价水平的提问语；有的从提问语信息交流形式的角度划分，把提问语划分为特指、泛指、重复、反诘、自答式提问语；有的从语言形式和运用的关系划分，把提问语分为独立式、铺垫式、解释式、总分式、连锁式、并列式提问语等。① 本书根据提问的目的和作用进行分类，把提问语划分为以下几种类型。

1. 启发式提问语

启发式提问语是教师在教学过程中经常使用的提问语。学生在课堂学习中会遇到许多疑难问题，靠学生自己解决有一定难度，教师可以通过启发式提问语给予学生适度的引导和启发，帮助学生渡过学习难关。同时，启发式提问语还可以激发学生对于学习或思考的兴趣，增强学习的动机。

一位教师在讲授《赵州桥》的课文时，设计了如下启发式提问语。

师：课文中哪一句话有总结上文引出下文的作用？
生：这座桥不但坚固，而且美观。
师：为什么？
生：这句话写在第三自然段开头。第二自然段的内容描写，描述出赵州桥是一座坚固的桥，而第三自然段的内容描写，描述出赵州桥是一座美观的桥。
师："这座桥不但坚固，而且美观"，这句话我们可以把它称为过渡句。那么，如何给过渡句下个定义呢？
生：用在相邻的两个自然段中间，起总结上文和引出下文作用的句子就叫作过渡句。
师：能否用一个成语概括？
生：承上启下。

这位教师就是通过启发式提问语，启发学生找到了过渡句，并总结了过渡句的定义，概括了过渡句的作用。

2. 评价式提问语

教师在教学中时刻要对学生在课堂内获取的信息进行评价，掌握其知识内化的情况，为下一步教学内容的进行提炼可靠的事实依据，调整教学策略，纠正学生出现的错误。

一位教师在讲授《望天门山》时，便采用了评价式提问语。

---

① 康青，舒磊. 教师口语训练教程［M］. 南昌：江西高校出版社，2008：251.

师：“两岸青山相对出"中的"出"这个词用得如何？

生：用得好，"出"字写出了两岸青山非常陡峭。

师：谁还有补充？

生："出"字让我们感觉到两岸青山是拔地而起的，突然闯进作者的眼帘。

师：这位同学的补充非常好。"出"字不仅写出了两岸青山拔地而起的气势，还写出了两岸青山闯入眼帘时的突兀之感。"出"的词性是什么？用在这里，有什么好处？

生："出"是动词，用在这里把青山给写活了。仿佛两岸的青山突然拔地而起，直插云霄，"出"字写出了拔地而起的过程。

师：你们的分析太到位了，完全理解了作者关于这个字的写作意图。

这位教师通过评价式提问语激发了学生的思考，使问题得到更加完美的解答。

3. 拓展式提问

拓展式提问语是教师在教学过程中引导学生拓展思维，发挥学生的潜能与个性，帮助学生创造性地理解和运用知识的提问方式。拓展式提问语一般用在对问题有了一定的认识之后，以加深对问题的理解，强化新知识的使用，培养学生思维的发散性。

一位教师在讲授《论雷峰塔的倒掉》时，采用了拓展式提问语。

师：今天，通过学习《论雷峰塔的倒掉》，同学们基本掌握了课文的主要内容，理解了其主题思想等知识。最近，听说杭州人民正在建议重修雷峰塔，请问，如果鲁迅还健在，同学们认为他会反对还是赞成？理由是什么？

（学生议论纷纷，各执一端。）

这位教师的提问，不仅帮助学生巩固了已学习过的知识，而且将课文的知识点进行延伸和拓展，将其放到一个更广阔的环境里加以探讨和分析，从而进一步拓宽学生的认知视野。

还有一位教师在讲授《盘古开天地》的课文时，也采用了拓展式提问语。

师：今天我们学习了《盘古开天地》，了解到在神话世界里我们生活着的大自然是怎么形成的。其实在神话世界里，对我们现实生活中的万事万物都有着非常美丽的解释，比如，《后羿射日》解释了天空中为什么只有一个太阳，《女娲补天》解释了人类的起源等。那么，请同学们想一想，看一看你们还能在神话中找到关于哪一个事物的解释？

这位教师通过拓展式提问语，将学生课堂上学习的神话故事《盘古开天地》的知识，延伸到神话故事《后羿射日》和《女娲补天》中，并在这些神话故事的基础上，进一步拓展，把学生吸引到中国博大精深的古代神话世界中去。

（三）课堂提问的要求和技巧

1. 具体明确，精心设计

教师提问的目的性要明确，提问要有的放矢，不能随意而问，要从教学内容、教学目标和学生的实际出发，提出的问题要能为教学要求服务；所提的问题本身要明确，语言要简练具体、指向明确、范围确定，不能模糊不清。教师对课堂所提问题的重要性要有充分的认识，教师的提问一定要经过精心的筛选，提问得当，能引起学生的情感共鸣，激发学生的求知欲望，反之，问题选择不当，则会毁了一堂原本很好的教学课。因此教师在备课时，要充分考虑到课堂所提问题的设计，制定切实可行的教案。

2. 提问要有启发性

语文特级教师钱梦龙说："问题提得好，犹如一颗石子投向平静的水面，能激起学生思维的浪花。"提问语要能点燃起学生思维的火花，开阔学生的思路，激发学生探究问题的兴趣。没有启发性的提问语则会显得简单化、机械化，没有回味的余地。

3. 难易适度，面向全体学生

提问的难易程度要适中，要符合学生的实际认知水平。提问前，教师应在深入钻研教材的基础上，针对所教授学生的实际情况对所提问题进行设计。把握提问的难易程度，既不能让学生答不出来，又不能是简单地答"对"与"不对"，要做到让学生"跳一跳才摸得着"，提问的难易程度应控制在多数学生通过努力就能解答的程度。难度高的问题要注意设计铺垫性问题。在提问中，教师要针对不同学生设计不同的问题，对于学习能力较弱的学生，可以多提一些简单的、容易的问题，激发他们的求知欲，增强学习的动力。对一般难度的问题可以让学习成绩不太理想的学生先回答，然后其他同学再补充，以便调动全体学生的学习积极性。要防止只提问学习成绩好的学生，这样会打击其余同学的学习积极性和自尊心。

4. 要把握好提问时机

在课堂教学过程中，教师的提问要注意时机，应最大限度地调动学生的积极性，以起到事半功倍的效果。教师的提问，应根据课堂教学的实际需要，选择学生注意力最集中、兴趣最旺盛时予以实施，因为此时学生新的需要与原有的心理发展水平之间产生矛盾，急切需要教师通过各种途径激起疑问的火花，以触发学生的思维共鸣。

5. 提问方法要灵活多变

教师在提问过程中，不能拘泥于某一特定的模式，要灵活运用多种方法，使学生与教师密切配合，让学生的主体作用得到发挥。例如：让学生自由讨论、自由发言，不点名提问，可以活跃课堂气氛，调动学生学习的积极性，提高学生的口头表达能力；遇到比较复杂的问题，教师可以将复杂的问题分解为几个比较简单的问题让学生思考，引导学生得出正确的答案，培养学生分析与综合的思维能力；也可以先提出一个问题，然后提供一些材料以供学生参考，让学生从材料中得到启示，从而锻炼学生的思维能力，学生也能在这一过程中获得成就感，提高学习的积极性。

6. 课堂提问要积极评价

提问手段本身，能鼓励和督促学生对课程内容进行及时的消化、认真的复习。提问的效果则又优化了学生原有的认知结构，回答正确的，其原有的认知结构就得到了肯定和强化，回答错误的，则能及时调整，改变有欠缺的认知结构。在整个提问的过程中，对回答者的每一句话，教师、学生及回答者本人都伴随着进行判断，学生是否掌握了相应的知识，掌握的程度如何，都应公开进行评价。[①]

---

① 王国俊. 讲授艺术通论［M］. 西安：陕西师范大学出版社，1994：184.

思考与练习

一、导入语设计练习

1. 一位教师下节课要讲"热胀冷缩"这一知识点,请你为这位教师设计一段实验式导入语。

2. 一位语文教师要讲安徒生的童话《皇帝的新装》,请你为这位教师设计一段故事式导入语。

3. 假如你是一位体育教师,在操场上准备上课时,看见学生正在追逐一只飞来飞去的小鸟。面对此情此景,你将运用哪种导入语,即你该说什么才能把学生的注意力集中到课堂上来呢?

二、讲授语设计练习

下面是一位语文教师在教《雪地里的小画家》时与学生进行的课堂讨论。

师:同学们,课文中所写的雪地里的小画家是谁?它们画了什么呢?(贴课文插图)

生:画的是小鸡、小狗、小鸭、小马。

师:(贴出以上四种小动物的图片)看到这些小动物,同学们想到了什么呢?

生:我看见小鸡在雪地里走过,留下的脚印像竹叶。

生:我看见小狗在雪地里走过,留下的脚印像梅花。

……

师:大家的想象力很丰富,老师听了你们的回答很高兴,但是,同学们再看看课文,课文还讲了其他的动物吗?

生:讲了青蛙。

师:对了,可是,为什么青蛙没有参加画画呀?

生:青蛙在洞里睡觉。

师:青蛙为什么要睡觉?这是什么一种现象呢?

接下来,这位教师要讲解"冬眠"这一知识点,请你为这位教师设计一段讲授语,要注意将科学学科和语文学科结合起来。

三、提问语设计练习

1. 你是一位语文教师,请你为讲解《草船借箭》这一课设计一段启发式提问语,用来导入新课的教学。

2. 课文《只有一个地球》的最后一个自然段:

只有一个地球,如果它被破坏了,我们别无去处。如果地球上的各种资源都枯竭了,我们很难从别的地方得到补充。我们要精心地保护地球,保护地球的生态环境。让地球更好地造福于我们的子孙后代吧!

请你为讲解这段话设计一段拓展式提问语。

第八章 教育口语运用

导言：

如果一个孩子生活在批评之中，他就学会了谴责。
如果一个孩子生活在敌意之中，他就学会了争斗。
如果一个孩子生活在恐惧之中，他就学会了忧虑。
如果一个孩子生活在怜悯之中，他就学会了自责。
如果一个孩子生活在讽刺之中，他就学会了害羞。
如果一个孩子生活在妒忌之中，他就学会了嫉妒。
如果一个孩子生活在耻辱之中，他就学会了负罪感。
如果一个孩子生活在鼓励之中，他就学会了自信。
如果一个孩子生活在忍耐之中，他就学会了耐心。
如果一个孩子生活在表扬之中，他就学会了感激。
如果一个孩子生活在接受之中，他就学会了爱。
如果一个孩子生活在认可之中，他就学会了自爱。
如果一个孩子生活在承认之中，他就学会了要有一个目标。
如果一个孩子生活在分享之中，他就学会了慷慨。
如果一个孩子生活在诚实和正直之中，他就学会了什么是真理和公正。
如果一个孩子生活在安全之中，他就学会了相信自己和周围的人。
如果一个孩子生活在友爱之中，他就学会了这世界是生活的好地方。
如果一个孩子生活在真诚之中，他就会头脑平静地生活。
你的孩子生活在什么之中呢？

——多萝茜·洛·诺尔特[①]

师者，传道授业解惑者也。教师不仅仅负有传授知识的责任，同时也有教育学生的责任。让学生生活在什么样的校园环境中？成为什么样的人？从孩子走入校园的那一刻，这个重担的一大部分就落在了教师的身上。给学生灌输正确的价值观、人生观是教师不可推卸的责任。

---

① 珍妮特·沃斯，戈登·德莱顿. 学习的革命——通向21世纪的个人护照（修订版）[M]. 顾瑞荣，陈标，许静，译. 上海：上海三联书店，1998：76.

第一节 教育口语概说

俗话说"十年树木,百年树人",人们常把教师比作园丁,辛勤地培育着一株株小树苗,在这个过程中,教师不仅仅要浇水、施肥,还要及时地对其进行修剪。只有合理地修剪枝叶,树苗才能更好地吸收营养,长成参天大树。所以对学生进行教育是教师不可推卸的神圣职责,而教育口语是教师育人所使用的最直接有效的工具。教师运用教育口语能力的高低,直接关系到教育效率的高低和教育质量的好坏。

一、教育口语的定义及特点

教育口语是教师职业口语的一部分,是教师在对学生进行思想品德和行为规范教育时所使用的语言。苏霍姆林斯基在《给教师的建议》中曾经说过:"在你拟定教育性谈话内容的时候,你时刻也不能忘记,你施加影响的主要手段是语言,你是通过语言去打动学生的理智与心灵的。"所以,要想使教育达到最佳的效果,教育者仅靠广博的知识储备、灵敏的思维能力是远远不够的,还需要具有高超的语言表达艺术。唯有如此,教师才能把自己的想法外化出来,才能使师生之间的思想得到沟通,达成共识。关于教育口语的特点,主要有针对性、诱导性、感染性、说理性等。

(一)针对性

1. 把握个性,因人施言

教师在施教的时候,要考虑到教育对象的年龄、性格、接受能力等方面的不同,采用不同的教育口语。首先从年龄方面来说,学校教育贯穿小学、初中、高中、大学等阶段,学生在每个年龄阶段都有其不同的特点,所以教师所使用的教育口语不能一概而论。针对低学龄段的学生,教师的教育口语要亲切有趣,而面对高学龄段的学生,教师的教育口语要富有哲理,引人深思。其次从性格方面来说,只有采用符合学生性格的教育口语,才能得到教师想要达到的教育效果。例如:对个性较为张扬的学生,要尽量以身边的例子告诉学生这种个性的利弊,指导学生如何扬利弃弊,在谈话过程中,教师要保持平和的心态;对个性较为懦弱的学生,要尽量用鼓舞性、激励性的语言,帮助学生分析其所具备的优点,并在一定程度上把这类学生所具备的优点扩大化;对个性较为清高、一味埋头学习的学生,要让其明白,在社会经济高速发展的今天,社会需要的是一个全面发展的人才,"两耳不闻窗外事,一心只读圣贤书"的书呆子是不能跟上时代发展步伐的。最后从教育对象的接受能力方面来说,教师在跟接受能力较弱的教育对象谈话时,应该将道理尽可能地具体化、形象化,用通俗易懂的语言表述出来。而面对接受能力较强的教育对象时,则可以用较强的逻辑推理言语对其进行施教。

低年级的女生丽丽患胃痛病,经治疗好转后,家长一让她上学,她就喊痛,家长发现她有时是真痛,有时是思想病。

一天，老师见到丽丽，轻轻地把她拉到自己跟前，半搅在怀中，关切地问："丽丽，你总是哪里痛啊？"她指给老师看了看。老师抚摸着她的胃部说："现在痛不痛啊？"孩子看着老师微笑的面庞腼腆地说："现在不痛！"老师说："现在不痛了，说明你的病有好转，老师真为你高兴。我想你生病这一个月来一个人待在家里，多没意思啊！来学校多好，能和许多小伙伴一块学习，一块玩耍。老师觉得你不痛的时候还是来上学吧。上课时痛起来，就马上告诉我，我让你到我的办公室休息。如果你痛得坚持不下去了，我就马上打电话让你妈妈来接你回去看病，你看怎么样？"①

学生"泡病号"的情形是非常常见的，这位教师针对学生年龄小、需要玩伴的特点，运用亲切和蔼的语气、通俗易懂的语言对学生进行说服，使学生感受到了教师的温暖与关心，教育效果非常好。

2. 把握时机，适时出击

对学生实施教育一定要注意选择合适的时机，时机选得好，因势利导，就会取得事半功倍的效果。过早，时机不成熟，话不投机半句多；过迟，时过境迁，于事无补。如当学生知错认错，试图改变，需要帮助时，或学生犯了错误，内疚自责，需要谅解时，或学生遭遇不幸，悲痛万分时，抑或学生内心压抑，愁绪满怀，需要排遣时，均是与学生通过谈话实施教育的最佳时机。

● 示例 ●

一个星期五的下午，我一向遵守纪律的学生突然不安心学习了。我故意朝门外观看、看桌下、看橱柜。当学生问我在找什么时，我说我在寻找那个我一向遵守纪律、安心学习的班级，因为我敢断定现在这个乱糟糟的班肯定不是我的。学生对我的幽默心领神会，马上转回到自己的学习任务上，认真地学习起来。②

这位教师敏锐地捕捉到了实施教育的时机，巧设情境，在学生最好奇的时候，幽默委婉地表达了对学生的批评，效果非常好。

（二）诱导性

教师的教育通常都是通过启发、引导的方式，由浅入深，循循善诱，让学生参与到分析问题和解决问题的实际过程中来，所以教育口语是具有诱导性的。在这一过程中，教师要善于抓住问题的关键，创设问题，通过巧妙机智的话语，诱导学生积极思考，从中悟出人生的道理，使学生自觉纠正自己的言行举行。同时，教师在施教过程中充满智慧的语言，对培养学生的思辨能力，提高学生分析、解决问题的能力都有很大的帮助。这种教育口语应该是由表及里、环环相扣、步步推进的，由此启发和引导学生的思维活动与教师所希望达到的教育目的是一致的。

---

① 陈传万，何大海. 教师口语[M]. 合肥：合肥工业大学出版社，2008：91.
② C. M. Charles, Gail W. Senter. 小学课堂管理[M]. 吕良环，等译. 北京：中国轻工业出版社，2003：153.

有一位学生自觉守纪的习惯很差,老师在,他很规矩,老师一旦不在,他就无拘无束,置班规班纪于不顾。针对这个事情,我并没有就事论事,直接批评他,而是给他讲了这样一个真实的故事:有个中国人和一个日本人在同一餐馆给老板洗盘子,老板规定每个盘子必须洗六遍,如果违反规定,立即开除。刚开始,这个中国人老老实实地洗六遍。后来,他洗五遍,老板检查时他过关了,再后来,他干脆只洗三遍,老板也没有发现他的问题。过了一段时间,他把这个秘密告诉了他的那位日本朋友,那个日本人听了之后,非常惊讶地说:"你居然敢违反规定?我对你感到很失望!"那个日本人仍然坚持洗六遍。

讲完之后,我要他联系自己的情况,谈一下感想。他说:"我就跟那个中国人一样,存在这样的想法:只要不被发现,违反纪律也没事。"现在这位学生担任纪律检查的工作,还专门负责晚自习的督促工作。①

在发现学生的问题后,教师没有直接去批评学生,而是巧妙地讲了一个故事,启发、引导学生自己思考,悟出其中的道理,让学生发现自身的错误并积极改正。

(三)感染性

唐代著名诗人白居易曾说:"感人心者,莫先乎情。"可见,教师想感动学生的内心,使其受教,首先要感动自己,所以,教师的感情应当是真挚的。如果教师的感情是虚假的、不真实的,那何以感动学生、期望得到共鸣呢?除此之外,教师应该是一个富有爱心的人,能够关心、体贴、尊重、信任学生。教师还应该是一个积极向上的人,有着强烈的责任心,用自己乐观的心态去感染学生,在与学生的交流中保持着积极的态度。当教师用饱满的热情和精彩的言辞与学生交谈时,往往能给学生带来强烈的情感体验,学生才能向教师敞开心扉。如果教师对学生犯的错误一味地采取高压政策,用简单粗暴的语言训斥学生,讽刺挖苦学生,这样不仅伤害了学生的自尊心,也无法达到想达到的教育效果。

特级教师丁榕曾处理过一起小学生偷笔事件。一位学生的笔不见了,在检查中,丁榕发现失窃的笔在某位同学的书包里。这时她没有声张,课后专门买了一支笔,送给这位学生,说:"我知道你需要笔。"这位同学声泪俱下地承认了自己的错误,将偷来的笔还给了同学。②

教师在发现学生偷笔的行为后,并没有简单粗暴地批评他,而是买了一支笔送给他,用爱和宽容去感染这名学生,促其自省,并改过自新。

(四)说理性

教育口语的核心在于一个"理"字。在教育中,对学生的说服、劝导或者批评都要做到以理服人,启迪或者激励也要以理为据。教育口语要富有说理性:首先,必须做到实事求是,对客观事实要进行细

---

① 黎祖谦. 教师口语艺术[M]. 南昌:江西高校出版社,2010:206-207.
② 张全喜. 名师批评艺术谈[J]. 教学与管理,2002(8):21.

致的解剖分析，把握要害，明辨是非；其次，论说要有充分的依据，以新鲜丰富的知识吸引学生，不仅应使学生明理，还应使学生开阔视野，增长知识；最后，教育口语的用词要准确，判断要得当，推理要严密，能够以强大的逻辑力量感染学生。此外，还要讲究方式方法，或刚柔相济，或事理结合，能根据学生的接受能力区别对待，力求明晰通俗，让不同的教育对象都能有所收获。

二、运用教育口语的原则

（一）平等性原则

教师和学生都是教育教学活动的主体，因而两者的关系应该是平等的。教育想要获取成功，教师首先要尊重学生，由于年龄、阅历的差异，学生的是非观、美丑观还处于形成阶段，所以需要教师对其进行教育和引导。在这一过程中，教师不能以自己的认知去片面地评价学生，比如学生画了一个黄色的西瓜，教师觉得这是胡写乱画，不符合实际的情况。在这个例子中，教师没有尊重学生的思想，这种做法阻碍了学生的创造性思维。平等和尊重不是教师对学生的恩赐，而是学生应该享有的人格权利。

（二）时代性原则

教师并不是真理的化身，因而在教育活动中，教师不但有可能无法为学生的言行提供一种标准答案，而且还有可能因自身知识的老旧导致错误的观点。在互联网发展日新月异的今天，学生普遍过早地接触手机、电脑等电子产品，思想十分活跃、开放，这对教师的教育活动提出了更高的要求，如何让学生认同和接受教师的观点，教师需要做到与时俱进，及时更新自己的观念与知识库，在教育活动中，认真倾听学生的心声，把握他们的思想观点，通过积极引导，帮助学生树立正确的价值观和人生观，从而最大限度地发挥教育的功能。同时，教师要不断进行自我反思，勇于承认自己的不足之处。

示例

有一次，老师找一位学生谈话，一见面就开玩笑地说："N久没有和你聊天了，最近在忙些什么？"学生好像发现新大陆似的叫："啊？老师，你也知道N久哦，这是网络上很流行的词语，你怎么也学会了我们小孩子的话呀！"老师呵呵笑说："因为我不想这么快老去，不想被这个时代抛弃啊，虽然这种文化可能很短暂，但终究还是一种文化啊！"话匣子一打开，谈话就变得非常流畅了。[1]

做一名紧跟时代潮流的教师，偶尔使用在学生中流行的词语或句子，能够更快地拉近和学生之间的距离，为更好地实现教育目的铺平了路。所以教师在课余时间也可以了解一下当下流行的语言表达方式，如网络流行语等。

（三）互动性原则

教育活动不可能像教学活动那样事先写好教案，做好言语准备，然后按部就班地进行讲授。教育活

---

[1] 秦海燕. 教师口语训练教程[M]. 济南：山东人民出版社，2008：272.

动是一种互动性的活动,具有极大的生成性,因此,教师在实际运用教育口语时,需要根据课堂现场的反应随时调整内容。教师"一言堂"是不符合教育规律的,一堂课下来如果学生没有任何的反应,那这节课的教育语言就是失效的。所以教师要让学生更多地参与进教育活动,教师尽量处于引导地位,促进学生自身的感悟,让教育活动成为学生乐于接受的教育内容,从而使学生的思想、道德和情感不断得到升华。

一位数学老师,这天与往常一样去给同学上数学课。他一走上讲台,学生们突然大笑起来。他被笑声弄得有点不好意思,但不知道学生究竟为何发笑。这时一位坐在前边的女同学小声说:"老师,您的扣子扣错了。"老师自己一打量,果然发现他外衣的第四个扣子竟扣在第五个扣眼里。

学生仍在哄笑,这位老师却坦然自若地说:"同学们,你们别笑我,我是有理由的!第一,我起床的时候想心事,一直琢磨着怎样给你们上好今天的这堂课。这不,一想好就急匆匆地走进了课堂。第二,我们班有位同学运用数学公式总是张冠李戴,他不比我更好笑吗?你们只笑我一个,这公平吗?"同学们又笑开了,但笑的含义已经不同。老师还没罢休:"尽管我很委屈,但我还是要向大家承认错误,因为扣错扣子毕竟不是一件光彩的事。通过这件事儿,我想告诉大家一个道理,就是'一心无二用'。无论做什么事都要专心致志才不会出错。我向大家保证,今后绝不扣错扣子!你们呢?那位爱张冠李戴的同学呢?"[①]

走进教室后的哄笑,让这位教师十分尴尬,这种突发状况是教师无法提前准备好答案的,因此需要教师灵活的临场反应。这位教师的做法不但巧妙地化解了尴尬,而且借着这一机会对学生进行了教育,使学生的思想得到了升华。

(四)情感性原则

教育口语是一种渗透着爱的语言,这种爱有着化腐朽为神奇的魔力。教师的工作是传递爱心的工作,因为有了爱,教师的教育口语才感人,学生才能乐于接受。对学生获得的每一点成绩和进步,教师只有发自内心的喜悦和欣赏,才能说出真诚的、赞扬的话语;对学生的每一个缺点和错误,教师只有发自内心的关心和痛心,才能有语重心长的教诲。而学生正因为感受到了这种真挚的爱,他们才会敞开自己的心扉,信任教师,乐于接受教师的教育,从而改正自身存在的问题。

随着年龄的增长,我发觉自己越来越与众不同。我气愤,我愤恨——怎么会一生下来就是兔唇!我一跨进校门,同学们就开始讥嘲我。我心里也很清楚,对别人来说我的模样令人厌恶:一个小女孩,有着一副畸形难看的嘴唇,弯曲的鼻子,倾斜的牙齿,说起话来还结巴。

---

① 陈传万,何大海. 教师口语[M]. 合肥:合肥工业大学出版社,2008:85.

同学们问我:"你的嘴巴怎么会变成这样?"我撒谎说小时候摔了一跤,给地上的碎玻璃割破了嘴巴。我觉得这样说,比告诉他们我生出来就是兔唇要好受点。我越来越敢肯定:除了家里人以外,没有人会爱我,甚至没人会喜欢我。

二年级时,我进了伦纳德老师的班级。伦纳德老师很胖,很美,温馨可爱,她有着金光闪闪的头发和一双黑黑的、笑眯眯的眼睛。每个孩子都喜欢她,敬慕她。但是,没有一个人比我更爱她。因为这里有个很不一般的缘故——

我们低年级同学每年都有"耳语测验"。孩子们依次走到教室的门边,用右手捂着右边耳朵,然后老师在她的讲台上轻轻说一句话,再由那个孩子把话复述出来。可是我的左耳先天失聪,几乎听不见任何声音,我不愿把这事说出来,因为同学们会更加嘲笑我的。

不过我有办法对付这种"耳语测验"。早在幼儿园做游戏时,我就发现没人看你是否真正捂住了耳朵,他们只注意你重复的话对不对。所以每次我都假装用手盖紧耳朵。这次,和往常一样,我又是最后一个。每个孩子都兴高采烈,因为他们的"耳语测验"做得挺好。我心想老师会说什么呢?以前,老师们一般总是说"天是蓝色的",或者"你有没有一双新鞋"等。

终于轮到我了,我把左耳对着伦纳德老师,同时用右手紧紧捂住右耳。然后,悄悄把右手抬起一点儿,这样就足以听清老师的话了。

我等待着……然后,伦纳德老师说了八个字,这八个字仿佛是一束温暖的阳光直射我的心田,这八个字抚慰了我受伤的、幼小的心灵,这八个字改变了我对人生的看法。

这位很胖、很美、温馨可爱的老师轻轻说道:"我希望你是我女儿!"[①]

对于先天有生理残疾的"我"来说,"我"无疑是自卑的。可是伦纳德老师用她的爱心,用八个字,仿佛一缕阳光,将"我"心中的阴霾一扫而光。教师用她的爱心,充溢着"我"的内心,让"我"的一生都拥有爱,拥有爱的信念。伦纳德老师对"我"的爱,已经根深叶茂地生长在"我"的心里。

(五)适度性原则

教师对学生的教育口语,不可过于严厉,也不可过于溺爱,不论哪种都会导致教育口语的偏颇。有些教师信奉"严师出高徒",在对学生说话时,态度严肃、语气生硬、言语犀利,殊不知一味地严厉只会让学生产生惧怕、厌烦的心理。有些教师无法控制自己的情绪,甚至说出一些蔑视性的语言,会严重地伤害学生的自尊心,甚至给学生的成长造成阴影。当面对一些成绩较好的学生,教师常常会产生"他真聪明"的偏爱情感,如果一味地表扬,只会助长学生骄傲的情绪,不利于学生进步。

示例

李红是少先队中队长,不仅学习好,工作也很出色,深得同学、老师的信任,并时常受到班主任王老师的表扬。可是不知什么时候开始,李红的工作变得平平了,人也失去了以往的开朗和干练。王老师想,也许是李红需要鼓励和鞭策了,于是表扬得更勤,规格也更高了。直到有一天,李红跟王老师说:"请您不要再当众表扬我了。"王老师感到奇怪:"不表扬你,难道你愿意听我批评不成?"李红为难地说:"您总表扬我,别的同学都不理我了。"原来,王老师

[①] 人民教育出版社中学语文室. 九年义务教育三、四年制初级中学语文自读课本第二册·欣赏生命[M]. 北京:人民教育出版社,2000:8-9.

对这个中队长过度赏识,而忽视了其他班干部的作用。有的同学就对李红说,我们干得再好王老师也看不见,以后有什么事你就自己干吧!也有的同学说李红就会自己逞能。王老师万万也没有想到对李红的表扬却把她孤立了起来,挫伤了更多学生的积极性。[①]

教师对学生的教育口语一定要适度,这位教师由于非常赏识李红,这种偏爱之情让她过多地表扬李红,而忽略了其他学生的感受,引起其他学生的不满,以致有些学生孤立李红。所以教师对待学生一定要"一碗水端平",无论是表扬还是批评,都应该点到为止。

思考与练习

1. 教育口语的特点有哪些?
2. 有人说"教师的教育口语就是一把开启学生心扉的钥匙",对此你是如何理解的?

第二节 常用教育口语基本技能训练

一、表扬语

表扬语是教师对学生的言行举止给予肯定评价的话语。教师对学生的言语、行为或点滴进步给予及时的表扬,能激发学生的上进心,培养学生的自信心。

(一)表扬语的要求

苏霍姆林斯基曾经指出:"教育技巧的全部诀窍,就在于抓住儿童的上进心。"所以教师在教育口语中,若能充分地运用表扬语,必将促进学生智力的发展与情感的升华。

恰到好处的表扬,不仅能使受表扬者了解到自己所具备的优点,也能使没有受到表扬者找到可以学习的榜样,明确今后努力的方向和目标。运用表扬语所可能引发的群体效应,是每一位教师都应该予以重视的。正确地运用表扬语一般要做到以下几点。

1. 实事求是

一位真正热爱学生的教师,会懂得用欣赏的眼光去发现学生的闪光点,会发自内心地赞赏学生,而不是只搞表面工作、形式主义。如有的教师一节课下来说了无数句"你真棒",当每位学生得到的都是这样的表扬语时,"你真棒"这三个字在学生心中的意义就会演变成"答对了",表扬语也变得十分敷衍。所以教师在对学生进行表扬时,表扬语一定要建立在真实的基础上,不能与事实有出入,如果表扬语与事实不符,不仅不能激励被表扬者和其他同学,还可能使被表扬者受到同学的讥笑。所以教师在表扬前,一定要做细致的调查研究,表扬语的运用要准确、恰当,符合实际情况。

[①] 关颖. 表扬孩子的必要性、科学性、艺术性[J]. 少年儿童研究,2003(10):10-12.

2. 客观公正

教师在运用表扬语时应对所有学生一视同仁，不能眼里只有优等生的优点，却看不到后进生的进步，更不能凭自己的主观印象看人，对后进生的优点、进步持怀疑态度。在教育实践中，教师往往喜欢表扬成绩好的学生，而忽略成绩较差的学生。实际上，恰恰是这类学生最需要教师的肯定和表扬。

有一位私塾先生，特别偏爱一位学生，同时，特别讨厌另一位学生。有一天，两位学生读书时，读着读着就都趴在课桌上睡着了。先生看见他喜欢的学生趴在书上睡着了，笑眯眯地说："多好的孩子呀，连睡觉都想着学习。"当他转身看见他讨厌的学生也趴在书上熟睡时，气得大骂："一读书就睡觉，真是孺子不可教也"。[①]

同样趴在书上睡觉的两个人，因为教师的主观印象，竟给出了截然不同的评价，这样的教师必然会使学生失去对其的信任，这种做法是教师要引以为戒的。

3. 及时敏锐

表扬语是一种激励手段，对值得肯定的人和事及时进行表扬，能发挥表扬语的最大功效。可以说，所有学生在成绩取得进步或做了好事之后都希望得到他人的肯定和认可。在这样的心理背景下，如果教师对学生的行为及时予以表扬，就会使这些优点和进步进一步得到巩固和发展。错过时机，表扬语的功效就会大大降低甚至失去其应有的作用。在教育实践中，教师还要敏锐地发现那些平时成绩不够突出，甚至是成绩比较落后的学生的点滴进步，都应及时给予表扬。

（二）表扬语的类型

1. 当众表扬

当众表扬是指在公开的场合当着众人的面而进行的表扬。当众表扬因为受众多、影响面比较大，更容易使受表扬的学生产生一种荣誉感，特别是当受表扬者是成绩不太好的学生时，更能帮助其树立自信心。当众表演是教师运用表扬语时最常用的形式。

小强，一个老师眼里的大麻烦，已经转学四次的他极难与同学相处，人缘极差，更是屡次挑战老师的耐性。刚转学过来时，小强在班里没有朋友，也许是源于习惯，也许是为了用"恶"面具掩盖自己容易被伤害的心，新的环境并没有改变他的心态和习惯，他还是爱撒谎、爱挑衅，每天总是惹麻烦。上课时，小强总是低着头，在桌斗里摆弄着什么。班主任肖老师悄悄地观察，很快她就发现，原来小强在桌斗里捏泥人，而且捏的泥人一个个活灵活现。肖老师

[①] 陈传万，何大海. 教师口语 [M]. 合肥：合肥工业大学出版社，2008：77.

还发现，他捏泥人时，脸上显现出从未有过的认真表情。肖老师一下明白了，这个孩子绝不是一无是处。从此以后，她在上课的时候总会对他投去微笑。有一次肖老师在班上当着全班同学说："我好想要一个礼物，如果我向你们要，你们会送给老师吗？"同学们都很好奇肖老师究竟想要什么样的礼物。"小强，你捏的泥人老师很喜欢，你能送一个给我吗？"班上立刻炸开了锅，大家不明白当老师为什么要向小强要礼物。肖老师不语，带着笑意看着小强。小强犹豫再三后，终于拿出一个泥人，红着脸慢慢地走向讲台。当大家看见肖老师手上形象逼真的泥人时，都被小强的"手艺"所折服。肖老师看准时机说："相信大家都觉得小强的泥人捏得特别生动逼真，我们请小强来一场泥人展，怎么样？"同学们纷纷鼓掌表示同意。

小强的兴趣和干劲都被调动起来了，他很认真地准备泥人展，没多久，就做出一大批的泥人，在课间的时候摆在讲台供同学们观赏，小强还教大家捏泥人的技巧。慢慢地，小强终于被同学们所接受，他的信心也建立了起来，现在的他再也不是那个爱捣蛋的小刺头了。

教师能细心地发现学生身上的闪光点，借助课堂这个公开的场合对小强进行表扬，唤起了小强的自信心和自尊心，促使他进步，使他完成了从"坏孩子"到"好孩子"的蜕变。

2. 个别表扬

个别表扬就是在非正式场合，或与学生个别交谈时进行的表扬。为了更好地帮助学生，细致地了解学生的具体情况，教师要多创造与跟学生单独相处的机会，与学生进行更多的谈心和交流。在这种情况下，教师可以适时地运用表扬语，对学生的某些方面进行肯定和鼓励，学生也会因此非常感动，教师也更容易获得学生的信任，甚至会影响到学生的一生！

19世纪初，年轻的狄更斯在艰苦的打工生活中坚持着他的作家梦。深夜里，他把一篇篇稿子寄了出去，终于有一天收到了编辑部的回信。信很短，是这样写的："你的文章是我们多年以来梦寐以求的作品……年轻人，坚持下去，相信你一定会成功的。"多年后，狄更斯成为一代文学巨匠。也许那位编辑只是想安慰一下不断投稿的狄更斯，然而正是这封短短的但充满肯定和期望的信，改变了狄更斯的一生，使一个文学巨匠诞生了。①

表扬语就像黑暗里的灯塔，能够照亮被表扬者前方的路。在狄更斯最艰苦的时候，最容易放弃文学梦想的时候，这封短短的、但蕴含着肯定的信让狄更斯更加相信自己的文学之路要坚定地走下去，这封信也影响了狄更斯的一生。

（三）表扬语的常见问题

1. 过度表扬

倘若教师无论大事小事都表扬不断，表扬得太频繁、太廉价，让学生整天生活在赞美声中，时间久了，学生就会对此"免疫"，就起不到表扬语应有的作用了。这是因为人们经常地接受某一刺激，时间久了，就会因"适应"而对这种刺激变得不再敏感。有时甚至会使学生产生"赞扬不是出自教师的真

---

① 秦海燕. 教师口语训练教程［M］. 济南：山东人民出版社，2008：288.

心，而只是一种惯用的手段"的错误认知。倘若学生对自己的要求很高，不满足于微小的成功，教师这时过度表扬他，由于他自身对此并不满足，内心想法是"这么一点小小成绩也值得表扬"，反而会使学生感到像是受了讽刺，有时甚至会憎恶表扬者。因此，教师虽然不必"惜表扬如金"，但也应该注意表扬语的"发行量"，以便保证表扬语的"含金量"。

2. 一叶障目

在学生眼里，教师是真理的化身、正义的代表，但有些教师却受"刻板印象"的消极影响，只能看到优等生的优点，却看不到后进生的优点。个别教师信奉"一俊遮百丑"，认为学生只要学习成绩好，其他方面就都好，对后进生的良好表现却置若罔闻，乃至无端猜疑："是你自己独立做出来的吗？""考试没有作弊吧？""他也会做出这样的好事？"猜疑会使后进生的心灵受到无端的打击，熄灭他们上进的"火花"。于是，教师本应及时给予的表扬语化为乌有，还会与促进后进生转化的良好契机擦肩而过。这种表扬中的不公，不仅无助于后进生的转化，而且还会助长优等生的不良习气和观念，甚至导致优等生不"优"。

3. 横向比较

世界上没有两片完全相同的树叶，对教育来说，也没有两个完全相同的学生。什么事都让学生相互比较，乃是一种很拙劣的教育手段。然而，许多教师在表扬学生时却惯于把学生做横向比较，以致总是有意或无意地在表扬中上演着"抬高一个，打倒一片"的举动。比如，某学生的作业做题正确、书写认真，有些教师会随时称赞："你的作业完成得真好，全班同学没人比得上你！"这样岂不是表扬了一个学生而打倒了一片学生吗？表扬学生正确的做法应是多做纵向比较，可以把学生的"昨天"与"今天"相比，突出其个人的进步。

技能实训一

1. 两人一组，自由组合，先想想对方有什么优点，然后夸夸他。

2. 李小明平时是一个学习成绩一般、纪律比较散漫、有时还和教师顶撞的学生。一次课外活动中，他在踢球时不慎将教室的玻璃打碎了。晚上，他一个人悄悄地来到学校，将新买的玻璃配上。门卫师傅发现后，第二天将这件事告诉了班主任。在当天的晨会上，班主任对李小明提出了表扬，请为班主任设计一段表扬语。

3. 在学校大门口，三班班主任遇到了自己班的班长和几名同学，他们要去一位孤寡老人的家中打扫卫生。请分别使用当众表扬和个别表扬两种表扬方式对这些同学进行表扬。

4. 请评析下面这个材料里班主任的做法是否妥当，他违背了什么原则？他应该如何做呢？

> 曾经有这样一位母亲，诚恳地要求她孩子的班主任："您别总是批评他，他有什么做得好的，您也表扬表扬他吧。"这位班主任后来找到这个孩子的父亲说："他母亲让我表扬他，可他什么好的地方都没有，让我怎么表扬他呀！"……其实，这个孩子在班里曾要求过擦黑板，班主任鄙视地说："这儿没你的事儿，用不着你！"他也曾想干其他好事儿，班主任却不屑一顾。久而久之，孩子也就真不知道自己身上还有什么可表扬的了。[①]

[①] 顾虞华. 表扬与批评的心理学思考[J]. 南通师专学报（社会科学版），1997（4）：108-109.

二、批评语

批评语是指在教育活动中，教师对学生的缺点、错误进行否定性评价的一种教育口语形式。它是教师进行思想政治教育时常用的教育口语形式之一，主要用来指出缺点和错误，总结经验和教训，点明正确的做法和方向，以达到让学生修正错误、提高认识的目的。

（一）批评语的要求

批评语大多具有严厉、尖锐等特点，容易激起学生的抵触情绪，从而导致严重的后果，因此教师在运用批评语时，要注意教育机智，讲究教育策略。运用批评语时应注意以下几点要求。

1. 实事求是

教师在教育的过程中要秉承着实事求是的原则，在批评学生前要对事情进行调查了解，对具体情况加以分析，评定是非，然后针对客观存在的现象进行有理有据的批评教育。若教师还未发现问题所在就不分青红皂白地将学生批评一番，这样的做法无疑会使一些学生蒙受冤枉。在批评学生的时候，教师要注意创设良好的心理环境，让学生放下被批评的心理包袱，让学生大胆地解释问题，在了解背后的真实原因后再进行批评教育就显得比较客观。只有这样尊重事实、尊重学生的批评行为，学生才能听得进去，教师的建议才更容易被学生所接受。

2. 充满爱心

教师的批评语应如春风一般轻柔，充满人情味，语言不可过于严厉，如粗话谩骂、讽刺挖苦、"上纲上线"等，这样做不但达不到教育的目的，反而会使学生出现逆反心理。想让学生接受教师的建议，一定是建立在其能感受到教师的真心和爱心基础上的，所以教师要晓之以理，动之以情，与学生平等、真诚地交流，设身处地地从学生的角度出发，换位思考，让学生感受到教师并不是在故意为难他，而是真心地爱护和帮助他。

一位教师发现班上有位同学在自习课上打瞌睡。教师轻轻地摇醒他，温和地说："昨天没有休息好吗？先把作业完成，今天晚上早点休息，你正是长身体的时候，要保证充足的睡眠时间。"

这位教师将批评隐含在温和的语调中，但这种做法对学生的警醒作用要胜于严厉的说教，因为在充满人情味的话语中也传递了教师对学生的真心爱护。

3. 讲究策略

教师在批评学生时，要根据具体情况不同以及学生不同的个性特点，采用差异化的批评策略。如有时候可以先进行表扬，肯定学生的长处，然后再指出学生的不足，这种方法比较容易为学生所接受；有时候可以采用正话反说的方法，巧妙地引入教育话题，让学生在顿悟教师的用意时，主动地接受批评。

总之，批评的目的在于帮助学生克服思想和行为上的不当之处，教师只有做到因人而异、因事而异，才能消除学生的戒心，让其心服口服地接受批评。

4. 客观公正

面对学生出现的错误和问题，教师要做一名公正的裁判，对所有学生要一视同仁，不能有亲疏远近之别，更不能偏袒一部分学生、歧视一部分学生、打击一部分学生。教师的道德准则要求教师必须做到客观公正地对待每一位学生。无论是首次犯错还是经常犯错的学生，教师都应耐心地帮助学生分析其错在哪里、为什么错了，使学生明辨是非，改过自新。

（二）批评语的类型

1. 直接批评

直接批评是教师对学生的错误直截了当地提出批评的方式。一般来说，为了保护学生学习的积极性，避免伤害学生的自尊心，除非实在没有更好的处理方法，是不太建议教师采取直接批评的。直接批评往往应用在个别做错了事又不肯承认，且怀有侥幸心理的学生身上，一针见血地指出学生的缺点或错误，使其内心受到触动、幡然悔悟。

小勇是个很聪明的学生，但他非常喜欢恶作剧，不是故意把同学绊倒，就是用胶水粘住同学的书。每次老师找他谈话，他总是很委屈地说不是他干的，抱着侥幸的心理不肯承认错误，觉得老师反正不在场，也没有证据。新来的班主任李老师发现这个情况后，针对小勇的"个性"，每次在批评他之前，一定先从各方面搜集好他犯错的证据后，再找他来谈话，一针见血地批评。在证据面前，小勇没办法只能承认错误，经过反复几次，渐渐地，小勇的侥幸心理弱化了，他觉得每次的小聪明都会被李老师发现，非常没意思，从那之后他再也没有做过恶作剧了。

虽然建议教师尽量不要使用直接批评的方法，但在个别情况下，直接批评要比间接批评的效果更好。直接批评的前提是，教师要进行充分的调查才能有发言权，绝不能冤枉任何一位学生。

2. 间接批评

间接批评是教师用委婉含蓄的语言，运用故事、寓言等手段暗示学生，让学生通过教师的表述，在愉快轻松的氛围中感悟到自己的错误的方式。

（1）建议性批评。

建议性批评是一种较为民主性的批评方式，教师可以通过与学生聊天的方式，互相讨论，与学生交换意见，这种批评能够更好地了解学生犯错的动机，降低其再次犯错的可能性。

小丽是班里的优等生，学习、体育、唱歌样样都行，就是有一个小毛病，喜欢迟到，为此

很多老师十分头疼，班主任李老师决定找小丽谈谈。为了不伤害小丽的自尊心，李老师想选择一个轻松的氛围谈论这件事，终于，有一天放学，李老师看见小丽在操场练习跳远，就走上前去，十分自然地跟小丽打招呼，然后微笑地摸着小丽的头说："跳得真远，比老师小时候跳得好多了，我们小丽什么都好，就是有点爱迟到，实在可惜，要不然可就是十全十美的好孩子了。"小丽不好意思地点点头。之后的几天，李老师发现小丽不再迟到了，而且每天都到的特别早。

李老师这种略带惋惜和激励态度的建议性批评，既达到了批评小丽的目的，又体现了李老师对小丽的理解和关心。李老师通过表达对小丽的殷切期望，感化了小丽，使其主动地改正错误。

（2）表扬性批评。

对于一些自尊心非常强、"破罐子破摔"的学生，直接的批评已经起不了任何作用，因此教师用表扬性批评代替直接批评，不失为一种良策。这种做法既保护了学生的自尊心，又让学生感受到了教师对其的关心和爱护。

示例

李老师走进教室后，发现纸篓旁有许多很小很小的碎纸片。她边往讲台前走，边随口问了一句："是哪位同学撕的废纸？"顿时，同学们的目光不约而同地集中在小博身上。"老师，废纸是小博撕的。""不是我！""老师，刚才我们在教室玩时，亲眼看见他撕的！""我也看见了，就是他撕的！""你们胡说，我根本就没有撕！"教室里这下热闹起来，你一言，我一语，吵得不可开交。

李老师把目光投向全班，平静地说："谁扔的纸片并不重要，更重要的是大家都要自觉地保持班级的环境卫生，哪一位同学愿意做环境小卫士，把纸片捡干净？"李老师话音刚落，几乎全班同学都把小手举起来。李老师说："大家这么爱集体，关心班级，老师很感动，你们愿意做好事的精神真值得老师学习。这么多同学举手，该让谁来做呢？"这时，小博连忙站起来大声说："老师，让我去捡吧！"李老师笑着对他点点头说："好！"他马上跑到纸篓前把地上的废纸片捡得干干净净，李老师用赞许的目光看着小博，然后对大家说："小博真能干，为了班级的环境卫生他不怕脏、不怕累，一个人把纸片捡干净，为班级做了好事，给大家做出了榜样。我们每个少先队员都要养成自觉保持卫生的好习惯。

下课后，李老师刚回到办公室，小博就来到她身边，低着头，不好意思地说："老师，纸片是我扔的，我以后再也不随地乱扔东西了。"看着他那天真而又自责的样子，李老师轻轻地抚摸着他的头，脸上不由地露出欣慰的笑容。[①]

在这次表扬性批评中，李老师没有去追究这个碎纸片是不是小博扔的，而是通过提醒大家要爱护班级环境，含蓄地否定了撕纸的行为，并且保护了小博的自尊心。李老师通过问全班同学谁愿意做环境小卫士把纸片捡干净，指出了改正错误的途径，也悄悄为小博改正错误创造了条件。当小博将纸片捡干净后，李老师又通过表扬小博，让小博懂得如何做才是对的，使小博的心灵受到了教育。

（3）幽默性批评

从马斯洛的需求层次理论角度来说，所有人都希望得到别人的肯定，而不是批评，批评是一件让人

---

① 程培元. 教师口语教程［M］. 北京：高等教育出版社，2004：207-208.

不太开心的事情,如何让批评变得更容易被接受,这就要求教师在对学生进行批评的时候采取含蓄、幽默的方式,避免直接针对学生的错误进行批评,让学生在轻松的氛围中意识到自己的错误并及时纠正。

  这天,正忙得焦头烂额,班里的小利怒气冲冲跑进办公室向我告状:"老师,那个该死的小冯骂我!"看着小利那气得通红的小脸和嘟起的小嘴,我想一定骂得够狠。"他怎么骂你呢?"我放下手头的工作,耐心地了解这件"民事纠纷"。"他叫我吃屁!"小利一脸委屈地说。天哪,我还以为是多大的一件事呢!原来是为了个屁呀!我"扑哧"一声,忍不住笑出声来。"你去把小冯叫来,老师为你主持公道。"我迅速做出处理。小利一听老师会为他"主持公道",说不定还会替他"报仇雪恨",原本翘得可以挂油瓶的嘴终于松弛下来,一溜烟似的跑去教室找小冯去了。……很快,他们就一起来到办公室,等待老师的"宣判"。"小冯,我听说你刚才想请小利吃屁。屁呢?拿出来。"我装着一脸正经地问,还把右手伸了出来。"我没有屁。"小冯被我逗得"扑哧"一声笑了。小利也在一旁乐得哈哈大笑。"刚才又说请人家吃,现在又说没有了,真不够朋友!说话不算话,做人不能这样言而无信。这样吧,要么你请他吃屁,要么你请他吃糖。要是请吃屁,现在拿出来;要是请吃糖,明天带过来。""老师,我真的没有屁。那我明天把糖带来,请他吃糖吧。"第二天,小利果然吃到了甜甜的糖。[①]

  教师在日常教育活动中,几乎每天都会遇到类似"骂人"这样鸡毛蒜皮的小事,文中的这位教师用诙谐幽默的语言,既告诉学生这是不对的,又拉近了教师和学生、学生与学生之间的距离,有利于学生接受批评。这种艺术性的批评方式显示了教师的大智慧。一个小小的幽默,便可以化干戈为玉帛,何乐而不为呢?

  (4)寓意性批评。

  学生由于受到年龄和经验等方面的局限性,很多时候无法深刻地认识到所犯错误的根本所在,此时,教师可以采用旁敲侧击的方法,寓批评于讲故事、打比方,或意味深长的动作、言语之中,促进学生深思、自责,从而及时纠正自身的错误。

  晓峰是一个不爱整洁的男孩,课桌里每天都塞满很多东西,班里同学都嘲笑他的课桌是"垃圾站",卫生委员提醒他要将书桌收拾干净,还被他气走了,他理直气壮地说:"这是我的书桌,多脏、多乱,都和你没关系。"第二天,晓峰走进教室后,惊讶地发现他的课桌不见了,连忙向朱老师报告,朱老师一本正经地对晓峰说:"昨天你的课桌对我说:'我的小主人在我的肚子里塞满了乱七八糟的东西,弄得我太难受了,我不想再为他服务了。'所以我就把它搬走了。""啊?"晓峰一下子呆住了,朱老师接着说:"不过,你的课桌也说了,如果你向它道歉并保证以后细心爱护它,它也可以原谅你。你想让你的课桌回来吗?""想。"晓峰点点头,于是,在班长的帮忙下,晓峰搬回了课桌,并在众目睽睽之下向桌子道歉:"对不起,我以后再也不伤害你了。"班上顿时笑声一片。朱老师打断大家的笑声,严肃地说:"希望你们都不要再把课

[①] 敖杏桃. "我请你吃屁" [J]. 中小学德育,2014(8):91.

桌气'跑'了。"从那以后，晓峰每次放学后，都要把课桌整理一番。他的几个"死党"也从他身上吸取了教训，大家的课桌都比以前干净整洁多了。[1]

教师用一种拟人的方法，赋予课桌生命，含蓄地让晓峰感受到课桌的无奈和痛苦，激发他心中的善良因子，从而改正其乱塞东西的毛病，让学生们学会爱护课桌、尊重课桌。

（三）批评语的常见问题

1. 批评词语尖酸刻薄

通常情况下，学生犯的错无非违纪违规，此时的教师应当换位思考，对学生所犯错误做出准确的判断，做出点到为止的批评，而不要小题大做，恶语伤人。因为每位学生都有自尊心，面对错误，他们更希望教师或家长给以宽容和理解，面对一味地抱怨斥责、刻薄谩骂，自然不愿接受。此时的教师应当言为心声，客观公正地动之以情，晓之以理，通过摆事实、讲道理，使学生心悦诚服。恰到好处、心有灵犀的点拨容易给学生一种亲近感，往往能收到事半功倍的效果。

2. 批评态度简单粗暴

学生个体因性格等方面各不相同，作为教师，就应当事先做好基础工作，对每一位学生的性格、爱好等进行全面的了解，这样在开展批评工作时才可做到因人而异、具体问题具体分析。"一句话，百样说"，就是指批评的方式要因人而异。譬如：对于性格内向、善于思考的学生，可采取提问诱导的方式，使被批评的学生通过回答问题进行自我反思，从而认识到自身的缺点和错误；对于脾气暴躁、逆反心理较强的学生，可采用商讨性的批评方式，使被批评的学生置身于一种平等的氛围中，使其在心平气和的条件下虚心接受批评意见。切不可将被批评者叫到面前，不分青红皂白通通一顿训斥谩骂。简单粗暴的批评方式是绝对收不到好的教育效果的。而采用委婉批评的手法，让被批评者有思考的余地，既不伤被批评者的自尊心，又能使其在潜移默化中受到教育。

春秋战国时期，齐景公爱狩猎，酷爱养捉野兔的老鹰。一天烛邹不小心让一只老鹰飞跑了，景公大发雷霆，命令将烛邹推出斩首。晏子获悉此事，急忙上殿，禀景公说："烛邹有三大罪状，哪能就这么轻易地杀了？待我公布完他的罪状再处死他吧！"景公点头同意。晏子指着烛邹说道："烛邹，你为大王养鹰，却让鹰飞了，这是你的第一条罪状；你使大王为了鹰的缘故而杀人，这是你的第二条罪状；把你杀了让天下的人都知道大王重鹰轻人，这是你的第三条罪状。好啦！大王，请处死他吧"景公满脸通红，半晌才说："不杀他了，我明白你的话了。"晏子含蓄委婉的批评方式既没有使君王难堪，又替烛邹说了情，可谓一箭双雕。[2]

相对于景公的意气用事、遇到事情不分青红皂白就处死人的做法，晏子采用委婉含蓄的批评方法，既为烛邹求了情，又没有伤害到景公的面子和自尊心，让其在潜移默化中接受劝谏。

---

[1] 柏坤. 会"说话"的课桌——例谈班主任工作中的有效批评[J]. 中小学德育，2014（3）：36-37.
[2] 秦海燕. 教师口语训练教程[M]. 济南：山东人民出版社，2008：291.

3. 批评不讲究场合

批评教育口语不同于其他类型的教育口语，一定要注意场合，因为这关系到学生的自尊心。教师在批评学生时，尽量不要在教室、办公室等场所当着全体同学或者其他老师的面批评学生，应尽量选择人少的地方，或寻找单独的机会对学生进行批评。如果一定要在公开场合批评学生，要注意不要直接指名道姓，要给学生留面子，这也是教师尊重学生人格的体现。

• 示例 •

有位老师上课时，发现一个女生低头在看一本杂志，当该生知道老师注意到她时，慌忙把杂志塞进课桌里。老师继续上课，下课后，老师叫她到办公室去一趟，可老师回到办公室后，左等右等却不见她的身影，老师只好返回去找她，结果，发现她局促不安地站在楼梯口。老师把她叫到一边，问她"为什么不到办公室去"，该生对老师说："怕您当着那么多老师批评我。"望着这位女生涨得通红的面孔，老师改变了主意，不再坚持让该生进办公室了。于是，在楼梯口，老师同她进行了交谈，使她认识到了自己的错误，下决心，以后再也不在课堂上看课外书籍了。①

作为一名教师，一定要知道自尊心对于每位学生是何等的重要，如果学生的自尊心一旦被摔在地上，那么想要重新捧起来可能需要一生的时间。女生通常面子薄、自尊心强，教师要针对不同的学生情况选择合适的谈话场合，才能使批评更有效果。

• 技能实训二 •

1. 下面是教育家孙敬修爷爷的一则教育故事，请分析他是运用什么手法对小朋友进行批评教育的？这种方法有什么好处？

我们来看看教育家孙敬修是怎样"批评"孩子折树枝的行为的：当他看见几个孩子在折树枝时，不动声色地把耳朵凑到树枝旁，一副仔细聆听的样子。孩子们好奇地问："爷爷，您在听什么？""我在听小树的哭声。""小树也会哭吗？""是啊，你们折它的胳膊，它当然要哭了。它还说，它和伙伴们绿化我们的城市，长大后为建设祖国服务，好孩子都应当爱护它们。"孩子们听后脸红了，不但主动承认了错误，后来还自觉成立了护林小组。②

2. 请你指出下面这位数学教师运用的批评语错在哪里？请你就学生上课走神的教育情境，设计批评语。

数学课上，教师发现一位学生走神了，就把粉笔头砸了过去，还批评说："就你那数学成绩，还不认真听！拉了大家的后腿，把全班的脸都丢尽了！"从此，这位学生患上"数学恐惧症"，数学成绩一落千丈。③

---

① 李祥东. 学校批评教育的"六要""六防"[J]. 泰山学院学报, 2003（1）: 117-120.
② 叶昭秀. 精心设计"批评"[J]. 四川教育, 1999（Z1）: 22.
③ 陈传万, 何大海. 教师口语[M]. 合肥: 合肥工业大学出版社, 2008: 106.

3. 请读下面的材料，如果你是这位教师，你会怎么做？为什么？

一位六年级的女生，成绩平平，为了能在期末考试时一鸣惊人，让老师同学对自己刮目相看，她想事先得到一张试卷，便在放学后打开办公室窗户爬进去找试卷。一位老师听到声音后，在敲不开办公室门的情况下，也从窗户爬了进去并拉亮了灯。女孩用双手紧紧地把脸藏起来。①

4. 你如果是下面材料中的这位教师，该如何运用机智和恰当的语言处理这件事？

期中考试之后，教师在班上对全体同学的考试情况进行了分析总结。这时，只见一位平时表现较差的学生突然在座位上气势汹汹地将自己的试卷撕得粉碎。同学们一下子都屏住了呼吸，望着教师。②

三、说服语

说服语是指教师通过摆事实、讲道理、辨明是非曲直，使学生从中获得正确的认知，从而改变其态度或使其行为趋于预期目标行为的活动。

（一）运用说服语的要求

说服是教师对学生进行思想品德教育最基本的方法。恰当地运用说服语一般要求做到以下几点。

1. 调查研究是前提

要想更好地说服学生，在说服之前，教师一定要充分地了解学生在哪些方面存在问题，存在这些问题的原因是什么，找到问题的症结所在，才能对症下药，找到解决办法。在这一基础上对学生进行说服工作，才能做到事半功倍。

2. 态度诚恳是关键

教师与学生的年龄、阅历、处境等都不同，存在很大的差异，因此，以诚恳的态度缩小师生之间的代沟是非常关键的。学生对教师的品格、素质、动机是否信赖，决定着说服能否成功。教师只有用自己的真诚去打动学生，既充分肯定学生的进步，又委婉耐心地对学生的缺点和错误指出改进的方向，让学生觉得教师对其既要求严格又和蔼友善。当学生对教师在学识上敬佩、在人品上欣赏的时候，教师的说服教育就比较容易为学生所接受。

3. 就事论事，以理服人

教师在对学生进行说服教育的过程中，既不能以偏概全，也不能空洞说教，应该就事论事，发现学生不对的地方，应准确具体地讲出来，并耐心地为其讲明道理，感化、劝导学生，帮助学生分辨是非，最终做到以理服人。

4. 通俗生动，寓理于事

若教师一味地说教，只会让学生觉得厌烦，使谈话氛围变得紧张。如何让学生在兴趣盎然中受到启

---

① 陈传万，何大海. 教师口语 [M]. 合肥：合肥工业大学出版社，2008：104.
② 陈传万，何大海. 教师口语 [M]. 合肥：合肥工业大学出版社，2008：103.

迪和感化，首先教师要选择通俗易懂的说服语，其次教师要尽量使用一些生动活泼、蕴含深刻哲理的故事，从而增强说服语的吸引力和效果。

（二）说服语的类型

1. 直接说服

直接说服又叫正面说服，是指在运用说服语时，采用正面摆事实、讲道理的方式，陈述过程态度明朗，观点鲜明。

> 去年寒假里，韩剧《来自星星的你》的热播，除了炸鸡、啤酒，还有把学生迷得神魂颠倒的"都教授"。班里的小安是狂热的追星族，只要有"都教授"出现的杂志她都会买，有时还在课堂上看，上课时经常精神恍惚，眼神涣散，眼睛经常望向远方，一副躯壳在灵魂不在的颓态。陈老师看在眼里，急在心里。像小安这样的孩子，班上还有好几个，他们的家长平时忙于工作，对孩子的补偿心理很重，平时只注意满足孩子的物质需求，导致孩子出现迷恋品牌、明星、电子产品的攀比之风。为了及时杜绝这种风气，陈老师决定好好和学生谈谈盲目追星习惯的危害。陈老师召开了"我喜爱的明星"主题班会，在会上，通过调查，班里有追星行为的学生占到了88%，于是，陈老师对学生说："老师也很喜欢明星，但如果我们对明星的欣赏只停留在容貌、身材等外在的东西上，而不懂得欣赏明星的人格、气质和他们为成功付出的巨大努力，那就太可惜了。如果为了追星而失去理性判断，那将酿成沉重的后果，有一个女孩就因迷恋韩国男子歌唱组合，称爱明星胜过爱父母，与父亲发生口角，愤怒之下，父亲用刀砍死了女儿。令人心痛的人伦悲剧就真实地发生在我们身边，毫无节制的疯狂追星，可能会使我们慢慢迷失自我，堕入危险之中，甚至引发恶性行为。所以，老师希望大家除了追星，更应该用实际行动缩短自己与明星之间的距离。或许有一天，你也可以成为像明星那样成功的人！"话音落地，教室里响起了掌声。①

这位教师通过正面说服，摆事实、举例子，因势利导，用自己丰富的知识，多角度地论述自己的观点，让学生深深地信服。

2. 间接说服

间接说服是指在运用说服语时，不采用正面摆事实、讲道理的方式，而是"言在此而意在彼"，将道理蕴含于说服语中，让学生自己感悟，教师则在最后予以点明。

（1）迂回诱导式。

迂回诱导式的说服语，即以设下疑问的方式，吸引学生的注意力，然后在引导学生解疑的过程中，给学生以启迪。教师在运用迂回诱导式说服语时，要不漏痕迹，水到渠成，做到让学生先"心服"，再"口服"。

---

① 陈荣荣. 别让学生在追星中迷失自我 [J]. 中小学德育, 2014 (11): 63, 53.

示例

有天早上，李老师在上班的时候，看见班里的学生王刚正在翻越学校的围墙，李老师知道，王刚肯定是又忘戴红领巾了，怕被教导主任抓住。李老师并没有马上批评他，而是等到第二天中午同王刚一起回家的时候，在马路上，李老师问了王刚一个问题："当你看到一个小男孩在攀爬围墙时，你会对他说些什么？"王刚很聪明，一听就知道翻墙的时候被李老师看到了，他不好意思地抓抓头，说："我会告诉他，这样做不对，非常危险。""说得太好了，那你说那个翻墙的小男孩懂得了翻墙这个行为十分危险后会怎样做呢？"王刚支支吾吾，惭愧地说："李老师你别说了，那个学生就是我。我错了，今后一定改正。"

对于学生翻越围墙的危险行为，李老师并没有直接指出，而是通过迂回的方法，诱导学生自己说出爬墙的危害和犯错的事实。看似简单的聊天，李老师从听起来毫无联系的话题入手，逐渐引导、过渡到中心话题上来，这种方式更容易让学生认识到自己的错误并积极改正。

(2) 巧设比喻式。

巧设比喻式的说服语，是指用相似的事物作比拟，引发被说服者的思考与领悟，使之发自内心地接受说服教育。这种方法大多运用在自尊心强而又聪慧的学生身上。

示例

王老师发现班上的小浩和小芸有了"早恋"的苗头，怎样才能说服学生把精力用在学习上，杜绝"早恋"现象呢？王老师思考了很久。后来，在一次语文课上，王老师巧妙地向学生讲起了自己家乡的果园。他说："我们村子里有大片的果园，寒来暑往，春华秋实。有一年秋末冬初，我惊奇地发现，有些原本要落叶的果树枝上竟然开出了一簇簇小小的花朵。不久，花谢了，居然也结出了山楂般大小的果子。可惜没过了几天，霜冻就来了，叶落尽了，小果子也烂掉了。小时候我每每捧着这些小果子发呆，觉得很可惜。后来我才明白，不该开花的时候开花了，不该结果的时候结果了，都是违背自然规律的，没有办法长久发展下去。对于现阶段的你们，爱情就像一颗种子，如果你提前播种，让它在不属于它的季节里生长，爱情的种子是不会结出丰硕的果子的。"听了王老师的话后，学生们深有感触，"早恋"现象也渐渐在班里消失了，学生们都把目标明确地放在学习上了。

教师以花果为喻，把一个原本并不轻松的话题巧妙地展开，寓道理于故事，教育口语自然平实，娓娓道来，不失为一贴对学生的说服良方。

技能实训三

1. 请分析下面的材料，思考一下这位教师的说服语能有良好的效果吗？为什么？

一次测验中，班上很多同学没考好，部分同学情绪低落，有的叹气，有的摔书，有的甚至把试卷揉成一团。教师看见这种情况后，给同学们讲了一个故事："有一次，师父教两个徒弟做灯笼，他们同时做了起来，但是做了半天都做不好。大徒弟气得把灯笼摔在地上，用脚踩，还边踩边说：'这么难做，我不做了！气死我了。'可是二徒弟则拿起自己做的灯笼和师父做的样品认真反复地对比，终于找出了问题所在，最后做出了比师父做的样品还漂亮的灯笼。"[1]

2. 班里的王强最近迷恋上嘻哈音乐，为此还模仿明星戴了一个耳环，作为主抓德育的教师，你将如何说服王强摘掉耳环，请为此设计一段说服语。

3. 根据下面这种情况，班主任选择去找晓明谈话，如果你是班主任，将如何设计说服语。

晓明从初三开始，就在省内外几家报刊上发表过十多篇文章。这一年暑假，他创作的小说又获得了省内文学创作奖。于是，晓明一门心思搞创作，连作文也不认真写了，这个学期，语文教师连续三次叫他重新写作文。对此，晓明非常气愤，认为教师在故意刁难他，扬言要和语文教师"公开摊牌"。

4. 李明同学学习成绩较差，为了应付作业，经常借抄他人的作业，别人若不愿意，他还反骂别人"不够朋友"。如果你作为班主任，在工作中遇到这种情况，如何对他进行说服？请设计一段恰当的说服语。

四、启迪语

启迪语，就是教师在教育活动中用来启发学生自我教育的积极性与主动性，引导和促进学生积极主动进行自我教育的语言。启迪语的广泛运用，表现了教师对受教育者的尊重和信任，即相信学生有自我完善的需要，有在教师的引导下进行自我教育的能力；同时，也为在教育活动中能够更好地发挥学生的主体作用，调动学生进行自我教育的主观能动性创造了条件。

学生由于认知水平还不够完善，难免会犯错误，教师要善于启发学生，使他们明白事理，督促他们按照道德和纪律的规范约束自己，帮助他们积极健康地成长。

（一）启迪语的要求

启迪语引导学生自我践约，帮助违约学生实行自我反省，诱导学生形成正确观念，激发他们的内趋力并付诸行动。[2] 启迪语的特点是教师用点拨的方法提高学生的语言感受力和理解力，强化学生的语言回应能力，帮助学生自己教育自己。恰当地运用启迪语一般要求做到以下几点。

1. 符合实际、直观生动

运用启迪语要切合学生实际的思想和认知水平，应选取学生最易接受的角度和直观形象的事物，通过举例分析，调动学生的思维。同时启迪语还要易于联想，使学生容易产生联想，从而认识到自己的思想、行为与思想道德和行为规范之间的差距。

另外，要根据不同学生的性格特点，采用不同的启迪方式。如对优等生，应针对他们自信、自傲和聪明的特质，运用委婉、诱导的启迪语策略，促其自省，正确地认知自我，从而迈向更高的目标。对后进生，则要运用"肯定评价"的启迪语策略，充分肯定其在品德行为或学习成绩等方面的点滴进步，促进内因的转化。所谓因事设理，就是针对不同的事件、不同的问题、不同的情况，进行区别对待。运用

---

[1] 秦海燕. 教师口语训练教程[M]. 济南：山东人民出版社，2008：277.
[2] 秦海燕. 教师口语训练教程[M]. 济南：山东人民出版社，2008：280.

启迪语，有时可借用富有哲理的话语，启迪心智，有时可举出与之相关的实例，让学生参照借鉴，有时亦可选择引而不发或待机而发。总之，要想方设法做到"知己知彼"，启迪语才能更加"入耳""入心"，使学生的心灵受到震撼，从而激发学生的内在动力。

2. 善于设问

启迪语中的设问是一种明知故问，教师不将自己的想法灌输给学生，而是通过提出富有启发性的问题，激起学生思考的欲望，从而引导他们对教师所提出的问题做出正确的分析、判断和评价。

"二吃"杨梅

朱老师接到一位家长的电话，说让孩子带了几斤杨梅到学校，请老师和同学们尝尝。但等到朱老师想请生活老师分发时，杨梅已经被先到校的一批同学吃光了。朱老师想：好吃，固然是孩子的天性，但在小学里发生这样的行为，说明孩子"心中有他人"的意识还十分缺乏。思考片刻后，朱老师迅即到街上买来几斤杨梅，悄悄放到教室橱里。

晚自习结束时，该是学生吃夜点心的时候了。

朱老师说："今天晚上同学们除了有学校发给的蛋糕，还有一样更好吃的东西要给你们呢！大家知道是什么好吃的吗？"

学生们摇着头说："不知道。"

朱老师说："我们班的四十几位同学来自许多不同的城市。慈溪市盛产杨梅，今天下午，柴世超同学的妈妈给我们捎来了她家乡的特产杨梅，要让同学们尝一尝，同学们高兴吗？"

学生们激动了："高兴！谢谢柴世超同学的妈妈！"

朱老师问："同学们想一想，这些杨梅应该先让哪些同学先吃和多吃一点？"

有的同学："应该让家乡不长杨梅的那些同学先吃和多吃。"

有的同学说："应该让路途最远的同学先吃和多吃。"

……

朱老师说："你们想得都很好，有了好吃的能先想着别人，真是好品德啊！现在，我就让柴世超同学把他带来的杨梅发下去。"

这时，抢吃杨梅的同学用惊疑的目光时而看着朱老师，时而相互对望，显得很不安。朱老师却始终微笑着，用他们熟悉的目光传递着赞赏、批评、期待的信息。

吃完杨梅后，朱老师回到办公室。不久，便有几位同学跑到办公室塞给他几张小纸条。打开一看，纸条上写着：

"我们没等全班人到齐就吃是不对的。"

"杨梅应该让老师安排人分给我们吃。"

"杨梅应让别人先吃和多吃。"①

朱老师通过创设情境，向学生们提问"先让哪些同学先吃和多吃一点"，从具体的问题入手，让学生们通过思考，明白应当"心中有他人"的道理。

---

① 程培元. 教师口语教程[M]. 北京：高等教育出版社，2004：173.

3. 理论升华，提高境界

用概括、总结的话语把学生的感性认识上升到理性认识的高度，强化对规律的认识。从感性认识入手，通过分析、说理来启发学生深化自己的认识，以达到提高理性认识的目的。通过运用启迪语，使学生知正误、明是非，但应注意不要单纯地就事论事，而要对事件或问题的深层内涵加以分析、概括、提炼、延伸，运用富有理性色彩的启迪语加以渲染、表述，使事理得以升华。

示例

> 王老师走进教室，手里拿着一把筷子。他从一把筷子里抽出一根，请一位同学到讲台前把这根筷子折断，这位同学力气大，几乎不费吹灰之力就把筷子折断了。接着，王老师又抽出一根，让另一位坐在前排的看起来比较瘦弱的女生上来折断筷子，虽然很吃力，但她也顺利地将筷子折断了。王老师接着说："刚才两位同学都比较容易地把筷子折断了。现在我请我们班力气最大的同学上来，让他把剩下的筷子一次性折断。"结果，那位力气最大的同学却无法折断剩下的一把筷子。教师由此启发学生："刚才我们做的这个实验，说明了一个什么道理呢？"在学生思考回答的基础上，王老师非常高兴地接着说："对呀，这就是我们常说的团结就是力量。我们的班级也是这样，每个人的力量是有限的，如果我们全班同学团结成一个坚强的班集体，那么力量就很大了，同学们说，对吗？"

王老师通过折断筷子这件普通的事情，引导学生进行思考、分析，最终得出"团结的力量最大"的结论，从而使学生的感性认识上升到理性认识的高度。

（二）启迪语的类型

1. 设问引导法

这是师生对话活动中最常用的启迪语类型。教师依据教育内容，设计出一系列问题让学生分析、思考，启迪学生思维，引导他们通过自我感悟明辨是非，最终实现自我教育。

示例

> 这是新生入学第二天，同学们习惯性地等待着班主任蒋老师给他们排座位。蒋老师看着他们那急切、认真的样子，就说："别急，同学们，在排座位之前，我们先来讨论一下怎么个排法。换句话说，给排座位定几条原则，好不好？"同学们积极响应。大家争先恐后地发言：有的说，按高矮顺序；有的说，要照顾近视眼。蒋老师及时肯定了这两条原则，因势利导地说："在一个班上，总有些好的座位，比如中间的；也有些差的座位，比如四边的。还比如在同学之间，有的认识，有的不认识，有些同学想和认识的同学坐在一起，但又不符合上面的两条原则。如果排座位时有谁碰到这种情况，应该怎么办呢？"又有同学发言说："应该把好位子让给别人，以集体利益为重。"讲座发言告一段落后，蒋老师把排座位的原则归纳为三条：第一，按高矮顺序；第二，照顾有生理缺陷的同学；第三，把方便让给别人，以集体为重。接着蒋老师问大家对这三条原则同意不同意。"同意！"同学们响亮地回答。这时，蒋老师用充满信任的

语气说:"我完全相信同学们说话算数,会把原则变成每个人的具体行动。下面这样好了,我们改变过去由老师排座位的老办法,不到外面排队,你们自己按排座位的三原则,自邀同位,两人商议共找一个恰当的座位坐好,然后由大家评议,看谁最按原则办事,谁就是言行一致的好少年。"方法一宣布,同学们先是感到意外,继而现出欣喜的神情。在商议后,较快地坐定了。①

在整个教育过程中,蒋老师没有长篇大论地说教,而是通过一个接一个的问题,引出了学生的答案,不着痕迹地启迪了本班学生,让他们自己归纳出排座位的原则,排出合理的座位,这种办法非常可取。

2. 类比启迪法

类比启迪法就是运用举例子、讲故事等方法来说明事理的表达方式。这种教育口语可以使抽象的事物变具体,使模糊的事物变清晰,还可以比较出两种事物的异同,对于抽象思维能力不强的低年级学生更为适用。

示例

搬掉石头

阿楠给罗刚起外号,罗刚把阿楠的书包扔在地上。为此老师找罗刚谈话。老师对他说:"一个人走路时被路边的石头绊了一脚,脚好痛。他生气极了,又用脚狠狠地向石头踢去。你看他聪明吗?"罗刚说:"傻瓜一个!""他傻在哪里?""脚已经痛了,再踢不是更痛吗?""那怎么办?""绕开走不就得了。""别人也会被绊倒呀,最好的办法是什么?"罗刚想了想,说:"把石头搬到墙角或垃圾箱里。""对!这样做,脚既不痛,又做了好事。"

过了一会儿,沉思后的罗刚说:"老师,阿楠给我起外号是错的,好比石头绊了我的脚。我扔他的书包,就好像踢石头。这样既伤害了他,又伤害了我自己。我去找阿楠谈心,共同把这块'石头'搬掉!"②

小学生,尤其是低年级的学生,逻辑思维能力还不强,所以对他们进行启迪语引导时,应当尽量避免哲理性太强的抽象的说教语言,而运用类比启迪法,道理就很容易为他们所接受,这被实践证明是一种很有效的方法。

3. 感悟启迪法

教师对学生进行启迪教育,有时可以将问题提出,容学生事后自主思考和感悟。感悟启迪法的好处是可以使学生感受到教师对自己的信任,从而更好地发挥自己的主观能动性,在更大程度上实现自我教育。运用感悟启迪法必须具备两个条件:一是教育对象出现的问题不及时处理并不会产生很大的危害或造成不好的影响;二是教育对象具有自我教育的感悟能力。

---

① 徐东.教育学[M].昆明:云南大学出版社,2010:236.
② 程培元.教师口语教程[M].北京:高等教育出版社,2004:189.

示例

《列子》上有个薛谭学讴的故事，薛谭跟秦国著名歌手秦青学艺，过了一段时间他觉得自己学得差不多了，便要辞师而归。秦青在野外设宴为他送行。席间，秦青引吭高歌，声震林木，响遏行云，薛谭幡然悔悟，终身不敢言归。①

教师提出问题，请学生思考，在当时是无法看出明显成效的，教师要关注学生的发展，从点滴细微之处观察学生是否发生了预期的变化，由此判断教育的实施效果。

4. 榜样启迪法

运用榜样启迪法，所列举的例子都是正面的，教师的观点是隐含在榜样的言行中的。这种方法常常用在和小学高年级的一些自尊心特别强而心思又细腻敏感的学生谈话中，可以保护他们的自尊心，不致引起他们对教育的抵触情绪。

示例

有位转学的学生作业写得十分潦草，教师把他叫到办公室，拿出一本字迹工整的作业递给他说："你看这位同学的作业写得怎么样？"这位学生看了一眼，没说什么。教师又拿出一本字迹不工整、错误较多的作业给他看，再问他："你看这本怎么样？"这位学生看了后说："跟我差不多。""你再看看两本作业的名字。"这回学生疑惑了："都是李林的？"教师抓住时机，诚恳地说："差的一本是李林以前的作业，另一本是他现在的作业。你现在的作业和去年李林的作业差不多，但这不能说明你永远都是这样。李林同学经过半年的努力后，写出了工整漂亮的作业，老师相信你一定会像李林一样，用不了多长时间就能将作业写好。"②

教师没有运用太多说教性的语言，而是给这位学生展示了李林的前后两本作业，通过对比后告诉这位学生，他也可以写出这么漂亮的字只要努力就一定会有进步，运用榜样的力量，使学生看到努力的方向。

技能实训四

1. 如果你是这位教师，面对如此尴尬的局面，你将如何处理。

缪老师精神抖擞地走进教室，给新班级上第一堂课。他先做自我介绍。"同学们，我姓缪……"他正要在黑板上写"缪"字时，不知哪个座位上传出一声"喵……"于是全班哄堂大笑。③

2. 班主任发现班上有不少学生在吸烟，但他没有采用横加指责的方式，也没有直接点名批评，而是

---

① 陈传万，何大海. 教师口语［M］. 合肥：合肥工业大学出版社，2008：84.
② 程培元. 教师口语教程［M］. 北京：高等教育出版社，2004：192-193.
③ 郭启明，赵林森. 教师语言艺术（修订本）［M］. 北京：语文出版社，1998：124.

选择用诙谐含蓄的语言表达方式启迪学生，使他们自己认识到吸烟的危害，让学生在笑声中感受班主任的用意并改正抽烟的恶习。请帮这位班主任设计一段启迪语。

3. 分析下面材料，这位教师采用的是什么启迪语方法？请结合例子说说这种方法的好处。

大雁正好从头顶飞过

二年级的小强站队时总是拖拖拉拉不想站，他不是在教室里磨蹭，就是跑到一边去玩。一天，放学站队的时候，小强在后面磨蹭着玩，这时一群大雁从头顶上飞过，老师把小强叫过来，拍着他的肩膀说："小强，你看见了吗？这群大雁排队排得多整齐呀，它们一会儿排成个'人'字，一会儿排成个'一'字，没有一个不守纪律的。你知道他们为什么没有一个不排队的吗？"小强说："不知道。"老师接着说："因为那样会脱离集体，会掉队，掉队就会迷失方向，遇到危险。"小强渐渐明白过来，说："老师，我懂了，连大雁都知道排队，我以前还不如大雁呢，我要向大雁学习。"以后小强站队的时候真的不再磨蹭了。①

五、激励语

激励语，是指教师运用赞美、表扬、激将、鼓励等方式，来激励学生奋发向上的教育口语。

（一）激励语的要求

教师在使用激励语时，要找准学生的动情点加以刺激，把教师或社会的期望变成被激励者的动机和兴趣，激发学生强烈的荣誉感、责任感和奋发向上的热情，向着更高的目标努力。激励语与表扬语的区别在于，激励语主要着眼于对学生未来言行的激发，表扬语则重在肯定。运用激励语一般要求做到以下几点。

1. 语言要具有鼓动性

在教育实践中，教师往往会在一些比赛或集体活动开始之前说一些激励语，用来鼓舞活动参与者的信心与热情；或在一些活动或谈话结束时，结合当时的实际情况使用激励语，给学生以鼓励，激发学生向更高的目标进发。为了达到这一教育目的，激励语一定要具有强烈的鼓动性和号召力，使学生心灵受到震撼，催其向更高的目标迈进。

一席话点燃一团火

在学校开展的"争做雷锋接班人"的活动中，班主任对全班同学做了这样的动员讲话："同学们，我们这个战斗的集体就是一支即将起航的舰队，我们将它命名为'雷锋号'舰队。舰队的宗旨是'学习英雄，团结奋进'。今后，若我们的队员在学习和生活上碰到了困难，就像在海上行驶中遇到了风浪，大家要以英雄为榜样，齐心协力去战胜它。同学们，我们'雷锋号'舰队即将起航，让我们开足马力、扬起风帆勇往直前，驶向那片金色的海岸！"

---

① 程培元. 教师口语教程［M］. 北京：高等教育出版社，2004：193.

班主任这番话点燃了学生心中的一团火,全班同学群情激昂,斗志倍增,在活动的开展中取得了可喜的成绩。

教师的话就如绚烂的火花,点燃了学生心中的火把,有效地激发了学生奋发向上和勇于进取的精神,具有较强的号召力和感染力。

2. 语言要具有激发性

激发分正面和反面两种。正面激发时,刺激物(话语)与激发目的一致;反面激发也称激将法、反语激发。激励语主要用于激发情感,鼓起勇气,调动积极性,使学生从消极、悲观的情绪中走出来。因此,教师在运用激励语时,必须饱含激情,要用自己炽热的情感和坚定有力的语言来激励和鼓舞学生。

示例

某校三年级 A 班,"做时间的主人"主题班会即将结束。

师:珍惜时间是一个人的美德,懂得珍惜时间的人,生命才有价值。大家都表示要做时间的主人,还定了"惜时公约"。对于公约规定的几条,大家有没有不赞成的?

生:没有!

师:既然大家一致通过,我们就应该说到做到。现在我们把"时光老人"赠送给我们的礼物——时钟挂在教室后面,让它来监督我们,好吗?

生:(热烈鼓掌)好!

师:同学们注意,(稍停)还有一件重要的事情别忘了,那就是一个月后,我们要进行一次"珍惜时间的小标兵"评比活动。同学们有没有信心当标兵啊?

生:(激动地)有![1]

这段话的教师用正面激发的激励语,鼓励学生"做时间的主人"、争当"珍惜时间的小标兵"。教师的激励语中没有空洞的理论阐述,而是通过生动的内容,几个问句,巧妙地完成了激励任务。

示例

欧阳山美是个独生女,学习十分上进,就是性格有点娇气。有一次,班级组织爬山活动,大家都跃跃欲试,看谁能最快爬到山顶,可她却犹豫不决,想和身体不适的同学一起坐缆车上山。班主任见状,走到她跟前,对这个开朗的女孩说:"山美,老师原来想交给你一个任务,但看你望山发愁,算了吧!""老师,是什么任务?""这任务呀,得让爬山爬得最快、最能吃苦的同学完成,山都把你吓倒了,还是算了吧……""老师,我行!我一定完成任务""真行?""真行!""那你参加'尖兵班',给大家开路,是英雄是好汉,爬上山顶比比看。"

"但看你望山发愁,算了吧!"这句话乍一听好像是瞧不起山美同学,信不过她,实际上班主任是想给这位学生以反面激发,让她鼓起勇气战胜困难。结果真的激起了学生的好胜心,非要做给班主任看看,山美同学坚定地说出"我一定完成任务"时,班主任的教育目的已经达到了。

---

[1] 秦海燕. 教师口语训练教程[M]. 济南:山东人民出版社,2008:284.

（二）激励语的类型

1. 目标激励法

目标激励法，就是教师根据班级或学生个人的实际情况，科学地确立奋斗的目标，以此调动学生努力实现目标的积极性和主动性，激发学生的上进心和自信心的方法。有了目标，学生不仅可以了解自己与目标之间的差距，而且有了为之努力的方向。

某校二年级召开"做未来的科学家"主题班会，班主任先神秘地让同学们轮流看一个盒子，并说里面装着一张"未来科学家的照片"。其实盒子里面放的是一面镜子，每一位同学看到的都是自己的形象，班主任所说的"未来的科学家"指的就是班上的每一位同学。同学们高兴极了！

这时班主任说："是的，同学们，未来的科学家就是你们呀！你们是祖国的未来，祖国的建设需要你们去接班，祖国的科学事业需要你们去接班呀！但是，做科学家的接班人可不是一件容易的事，要想成为接班人，从小就要勤奋学习，打好基础。让我们像窗外的小树一样，如饥似渴地汲取知识的养料，不断地增长自己的才干吧！"

班主任语重心长的激励语，既给学生指出了"做未来的科学家"的高远目标，又指出了实现目标的途径和要求。班主任用缓慢且坚定的语速，恳切地对学生提出了希望：为了实现未来的梦想，我们现在就要发奋图强。

2. 情境激励法

情境激励法，就是创造教育情境，以境动情，引起师生感情的共鸣，使学生在感情上受到强烈感染的方法。教师使用这种方法，需要巧妙地设置具有形象性、感染性的教育情境，在语言表达上也要做到声情并茂，从而充分激发学生的道德动机。

在一个严冬的早晨，班主任把班上的小勇叫到讲台前，举起他冻得又红又肿的双手，对全班同学充满深情地说："请大家看看这双手，手背上的血迹是冻裂的伤口。如果把双手放入冰凉刺骨的水中，又会是什么滋味呢？"同学们看着小勇的手默默地流下了眼泪，班主任继续说："可就是这样的手，一笔一画地按时完成了作业，并且字迹工整。我们应不应该向小勇学习？"学生大声说："应该。""可是有些同学到现在还没有按时交作业，你们说应不应该？"在"不应该"的声音中，班主任看到几位同学惭愧地低下了头。"老师相信以后每一位同学都能按时完成作业，用行动告诉老师你们都很棒。"

教师以一位学生冻伤的双手，巧妙地创设情境，以此感染其他学生，劝导其他学生要按时完成作业，最终达到教育的目的。

技能实训五

1. 学生小涵的朗诵特别优美动听,全班同学对她参加学校的朗诵比赛都满怀希望。但在临赛的前一天,学校要求她更换朗诵的内容。班主任按要求给她重新选好了内容,可是她却以时间来不及为由打算放弃比赛。如果你是班主任,面对小涵这种消极的心态应如何激励她,请设计一段激励语。

2. 某校每周一都要举行庄严的升旗仪式,旗手都是由各班轮流选拔同学来担任的,能当上旗手是一件非常光荣的事情。本周的升旗任务终于轮到了三班,全班同学都非常珍惜这次难得的机会,很多同学都希望自己可以当上旗手。班主任就此举行了"评选光荣旗手"的主题班会,请帮班主任设计一下主题班会开始时的激励语。

六、调解语

调解语,是指教师为学生排解纠纷,使矛盾双方重归于好所运用的教育口语。中学生普遍思想单纯,认识片面,争强好胜,喜欢斗嘴、抬杠,常常引发各种各样的矛盾,致使同学关系紧张,甚至影响到同学之间的正常交往。教师可以运用调解语从中调停、撮合,帮助学生化解矛盾、协调关系,努力创造一个宽松、和谐、友谊、奋进的学习环境和生活环境,以利于学生的健康成长。

(一)调解语的要求

1. 正视问题

对学生之间的矛盾或纠纷,教师应当引导矛盾双方从根上寻找冲突的原因,并化解矛盾。教师应从矛盾双方产生冲突的原因着手,耐心地分析、开导,使双方认清什么是错的,需要改正,什么是误会的,需要加强沟通,不要为一些鸡毛蒜皮之类的小事争执不休或非要比个高低,不要因为对方不小心误会了你或言语出了格,就斤斤计较、耿耿于怀。双方可以通过谈心、交换意见,来加深了解、消除隔阂。

2. 暂避锋芒

当矛盾双方都处于愤怒、激奋的情绪时,教师应用暂时回避矛盾的方法,要求双方先克制、忍让,避开锋芒,或者限制双方的某些举动,采取分离的办法减少冲突,待双方恢复理智后再着手解决问题,这样能够缓解、淡化矛盾。如果这时教师操之过急,乱加训斥,原本的调解反而会变成"火上浇油",往往会引起学生当着教师的面竭力申辩、互相指责,最后导致争吵愈加激烈,陷入不可收拾的局面。

3. 公平公正

学生之间的纠纷和矛盾,有时很难分清谁对谁错,有时则是双方都有一定的责任。这时,教师应以自身的权威介入冲突之中,对等地将双方"各打五十大板",均给予一定的批评教育,特别是矛盾纠纷的双方都在现场时,更应如此。否则,一方会误以为教师偏袒另一方而"不服气",或一方会误以为教师轻视另一方而更加盛气凌人。教师可当着双方的面进行批评教育,速战速决地解决矛盾,使双方都从纠纷当中清醒地认识自己的错误,从而进行自我批评和检讨,消除怨气,达成和解。

(二)调解语的类型

1. 冷却法

当矛盾双方处于激动的情绪中,教师应当利用自身的权威介入冲突之中,要求双方先克制、忍让,进行"冷却降温",将双方分开,先缓解、淡化矛盾,待双方恢复理智后,再着手解决问题。

学生甲和乙在课外活动时,为了争抢一张乒乓球台吵了起来,甲在情绪激动时竟动手打了乙一耳光,旁边的同学立即上前拉开甲。乙认为自己被打了耳光,既丢了面子又吃了亏,十分恼怒,从地上拣了块石头,准备寻机报复。班主任立即让旁边的同学把乙带到办公室休息,并让甲和乙好好反思,第二天再处理这件事。第二天早上,甲主动找班主任承认了错误,很后悔自己当时的不冷静,并且诚恳地向乙道歉;这时的乙已经心平气和,接受了甲的道歉,反思了自己的不冷静,并且感谢班主任的帮助和点拨。[①]

甲和乙在出现争执时,双方情绪十分激动,矛盾面临进一步激化。班主任及时采取了冷却法,将双方分开,先缓解矛盾,让甲和乙进行自我反思。到了第二天,双方恢复理智后,问题就很顺利地得到解决。

2. 公平法

产生冲突和纠纷的双方,有时很难分清谁对谁错,都有一定的责任。教师可对等地将双方"各打五十大板",当着双方的面进行批评教育,使双方清醒地认识自己的过失,进行自我检讨,最终达到和解。

小李下课回到寝室,将茶杯里的凉水从楼上窗口顺手泼了出去。正巧,小王经过楼下,新买的衬衫被浇湿了。"缺德,烂手烂脚啊!"小王张口便骂了起来。小李听见了,伸出头,两人开始了一番舌战。张老师赶到现场后,迅速制止了舌战,问清情况后,马上指出:"小李不该从窗口泼水,小王不该张口就骂人。两个人都反思一下,自己都有什么错。"过了一会儿,小李不好意思地对小王说:"对不起,我不该往外泼水。"小王也马上认错:"我也不对,不该张口骂人。""战火"平息了,两人和好如初。[②]

因为一件小事发生冲突,小李和小王双方都有一定的责任,张老师在了解了事件的全部过程后,采用了公平法,将双方"各打五十大板",很快就化解了这个小矛盾。

---

① 陈传万,何大海. 教师口语[M]. 合肥:合肥工业大学出版社,2008:84.
② 陈传万,何大海. 教师口语[M]. 合肥:合肥工业大学出版社,2008:84.

• 技能实训六 •

1. 一次语文课上，教师布置同学们按学生小组进行讨论。但小明那个组却闹起了矛盾，要分组。玲玲委屈地对老师说："不是我不愿意在组里交流，而是他们不想听我发言，总说我又引用书上的话来显示自己了不起，所以我才不想和他们说了。"小组的其他同学则说："每次发言的时候，玲玲只想我们听她说，我们发言的时候她从不认真听。而且，她经常影响我们小组得五星。所以，我们不希望再和她一个组。"[①] 作为教师，面对这一情况你将如何进行调解？

2. 王勇和肖玲是同桌，一天，王勇不小心把钢笔墨水溅到了肖玲新穿的裙子上，肖玲非常生气，张口就骂："要死呀，拿个钢笔甩什么，有病！"王勇本想道歉的，一听肖玲的话也气不打一处来，就拿起钢笔使劲地甩，甩得肖玲脸上、身上都是墨水。肖玲哭着跑去找王老师。如果你是王老师，将如何处理这件事情呢？

3. 李老师走进教室，看见班上的两名女生正互相抱着头，扯拽着头发，扭成一团在打架。如果你是李老师，请你试着用幽默的教育口语调解两位同学之间的矛盾。

第三节　适应不同对象的教育口语训练

教师作为教育者，要与许多学生进行相处，而这些学生个体之间，又存在着兴趣、个性、能力等方面的差异。要对不同对象进行教育，就必须认识到教育对象之间的差异，承认差异，重视差异。因此，在教学和教育活动中，教师应从学生的实际出发，区别对待，有的放矢，针对学生的个体差异进行区别化教育，使所有学生都能够全面健康地发展。

一、个体教育口语要求

个体教育，是教师教育学生常用的方式，也是做思想工作十分有效的手段之一。一次成功的谈话，也许能够影响学生的一生；一次失败的谈话，事倍而功半，甚至适得其反。因此，教育口语必须讲究技巧，讲究实效，这就要求教育者在运用教育口语之前必须做好充分的准备，没有准备就不要展开谈话。

（一）确定谈话的主要目的

教师在进行个体教育之前，应先确定谈话的目的是表扬、批评还是了解情况，心中要有数，要大体上想好谈话的内容，可以设想一下谈话时学生可能出现的情况，准备好应对这些情况的方法。特别是开展批评性谈话，教师更要多进行一些假设，必要时，准备好一些针对学生所犯错误的材料、物证等相关物品，以备说服学生时使用。

---

① 陈传万，何大海. 教师口语 [M]. 合肥：合肥工业大学出版社，2008：81.

（二）选好谈话的时间、地点

教师在谈话前要选好谈话的时间和地点，除特殊的情况外，尽量在学生的闲暇时间里与其谈话，不要选择在学生做作业或参加课外文体活动的时候。因为此时找学生谈话，由于学生的注意力不在谈话上，往往会有应付心理，难以取得良好的教育效果。谈话的地点要根据谈话的内容和学生的性格特点而定。批评性谈话尽量不要在公开场合进行，可选择人较少的操场边或校园某个僻静的走廊等地。对于比较羞涩、胆怯、性格内向的学生，谈心时也宜选择这些地方。这样有利于保护学生的自尊心，消除学生的戒备心理。

（三）营造平和的谈话氛围，消除学生的戒备心理

教师找学生进行个别谈话，无论出于怎样的目的，在谈话之初学生都会有很强的戒备心理，他们一般都很注意教师的表情、语调、语气，揣测教师的用意。当学生犯了错误后，一听教师找他进行个别谈话，戒备心理会更强，往往会很自然地产生"防御定式"，并预先想好防御对策。对于那些偶然犯错或所犯错误较大的学生来说，教师找他谈话还会使其产生惶惑、恐惧心理，并表现出情绪紧张、坐立不安的形态。所以教师要精心营造平和的谈话氛围，态度要和蔼，说话要有分寸，不要把问题说得过分严重，以消除学生的恐惧心理。如果是了解性谈话，教师可一开始就明确谈话的内容和目的，以消除学生的疑惑心理和防御心理。如果是批评性谈话，最好不要直接进入正题，可先谈一些与批评内容无关的话，等学生逐渐适应了谈话氛围后，再慢慢切入正题。

（四）批评性谈话要讲究策略

对于批评性谈话，教师要多用事例启发诱导，让学生明理，切忌呵斥、责骂、威胁。不管发生什么情况，即使是对方所犯的错误在情理上难以原谅，教师也不能过于冲动。若采取批评性谈话，有时非但不能"趁热打铁"，相反需要"适当冷却"。学生犯错误的原因是多方面的，有故意的，也有无意的，应多给学生留点自我改正的时间，"冷一冷"再跟学生交谈，毕竟学生是有自尊心和是非观念的，冷处理既能保护他们的自尊心，又能减少谈话的阻力。

二、面对不同个性学生的教育口语训练

人的个性包括兴趣、习惯、智能、气质和性格五个方面，其中性格是个性的核心。本书所指的"不同个性学生"的教育，主要是针对学生的性格而言的。所谓性格指的是一个人在待人处事时表现出的如何对己、对人、对事、对物的心理特征的总和。对于教师的语言，不同性格的学生所感受和理解到的会存在差异，回应的形式也会不一样。因此，教师要根据学生的性格特点，有针对性地运用教育口语。

（一）面对性格外向学生的教育口语

性格外向的学生的心理活动倾向于外部世界。这类学生对语言的理解和反应比较敏锐，直觉判断占主导地位，易于接受外部影响而改变自己的认知和态度。对这类学生常用的教育口语方式主要有以下两种。

1. 直接说理

直接说理,是指直截了当地发表意见,讲述道理,或者在讲清道理的前提下直接表扬或批评的方式。教师在运用这种方式时,语言要简洁,语气要肯定,可适当增强用语的指令性。

2. 情感激励

情感激励,是指教师运用教育口语中的情感因素,调动学生积极的情绪体验,促使他们积极向上。运用情感激励要注意教育口语的用词选择。在学生取得好成绩时,可用"老师真为你高兴""祝贺你"等褒义性的言语,语调可上扬一些,节奏轻快一些;在学生冲动时,教师要用平静的语调、劝诫性的言语使其平静下来,比如"慢慢说""老师相信你""别急""问题总会解决的"等。

(二)面对性格内向学生的教育口语

性格内向的学生的心理活动倾向于内心世界。这类学生对批评、否定性的言语特别敏感,容易产生偏执、自卑的心理定式,情感含蓄,表现欲望不外露,对语言的反应比较迟缓,一般不善言谈。对这类学生常用的教育口语方式主要有以下两种。

1. 诱导式

诱导式的教育口语,是指用启迪的语言来引导学生的方式。运用这种方式时,教师必须找准影响学生前进的思想障碍,用层层深入的说理方法,打开学生心灵的枷锁。

2. 委婉暗示

委婉暗示,是指用婉转的、旁敲侧击的言语来进行教育的方式。运用这样的教育口语方式,主要是为了避免矛盾激化,避免刺激教育对象,既易于让学生接受教育,又有利于保护学生的自尊心。

除以上两种方式外,教师对待性格内向的学生也要多用激励语,诱发他们参与活动的主动性和热情。教师可以用明确的目标激励学生,还可以用学生已经取得的成绩鼓励他们,增强其自信心,不对他们说泄气、失望的话语,帮助他们克服自卑感。在言语的选择和语气、语调的表达上,教师应始终保持对这类学生的信任、关切和期待。

小华在班里比别的同学大了两岁半,个子也比别人高一截,学习却比别人差。她十分怕事,只要是抛头露面的场合,她总设法推脱躲避。以往学校举行以班为单位的歌咏比赛她都不敢上场,这回又要比赛了,教师决定找她单独谈一谈。

师:(正在纸上画着什么)小华,你来啦?过来,帮我参谋参谋。

华:(怯怯地走近教师,发现教师要她"参谋"的是几幅画)这是什么图?

师:这是歌咏会的队形设计图,瞧,这一幅叫"孔雀开屏",这一幅叫"粉蝶展翅",这一幅像翻开的书卷,这一幅像涌动的波浪;当然,也还有女同学站前排、男同学站后排的"豆腐块"。

(两人同时大笑起来)

师：你看，哪一种队形好看？

华：（仔细看，不敢确定，许久，发觉教师仍旧等待，只好说）我喜欢"孔雀开屏"。

师：（热情、欣喜地）咱们想到一块儿了，就排"孔雀开屏"，你看——（用笔指着正中位置）这，就是你。这个位置最适合你，你个子高。你穿上五彩的连衣裙，戴上金色的孔雀头饰，排成孔雀尾羽的同学们簇拥着你。对——就这样（做了一个"孔雀望月"的动作），呵，太美了！你愿意为咱们班的集体荣誉出一分力吗？

华：愿意。但是，我怕……

师：有我，有同学们呢，别怕！

华：好，我试试。[①]

教师针对小华内向的性格特征，有针对性地引导、鼓励她当领队，教育口语运用得当。

三、面对不同水平学生的教育口语训练

"因材施教"这一教育理念历来为教育工作者所重视，优秀的教师总是能针对不同水平的教育对象，施以不同的教育内容和教育方法。所谓"不同水平"，是指学生在智力、能力和道德等方面所存在的差异。这种差异是教师在选取不同的教育内容和教育方法时的重要依据。

（一）面对后进生的教育口语

后进生是指智力、能力或道德认知水平较低的学生。对于后进生，教师应多用积极的教育口语，发现学生的长处，想方设法地鼓舞他，激励他，调动其潜在的积极因素，使其积极投入班集体的各项活动中。这是一种主动的教育，能收获良好的教育效果。而如果采用消极的教育口语，不准学生干这干那，一旦学生有了错误就给予严厉的批评，这种教育方式会束缚学生，使学生处于被监督的位置，容易引起其情绪压抑，限制其个性发展，甚至导致学生彻底丧失上进心。因此，教师对后进生谈话时需注意：

（1）不能只追求教育口语的技巧，重要的是对学生有真挚的感情，要相信"精诚所至，金石为开"。

（2）采用"肯定评价"的教育口语策略，不讥笑，不挖苦，不斥责，不说"过头话"，当宽容时则宽容，当抚慰时应抚慰。

示例

学校把一名刚从某中学"转"过来的学生安排到我班，经了解后才知道，其实他是一名在某中学多次严重违纪，被某中学"劝退"的学生。到班后没两天，便开始"旧病复发"，种种恶习劣迹不断，甚至上课还辱骂教师。同学们为班集体担心，近五十位同学一起找到我，要求把他从我班赶出去。我对他的做法虽然也义愤填膺，但想到素质教育理论中指出的：学生是不断发展变化的人，具有极强的可塑性，向哪个方向发展，关键在于引导，教育者应树立每位同学都能成才的信念。于是对大家说："大家的行为表现了高度的责任感，我非常高兴，但我却不能支持你们的做法。不知你们想过没有，他只是一个人，而你们是将近五十人，我不相信一个人会改变五十个人，但我相信五十个人会改变一个人，你们的这种说法是一种懦弱的表现。"

[①] 秦海燕．教师口语训练教程［M］．济南：山东人民出版社，2008：297-298.

紧接着，我又用教育理论分析了该生的所作所为，告诉大家他这种近乎夸张的表现正是他担心大家不接纳他的内心恐慌的流露，是一种自卑的心理障碍的外在表现。只要大家共同努力，在诚心接纳他的同时真心去帮助他，一定会有好的效果。我又把已制定好的帮扶措施布置下去，指定骨干同学主动和他多接近、交朋友。同时，我又多次找他谈心，每次都肯定他的点滴进步，四次对他家进行家访。家访中发现他家生活很困难，在第四次家访时，我捕捉到了一次契机，对他的转化起到了很大的推动作用。这次去他家，发现家里没人，和邻居打听得知，他父亲出了车祸，邻居还告诉我，他家如何困难，并且告诉我这个孩子在家对他父母很孝顺。回校后，我找来班干部，讲了一下他现在的困难，经班委会商议，决定以班委会的名义号召全班同学为他捐款，我带头捐了二十元，同学们也解囊相助，全班捐了近二百元。钱虽不多，却代表着四十八颗火热的心。当班长代表全班将钱送到该生家里时，他终于被彻底感动了，流泪向班长做了保证。之后没几天，学校举行运动会，他主动报名参加最艰苦的男子五千米跑，当他在跑道上奋力拼搏时，我和全班同学一起为他呐喊、助威、欢呼！虽然他并没有取得好名次的实力，但我知道，他已踏上了新的人生之路。[①]

（二）面对中等生的教育口语

中等生在各项活动中表现既不突出，也不落后，大多时候"比上不足，比下有余"。相较于优等生，这类学生的拼搏精神较弱，缺乏前进的动力。针对中等生的这种心态，教师在施教过程中，应以激励的教师口语鼓励他们勇于奋进。教师一旦发现这类学生有上进的要求，就要抓准时机，及时对其给予激励，开启他们的动力点。

示例

担当班主任不久，我发现班内有一位女学生，学习、纪律、劳动、生活各方面都相当不错，可是终日郁郁寡欢，课上回答问题从没有主动举过手，但教师叫到她时，却总能回答得叫人比较满意；课下，她也不参与什么活动，似乎与教师和同学都难以接近。我无意中发现，在她的一个笔记本的扉页上写着这样一段话：我是草丛中的一颗顽石，旭日的光和热与我无缘，那只是身旁小草的春天；我是华章中的一个标点，欢呼，我无功，咒骂，我无过。这时我马上意识到，在她那平凡的学生生涯中被一种沉重的心理负担所压抑着。如果能找出这个根源，于她的学习成绩和各方面的发展都将大有裨益。于是我主动创造机会与她接触，在一次我和她的单独谈话中，她的诉说给我留下了很深的印象。

这是位性格内向、性情文静的女孩子，成绩中等偏上，平时各方面表现都很好。令她困惑的是：为什么多年来，除了课堂提问以外，班主任很少找自己谈话，连随意的询问和关心都少得可怜，其他任课教师就更不必说了。为此，她感到自卑，郁郁寡欢，总觉得自己谁也不如，班中那些成绩好的和成绩差的都能得到教师的关注，他们各方面有一点点的进步都能得到教师的充分肯定，而自己呢，却一直像不知名的小草，被教师们彻底遗忘，难道自己真的糟糕至极吗？她很迷茫……

---

① 秦海燕. 教师口语训练教程［M］. 济南：山东人民出版社，2008：298-299.

当时，我帮她分析了她和教师们的心态，使其意识到自己思想上的狭隘，明白了师生互动的重要性。并且，在相当长的一段时间中，我与其他教师以及班干部都注意多出现在她眼前，多与她交谈，在不知不觉中去改变她那种心态。今日，听说她主动找了各科的教师进行了很长时间的交流，也发现她心中的坚冰已开始融化，欢乐开始洋溢在她的脸上。在一次班内活动中，我们来到室外，我装作若无其事的样子和她谈起了天气，她没能意识到我的用意，很欣然地发出感叹：太阳照在身上暖洋洋的，年轻真好。我顿时长出了一口气，知道她心中的郁结终于根治了。①

"抓两头，带中间"这一方法，忽视了对中间大部分学生所造成的负面影响。前面的"抓"了，后面的"促"了，而中间的大部分学生却被放任自流。那么，这部分学生不该被重视吗？他们该由谁来关注呢？这是新形势下对教育教学工作提出的新课题，在今后的教育教学实际工作中有待于教育工作者的进一步的研究和探讨。

（三）面对优等生的教育口语

优等生通常学习刻苦，有进取精神，由于成绩好，一般也比较自信，甚至自傲，甚至有时遇事好自作聪明。与这类学生进行谈话教育时，一般可采用暗示的言语委婉提醒，诱导说理；有时也可采取"响鼓重锤"的批评方法，促其自省，使其认识到自身的不足之处。在对优等生进行教育时，教师应做到：

（1）适当提高教育口语中的信息含量和讲解深度，满足这类学生强烈的求知欲。运用精当的点拨语、诱导语，推动优等生主动探索，向更高的目标前进。

（2）用哲理性强的语句启迪这类学生的思维，委婉暗示提醒或直接说理，评价时注意分寸，要做到既不使其飘飘然，又不伤其自尊心。

> 我班一名学生入学成绩比较好，且在学生中有一定的威信，但是在竞选班长时，他没有当选。于是他就总是和班长对着干，甚至在私下说一定要把班长拉下来。为此，他总是无事生非，鼓动别人说班长的坏话，弄得班长无法开展工作，无心学习。我发现了这件事，在一次饭后，我找到了这名同学，我没有直接批评他，而是给他讲，想当班长是件好事，愿意为同学服务，这是非常光荣的事情；但是，必须靠自己的真本事，通过自己各方面的表率作用，来赢得同学们的尊敬与拥护。经过耐心的说服工作后，他低下了头说："老师我错了！我决心通过自己的努力赢得同学的信任，下次竞选时和班长公平竞争。"所以，及时发现并处理好"绩优生"的嫉妒问题，有利于班集体的团结与稳定，有利于良好班风的形成。②

---

① 秦海燕．教师口语训练教程［M］．济南：山东人民出版社，2008：299-300.
② 秦海燕．教师口语训练教程［M］．济南：山东人民出版社，2008：300.

第四节 对学生群体讲话的技能训练

学校教育的目的性、计划性和组织形式决定了学校教育的特征之一是群体教育。不同场合谈话的目的、要求、内容、形式、方法,既有相似之处,又各具特点。

一、群体教育口语的要求

(一)目的明确,简短扼要

面对学生群体的教育谈话宜短不宜长,对中、低年级学生的谈话及户外列队谈话更宜如此。通过谈话,要说清什么道理、提出什么要求、达到什么目的,教师对此应有明确的认知。另外,由于中学生维持有意注意的时间仍较短,枯燥、冗长的谈话教育不仅会使学生感到厌烦,还会影响到谈话教育的效果,所以,集体性谈话的内容一定要简洁、集中,每次只谈一两个问题,谈话时间最好控制在15分钟以内。

(二)谈话要有科学性、针对性和启发性

教师的谈话要以事实为基础,不主观臆断,不听一面之词,不讲假话、空话、大话和套话,通过摆事实、讲道理启发学生思考,从而使学生改变原来的认知和态度,接受教师所讲的道理,并用以指导自己的行动。

二、不同形式的群体教育口语

(一)教学教育口语

就课堂教学而言,其中蕴含着大量丰富多彩的教育资源。教学过程本身不仅是传授知识、培养能力的过程,还应当是升华思想、陶冶情操的过程,这是与"教书育人"的原则相一致的。同时,课堂教学作为一种复杂的多边活动,教师不可能使课堂教学的每一个细节都处于自己的完全控制之中,教学过程中难免会出现一些"意外"情况,有时这些"意外"恰恰是教师教育引导学生的很好的切入点。这时,教师应当抓住有利时机,在不影响教学活动的前提下,通过灵活运用教育口语,使相关教育内容自然、和谐地渗透到教学过程中。

> 示例

有一位教师,在给临毕业的学生们上最后一节课时,他把学生们带到实验室,给他们做最后一次实验——"水的三种形态"。教师对孩子们说道:"人生也有三种形态,当你对生活持0℃

以下的态度时,你的人生便是结冻的冰;当你对生活持平常态度的话,人生便是水,虽可流动,但却无法超过湖河的局限;如果你对生活持100℃的激情,你就是水蒸气,能够不受限制、积极地生活。"①

(二)晨会教育口语

1. 升旗仪式讲话

升旗仪式上的讲话是升旗仪式的组成部分,讲话的主要目的是对学生进行爱国主义教育和国情教育。"国旗下的讲话"一般要求语调昂扬、情感真诚、简洁有力。

亲爱的老师们、同学们:

大家早上好!

我是你们的新校长,今天在这个庄严的升旗仪式上,正式与你们见面,与你们一起沐浴和煦的秋阳,一起展望似锦的前程,我的心情无比高兴,无比激动,也无比振奋!首先,我要把第一声祝福送给全体的老师和同学们,祝愿大家在今后的日子里每天都有快乐的心情,每天都有可喜的收获!

……

亲爱的同学们,我们所处的时代,是一个充满机遇和挑战的时代,也是一个成就事业和大浪淘沙的时代。你们正值青春年少,有如搏击长空的雏鹰,又如历练风雨的青松。成功的希望在招引着你们,辉煌的事业在等待着你们,学校的发展离不开你们,民族的振兴和祖国的富强更需要你们。因为,世界是我们的,也是你们的,但是归根结底还是你们的。那么,你们将怎样去创造这个世界,怎样去描画这个世界,怎样来报答生你疼你的父母,来感谢教你育你的老师,来回报养你护你的祖国呢?

作为校长,我真诚地期待你们,期待你们成为理想远大、热爱祖国的人,成为追求真理、勇于创新的人,成为德才兼备、全面发展的人,成为视野开阔、胸怀宽广的人,成为知行统一、脚踏实地的人,成为永远让五星红旗骄傲和自豪的人!②

2. 常规晨会讲话

常规晨会讲话是指在日常晨会活动中的教育讲话。常规晨会讲话还可分为全校晨会讲话、年级晨会讲话、班级晨会讲话等,这类讲话一般安排在早操或课间操之后举行。其用语的特点是:第一,多用说明、阐述、评述等表达方式,评述时一般会结合批评、表扬;第二,用语通俗、鲜明、具体,要言不烦;第三,语速、语调、音量随场地、人数和设备情况的不同而变化。

---

① 张万祥. 德育智慧源何处——心灵感悟德育经典案例 [M]. 北京:中国轻工业出版社,2010:157.
② 秦海燕. 教师口语训练教程 [M]. 济南:山东人民出版社,2008:304-305.

早操后,三年级集中时的晨会讲话:

同学们,最近,值日老师反映:许多同学中午很早就来学校。他们到校后,在操场上追来赶去,在教室里打打闹闹,大喊大叫,玩得很疲劳,等到上课,就撑不住打瞌睡了。我们学校还住着许多老师和他们的家属,中午在学校里吵闹的同学想过了吗,你们的大声喊叫,会不会影响他们的休息呢?《中学生日常行为规范》第五条要求我们:"不打扰别人的工作、学习和休息。"希望同学们想一想,做到了没有?

中午在校园里追逐打闹,对自己、对别人都不好。从今天起,要求大家不要过早到校。提早到校的同学,应当在教室里休息,自觉保持安静,同学们要互相督促。①

这段晨会讲话集中解决了一个问题,指出了最近出现的不良现象,分析了造成的不良后果,提出了改正的要求和措施。话语简单而明确,批评有理有据而不过分,使学生在明确行为准则的过程中得到了道德启示。

(三)班会教育口语

班会是班集体成员的会议。班会的基本任务是讨论班集体的工作任务,讨论班集体成员共同关心的问题,以及开展批评和自我批评。班会有班务会、生活会和主题班会三种。班会的特点是能从培养学生健全的人格、优良的品质着眼,从细微处着手,不断地强化、深化,在潜移默化中完成对学生的教育。

班会的召开要达到预期的效果,必须要做好充分的准备工作。比如,在主题班会中,教师不但要讲究教育形式的艺术性,而且要讲究教育口语的艺术性。唯有如此,才能使学生深受感染,让德育内容潜移默化地融入学生的心灵之中。在主题班会的准备过程中,班主任需仔细观察学生的日常行为,寻找学生中普遍存在的问题,并将之升华为班会的主题。同时,班主任还应号召学生积极参与,在资料的收集、素材的寻找、节目的排演中,让学生相互协作,培养学生团结奉献的精神。

思考与练习

1. 最近天气越来越冷,学生的迟到现象有开始泛滥的苗头,为此,三年级年级组长要在晨会上就这一情况进行教育。请你为年级组长写一篇讲话稿。

2. 班主任在周三要做一个以"爱护校园环境"为主题的班会活动,请你为班主任写一篇讲话稿。

---

① 国家教育委员会师范教育司. 教师口语(修订本)[M]. 北京:语文出版社,2001:276.

第五节　处理偶发事件的教育口语训练

面对不同的教育内容，教师首先应分析具体环境、具体事件和具体对象，其次再决定采取什么样的表达方式和表述内容。但不论采取何种表达方式和表述内容，教师的目的只有一个，即让学生们自觉自愿地与教师配合，心服口服地接受教育，诚心诚意地改正自身的缺点，奋发努力地争取进步。连接师生心灵的桥梁就是语言，教师应努力用好这个武器，在传道授业解惑中为祖国培养更多有道德、有知识、有能力、有作为的新生力量。但在面对偶发事件时，教师所使用的教育口语还是应慎之再慎之。

偶发事件是指教育教学活动中未曾预料到而突然发生的事件。偶发事件对教师来说，无疑具有极强的挑战性，如果处理得当，会对学生产生极好的教育效果；一旦处理不当，反而会加剧事态的恶化。因此，对偶发事件的处理，教师须谨慎对待。

一、处理偶发事件的原则

（一）冷静沉着

偶发事件因其突发性和难以预料，常常令教师措手不及，心理容易失衡。特别是有些事件是学生不讲文明、不守纪律所致，有的事件甚至是个别学生对教师的"公然挑衅"，这很容易让教师产生"是可忍，孰不可忍"的愤怒情绪，甚至会产生"使出撒手锏""杀鸡儆猴"的错误想法。应该说，在这种情况下，教师产生恼怒、委屈、急躁的情绪是可以理解的，但千万不能失去自制力和理智，因为处理偶发事件的大忌就是不冷静。

（二）因势利导

遇到偶发事件，教师既要尽快解决，又要尽量避免产生不良的影响，因势利导就成为处理偶发事件的一个重要原则。要做到因势利导，必须全面了解学生，这就需要教师平时注意观察了解学生，分析研究学生，多积累和整理资料。只有这样，教师在遇到偶发事件时，才会心中有数，才能做到处变不惊，才可以找到开启学生心灵之门的钥匙。

（三）重在教育

偶发事件多半是比较孤立的事件，也大多发生在少数学生身上，但处理偶发事件却要着眼于大多数学生，以此增强教育的效果。除了极个别的偶发事件涉及个人隐私不宜公开处理外，大多数的偶发事件都可以作为教育的内容，用来"借题发挥"。班主任处理偶发事件时，不仅仅要解决某个具体的矛盾，教育某个具体的学生，而且要通过处理偶发事件，使大多数学生能够总结经验教训，提高认识，受到教育。

二、处理偶发事件的方法

（一）降温处理法

发生偶发事件后，学生多半会出现头脑发热、情绪不稳的状况，因此很难心平气和地接受教育。教师也容易出现心理失衡，以致未进行充分的教育准备和冷静细致的分析。这样就出现了学生和教师的心理和行为准备都不充分的状况，如果此时贸然实施"热处理"，难免发生失误或难以取得最佳的教育效果。因此，对待偶发事件，常用的办法就是"冷处理"。冷处理是从提高教育效果的角度提出的。实施"冷处理"，并不是对偶发事件置之不理，也不是拖拖拉拉不及时处理，而是尽量降低偶发事件的负面影响，争取调查了解的时间，等待最佳的教育时机，为全面、彻底地解决偶发事件做好充分准备。

示例

我曾遇到过这样一件事情。有一次，上课铃响了，我刚走进一班教室，只听"嗖"的一声，一个东西"飞"到了讲台上，定睛一看，原来是小光的作业本。

如此交作业的方式，令我顿时火冒三丈，我用锐利的眼神环视教室一周，本来很乱的教室一下子静了下来。我原想狠狠说他一下，但"冷处理"的念头在我脑中一闪，经过片刻的考虑之后，我决定先沉默。我把作业本放在桌子的一角，然后笑着对大家说："这种欢迎方式和交作业的方式有些特殊，不过老是这样作业本可受不了，你得为它着想。"教室里响起一片笑声。随着笑声我看了看小光，他刚上课时的神气劲一点也没有了，只是耷拉着脑袋一声不响地坐着。

下课了，我收拾好教科书走出教室，作业本仍放在原处，我相信他一定会自己拿着作业本来找我的。果不出我所料，下午放学前他来找我了，我让他坐下，心平气和地与他聊天。这时我摸清他这样做的原因：他觉得自己一直表现还不错而我却几乎很少注意他、表扬他。于是一种强烈的自我表现欲受到了压抑，才会发生课堂上扔作业本的事件。通过谈话使我进一步了解了他，了解了在我的学生中有许许多多像小光一样有见解、有主张的人，也使我更进一步了解了这个班。[①]

（二）变退为进法

许多偶发事件，事情本身并不大，但需要妥善处理。事情发生时，教师可不必急于解决，而是可以巧妙地把事情反过来抛给学生处理，引导学生自我反思、自我教育。以退为进，不是不处理，而是充分地相信学生，使学生做到自我管理，从而实现自我提高的目的。

[①] 秦海燕. 教师口语训练教程 [M]. 济南：山东人民出版社，2008：307-308.

小龙平时就是一个好动的学生,这不,在上数学课前,他拿书和同学互扔,一不小心太用力,结果把窗台上放着的盆栽打翻,盆栽掉在地上,摔碎了。怎样解决这一偶发事件?是下课去处理,还是立即批评?这时,教师变退为进,将这个事件的处理交给学生:"我们开始上课,问题下课处理。"下午,当教师再次走进教室的时候,花盆的碎片已经被清扫干净,窗台上放了一盆新盆栽。教师私下一问,原来是小龙同学很后悔自己太冲动、太鲁莽了,中午没有休息,去市场买了一盆新的盆栽回来。

恩格斯说:"所谓偶然的东西,是一种有必然性隐藏在里面的形式。"我们要善于从偶然中认识必然,并防患于未然。教师在处理偶发事件时,也应怀着积极、灵活、慎重的态度,尽可能降低事件的负面影响,化不利因素为有利的教育因素,主动、适时地开展教育,从而使班级稳定、良好地发展。

(三)移花接木法

教师在处理偶发事件时,有时会遇到这样的情形:当时所要完成的任务和时间不允许分散精力着手对偶发事件进行调查和处理,但不进行处理又无法平息个别学生的情绪,或是这样的事件原本也不必弄个水落石出,过了一段时间,这样的事件就不再成为"事件"。对此,教师可用移花接木的方法,利用学生身上的某个"闪光点",将学生的注意力巧妙地从对偶发事件的关注转移到另一件事情上去,从而对原本的小事进行淡化处理。

课间,两位学生发生口角,上课铃响了,班主任走来劝他俩进教室。一位学生很快地进去了,另一位学生因吃了亏,不愿进教室。班主任没有硬拖他进去,而是根据这位学生平时乐意帮助教师做事的优点,亲切地对他说:"你看我双手拿了这么多东西,你能帮我把黑板拿进教室吗?"这位学生看了看老师,就接过黑板走进了教室。教师马上对大家说:"刚才两位同学吵了架,但是有的同学顾全大局,为了让大家上好课,还帮助老师把黑板拿进来,我相信他一定能上好课,有问题课后解决。"后来,那位同学回到了自己的座位,比较安心地听课了。[①]

(四)幽默化解法

有些偶发事件的发生,造成了一定的尴尬局面,但本身作为一件小事并不值得争个曲直长短,如果强行追究下去,结果可能会越搞越糟。遇到这种情况,聪明的办法就是用幽默的言语来进行化解。运用幽默的言语,可以调节情绪,缓解冲突,更主要的是,幽默的言语本身就是教育的有力武器,常常能将一场冲突消于无形之中。

---

① 瞿葆奎.教师[M].北京:人民教育出版社,1991:614.

思考与练习

根据以下情境，请你设计一段处理这一事件的教育口语。

冬天，教室的门窗紧闭，学生们正在安静地上课。突然，不知从谁的书桌里飞出一只小鸟，学生们都欢叫起来。惊慌的小鸟左冲右突想要逃跑，兴奋的学生前后追堵要捉住它，一时间教室里乱成一锅粥。很快，小鸟被重新逮住。教师皱着眉头说："放了它，把它回归大自然。"丁丁心疼地说："不，老师，天这么冷，它会冻死的。"偶发事件演化为师生观点之间的冲突。

第九章 教师体态语言运用

导言： 教师的体态语言是一种以教师的身体为媒介的语言形式，是教师向学生传递知识的一条重要渠道。体态语言因具有极强的直观功能，而能够将抽象的情感化为具体的形象。

教学实践证明，一名优秀的教师十分懂得如何运用体态语言做教具。如有位语文教师在讲解《孔子拜师》这篇课文中"露宿"一词的含义时，将双手环抱在自己胸前向学生演示这个词所描绘的情境，学生得以感同身受，也觉得寒冷，从而体会到孔子在求学途中风餐露宿、饥寒交迫的感受。又如一位语文教师朗读课文，当读到悲愤的片段时，他满面悲戚，眼中闪着泪花，当读到激昂的片段时，他神采飞扬，有力地挥动着手臂——这样的体态语言无疑大大增强了教学的效果，既形象又直观，从而加深学生对课文知识的理解。所以，体态语言虽然是一种非口头性的语言，但它能配合有声语言有效地传递信息，能起到补充和强化有声语言的作用，运用得当可以大大增强有声语言的表达效果，有时候甚至能起到有声语言不能起到的作用。

第一节 教师体态语言的特点及分类

一、教师体态语言的基本特点

所谓体态语言，是指人在交际过程中，用来传递信息、表达感情、表明态度的非言语的特定身体态势。教师作为一种专业性较强的职业，具有鲜明的职业特征，教师的体态语言也有着鲜明的个性。

（一）控制性

在常态的生活中，我们的体态语言具有相当大的随意性。例如，见了熟人，面部会很习惯地露出笑容以示好感；与人交谈打手势，也是兴之所至，随意为之。教师在校园里始终处于众多学生视线的聚焦之下，他的一举一动、一颦一笑，无不影响着学生的情绪，给教学带来或积极或消极的影响。因此，教师体态语言表现出一定的"控制性"特点。

1. 体态预设

大多数教师在备课时都能结合课程内容的需要来确定自己的体态语言基调，并预先对一些重要的体态进行设计或练习。这种准备保证了课堂教学中有声语言与体态语言的最佳结合，是一位教师驾驭教学活动走向成熟的表现。

山东省著名特级教师宋君老师在教《十里长街送总理》这篇感情压抑、沉痛的散文时，她不但在体态和面部表情上提前做好调整，以便与课文内容相适应，甚至连服装都进行了精心设计：她穿了一身洁白的纱裙，表情肃穆地登上讲台，然后打开收录机播放悲伤的音乐……[1]

宋老师所设计的体态语言与课文内容十分契合，恰如其分地渲染出一种悲哀、抑郁的氛围，生动再现了送别总理的情境，为成功地授课做了很好的铺垫。

2. 调控表情

在高兴时喜笑颜开，沮丧时垂头丧气，生气时横眉冷对，悲哀时眼中含泪……这些都是人们正常的情绪反应，但在教师身上，有时却要根据教育教学的需要，有意识地适度控制，不能任凭感情通过体态语言随意流泻。学生需要一位精神抖擞、神情愉悦的引导者、组织者，带领他们进行课外活动，或游戏，或歌咏，教师即便心绪不佳，也不应在体态语言上过多表露出来，否则会影响教育教学活动的效果。

示例

王老师是一名刚刚毕业的教师，一天，在她的化学课上，她正在讲解烧瓶的容量是250ml，班里一个男生调侃地问："老师，是250吗？"班里学生都在下面低声地笑。王老师心中十分生气，但是她想了想，控制了一下情绪，微笑地回答："是的，这个烧瓶的容量是250ml。这位同学非常虚心好问，这非常好，不过一定要记得在说的时候，后面的ml不能省略，那是它的计量单位，千万不要忘记。"本来想让新老师出丑的男生，听到老师的回答后，默默地低下了头。

作为刚毕业的教师，当遇到刺头的学生，面对课堂上棘手的情形，这位教师有效控制住了自己的体态语言，调控了自己的心情，更好地适应了课堂教学的需要。

示例

最近，李老师的心情不太好，自己的父亲因病住院，情况不是非常乐观。这天，班里来了一名转学生美美，来到一个新环境感到非常陌生的美美小心翼翼地躲在爸爸身后，李老师看见了，微笑地看着美美，并主动伸出手迎接她。美美被李老师的微笑融化了，牵住了李老师的

---

[1] 李振村. 教师的体态语言[M]. 北京：教育科学出版社，2011：26.

手,和她一起走进教室。事后,美美回忆说,当时内向害怕的她正是看到了李老师的笑容,才鼓起勇气,有了自信。

教师也是普通人,有着自己的烦恼、忧愁和不如意,但作为教师,当每天踏进校园的那一刻,就要调整好自己的体态语言,以精神饱满的面貌面对学生,这才是一名合格的教师应该做到的。

(二)选择性

从应用效果这一角度,可以将教师体态语言大致划分为积极体态语言、消极体态语言和无意义体态语言三大类。

1. 积极体态语言

所谓积极体态语言,是指能够支持或修饰口头讲授、强化授课效果、提高教学效率,能够独立表达有关教学内容,有助于学生理解知识的疑点、难点,能激起学生学习兴趣的体态语言。

心理学家罗森塔尔做过一个科学实验:他从一所小学的一年级和二年级中随便挑选了几十位学生,然后悄悄地对有关教师"撒谎"说这些学生是最有发展前途的学生,并叮嘱教师务必保守这个秘密。这个"谎言"对任课教师起了暗示作用,而教师又将所受的暗示通过自己的情感、语言和行为传递给了接受实验的学生,使这些学生变得越发自尊、自强和自信。8个月后,罗森塔尔对这些学生进行测试,结果奇迹出现了,他们个个成绩优异,且性格开朗、求知欲旺盛。

这就是著名的罗森塔尔效应。从这个案例中,我们可以看出积极的体态语言对教育教学效果的影响。所以教师在教育教学的过程中,要多多运用积极的体态语言,如摸摸学生的头、向学生竖起大拇指等,并告诉学生:"你能行!"

2. 消极体态语言

所谓消极体态语言,是指非但不能强化课堂教学效果,而且还会分散学生的注意力、影响学生学习的体态语言,如教师在课堂上哈欠连天、无精打采等。

一位研究学者曾在一所中学的高二班学生中进行过一次尝试,要求学生在听课时都交叉双臂于胸前,结果一位老教师在讲课时表现得无精打采,一位年轻教师则表现得很紧张。事后,事后研究学者分别征询了两位教师的意见。老教师觉得学生这样抱起双臂,完全像一个旁观者,没有全身心地投入,讲得没劲,提不起情绪。年轻教师则觉得学生似乎很漠视教师,好像在审视教师的讲课而不是在学习,让他感到一种无形的压力。[①]

---

① 庄锦英,李振村. 教师体态语言艺术 [M]. 济南:山东教育出版社,1993:246.

抱起双臂的动作是一种消极体态语言，这一动作的客观封闭性会影响师生间的情感沟通，以致无法相互敞开心扉。

3. 无意义体态语言

所谓无意义体态语言，纯属教师因某一方面原因而形成的一些习惯性动作，如有的教师在授课中喜欢把手插在口袋里，或双手撑在讲桌上等。这类体态语言一般不致干扰讲课，但也没有多少实际意义。

王老师有一个绰号，背地里学生都叫他"眼镜老师"。每次在讲话前，王老师总是会用中指推一下眼镜，后来学生发现这是他的标志性动作，以至于很多学生一提到他，就会学着他的动作推一下眼镜，大家心照不宣地哈哈大笑。

推眼镜是一个简单的习惯性动作，这个体态语言不会干扰到讲课，但是也没有什么实际意义，反而让学生产生模仿行为，要尽量避免。

教师在教学中应尽量选择积极体态语言，避免无意义体态语言，克服消极体态语言，以保证用最集中、最精简的非言语行为承载最丰富的信息量，发挥最优化的表达传输功能。

（三）学科性

不同性质的学科，不同的教学内容，需要运用不同的体态语言，因此，教师的体态语言具有较突出的学科性。

一般来说，体育、舞蹈等技巧性或艺术性科目，体态语言的使用频率较高。在这类学科的教学中，教师的有声语言有时仅能起到提示、说明的作用，而要对学生进行动作示范，则主要靠运用体态语言，以供学生模仿、学习。这类体态语言已形成固定的模式，有专门的含义，又被称为"非词汇性语言"。

语文、德育等文科类课程，所使用的体态语言具有较强的形象性，以模拟形象、再现情境、演示情节为主要内容。数学、物理、化学等理科类课程，所使用的体态语言有较突出的说明色彩，以展示原理、说明事物为主要内容，其主要作用是化抽象为形象、化概括为具体，为学生理解枯燥的知识铺路搭桥。

青春美丽的音乐教师讲课时，她的动作大方、美观。唱歌时，她站成"丁"字步，手臂随着音乐的节奏，划出一条条优雅的弧线。

温柔聪慧的语文教师讲课时，她就像一位社会活动家，她的表情时而神采飞扬，时而忧愁委婉，语句之间互相联系，字字句句都有着不可抗拒的力量。

幽默有趣的数学教师讲课时，他的表情极为丰富。有时，他眉毛一扬，伸着脖子提问学生，有时重重地点头，有时则把手放到耳朵后面细细地聆听学生的回答。

严谨专业的化学教师讲课时，就像一位魔术师，他会把手指放到嘴前，做出"嘘"的动作，学生们的目光都随着他的手转动，眼睛都不敢眨一下，生怕错过了精彩的画面，化学教师念了一段"咒语"后，学生惊奇地发现两种物质突然发生了奇妙的化学反应。

理论的教学课堂往往是枯燥的、乏味的，如何调动学生学习的积极性，教师本身就是最好的教具。从以上的例子可以看出，各科教师结合自身学科的特点，设计出了合适的体态语言，不但达到了教学目的，而且提升了教学效果，吸引了学生的注意力，让学生的思维始终锁定在课堂上。

二、教师体态语言的分类和作用

依据美国体态语言专家保罗·艾克曼和弗里森关于体态语言的分类理论，本书将教师体态语言分为五大类，即符号性体态语言、说明性体态语言、表露性体态语言、习惯性体态语言和调节性体态语言。

1. 符号性体态语言

符号性体态语言，是指有标志性含义的，能够为大多数学生所理解，固定为一个"符号"的体态语言，如点头表示肯定、摇头表示否定等。符号性体态语言就好比语言中的成语，有约定俗成的含义，有固定的结构，不能随意更改。教师在教学中可以通过具有符号性和通用性的体态语言，向学生传递明确信息。

  一次重感冒，我的嗓子疼痛难忍，不能说话。但为了不落下课程，便坚持上了一堂课——讲授第八册第九课《古诗三首》。

  开始上课，我在黑板的最上边写下这样一行字：请原谅，今天我嗓子疼，无法说话，请大家理解、配合。同学们见了都自觉地端坐好，教室里出奇地安静。

  我板书课文题目后，便伸出手掌示意一位学生站起来。他马上站起，"背吗，老师？"我会意地点点头。（凡讲古诗，我必先在讲解前检查背诵。）他很快背了下来，我满意地点头让他坐下。接着我又朝大家举起了手，很快地，能背诵的学生都举起了手……

  我把诗的头两句"移舟泊烟渚，日暮客愁新"工整地板书下来，右手食指点住"舟"字，左手指一位基础较好的学生，他马上站起来回答："舟，'船'的意思。"于是，我在"舟"的下面写了一个"船"字，用箭头连接起来……就这样，诗句中逐个字的意思解释通了，我便在诗句下面画了一道曲线，冲着大家举了举手。静了一会儿，马上有学生站起来，边思考，边总结，解释着这句诗的意思。在这个过程中，我时而侧首倾听回答，时而点头微笑。之后，我把补充完整的诗义写在黑板上……一首诗就这样顺利地讲完了，我感到无比高兴，颔首向学生们表示感谢，教室里响起一片热烈的掌声。学生们很兴奋，纷纷要求继续"讲授"下一首。可是，下课的铃声响了，同学们都望着我，不无惋惜。

  过后，学生对我说，在这堂课上，大家精力集中，想得快，也记得牢。虽然隔了一段时间，他们连老师很多细微动作和情态都记忆犹新。[①]

这位教师没说一句话，却顺利地完成了教学任务，全都要归功于他恰到好处的体态语言，凭借着和学生之间的默契以及丰富的教学经验，他使用了一些具有固定含义的符号性体态语言上了一堂成功的"哑巴课"。

[①] 李振村. 教师的体态语言［M］. 北京：教育科学出版社，2011：35-36.

2. 说明性体态语言

说明性体态语言，是指教师在教育教学活动中用于解释、说明、描述某些内容与事物的身体动作或态势。如王崧舟老师在讲《长城》一课时，竖起大拇指赞美长城的伟大。和符号性体态语言不同，说明性体态语言没有固定的动作模式，它的动作完全是为言语行为服务的，教师可根据实际情况临时设计一些动作来辅助有声语言的表达。

著名特级教师陈晓梅在讲解《瀑布》这首诗时，用朗读导入。陈老师设计了一系列的身体动作和面部表情来配合朗读。

朗读	体态
还没看见瀑布， 先听见瀑布的声音， 好像叠叠的浪涌上岸滩， 又像阵阵的风吹过松林。	• 站在教室外大声朗读，学生能听见教师的声音，却望不见教师的身影，以与诗意相配合。
山路忽然一转， 啊！望见瀑布的全身！	• 边朗读边一下子转入教室，目光上抬，似乎看到了"瀑布的全身"。目光中焕发出明亮的、惊喜的光彩。学生情不自禁地热烈鼓掌。
这般景象没法比喻， 千丈青山衬着一道白银。 站在瀑布脚下仰望， 好伟大呀，一座珍珠的屏！ 时时来一阵风， 把它吹得如烟，如雾，如尘。	• 向前上方斜伸出右手，掌心斜向上，以示伟大。 • 手掌轻柔划动，模拟风、烟、雾、尘。

在课后，陈老师对于在教室外朗读第一节是这样解释的："道理很简单。'还没看见瀑布，先听见瀑布的声音'这两句诗对于我们成人很容易理解，而对小学生却存在一定困难，利用身体位置的变化，让学生'还没看见老师，先听见老师的声音'，无疑有助于对诗句内容的领悟。我称之为'形象显示法'。"对于这种"形象显示法"的使用，陈老师认为这种方法表面上看来似乎"笨拙"了些，而实际上"巧"得很。费尽口舌，唾星如雨，抵不上一个手势，一个眼神。"例如，我的手掌轻柔划动，拟风，拟烟，拟雾，拟尘，之后提问，许多想象力丰富的学生感受到了那清风吹瀑布所带来的如烟、如雾、如尘的境界，好像真的置身美丽的瀑布前一样。"这当然首先依赖于声情并茂的朗读，但单有口头朗读而不用手势配合，是收不到这样的效果的。①

---

① 转引自《此时无声胜有声——陈晓梅课堂教学体态语言运用艺术探讨》，有删改。（李振村. 此时无声胜有声——陈晓梅课堂教学体态语言运用艺术探讨[J]. 山东教育科研，1994（4）：24-25.）

陈晓梅老师将身体动作与诗歌讲解紧密结合，渲染和烘托了朗读的效果。教师在教学中可以运用多种说明性体态语言配合的方式，能极大地提高和调动学生学习的积极性。

3. 表露性体态语言

在教育教学活动中，教师主要运用表露性体态语言来表达内心情绪，显示情感倾向，或再现教学内容中的特殊感情。表露性体态语言由面部和身体其他部分构成，如，浑身颤抖表明身体承担着极大的痛苦和压力，捶胸顿足是人的内心情绪压抑到极点的一种发泄，等等。与符号性体态语言和说明性体态语言不同的是，表露性体态语言的丰富性是突出而惊人的，尤其是面部表情，根据研究表明，人类有两万五千多种面部表情可以用来表现内心的思想和感情。

> 苏联作家费定在其小说《早年的快乐》中有这样一段描述："人的眼睛会表示这么多的意义：……眼睛会放光，会发火花，会变得像雾一样暗淡，会变成模糊的乳状，会展开无底的深渊，会像火花跟枪弹一样向人投射，会像冰水一样向人浇灌，会把人举到从来没有人到过的高处，会质问和拒绝，会取得和给予，会表示恋恋之意，会允诺，会充满祈求和难忍的表情，会毫不怜惜地折磨别人，会准备履行一切和拒绝一切。唔，眼睛的表情，远比人类可怜的语言来得丰富。"①

表露性体态语言的两个基本特征：第一，这类体态语言表达的主要渠道是面部表情和眼神；第二，它是用来传递有关人的情感方面信息的。

4. 习惯性体态语言

习惯性体态语言，是指教师在长期的教育教学活动中自发形成的带有独特个人风格的体态语言。不同的教师有不同的体态语言风格，如有的教师喜欢把双手背在身后，有的喜欢双臂交叉于胸前，有的爱把手插到裤兜里……这些动作有的是有意识的，有的是潜意识的，可统称为习惯性体态语言。

> 下午放学前，马老师让学生以书面形式给她提些意见。第二天，意见出来了。50位学生，50张纸条，却只有一句相同的话："老师，请您别皱眉！"
>
> "皱眉？"马老师的心里一阵思量，"好像没有吧？"
>
> 课后，几个胆大的学生找马老师，说："老师，您也许没有注意，每次跟您打招呼时，您总是喜欢皱眉，您皱着的眉头好像在批评我们似的。""还有上课我们回答问题的时候，您皱着的眉头好像是说我们答得不合您的心意似的。""我爸说对别人皱眉是一种不礼貌的行为。"……不过，学生们并没有怪罪马老师，有位学生说："老师，其实您皱眉头也没什么，我们知道这是您的习惯，我们已经习惯了。"

---

① 陆卫明，李红. 现代人际关系心理学[M]. 2版. 西安：西安交通大学出版社，2013：65.

"皱眉头是我的习惯动作,这应该没什么大不了的吧?"马老师心里久久不能平静,"可是,我没有想到,一个简单的习惯性动作会让学生的心里产生如此多的想法,以后我得注意自己的行为啊。"①

教师的一举一动,在学生的眼里都会被放大。教师的皱眉习惯就是一种习惯性体态语言,这一体态语言会让学生误认为教师不喜欢自己,或者对自己不耐烦,或者自己的回答不正确等,影响了学生的判断,不利于课堂的教学。

5. 调节性体态语言

调节性体态语言,是指教师在下意识的情况下做出一些含义模糊的动作。很多调节性行为是在尴尬、不自在或紧张状态下的一种身体反应,因此很难确定具体的信息内涵。如摸鼻子、打哈欠、修饰头发、腿部抖动等,这些调节性体态语言大多是下意识做出的,人们往往意识不到自己做出了哪些调节性体态语言。这些调节性体态语言常常对课堂教学产生负面影响,这些行为会损害教师形象,分散学生的注意力。

示例

听说是新从师范学校毕业的一位男老师来教我们五年级二班的语文,大家都不高兴,为什么要给我们派一个新教师,那肯定是没有经验的。

星期一上午,第一节课,还不到上课时间,新老师来到了教室。……新老师还很不好意思呢,走到讲台上,脸红得像红布,手好像不知该往哪儿放,一会儿挠挠头,一会儿扯扯衣服,那抓耳挠腮的样子,使好多同学低下头咪咪笑起来。他更不自在了,干咳两声,然后说:"同学们,我刚到这所学校来工作,教咱们班,我叫于正光……"老师的普通话很好听,就是声音有点打战。讲完这几句话,于老师又不知该说些什么了,他的手大概没事干难受,就不停地玩弄粉笔,一小会儿,一支粉笔就被他捏成了几小块。他又伸出手梳一下头发,哈,头发沾了粉笔末,成白的了,几个胆大的同学再次笑起来,这回的笑就有点哄笑的意味了。②

于老师因紧张而做出的一系列动作都是调节性体态语言,这些动作仅仅是教师身体的一部分对另一部分的动作,并不能成为教育教学的手段,也不能为教学服务。

思考与练习

1. 教师的体态语言可以在教学中占主导地位吗?
2. 为什么要强化教师的体态语言表达?

---

① 张宇,廖生波. 藏在师生体态语言里的教学智慧[M]. 南京:江苏教育出版社,2013:49.
② 庄锦英,李振村. 教师体态语言艺术[M]. 济南:山东教育出版社,1993:230.

第二节 教师体态语言的主要构成及其在教育教学活动中的应用

用体态语言来了解和传递信息是教育教学中的一个重要环节，从某种角度来讲，一位优秀的教师不仅应当是一个高水平的解说家，还应当是一个善于表演的艺术家。教师要有充分展现自己艺术才能的本领，要有善于表演的特长，学生可以通过教师的表演性讲解、动作、表情等，对教师所讲内容获得最直观的感悟。从具体的表现来看，本书将教师体态语言主要分成三大部分：手势语、表情语和目光语。

一、手势语

人的手势动作，变化形态多样，表达内容丰富，具有极强的表现力和吸引力。手势语是指通过手和手指活动传递信息，由人的手部连同身体其他部位形成的姿势构成的符号系统。在生活中人们也常用一些手势语来表达特定的含义，比如"V"字形手势就源于英语"victory"，表示"胜利"的意思。教师可利用手的动作与姿态，向学生传递思想感情，组织教育教学，展示自身良好的精神风貌和职业修养。手势语的使用要目的鲜明，克服随意性，要针对不同的教学对象、教学内容，正确选用不同含义、不同部位、不同指向的手势语。恰当的手势语往往是在人内心情感的催动下，瞬间自然地做出来的。手势语还可以反映人的修养、性格。手势语对于增强教学效果具有十分重要的作用，所以教师要注意手势语运用的幅度、次数、力度等方面的技巧。在教学实践中，手势语以各种不同形态的造型，描摹事物的复杂状态，传递人们潜在的心声，也显露出教师心灵深处的情感体会。

（一）手势语的具体内容

1. 指示手势语

指示性手势语是指示具体对象的手势，起到引导学生目光转移的作用。例如当教师在讲解一幅图片时，常常用手掌指向图片，引导学生的目光转移到图片上。这一手势语在教学中也经常配合提问语使用，教师会结合指示手势语对学生进行提问。

2. 象形手势语

象形手势又称摹状手势，象形手势语是指模拟人或事物的形状、高度等特征的手势动作，给人一种具体、形象的视觉感受，化抽象为具体，降低思维的难度，化具体为形象，增强视觉的刺激。例如，教师在讲授高和矮这对反义词时，可以用伸出手掌，手心朝下，将手举到与头部平行的位置上，用来形容很高，把手掌下降高度至与胸平行的位置上，用来形容很矮，以此给学生直观的视觉感受。

3. 象征性手势语

象征性手势语常用来表示抽象的概念，例如在课堂中，当学生回答问题非常出色时，教师常常会竖起大拇指，告诉学生"你真棒"，这样的手势语能给予学生极大的精神鼓励。类似的手势还有"ok"（表示同意）等。

4. 情感性手势语

情感性手势语主要用来表达说话者的思想感情。教师的情感性手势语是教师感情形象化、具体化的手势动作。如轻摸学生的头是表达对其的喜爱，热情地和对方握手是表示欢迎，搭着学生的肩膀是表达亲密。

  小涛的成绩很不理想，性格也比较调皮，在课堂上喜欢说话，还经常影响其他同学听讲。好几个老师都批评过他，可他总是低头认错，态度相当诚恳，信誓旦旦地说绝不会再犯错误了，但不到一两个小时，他的毛病就又犯了。对此，老师们都很无奈，认为小涛已无药可救。不过，新来的李老师却不这么认为，她用了不到十天的时间便神奇地改变了小涛。

  这天，小涛在操场边打乒乓球。李老师经过的时候，正好小涛挂在乒乓球台旁的衣服掉了，李老师便帮他捡了起来，然后轻轻地抚摸了一下他的头。小涛身子一震，目光有些不定，似乎有什么感受。李老师对小涛亲切地笑了笑，让他继续玩，便离开了。

  第二天的体育课上，李老师见小涛在打篮球，便走过去观看。小涛是一名组织后卫，正在运球，只见他左转右转，一会儿就到了篮筐下，然后把球传出去，让一名个子比较高的同学把球投进篮筐。李老师立刻为小涛鼓掌叫好。这时，下课铃声响了。李老师走过去摸着小涛的头，轻轻地说："不错，真没想到你的篮球打得这么好。要不是你把球运得好，传得好，和其他同学配合得好，这球肯定进不了。"李老师说完，便用肯定的目光看着小涛，只见小涛的眼珠在不停地转动着。

  此后连续几天，李老师每天都会想办法偶遇小涛一回，然后轻轻拍拍他的肩，摸摸他的头，问问他的一些爱好、学习情况及家庭情况等。

  新的一周开始了。一天，做完课间操后，李老师刚走进办公室，就听见有学生喊"报告"。李老师请他进来，原来是小涛，只见他低着头，红着脸不作声。李老师笑着问："找我有事吗？是不是又犯错了？"小涛连忙辩解："没有。"然后又补充说："我……我会改正的……"李老师忙站起身，摸着他的头，把他揽到自己身边说："老师相信你！"小涛听完李老师的话，很是兴奋，高兴地跑出了办公室。

  随后，在李老师的英语课上，小涛居然主动举手回答问题了，李老师选择了一个较为简单的题目让小涛来回答，在李老师的引导下，小涛回答得十分正确。李老师很高兴，立即表扬了小涛："老师今天很开心，因为我们班的小涛同学也喜欢回答问题了，而且回答得相当正确！"接着，李老师走到小涛身边，在他的头上抚摸了一下。这时，李老师看到小涛的眼中有个亮晶晶的东西在闪着，李老师知道自己的教育已经收效了。

  此后，小涛真的变了，不再闹事，不再厌恶学习，成绩一天一天好了起来。小涛还和李老师交上了朋友。

在这个案例中，李老师不断地创设教育情境，如摸摸小涛的头、拍拍他的肩等。这种表达情感的手势语，可以在很大程度上缓解学生的"皮肤饥渴症"，有利于稳定学生的情绪，让学生感受到教师的关怀，从而信赖教师，喜欢上学习，达到从本质上改变自己的效果。

（二）手势语的作用

手势语对组织课堂教学和增强教学效果有着显著的作用，在课堂教学中，手势语没有什么固定模式，其使用情况主要由教学内容和课堂氛围所决定，因人而异，随讲而变，但是教师要深谙不同的手势语所暗示的心理活动，从而使其发挥良好的作用。

1. 辅助课堂教学

教师在讲课时，如果一味枯燥乏味地讲述，学生的注意力容易分散，所以教师往往会在表达的同时辅以手势语。例如在上课开始时的师生互动环节，教师可以不仅仅以口头回复"同学们好，请坐"，还可以辅以适当的手势语，比如双臂向两侧打开，抬高至与胸部平行，手掌向下扇动一下，这个手势语看似简单，但这一动作类似于张开怀抱，表达了教师热情、开放、包容的心态。在课堂提问的时候，教师可以采用五指并拢、向上抬起的礼仪手势，示意学生起立。类似的手势语可以营造轻松愉悦的课堂氛围，有利于学生接收新知识。

2. 辅助管理课堂纪律

为了更好地完成课堂教学任务，教师常常要对课堂秩序进行管理。当学生说话的声音太大时，教师可以将手指放到嘴巴前面，做出"嘘"的动作，提示学生不要再说话了。遇到学生上课打瞌睡的情况时，因学生双目紧闭，这时教师的目光语已经完全不起作用了，为了引起这位学生的注意，教师可以边讲课边走动，自然地走到该学生的身边，用手指轻敲其桌面，或者轻拍该学生，用这样的方法唤醒睡梦中的学生，以达到管理课堂的目的。

3. 丰富课堂教学内容

教师在课堂教学中，通过手势语的变化，可以增强教学效果，强化所要传授的知识要点，给课堂增添活力。适当的手势语能点缀、加强语气，丰富课堂教学的情感内容。例如教师在讲授拼音字母发音时，为了更直观地让学生感受到口腔的开合度及舌头的位置，常常会用一只手来模拟口腔环境，将指甲当作牙齿，另一只手模拟舌头。这样的做法可以让学生更加直观地感受到发音的位置，将抽象的语言变得具体形象，大大丰富了课堂教学内容。

（三）手势语在教育教学活动中的具体应用

1. 手指手势语

（1）竖拇指。

攥拢拳头，拳面向前，拇指向上挺起。这是一个积极的体态信号，它的基调是肯定、赞扬性的，但细加区分，其词义又有微妙的差别。

① 表示称赞。

竖起大拇指多用来肯定、赞扬学生的突出表现。在一些出乎意料的情形中，例如学生回答出了比较有难度的问题，教师在兴奋时除了用有声语言赞扬外，还可辅以竖拇指的手势语来表达满意、欣喜的心情。

示例

山东龙口市实验小学一位自然教师在一次公开课上讲解"生物链"时,提出了一个颇有难度的问题:用一句谚语或成语表现生物之间弱肉强食的关系。教室里出现了片刻静寂,连众多听课的教师都感到难以回答,这时一位学生"刷"地站起来,脱口而出:"螳螂捕蝉,黄雀在后!"许多教师鼓起了掌,还有一些教师情不自禁地竖起了大拇指。①

在这里,"鼓掌"和"竖大拇指"都表达了教师的惊喜和赞叹之情。

② 表示佩服。

竖起大拇指表示对某人或某事的敬佩之情,使用情况十分普遍,是这一体态语言最基本的意义。

③ 表示优秀。

竖起大拇指也有表示某人或某事是罕见的、在某一领域内首屈一指的意思。

示例

一位教师在给学生介绍神舟飞船的意义时说:"我们国家是一个发展中国家,一个底子薄弱的农业大国,但是我们的科学家却成功地研制出神舟飞船,成功地把中国人送入了太空,这实在是了不起的伟大成就!"在说到最后一句话时,教师充满力度地竖起了拇指。②

教师在这里竖起大拇指,所传达出的信息即表示我们国家的科学家是"第一流的、首屈一指的、令人赞叹的"。

(2) 伸出食指。

食指是五指中非常重要的一根手指,擅长比较精确、细致的动作,常用来表示引导、指示、警告等。教师最常用的食指动作是攥拢拳头并伸出食指。这一体态语言因位置的不同、运动方式及指向的变化,而表达各种不同的意思。

① 表示数字"1"。

伸出的食指置于肩部前方,表示数字"1"。

② 提示"请安静"。

食指与嘴唇垂直并靠近嘴唇或与嘴唇接触,表示"请安静""不要出声"等意思。这时,嘴唇通常呈努起状,有时还会发出轻轻地"嘘"声,眼睛一般比平时稍稍睁大。

示例

教师指定几位学生到黑板上演算习题,当这几位学生在台上极为紧张地冥思苦想时,台下可能会出现喊喊喳喳的议论声。教师既要制止这种议论声对台上学生造成干扰,又要避免制止行为本身对台上学生造成影响,最恰当的方式莫过于运用伸出食指靠近嘴唇表示"请安静"这一手势语来进行制止。

---

① 李振村. 教师的体态语言 [M]. 北京:教育科学出版社,2011:41.
② 李振村. 教师的体态语言 [M]. 北京:教育科学出版社,2011:42.

有些教师会用大声训斥去制止学生的吵闹，但这种制止行为本身也影响到了其他的学生。

③ 指示、引导。

食指根据需要呈运动态势，以对学生进行指示、引导，食指这一功能在教学中的使用最为普遍，如"请同学们看老师的板书"。教师在提出指示、引导的要求时，通常都伴有用食指指向目标物的动作。在指示准确后，教师还经常用食指点敲几下目标物予以强调。这种指示的目的是明确目标、突出重点，引起学生的注意，并集中其精力。

④ 表示喜爱。

教师可以用食指轻点学生额头，以表示亲昵或喜爱之情。如教师在说"你这个调皮的小家伙呀"等表示喜爱或亲昵的话语时，常伴有食指轻点学生额头的动作，这种"点"可能是实点，也可能是虚点。这一动作的运用有学龄限制，一般在幼儿园、小学阶段使用，初高中则不宜使用。

⑤ 书空练习。

这是食指在具体的学科教学中比较特殊的用途。食指的这一功能主要运用于小学低年级阶段。教师在进行书空练习时，伸出的食指就好比一支笔，这支"笔"在空中划动，犹如在看不见的纸上写字。

2. 手掌手势语

（1）手掌外翻。

在上课过程中，教师常运用这一手势语表示指示、强调。常见方法有两种：方法一，掌心向上，五指并拢伸直；方法二，掌心向下，五指并拢微曲。例如教师在黑板上板书了一个数学公式，接下来教师想再次强调这一公式，可以用方法二的动作，强调公式在黑板上的位置。

（2）手掌上抬。

掌心向上微微抬起一次或数次，这一动作表达的意思是"起立"。用手掌表达的手势语会给学生一种平等的感觉。如果伸出食指指着学生叫他起立，则带有强制和命令的色彩。

抬手分单手手掌上抬和双手手掌上抬两种。

① 单手手掌上抬。

单手手掌上抬的使用范围主要面向个体或少数人，这是一种包含"请"的意义在内的起立手势语（见图9-1）。在一些节奏比较快的课堂教学中，常常可以看见教师提问时不叫学生的姓名，而是快速把手掌伸向某个学生轻轻上抬，学生就心领神会，马上站起来回答问题。

图 9-1　单手上抬手势语

② 双手手掌上抬。

将双手手掌摊开，掌心向上，同时向上抬起。这一手势语常面向全体学生，教师的双臂要张开呈扇形，好像要把全体学生容纳进来一样，双手手掌上抬的动作，幅度要大一些，力量感要强。

（3）手掌下按。

手掌水平放置，掌心向下轻轻按动一次或数次。这一动作也分为单手手掌下按和双手手掌下按两种。

① 单手手掌下按。

单手向下按动，常用于组织教学。该动作的接受对象一般为单个学生，在课堂中，当学生回答完问题时，教师常用这一手势语示意学生坐下。

② 双手手掌下按。

这一动作主要针对学生群体，如要求学生坐下或者停止做某事。例如在课堂上，教师要求学生自由朗读或自由讨论，当需要学生停止时，教师可辅以双手手掌下按的动作来示意学生。

（4）手掌相击。

手掌相击即鼓掌、拍掌，是一种积极信号，具体动作为双手自然伸出，两掌相击，并保持一定的节奏。掌声越响，节奏越快，所表示的积极情绪就越强烈。在教学过程中，教师常用手掌相击来表示不同的意思。

① 表示赞许和肯定。教师多用鼓掌表示对学生的肯定：当学生答对问题时，教师给予口头表扬并鼓掌；当学生答不出问题时，教师可用鼓掌予以鼓励和加油，还可以要求全班同学一起为该同学鼓掌，用掌声形成一种浓郁的激励氛围。

② 表示欢迎和感谢。在公共场合，由一方向另一方表示欢迎和感谢常用鼓掌的方式，比如有领导来听课时，教师和学生可以用鼓掌表示欢迎和感谢。

③ 表示提醒。教师常用拍掌来提醒学生，吸引学生的注意力，组织课堂教学。当教师走进吵闹的教室欲宣布事情时，可以用拍掌这一手势语，让学生安静下来，把注意力放在教师身上。

④ 打节奏。如音乐教师在上课时，常用拍掌来强调节奏感，引领学生跟着节奏唱歌。这种手势语常用于比较欢快或节奏感较强的乐曲，如果是悠扬的、节奏缓慢的乐曲则不适用于这种手势语。

（5）丁字手势。

一只手掌心向下，水平放置，另一只手的拇指朝向自己，其余四指并拢，垂直向上顶在水平放置那只手的掌心。这一手势表示"暂停或停止"，常用于体育比赛或日常教学中，如篮球比赛的裁判员常吹响哨子并辅以这种手势语表示中场暂停。

（四）教师常见的手势语问题

（1）用手指指人。有些教师在批评学生或者叫学生回答问题时，常常用手指去指学生，这是很不礼貌的做法，含有教训人的意味。

（2）指示手势语的姿势不到位。有些同学做指示手势语时，常常将整个胳膊完全伸直，或者夹紧腋下，手势语打开幅度较小。这里要注意，在做指示手势语时，教师右臂的小臂与大臂应以90度为宜。

（3）手势语过多。课堂上，教师的手势语是艺术化的产物，既不能太少，也不能太多。太少则显得死板，缺少生气和感染力；太多则显得眼花缭乱，不利于教学内容的表达。

（4）手势语过于重复。比如在表扬学生"做得很棒"的时候，教师往往用竖起大拇指来表示，如果一堂课上，每位学生做得好时教师都用这一种手势语表示赞扬就显得频率过高，应注意将多种手势语结合使用，比如也可以轻摸学生的头部以示鼓励。

（5）手势语力度过大。有些教师在上课时喜欢用力地敲击黑板或讲台，以引起学生的注意，但手势语应尽量避免力度过大，否则容易使课堂氛围变得低沉凝重。

（6）手势语动作僵硬。教学时，教师运用手势语要自然舒展，不能匆匆收势。

（7）手势语过于夸张。有些教师为了达到教学效果，在手势语的选择上花样百出，甚至不伦不类、不讲分寸、过于夸张。手势语的使用，应根据教学内容的需要，灵活掌握，慎重使用。

（8）一些有不好含义的手势语应减少使用，如十指交叉显得紧张拘谨，双手叉腰好像要和人吵架，用粉笔头投掷学生，等等。这一类手势语不但不会增强授课效果，反而会严重干扰教学过程的正常进行。

• 思考与练习 •

1. 邀请三组同学完成"你比画我猜"的游戏（只能用手势语来表达）。每组两位同学，一位同学做动作，另一位同学来猜动作所表达的词语，在固定时间内，哪组猜对的词语最多，哪组获胜。以此训练学生对象形手势语掌握的程度。

2. 将全班同学分成若干小组，每组 5～6 人，根据要求做出以下情境的手势语：① 请学生站起来；② 请学生坐下；③ 请学生上讲台；④ 强调板书内容；⑤ 出示图片；⑥ 请全班同学站起来；⑦ 请大家安静；⑧ 夸奖学生；⑨ 模拟打伞和照相的动作。以小组为单位进行考核，教师打分并指出学生不足的地方。

二、表情语

教师的面部表情与教学关系密切，因为教师与学生之间的教育教学活动从根本上来说就是一种情感交流的过程，而面部表情正是师生情感交流的媒介。教师不仅通过言语向学生表达自己的思想感情，而且凭借面部表情向学生传递教育信息，表达自己的教育意图，启迪学生、引导学生、感染学生。学生通过观察教师表情的变化，也可以领悟、觉察到教师情感的变化，获得教师对自己评价的反馈信息。正是这种教育的情感性特征，以及各个阶段学生的心理特点，决定了教师面部表情的基调：无论课堂内外，教师在学生面前都应保持和蔼、亲切、精神饱满的面部表情状态。当教师面带微笑地走上讲台，环视四周，学生受到这种积极的感染，心情就会很快安定下来，从而营造出舒适、宽松的课堂氛围。在这种氛围中，教师的教学过程是轻松的，学生的学习过程是快乐的，那么，教学效果也自然是良好的。

（一）表情语的具体内容

教师在教学中运用的表情语主要分为两类。一类是常规的表情语，如教师要面带微笑，表现出和蔼亲切、热情开朗的一面，这是教师面部表情的基本要求。这类表情语能使学生感到温暖，从而营造和谐轻松的学习氛围。另一类是变化的表情语。这类表情语随着教学情境的变化而变化，与教学内容相呼应，表现出适度的喜怒哀乐，与学生产生感情的共鸣，使课堂教学充满活力和吸引力。

（二）表情语的作用

1. 常规的表情语——微笑

教师的微笑有着神奇的力量，它对学生的影响是最直接而又举足轻重的。微笑配上不同的肢体语言可以表达不同的含义。

（1）表示关注的微笑。

当教师微笑着面对学生，就是在营造一种宽松的师生交往的心理环境，使学生感受到自己在教师心目中的重要地位，也感受到教师对自己的关注和认同。

（2）表示赞许的微笑。

教师的微笑，配合点头、竖起大拇指等体态语言，或"你真棒"等有声语言时，能非常得体地表达对学生的赞许。例如看到学生发言紧张,教师可以微笑着注视他,并安抚道:"别着急,慢慢来。"听到学生出色的回答后,教师可以微笑着竖起大拇指,并表扬道:"你的发言很精彩。"当教师看到学生听课很认真,也可以微笑着朝他点点头,表示赞许。

(3) 表示激励的微笑。

教师的微笑是胆小、腼腆学生的兴奋剂,能使他们得到大胆的鼓励,敢于去表达自己。如当发现一位学生胆小退缩时,教师微笑着激励他:"勇敢些,相信你自己!"或当一位学生自卑时,教师也可以微笑着鼓励他:"努把力,相信你能行。"在2004年的奥运会上,射击冠军陶璐娜赛后说:"我的教练许海峰在比赛前告诉我,在心里没底时,你就回头看看我。"教练坚毅而自信的眼神给予了她鼓励。

(4) 表示关爱的微笑。

教师的微笑能使学生感受到来自教师的关心、爱护、理解和尊重。如学生在课堂上十分好动时,教师可用信任的微笑和微微摇头及时提醒学生,使其意识到自己的言行需要控制和自律。而当教师发现学生皱起了眉头,可微笑着走上前,轻声询问:"有什么困难?我来帮助你。"

(5) 表示宽容的微笑。

在德育工作中,教师的微笑是对不良行为的理解和宽容,能引起学生的自我反思和觉醒,起到说理教育所难以达到的效果。如教师发现某位学生抄袭作业时,可在私下对他微笑着说:"这样做可不光彩,要做一个诚实的好学生。"当学生经过努力取得了好成绩时,教师可以微笑着拍拍他的肩膀,表示祝贺。

2. 变化的表情语

教师在授课时,常常使用丰富的表情语,通过眼部肌肉、颜面肌肉和口部肌肉的变化来表现各种情绪状态。变化的表情语主要有七类:高兴、伤心、害怕、愤怒、厌恶、惊讶、轻蔑。

(1) 高兴的表情语。

人们在表示高兴时,通常嘴角翘起,面颊上抬起皱,眼睑收缩,眼睛尾部会形成鱼尾纹。

(2) 伤心的表情语。

人们在表示伤心时,眉毛是收紧的,嘴角下拉,眼睛微眯,下巴抬起或收紧。

(3) 害怕的表情语。

人们在表示害怕时,嘴巴和眼睛张开,眉毛上扬,鼻孔张大。

(4) 愤怒的表情语。

人们在表示愤怒时,眉毛下垂,前额紧皱,眼睑和嘴唇紧张。

(5) 厌恶的表情语。

人们在表示厌恶时,上嘴唇上抬,眉毛下垂,眯眼,伴有嗤鼻的动作。

(6) 惊讶的表情语。

人们在表示惊讶时,下颚下垂,嘴唇和嘴巴放松,眼睛张大,眼睑和眉毛微抬。

(7) 轻蔑的表情语。

人们在表示轻蔑时,嘴角一侧抬起,作讥笑或得意笑状。

(三)表情语在教育教学活动中的具体应用

面部表情是人类进行沟通的主要手段之一,所以教师的教育教学活动同样离不开面部表情。教师在教育教学活动中恰当地运用表情语,能对学生产生着巨大的影响,直接制约着学生学习积极性的形成。

1. 表示兴趣的表情语

表示兴趣的表情语体现为眉毛微微上扬,双眼略微张大,一般口部微张,同时,嘴角略上翘呈现微微的笑意。对教师来说，这是很重要的一种面部表情，不但体现了教师对学生的关心、重视，而且含有鼓励、褒奖的成分，因此，被广泛应用于课堂内外。

2. 表示满意的表情语

表示满意的表情语体现为眼睛保持常态或者微眯，嘴角上翘，浮现出微笑。这是一种带有评价意味的面部表情，一般用于对学生学习活动的评价。例如，学生在课堂上回答问题非常精彩时，教师就会运用这一表情语表现出赞扬的反应。

3. 表示亲切的表情语

表示亲切的表情语体现为双目微眯，嘴角微翘，面露微笑。这种表情语的使用范围极为宽广。如在课堂教学、课外活动、谈心交流及师生日常交往中，教师广泛使用这一表情语。这种表情语也是教师在教育教学工作中的常态表情。

4. 表示赞扬的表情语

表示赞扬的表情语体现为眼睛保持常态，嘴角上翘，露出微笑，与表示满意的表情语相似，但前者程度更深一些。教师在使用这一表情语时通常会配合"你真棒""做得不错"等有声语言来表扬学生。

5. 表示询问的表情语

表示询问的表情语体现为眉毛上扬，眼睛略睁大，嘴微微张开。这一表情语常常用于询问学生某些情况，或配合课堂教学提问中使用。

6. 表示严肃的表情语

表示严肃的表情语体现为眉毛微皱，双唇较紧地抿在一起，眼睛略略张大。有时候教师需要凭借严肃的表情语，引起学生对某些问题的关注和重视。例如《圆明园的毁灭》《我的战友邱少云》等课文，其总体基调是严肃的，所以在朗读、讲解这类课文时，教师应表情肃穆，神色凝重，让学生从教师的表情语中深深地感受到课文所表达的沉甸甸的厚重的情感。

7. 表示惊奇的表情语

表示惊奇的表情语体现为眉毛上扬，睁大双眼，嘴圆张。教师运用这一表情语的情况有两种：一种是有意为之，通常表示对学生的行为表示惊奇，惊奇中常包含肯定与欣赏的成分，如幼儿园的小朋友向教师报告自己做了一个纸飞机，教师便会用惊奇的表情语结合有声语言予以称赞："真是你做的吗？太棒了！"另外一种是真正的惊奇，教师对某一现象或问题感到奇怪时，不由自主地露出吃惊疑惑的神情。

8. 表示欢笑的表情语

表示欢笑的表情语体现为嘴角上扬，眼睛微眯，欢笑的程度越高，嘴角上扬得越厉害，眼睛甚至可以完全闭上。教师在一些特定的情况下可以放下架子，与学生一起纵情大笑，这样不仅有助于师生之间关系的融洽，而且更利于师生情感的沟通。

（三）教师常见的表情语问题

教师在使用表情语的过程中要十分慎重，尽量使其产生积极效果，避免产生消极效果。

1. 表示愤怒的表情语

教师的面部出现愤怒的表情时，会使学生感到恐惧和高度紧张，对学生的心理造成高度刺激，所以教师要慎用这一表情语。

2. 表示蔑视的表情语

蔑视的面部表情是一种极为消极的表情语，因为它所表达出的否定意味非常强烈，产生的负面影响远胜于有声语言，会对学生的心理造成非常严重的伤害，所以教师在教育教学活动中严禁使用这一表情语。

3. 表示羞涩的表情语

这种表情语多发生于年轻教师身上，他们刚刚登上讲台，面对众多目光闪烁的眼睛，内心非常紧张，面红耳赤甚至额头冒汗是十分常见的。

• 思考与练习 •

1. 微笑练习。面对镜子，口中发出"一"的声音，这时两颊的肌肉会自动向上抬起，嘴角也会向上翘起，就做出了微笑的表情。维持微笑动作一分钟，牢记这种感觉，如果有做不到的同学，可以尝试用嘴横着咬一根筷子。

2. 边说边微笑。有些教师无法做到一边说话一边笑，往往一说话，笑容就没有了，从而显得十分严肃。班级里每两人一组，练习边说话边微笑，互相监督对方的微笑是否合格。

3. 模仿演员的表情，将各种不同的表情串联起来表演（类似川剧变脸），以小组为单位练习，并选出小组代表进行比赛。教师随机抽出十名评委，投票决定最后的冠军，并发给小奖品以资鼓励。

三、目光语

眼神是一种无声的语言。"眼睛是心灵的窗户"，眼睛可以表露出人的内心情感、对事物的反应、心理素质及人生态度等。在教育教学中，教师要有意识地用眼神与学生交流，用眼神表达内心的情感。教师的眼睛是重要的教学"工具"之一，眼睛是大脑与外界沟通的"桥梁"，眼球底部有大量的神经元，它们的功能就如同大脑皮质细胞一样具有分析综合能力，而瞳孔的变化、眼球的活动等又直接受来自大脑的动眼神经的支配，所以人的感情也就会自然地从眼睛中反映出来。教师在与学生交流时，双眼以柔和坚定的目光注视着对方，这是一个相当重要的礼仪，会让学生觉得教师为人慈爱正直。如果眼神飘忽不定，学生会觉得教师为人缺乏可信度。在师生的教学交往过程中，教师和学生无时无刻不在用眼睛对话。师生之间想建立良好的默契，在交谈过程中，教师可以用60%的时间注视着学生，注视的区域应是学生的双眼到嘴部之间的三角区域，传达的信息会更容易被学生正确而有效地理解。教师在和学生的交往中，应多以期待的目光，注视着学生讲话，面带微笑和时不时地目光接触，这种温和而有效的方式，能营造出一种温馨和谐的师生交往氛围。目光是非语言交流的重要手段，教师要善于运用这种交流手段，透过学生的眼睛，洞察其内心世界。

（一）目光语的具体内容

1. 目光的注视区域

注视他人身体的不同位置，会给对方带来不同的情绪体验。在人际交往中，目光的注视区域，根据交往对象的不同，一般有以下三种情况。第一，公务注视区域。公务注视区域是指以双眼为底线，顶角到前额所形成的三角区域（见图9-2）。这种注视区域适用于开会、座谈等场合。注视他人这一区域，会给人带来严肃认真、很有诚意的印象。第二，社交注视区域。社交注视区域是指双眼到嘴部之间形成的倒三角区（见图9-3）。这种注视区域适用于社交场合，能营造一种平等轻松的交往氛围。这种注视区域也适用于教师和学生、同事及学生家长之间的交流。第三，亲密注视区域。亲密注视区域是指双眼到胸部之间的倒三角区（见图9-4）。这种注视区域适用于亲人、恋人之间的交流。在与他人关系比较生疏的情况下，不宜采取该注视区域，选择这种注视区域，会被对方视为无礼的表现。

图 9-2　公务注视区域

图 9-3　社交注视区域

图 9-4　亲密注视区域

2. 目光的注视角度

在注视交往对象时，注视的角度很重要，如果把握不好，就容易引起误会。教师常用的注视角度有仰视、正视、平视及俯视四种。第一，仰视。仰视对方表示景仰与尊重他人。当站在低处看高处的人时，一般会呈仰视姿态。如学校召开开学典礼或表彰大会时，经常安排上级领导及获奖者来到主席台，这种做法会使受到表彰的人内心愉悦，感到被尊重。在教学中，教师也可以将表现优异的学生请到讲台上，学生也会因此而受到鼓舞。第二，正视。正视是指与交往对象正面相向，头部与上身朝向对方，这是重视对方的一种表现。教师在与学生或家长交谈时，如果面对的不止一个人时，要注意头部与上半身的朝向，要随着讲话者的变换来转动上身，而不仅仅只将头转过去，更不要斜着眼睛看对方。第三，平视。平视是指交往的双方站在相似的高度，相互注视。这种注视角度可以体现双方地位的平等，体现出人际交往的和谐。所以，在有家长到来，或领导前来问候时，教师应起身迎接，如果此时还端坐在椅子上，容易给对方留下无动于衷、满不在乎的印象。第四，俯视。俯视是指在高处看着低处的人。俯视容易使对方感到压迫感，容易造成与学生、家长的交流障碍。所以，尽量不要站在高处与他人交流。

3. 目光的注视时间

在人际交往中，注视时间占全部交谈时间的 30%～60%，被称为社交注视；目光注视对方的时间超过全部交谈时间的 60%，属于超时注视，是一种失礼行为；目光注视对方的时间低于全部交谈时间的 30%，属于低时注视。低时注视也是失礼的表现，表明对谈话对象和谈话内容都不感兴趣。于是，教师可以采用"点视"的方法看学生。"点视"就是目光既要柔和，又要适时将目光从对方面部短暂移开。目光移开时，可以看一看自己手中的笔记本，也可以将目光向他处移开片刻。要注意目光移开的时间不要太长，一般以 2~3 秒为宜，时间过长，学生会以为教师对这次谈话心不在焉。

（二）目光语的作用

当几十双充满渴望与关注的眼睛注视着你时，作为教师，你该以怎样的目光语去面对？这其中就体现了教师在教学和管理方面的智慧。恰当地运用目光语，不仅能够表情达意，激发学生的求知欲，调控课堂氛围，而且能够达到"无声胜有声"的效果。教师要有一双会说话的眼睛，充分发挥目光语这种无声语言在课堂教学中的特殊魅力，真正做到以目传情、以目传神，是每一位教师必须具备的素质。

教师在讲课时，要扩大目光语的辐射区域，始终把全班同学都置于自己的视线辐射区域内，并用广角度的环视表达对每位学生的关注。要用眼神的交流组织课堂教学，捕捉学生的反馈信息，针对不同学生使用不同的目光语。

1. 赞许的目光语

如对听讲认真、思维活跃的学生投去赞许的目光。示例：教师在课堂上使用表扬语如"回答得真好"时，若能配上赞许的目光，能让学生更真实地感受到教师对其发自内心的认可。

2. 制止的目光语

如对思想开小差的学生投以制止的目光。示例：在课堂上，当学生违反课堂纪律时，教师投去严肃的目光，学生就如同得到教师的提醒："这样做是不可以的，请遵守课堂纪律。"

3. 鼓励的目光语

如对回答问题感到胆怯的学生投以鼓励的目光等。示例：教师在课堂上提了一个问题，小明平时很内向，不敢回答问题，教师观察到小明是知道这道题答案的，这时教师用鼓励的目光看向小明，暗示他"你可以的"。

（三）目光语在教育教学活动中的具体应用

1. 环视

（1）环视的应用。

在教室内，环视一般用于教师面向全体学生授课时；在教室外，多用于排队集合、开会等集体活动。

① 课前环视。

如教师走进教室时，发现学生没有安静下来，这时应使用环视的目光语，引起学生的注意，让学生安静下来。

> 铃声落了，教室里的多数人如果对你视而不见，依然我行我素，乱哄哄的（低年级小朋友尤甚），你不要发脾气，而是静静地观察每个人，目光不要严厉，但要犀利、灵活、有神。一般情况下，片刻之后，多数学生会安静下来。此刻，你一定要及时给同学们一个满意的表情，表扬表现好的人，表扬要具体，指出哪一排、哪一组的同学安静，哪些同学坐得端正。①

由此可见，教师运用这种环视的目光语，态度既温和又坚定，产生的作用远胜于对学生声嘶力竭地喝止。

② 提问时环视。

教师在课堂教学中提出一个问题后，应环视全体学生，目的是要求所有学生积极思考，鼓励学生踊跃回答问题。

> 张老师教学"因数和倍数"时的一个片段：
>
> 介绍完因数、倍数的概念后，张老师让学生自主寻找 36 的所有因数。"谁找到了？"张老师环视全体学生，用希望的目光看着大家。有一位学生站起来说："4 和 9。"张老师给了这位学生一个赞许的目光，并环视全体学生说："对于他的答案，大家还有什么补充或提问的吗？"又有一位学生站起来说："他漏掉了 1、36、2、18、3、12、6。""大家觉得他说得对吗？"张老师再次环视全体学生。

张老师充分运用了环视法，用目光给予学生鼓励，让学生自己找出问题的答案，为学生搭建了一个交流思想、展示自我的舞台，激起了学生主动参与学习的兴趣。

③ 维持秩序时环视。

如果遇到有些学生违纪，但又没有足够的时间一一提醒时，教师可以采取环视的方法给予警示，以维持秩序。

> 下午的体育课上，李老师在向学生讲解什么是"三步上篮"，可是总能听见有学生在下面交头接耳地小声说话。李老师立刻停下讲解，用眼神环视一周，人群安静下来，李老师才接着讲课。

在一些特定场合，教师无法判断是谁在讲话，但嘈杂的讲话声已经干扰到了课堂环境，教师可运用环视法对学生进行提醒，要求学生安静下来。

---

① 于永正. 教海漫记（特别纪念版）[M]. 上海：上海教育出版社，2021：99.

④ 反馈效果时环视。

教学中的反馈信息对教师及时调整教学策略非常重要。在教学中，每讲解完一个知识点，教师都应该环视全体学生，从学生的眼神中读出他们对新知识点的掌握程度，不失时机地调整自己的教学手法。

（2）环视的注意事项。

① 全方位环视。

教师在环视时，不一定要看清楚每一位学生，但要照顾到教室的每个方位，使每一位学生都能感觉到教师在关注他、鼓励他。有的教师在提出问题后只盯住几位尖子生，无形中冷落了其他学生，影响了这些学生思考、学习的积极性，同时也助长了一些学生的侥幸心理，以为教师不会提问他，从而懒于思考。

② 遵循一定的线路。

教师在环视时要注意遵循一定的线路，不能杂乱无章，也不能过于频繁。否则，会使学生觉得教师的讲课内容不准确，或者以为教师上课态度不端正、不投入。

③ 把握环视速度。

教师要合理把握环视的速度。一般来说，讲课前的环视不可过慢，否则会耽误太长时间。讲课过程中的环视可适当放慢，可根据需要让目光在个别学生身上做短暂停留，但时间不宜过长。

2. 注视

（1）注视的应用。

① 严肃注视。

这种注视方法会让教师在谈话过程中掌握主动权，多用于与学生谈话、批评学生的不良行为等。

马亮是个调皮的小男孩，一天，他趁同桌小兰不在座位上，就在小兰的书包上画了一个乌龟。小兰回来后哭着去找张老师，张老师把马亮叫到办公室，没有说话，而是很严肃地注视着他。时间一分一秒地过去，马亮最后撑不住了，主动承认错误说："老师，我错了，我不该在小兰的书包上画画。"张老师问："那现在应该怎么做呢？"马亮说："我给她道歉。"张老师微笑地点点头，并语重心长地说："你是男子汉，大丈夫有所为，有所不为，欺负女孩子可不是大丈夫所为的。"

张老师知道了马亮犯的错误后，并没有立刻批评马亮，而是使用严肃注视的方法，让马亮自己承认错误。有人说："三流的教师用惩罚，二流的教师用语言，一流的教师用眼神。"张老师此举正是运用了眼神达到了教育目的。

② 授课注视。

授课注视能够形成比较融洽、和谐、自然的氛围，使授课顺利地进行下去。授课注视的作用主要体现在两点。第一，能够激发学生的思考。例如学生在回答问题的过程中，一般总会紧盯着教师的眼睛，试图从中发现教师对自己回答的反应。这时教师若使用严肃注视，学生则会感到紧张，思路会中断，所以教师可使用授课注视，使学生得到鼓励。第二，能够促使学生认真听讲。对一些本身比较自觉而又偶尔会在课堂教学中出现分心现象或做小动作的学生，教师只要目光柔和地注视该学生片刻，就会使其惭愧不已，中止自己的错误行为，立刻集中精神听课。

③ 亲密注视。

教师在与学生进行个别谈话的时候，如果对方是低学龄段的孩子，教师可以使用亲密注视，给学生一种自己父母的亲切感，这样更有利于开展教育工作。

> **示例**

一年级一班的班主任马老师发现班里的丽丽总喜欢在课堂上吃东西，下课后，马老师把丽丽带到自己的办公室，温柔地注视着她，轻轻地问："丽丽，为什么要在课堂上吃东西呀？"丽丽低着头说："我饿了。"马老师摸着丽丽的头说："早饭吃的什么呀？"丽丽摇摇头。马老师经过了解发现，原来丽丽的爸爸妈妈工作非常忙，每天早上给丽丽塞个面包就送来学校了。丽丽没时间吃早饭，实在太饿了，就悄悄地在课堂上吃面包。

一年级的学生还没有成熟的是非观念，如果教师用严肃注视对待丽丽，丽丽可能会因为害怕而不敢说出实情。马老师运用亲密注视，让丽丽得以敞开心扉，才因此真正了解到事情的真相，进而更好地解决问题。

（2）注视的注意事项。

① 目光要直视。

教师在使用严肃注视时，不能侧目视之，更不能眼珠乱转，否则会让学生感觉到滑稽。严肃注视并不是盯视，眼睛连眨都不眨一下，盯视会引发学生的不安甚至恐惧。

② 面容要匹配。

教师在使用严肃注视时，面容要严肃、认真；在使用授课注视时，面容要自然、亲切；在使用亲密注视时，面容要真挚、温柔。

（四）教师常见的目光语问题

（1）过长时间注视对方。不能对学生或他人过长时间注视，注视时间应占全部交谈时间的30%～60%，否则将被视为一种无理行为，教师更不能用蔑视、怒视的眼光注视学生。

（2）目光呆板。教师要使眼睛富有神采，用生动明快的眼神使口语表达更具表现力。眼球转动的速度忌太快或太慢。眼球转动稍快表示有活力，但如果太快则显得不真诚，给人以不庄重的印象，同时，眼球也不能转得太慢，否则显得缺乏生气。

（3）目光躲闪。许多新教师刚开始站上讲台时，往往十分紧张，目光游移不定，不敢正视自己的学生。上课的时候，眼神或向上看天花板，或向窗外看，还有个别性格内向的教师，无法直视学生或家长，常常低头与对方说话。

（4）谈话时神情漠然或目光左顾右盼。教师在与学生或家长谈话时心不在焉，常常看手机或手表，这些行为都会让对方感觉到你的不耐烦，会伤害对方的自尊心。

（5）目光注视区域不适合。切忌在没有任何理由的情况下，对他人上上下下反复打量，尤其是异性之间，随意注视对方的大腿、腹部、胸部，这些做法是极为失礼的。

（6）谈话时俯视他人。教师在与学生交流的时候，如果依然站在讲台上，从高处俯视学生，会让学生产生距离感。所以建议教师可以走到学生面前，上身前倾地与学生进行对话，如果学生年龄较小，可直接蹲下，给学生一种平等轻松的感觉。

（7）目光一直盯着一部分人看。教师的目光要发散，在教学时可以全方位环视，要顾及全班同学，让他们都感受到教师的目光。

（8）在目送学生离开办公室时，要等学生转过身并走出一段路后，教师才能转移目送学生的视线。

思考与练习

1. "你来做我来猜"游戏。选择几位学生上讲台抽签，让其用目光语表达签上的内容，请全班同学猜。

2. 请学生练习点视的注视方法，学会用眼神与其他同学进行沟通，并能用眼神叫同学起立回答问题。

3. 练习目光辐射区域的宽度。请学生准备一段导入语，在表述的时候要求目光覆盖全班，没有死角，杜绝只盯着一处讲课的现象。

技能综合实训

一、综合技能欣赏

1. 手势语教育篇

我国著名的小学语文教师朱雪丹引导学生辨别"披""盖""穿"的含义，便运用了象征性手势语。

师：（教师用卡片出示"披"字）

生：披着的"披"字。

师：什么意思？

生：盖在身上。

师：（用双手模拟盖的动作）

生：不对。"披"是放在身上。

师：放？（用一只手模拟把物体放在身上的动作）李明同学，你说。

生：就是穿在身上。

师：谁能做个"披"的动作给大家看看？（一位学生做了个"披"的动作）

师：嗯，对了。[①]

竖起的大拇指

新学期开始，邵老师班上转来了一位长相跟常人不一样的男孩，他叫一君。一君的个子极矮，身高只有同龄人的一半多一些，另外，他的双腿不能正常行走。这位学生着实让邵老师吃了一惊，也让全班一片哗然，许多学生投来了诧异的目光。为此，一君感到非常自卑，上课时总是把头埋得很低。这样一位转学生，又是这样一副自卑的状态，怎能与同学们和谐相处呢？同学们能接受他吗？邵老师心里很是矛盾。

[①] 马芝兰，段曹林，江尚权. 新编教师口语［M］. 北京：中国传媒大学出版社，2010：137-138.

此后几天，有的男生开始喊一君"小不点"，同桌也多次提出调座位，理由是学习中无法同他交流和合作，面对此情此景，邵老师陷入了沉思。

没有教不好的学生，只有不会教的教师。邵老师没有放弃一君，她悄悄地准备了起来。这一天，邵老师在班上召开了"赠人玫瑰，手留余香——善待他人"的主题班会。在班会上，邵老师在全班学生面前朝一君竖起了大拇指，说："一君是我们班的'白马王子'，他天资聪明，思维敏捷，在转来之前是那所学校的学习尖子，奥数还拿过第一，请为他竖起大拇指……"知道一君的情况后，同学们纷纷向他投去了赞许的目光，并向他竖起了大拇指。

接着，邵老师又举了霍金、史铁生等人的例子，教育大家多发现别人的优点。此时，同学们如梦初醒，再次向一君竖起了大拇指。有的学生高呼："一君，你是名副其实的白马王子。"有的学生公开向一君承认了错误，有的学生竟主动要求与他同座，一君也感动得泪流满面，"小不点"终于抬起了因自卑而低下的头，绽放出了自信的笑容。

从此，在邵老师和同学们的欣赏鼓励中，一君自信地完成了剩余的学业，并以高分考取了重点高中。[①]

2. 表情语教育篇

用惊喜的表情唤醒学生的主体意识

在教学中，赵老师非常善于用惊喜的表情激励学生，使学生积极主动地参与各种教学活动。下面是赵老师教授《荷叶圆圆》时的片段。

一上课，赵老师便展开双臂，向学生做拥抱状，热情地说："我很想和大家交朋友，希望咱们成为学习上的好伙伴。大家愿意吗？"

学生们高兴地回答："愿意。"

赵老师说："今天我就叫大家小朋友，大家喊我大朋友或者老朋友，好吗？"

学生们积极响应。

赵老师大声说："那咱们开始上课。小朋友们好！"

学生们叫着："大（老）朋友，您好！"

赵老师夸奖学生聪明，并要求学生伸出手指，和他一起写课题。

当准备板书时，赵老师紧皱眉头，说："哎，'荷叶'的'荷'字怎么写的，大朋友忘了。谁能告诉我？"

这时，一位学生坐在座位回答说："哎呀，大朋友，这很简单，上面是个草字头，下面是我的姓。"

赵老师惊喜地问他："有创意的小朋友，请问你贵姓呀？"

该生站起来，说："我姓何呀。"

赵老师故意模仿该生的腔调，说："'我姓何呀'的'何'字怎么写的呀？"

该生回答："左边是个单人旁，右边加上'可以'的'可'呀。"

听着他俩的对话，学生们都笑了。

赵老师请该生坐下后，便开始板书课题，在写"叶"字时，他还强调竖为"悬针"，要写直。写完课题，赵老师请学生们做一个游戏，要求他们把自己做的大荷叶拿出来，戴在头上。

当学生们纷纷拿出荷叶戴在头上时，赵老师惊喜地说："哇，小朋友们都像小鱼儿一样，把荷叶当成自己的凉伞了！大朋友也有凉伞呢，你们看！"

[①] 张宇，廖生波. 藏在师生体态语言里的教学智慧［M］. 南京：江苏教育出版社，2013：27.

说着，赵老师也拿出一片荷叶，先戴在头上，然后铺在地上，走上荷叶。

他联系课文内容边演边讲："我是一颗小水珠，荷叶是我的大摇篮。我躺在荷叶上，眨着亮晶晶的大眼睛。"

学生们对赵老师的表演非常惊奇，纷纷举手想试试。

这时，赵老师提示说："要想表演好，就要把课文读好，最好能够记住课文中的句子。"

接着，赵老师又说："大朋友要仔细看你们的表情，听你们的声音，哪些小朋友的表情好，读得又好，大朋友就请他到台上来表演。"

于是，学生们开始反复读课文。

过了一会儿，赵老师让学生们停止朗读，问道："小朋友们，课文向我们介绍了小水珠、小蜻蜓等好几个小伙伴，你们喜欢哪一个呢？你们喜欢哪个小伙伴，就读写哪个小伙伴的那一段课文。待会儿你们就给大家介绍你们喜欢的这个小伙伴。不过不管读哪一段，都要先读读课文的第一句话。开始吧。"

一位学生站了起来，读着："荷叶圆圆的，绿绿的。小水珠说：'荷叶是我的摇篮。'小水珠躺在荷叶上，眨着亮晶晶的眼睛。"

该生读完后，赵老师夸他读得正确、流利，但也提出了疑问："大家注意到没有，刚才大朋友表演的时候，脸上还带着什么呀？"

学生们回答："表情。"

于是，赵老师便请一位女生加上表情再读一遍。该女生读得非常棒，大家一起为她鼓掌。

下面是介绍小蜻蜓。一位学生站起来，读着："荷叶圆圆的，绿绿的。小蜻蜓说：'荷叶是我的停机坪。'小蜻蜓立在荷叶上，展开柔嫩的翅膀。"该生读完后，赵老师指出读"翅膀"的"翅"字时要翘舌。

轮到介绍小青蛙了，赵老师特别强调学生们要注意朗读的学生的表情。

"荷叶圆圆的，绿绿的。小青蛙说：'荷叶是我的歌台。'小青蛙蹲在荷叶上，呱呱地放声歌唱。"朗读的学生有表情地读着。最后结束时，该生还"呱，呱，呱"地叫着，引来一片笑声和掌声。

赵老师惊喜地说："哇，创造性的朗读！很好！"赵老师要求其他学生说出该生读的好在哪里。有的学生说"他把小青蛙的声音说出来了。"有的学生说："他的声音很粗，'呱，呱，呱'，真像一只大青蛙。"有的学生说："他的表情好，显得很神气，'呱，呱，呱'，就像一个大歌星！"

最后要介绍小鱼儿了，许多学生站起来抢着要朗读。这时，赵老师抚摸着一位比较调皮、好动的学生的头，让他来读。

没想到，这位学生和别的学生不一样，不在座位上读，而是大大方方地走上讲台读："荷叶圆圆的，绿绿的。小鱼儿说：'荷叶是我的凉伞。'小鱼儿在荷叶下笑嘻嘻地游来游去，捧起一朵朵很美很美的水花。"他一边读着，还一边大幅度地挥动着手臂，弄出"哗——哗——"的声音。

赵老师非常赞赏该生的举动，惊喜地说："嗬——主动上台，好潇洒呀！"不过，赵老师也幽默地说出了他的不足："你这'哗——哗——'的两朵水花太大，可不像小鱼儿，倒像一条大鲨鱼！你能把大鲨鱼变成小鱼儿吗？"赵老师精彩的点评，赢来了学生们的一阵笑声。

按照赵老师的要求，这位学生手掌轻柔地翻动着，模仿小鱼儿的动作。这时，赵老师再一次让学生们说出他读的好在哪里。这次，大多数学生说他的动作不错。

赵老师再次面露惊喜之色："同学们的领悟力真高！"[①]

微笑教育，轻松揭开学生心结

苏老师班上转来一位男生，开始时他学习很认真，成绩也不错。但一段时间后，苏老师发现他开始有些异常：上课走神，最近几次单元测验成绩也不好。其他老师对他也很有意见，都跟苏老师反映了。

苏老师找该男生谈了几次话，但效果不佳。为此，苏老师进行了反思：平时自己找问题学生到办公室谈话，虽说不能百分百让他们改正，至少效果都还不错，但对这位男生怎么就一点效果也没有呢？他虽然也是低着头不断答应着自己会改正，可是走出办公室，他就把自己的话当成了耳边风，难道自己采取的方式不对？

一天，体育课上，别的学生都在兴致高昂地活动，只有该男生一人坐在一边，眼睛直直地盯着地面，一副若有所思的样子。苏老师看到后，灵机一动，心想：或许是自己太过教条的大道理不能打开他的心扉，只有亲近他，他才会跟自己掏心窝。于是，苏老师换上一副微笑的表情，走到他的身边坐下来。

该男生一抬头，看见了苏老师，他有些惊讶，但见苏老师脸上挂着笑容，就安心地低下了头。

苏老师用一只手轻轻地搭在他的肩膀上，笑着说："怎么，还在为考试的事情难过吗？没关系，老师相信你这次只是意外，你会努力的，是吧！"那男生的嘴角抽动了一下，没有说什么。

苏老师伸出一只手，说："来，我们可以像朋友一样谈谈吗？"说完，他微笑地看着那男生，一脸真诚。

看到苏老师脸上的微笑，该男生显露出不好意思的神情："老……老师，你不怪我吗？"

苏老师抓起他的手握在自己的手里，笑着说："我为什么要怪你呀？"他吁了一口气，好像下了很大的决心，对苏老师说："老师，对不起，我最近老跟高年级的同学往游戏厅跑……"

"嗯，我知道！"苏老师依然面带微笑地看着他。

他惊奇地望着苏老师，从苏老师始终微笑着的脸上似乎看到了什么，他的肩膀微微地耸动着。他让自己平静了一下，之后如释重负地说："其实，我并不喜欢往那里跑，那里太吵了，可是……我……我就是要气气他们！"

"他们？"苏老师假装不知道。

"我爸妈。最近爸爸工作不顺利，回家老绷着脸，妈妈又不断唠叨，就吵个不停。我也难免遭殃。"

"是啊，这样说来确实该气气他们！"苏老师假装生气地说。那男生看着苏老师的样子，终于忍不住"扑哧"一声笑了出来。他站了起来，看着苏老师说："苏老师，我不应该再给爸妈添烦恼……谢谢你，苏老师！"苏老师笑着盯着他，赞赏地点头。[②]

[①] 张宇，廖生波. 藏在师生体态语言里的教学智慧[M]. 南京：江苏教育出版社，2013：97-98.
[②] 张宇，廖生波. 藏在师生体态语言里的教学智慧[M]. 南京：江苏教育出版社，2013：65-66.

3. 目光语教育篇

朱老师的眼睛

朱老师的眼睛是双眼皮儿，乌黑的眼珠儿又圆又大。初看好像没有什么特别，可你仔细一瞧啊，嘿，朱老师的眼睛会说话。

语文课上，我看着书桌里那一块漂亮的新橡皮，手痒了，不知不觉地伸过手去，想要摸一摸。正巧被朱老师看见了，她好像在暗示："顾宇，你怎么做小动作啦？"我的手马上不痒了，赶紧放在背后，认真地听老师讲话……

我懂得朱老师眼睛讲的话，小朋友们也懂得朱老师眼睛讲的话。一天自修课上，朱老师站在教室门口和家长谈话，小朋友们便随便地讲起话来。这时朱老师回过头来，用眼睛盯着我们看了一下，仿佛在批评我们："怎么讲话了！"小朋友们马上静下来，教室里顿时鸦雀无声……

有一次，朱老师在礼堂里给我们上《乌鸦喝水》这一课，有三百多位老师听课呢！朱老师提问："乌鸦能喝到水？"我马上把手举得高高的，朱老师请了我。我看有这么多的老师，心里很慌，那颗心啊，通通地直跳，回答得很轻。朱老师的眼睛马上向我投来鼓励的目光，似乎在说："对，对，声音再响亮点儿！"我看着朱老师的眼睛，胆子大了，声音也响亮起来了。这时朱老师的眼睛向我投来赞许的目光，好像在说："讲得真好！"

期中考试我得了"双百"，朱老师可真高兴啊！她在给我发奖品时，眼睛笑得弯弯的，似乎在说："顾宇啊，这次考得真好，下次还要得'双百'！"

记得有一回，我生病住院了，过了一个多星期才上学。上课时，朱老师不时用眼睛看着我，仿佛对我说："顾宇，吃得消吗？身体舒服吗？"我的病刚好，精神还不太好，但一看到朱老师的眼睛，精神又提起来了……

下课，朱老师和我们一起玩的时候，她的眼睛也会说话。一次，我们玩"老鹰捉小鸡"。朱老师当"老鹰"，她一下子跑到东，一下子跑到西，眼睛呢？睁得大大的，好像在提醒我们："哎——当心！我要捉住你们啦！"真糟糕，末尾一只"小鸡"跑得太慢，被捉住了。这时候呀，朱老师的眼睛笑得可真欢，似乎在说："哈哈，这会儿可被我捉住了！"

现在朱老师虽然不教我们了，但每当我看到朱老师时，还是总先要看看她的眼睛，看看她要对我说些什么。①

威严的目光

多年来，在体育教学中，王老师为人师表，以身作则，从学生的基础抓起，以准确的示范、精辟的讲解、教学形式的多样化，在学生中树立了较高的威信。除了这些，王老师还常以威严的目光审视教育每一位学生。

王老师教的是小学低年级的学生。他们的基础不一，身体素质也不同，这个年龄段的学生又处于发育的关键期。因此，王老师坚持"学习第一步，基础要打牢"的原则，严格要求学生，努力使学生打好基础、锻炼好身体，并养成良好的纪律意识、锻炼意识。

每当上课钟声一响，王老师便站在操场上，以威严的目光迎接学生队伍，严肃地接受学生的每一次报告，并进行整理队伍、提出要求和集中注意力等常规活动。

---

① 《小学语文教师》编辑部. 全国小学生优秀作文选 [M]. 上海：上海教育出版社，1988：130-131.

王老师深知在诸多学科中，体育课在纪律方面的要求应更加严格，因此，从一开始上课，他便严格要求学生，以让学生清楚纪律的重要性。

上课时，难免有一些学生缺乏自我控制能力，出现违反纪律、滋扰其他同学的行为。对此，王老师总是目光中带着威严，而言语中透着慈爱，对学生进行教育。

一次，在练习齐步走时，个别学生由于精神分散，不但做的动作不正确，还干扰了其他同学。此时，王老师威严地紧盯着那几个学生，模仿他们左顾右盼的动作，嘴里说："如此走路，能不碰上人吗？"他严肃中带着幽默，使得学生们在一笑之余，领悟到了集中精神的必要性。

又一次，在篮球比赛时，两个学生在抢球时有些碰撞，马上你一言我一语地吵了起来。王老师看到后，马上用威严的目光看着那两位学生，并把他们从赛场叫到跟前，问道："吵架对吗？"两个学生都说不对。"既然是错误的，就别说谁先谁后，一个人能吵起来吗？"王老师果断地说："你们两个都有错，能改吗？"两位学生互相承认了错误，言归于好，又一起去打篮球了。

王老师就是以这样的目光来警示学生的，加上他幽默的话语、果断的处事方式，学生们并不害怕他，而是懂得王老师是真正为他们好的，因此他们都按照王老师的要求，自觉地严格要求自己。[①]

二、综合技能提升训练

1. 找出下面故事中教师使用体态语言不得体的地方，假如是你，你该如何处理？

一次物理课上，小刚又像往常一样伏在桌子上睡觉。王老师心中很不高兴，轻蔑地看了一眼小刚，用手指指着小刚，叫他的名字，请他站起来回答问题，但小刚根本没有反应。王老师更生气了，他快步走到小刚的座位前，并在桌上猛拍了两下。小刚吓得一下子惊醒过来，他略带惊恐而又不知所措地呆望着怒目圆睁的王老师，惹得全班同学哄堂大笑。

2. 请学生观看名师实况教学录像，注意观察名师的表情、眼神及手势的变化。请学生抓住关键部位来分析，如眉头的展与蹙、眼角的翘与垂、嘴角的上与下等。

3. 请全班同学分组进行讲课表演，要求讲课同学能合理应用手势语、表情语和目光语，其他同学观摩并点评。

---

① 张宇，廖生波. 藏在师生体态语言里的教学智慧[M]. 南京：江苏教育出版社，2013：93-94.

附录一　普通话水平测试朗读作品 50 篇

作品 1 号

　　照北京的老规矩，春节差不多在腊月的初旬就开始了。"腊七腊八，冻死寒鸦"，这是一年里最冷的时候。在腊八这天，家家都熬腊八粥。粥是用各种米、各种豆与各种干果熬成的。这不是粥，而是小型的农业展览会。

　　除此之外，这一天还要泡腊八蒜。把蒜瓣放进醋里，封起来，为过年吃饺子用。到年底，蒜泡得色如翡翠，醋也有了些辣味，色味双美，使人忍不住要多吃几个饺子。在北京，过年时，家家吃饺子。

　　孩子们准备过年，第一件大事就是买杂拌儿。这是用花生、胶枣、榛子、栗子等干果与蜜饯掺和成的。孩子们喜欢吃这些零七八碎儿。第二件大事是买爆竹，特别是男孩子们。恐怕第三件事才是买各种玩意儿——风筝、空竹、口琴等。

　　孩子们欢喜，大人们也忙乱。他们必须预备过年吃的、喝的、穿的、用的，好在新年时显出万象更新的气象。

　　腊月二十三过小年，差不多就是过春节的"彩排"。天一擦黑儿，鞭炮响起来，便有了过年的味道。这一天，是要吃糖的，街上早有好多卖麦芽糖与江米糖的，糖形或为长方块或为瓜形，又甜又黏，小孩子们最喜欢。

　　过了二十三，大家更忙。必须大扫除一次，还要把肉、鸡、鱼、青菜、年糕什么的都预备充足——店//铺多数正月初一到初五关门，到正月初六才开张。

节选自老舍《北京的春》

作品 2 号

　　盼望着，盼望着，东风来了，春天的脚步近了。

　　一切都像刚睡醒的样子，欣欣然张开了眼。山朗润起来了，水涨起来了，太阳的脸红起来了。

　　小草偷偷地从土里钻出来，嫩嫩的，绿绿的。园子里，田野里，瞧去，一大片一大片满是的。坐着，躺着，打两个滚，踢几脚球，赛几趟跑，捉几回迷藏。风轻悄悄的，草绵软软的。

　　……

"吹面不寒杨柳风",不错的,像母亲的手抚摸着你。风里带来些新翻的泥土的气息,混着青草味儿,还有各种花的香,都在微微湿润的空气里酝酿。鸟儿将窠巢安在繁花嫩叶当中,高兴起来了,呼朋引伴地卖弄清脆的喉咙,唱出宛转的曲子,跟轻风流水应和着。牛背上牧童的短笛,这时候也成天在嘹亮地响。

雨是最寻常的,一下就是三两天。可别恼。看,像牛毛,像花针,像细丝,密密地斜织着,人家屋顶上全笼着一层薄烟。树叶儿却绿得发亮,小草儿也青得逼你的眼。傍晚时候,上灯了,一点点黄晕的光,烘托出一片安静而和平的夜。乡下去,小路上,石桥边,撑起伞慢慢走着的人;还有地里工作的农夫,披着蓑,戴着笠的。他们的草屋,稀稀疏疏的,在雨里静默着。

天上风筝渐渐多了,地上孩子也多了。城里乡下,家家户户,老老小小,//他们也赶趟儿似的,一个个都出来了。舒活舒活筋骨,抖擞抖擞精神,各做各的一份事去。"一年之计在于春";刚起头儿,有的是工夫,有的是希望。

春天像刚落地的娃娃,从头到脚都是新的,它生长着。

春天像小姑娘,花枝招展的,笑着,走着。

春天像健壮的青年,有铁一般的胳膊和腰脚,领着我们上前去。

节选自朱自清《春》

作品 3 号

燕子去了,有再来的时候;杨柳枯了,有再青的时候;桃花谢了,有再开的时候。但是,聪明的,你告诉我,我们的日子为什么一去不复返呢?——是有人偷了他们罢:那是谁?又藏在何处呢?是他们自己逃走了罢:现在又到了哪里呢?

去的尽管去了,来的尽管来着;去来的中间,又怎样地匆匆呢?早上我起来的时候,小屋里射进两三方斜斜的太阳。太阳他有脚啊,轻轻悄悄地挪移了;我也茫茫然跟着旋转。于是——洗手的时候,日子从水盆里过去;吃饭的时候,日子从饭碗里过去;默默时,便从凝然的双眼前过去。我觉察他去的匆匆了,伸出手遮挽时,他又从遮挽着的手边过去;天黑时,我躺在床上,他便伶伶俐俐地从我身上跨过,从我脚边飞去了。等我睁开眼和太阳再见,这算又溜走了一日。我掩着面叹息,但是新来的日子的影儿又开始在叹息里闪过了。

……

在逃去如飞的日子里,在千门万户的世界里的我能做些什么呢?只有徘徊罢了,只有匆匆罢了;在八千多日的匆匆里,除徘徊外,又剩些什么呢?过去的日子如轻烟,被微风吹散了,如薄雾,被初阳蒸融了;我留着些什么痕迹呢?我何曾留着像游丝样的痕迹呢?我赤裸裸//来到这世界,转眼间也将赤裸裸的回去罢?但不能平的,为什么偏要白白走这一遭啊?

你聪明的,告诉我,我们的日子为什么一去不复返呢?

节选自朱自清《匆匆》

作品 4 号

有的人在工作、学习中缺乏耐性和韧性,他们一旦碰了钉子,走了弯路,就开始怀疑自己是否有研究才能。其实,我可以告诉大家,许多有名的科学家和作家,都是经过很多次失败,走过很多弯路才成功的。有人看见一个作家写出一本好小说,或者看见一个科学家发表几篇有分量的论文,便仰慕不已,很想自己能够信手拈来,妙手成章,一觉醒来,誉满天下。其实,成功的作品和论文只不过是作家、学者们整个创作和研究中的极小部分，甚至数量上还不及失败作品的十分之一。大家看到的只是他们成功的作品，而失败的作品是不会公开发表出来的。

要知道，一个科学家在攻克科学堡垒的长征中，失败的次数和经验，远比成功的经验要丰富、深刻得多。失败虽然不是什么令人快乐的事情，但也决不应该因此气馁。在进行研究时，研究方向不正确，走了些岔路，白费了许多精力，这也是常有的事。但不要紧，可以再调换方向进行研究。更重要的是要善于吸取失败的教训，总结已有的经验，再继续前进。

根据我自己的体会，所谓天才，就是坚持不断的努力。有些人也许觉得我在数学方面有什么天分，//其实从我身上是找不到这种天分的。我读小学时，因为成绩不好，没有拿到毕业证书，只拿到一张修业证书。初中一年级时，我的数学也是经过补考才及格的。但是说来奇怪，从初中二年级以后，我就发生了一个根本转变，因为我认识到既然我的资质差些，就应该多用点儿时间来学习。别人学一小时，我就学两小时，这样，我的数学成绩得以不断提高。

一直到现在我也贯彻这个原则：别人看一篇东西要三小时，我就花三个半小时。经过长期积累，就多少可以看出成绩来。并且在基本技巧烂熟之后，往往能够一个钟头就看懂一篇人家看十天半月也解不透的文章。所以，前一段时间的加倍努力，在后一段时间能收到预想不到的效果。

是的，聪明在于学习，天才在于积累。

节选自华罗庚《聪明在于学习，天才在于积累》

作品 5 号

去过故宫古建筑修缮现场的人，就会发现这里和外面工地的劳作景象有个明显的区别：这里没有起重机，建筑材料都是以手推车的形式送往工地，遇到人力无法运送的木料时，工人们会使用百年不变的工具——滑轮组。故宫古建筑修缮，尊重"四原"原则，即原材料、原工艺、原结构、原形制。在不影响体现传统工艺技术手法特点的地方，工匠可以用电动工具，比如开荒料、截头，但大多数时候工匠都用传统工具：木匠画线用的是墨斗、画签、毛笔、方尺、杖竿、五尺；加工制作木构件使用的工具有锛、凿、斧、锯、刨，等等。

最能体现古建筑修缮难度的便是瓦作中"苫背"的环节。"苫背"是指在房顶做灰背的过程，它相当于为木结构建筑添上防水层。有句口诀是"三浆三压"，也就是上三遍石灰浆，然后再压上三遍。但这是个虚数。今天是晴天，干得快，三浆三压硬度就能符合要求，要是赶上阴天，说不定就要六浆六压。任何一个环节的疏漏都可能导致漏雨，而这对古建筑的损坏是致命的。

"工"字早在殷墟甲骨卜辞中就已经出现过。《周官》与《春秋左传》记载周王朝与诸侯都设有掌管营造的机构。无数的名工巧匠为我们留下了那么多宏伟的建筑，但却//很少被列入史籍，扬名于后世。

匠人之所以称之为"匠"，其实不仅仅是因为他们拥有了某种娴熟的技能，毕竟技能还可以通过时间的累积"熟能生巧"，但蕴藏在"手艺"之上的那种对古建筑本身的敬畏和热爱，却需要从历史的长河中去寻觅。将壮美的紫禁城完整地交给未来，最需仰仗的便是这些无名的匠人。故宫的修护是一项没有终点的接力，而他们就是最好的接力者。

节选自单霁翔《大匠无名》

作品 6 号

立春过后，大地渐渐从沉睡中苏醒过来。冰雪融化，草木萌发，各种花次第开放。再过两个月，燕子翩然归来。不久，布谷鸟也来了。于是转入炎热的夏季，这是植物孕育果实的时期。到了秋天，果实成熟，植物的叶子渐渐变黄，在秋风中簌簌地落下来。北雁南飞，活跃在田间草际的昆虫也都销声匿迹。到处呈现一片衰草连天的景象，准备迎接风雪载途的寒冬。在地球上温带和亚热带区域里，年年如是，周而复始。

几千年来，劳动人民注意了草木荣枯、候鸟去来等自然现象同气候的关系，据以安排农事。杏花开了，就好像大自然在传语要赶快耕地；桃花开了，又好像在暗示要赶快种谷子。布谷鸟开始唱歌，劳动人民懂得它在唱什么："阿公阿婆，割麦插禾。"这样看来，花香鸟语，草长莺飞，都是大自然的语言。

这些自然现象，我国古代劳动人民称它为物候。物候知识在我国起源很早。古代流传下来的许多农谚就包含了丰富的物候知识。到了近代，利用物候知识来研究农业生产，已经发展为一门科学，就是物候学。物候学记录植物的生长荣枯，动物的养育往来，如桃花开、燕子来等自然现象，从而了解随着时节//推移的气候变化和这种变化对动植物的影响。

节选自竺可桢《大自然的语言》

作品 7 号

当高速列车从眼前呼啸而过时，那种转瞬即逝的感觉让人们不得不发问：高速列车跑得那么快，司机能看清路吗？

高速列车的速度非常快，最低时速标准是二百公里。且不说能见度低的雾霾天，就是晴空万里的大白天，即使是视力好的司机，也不能保证正确识别地面的信号。当肉眼看到前面有障碍时，已经来不及反应。

专家告诉我，目前，我国时速三百公里以上的高铁线路不设置信号机，高速列车不用看信号行车，而是通过列控系统自动识别前进方向。其工作流程为，由铁路专用的全球数字移动通信系统来实现数据传输，控制中心实时接收无线电波信号，由计算机自动排列出每趟列车的最佳运行速度和最小行车间隔距离，实现实时追踪控制，确保高速列车间隔合理地安全运行。当然，时速二百至二百五十公里的高铁线路，仍然设置信号灯控制装置，由传统的轨道电路进行信号传输。

中国自古就有"千里眼"的传说，今日高铁让古人的传说成为现实。

所谓"千里眼"，即高铁沿线的摄像头，几毫米见方的石子儿也逃不过它的法眼。通过摄像头实时采集沿线高速列车运行的信息，一旦//出现故障或者异物侵限，高铁调度指挥中心监控终端的界面上就会出现一个红色的框将目标锁定，同时，监控系统马上报警显示。调度指挥中心会迅速把指令传递给高速列车司机。

节选自王雄《当今"千里眼"》

作品 8 号

从肇庆市驱车半小时左右，便到了东郊风景名胜鼎湖山。下了几天的小雨刚停，满山笼罩着轻纱似的薄雾。

过了寒翠桥，就听到淙淙的泉声。进山一看，草丛石缝，到处都涌流着清亮的泉水。草丰林茂，一路上泉水时隐时现，泉声不绝于耳。有时几股泉水交错流泻，遮断路面，我们得寻找着垫脚的石块跳跃着前进。愈往上走树愈密，绿荫愈浓。湿漉漉的绿叶，犹如大海的波浪，一层一层涌向山顶。泉水隐到了浓阴的深处，而泉声却更加清纯悦耳。忽然，云中传来钟声，顿时山鸣谷应，悠悠扬扬。安详厚重的钟声和欢快活泼的泉声，在雨后宁静的暮色中，汇成一片美妙的音响。

我们循着钟声,来到了半山腰的庆云寺。这是一座建于明代、规模宏大的岭南著名古刹。庭院里繁花似锦,古树参天。有一株与古刹同龄的茶花,还有两株从斯里兰卡引种的、有二百多年树龄的菩提树。我们决定就在这座寺院里借宿。

　　入夜,山中万籁俱寂,只有泉声一直传送到枕边。一路上听到的各种泉声,这时候躺在床上,可以用心细细地聆听、辨识、品味。那像小提琴一样轻柔的,是草丛中流淌的小溪的声音;那像琵琶一样清脆的,//是在石缝间跌落的涧水的声音;那像大提琴一样厚重回响的,是无数道细流汇聚于空谷的声音;那像铜管齐鸣一样雄浑磅礴的,是飞瀑急流跌入深潭的声音。还有一些泉声忽高忽低,忽急忽缓,忽清忽浊,忽扬忽抑,是泉水正在绕过树根,拍打卵石,穿越草丛,流连花间。

　　蒙眬中,那滋润着鼎湖山万木,孕育出蓬勃生机的清泉,仿佛汨汨地流进了我的心田。

节选自谢大光《鼎湖山听泉》

作品 9 号

　　我常想读书人是世间幸福人,因为他除了拥有现实的世界之外,还拥有另一个更为浩瀚也更为丰富的世界。现实的世界是人人都有的,而后一个世界却为读书人所独有。由此我想,那些失去或不能阅读的人是多么的不幸,他们的丧失是不可补偿的。世间有诸多的不平等,财富的不平等,权力的不平等,而阅读能力的拥有或丧失却体现为精神的不平等。

　　一个人的一生,只能经历自己拥有的那一份欣悦,那一份苦难,也许再加上他亲自闻知的那一些关于自身以外的经历和经验。然而,人们通过阅读,却能进入不同时空的诸多他人的世界。这样,具有阅读能力的人,无形间获得了超越有限生命的无限可能性。阅读不仅使他多识了草木虫鱼之名,而且可以上溯远古下及未来,饱览存在的与非存在的奇风异俗。

　　更为重要的是,读书加惠于人们的不仅是知识的增广,而且还在于精神的感化与陶冶。人们从读书学做人,从那些往哲先贤以及当代才俊的著述中学得他们的人格。人们从《论语》中学得智慧的思考,从《史记》中学得严肃的历史精神,从《正气歌》中学得人格的刚烈,从马克思学得人世//的激情,从鲁迅学得批判精神,从列夫·托尔斯泰学得道德的执着。歌德的诗句刻写着睿智的人生,拜伦的诗句呼唤着奋斗的热情。一个读书人,一个有机会拥有超乎个人生命体验的幸运人。

节选自谢冕《读书人是幸福人》

作品 10 号

　　我爱月夜,但我也爱星天。从前在家乡七八月的夜晚在庭院里纳凉的时候,我最爱看天上密密麻麻的繁星。望着星天,我就会忘记一切,仿佛回到了母亲的怀里似的。

　　三年前在南京我住的地方有一道后门,每晚我打开后门,便看见一个静寂的夜。下面是一片菜园,上面是星群密布的蓝天。星光在我们的肉眼里虽然微小,然而它使我们觉得光明无处不在。那时候我正在读一些天文学的书,也认得一些星星,好像它们就是我的朋友,它们常常在和我谈话一样。

　　如今在海上,每晚和繁星相对,我把它们认得很熟了。我躺在舱面上,仰望天空。深蓝色的天空里悬着无数半明半昧的星。船在动,星也在动,它们是这样低,真是摇摇欲坠呢!渐渐地我的眼睛模糊了,我好像看见无数萤火虫在我的周围飞舞。海上的夜是柔和的,是静寂的,是梦幻的。我望着许多认识的星,我仿佛看见它们在对我眨眼,我仿佛听见它们在小声说话。这时我忘记了一切。在星的怀抱中我微笑着,我沉睡着。我觉得自己是一个小孩子,现在睡在母亲的怀里了。

　　有一夜,那个在哥伦波上船的英国人指给我看天上的巨人。他用手指着://那四颗明亮的星是头,下面的几颗是身子,这几颗是手,那几颗是腿和脚,还有三颗星算是腰带。经他这一番指点,我果然看清楚了那个天上的巨人。看,那个巨人还在跑呢!

节选自巴金《繁星》

作品 11 号

钱塘江大潮,自古以来被称为天下奇观。

农历八月十八是一年一度的观潮日。这一天早上,我们来到了海宁市的盐官镇,据说这里是观潮最好的地方。我们随着观潮的人群,登上了海塘大堤。宽阔的钱塘江横卧在眼前。江面很平静,越往东越宽,在雨后的阳光下,笼罩着一层蒙蒙的薄雾。镇海古塔、中山亭和观潮台屹立在江边。远处,几座小山在云雾中若隐若现。江潮还没有来,海塘大堤上早已人山人海。大家昂首东望,等着,盼着。

午后一点左右,从远处传来隆隆的响声,好像闷雷滚动。顿时人声鼎沸,有人告诉我们,潮来了!我们踮着脚往东望去,江面还是风平浪静,看不出有什么变化。过了一会儿,响声越来越大,只见东边水天相接的地方出现了一条白线,人群又沸腾起来。

那条白线很快地向我们移来,逐渐拉长,变粗,横贯江面。再近些,只见白浪翻滚,形成一堵两丈多高的水墙。浪潮越来越近,犹如千万匹白色战马齐头并进,浩浩荡荡地飞奔而来;那声音如同山崩地裂,好像大地都被震得颤动起来。

霎时,潮头奔腾西去,可是余波还在漫天卷地般涌来,江面上依旧风号浪吼。过了好久,钱塘江才恢复了//平静。看看堤下,江水已经涨了两丈来高了。

节选自赵宗成、朱明元《观潮》

作品 12 号

我和几个孩子站在一片园子里,感受秋天的风。园子里长着几棵高大的梧桐树,我们的脚底下,铺了一层厚厚的梧桐叶。叶枯黄,脚踩在上面,嘎吱嘎吱,脆响。风还在一个劲儿地刮,吹打着树上可怜的几片叶子,那上面,就快成光秃秃的了。

我给孩子们上写作课,让孩子们描摹这秋天的风。以为他们一定会说寒冷、残酷和荒凉之类的,结果却出乎我的意料。

一个孩子说,秋天的风,像把大剪刀,它剪呀剪的,就把树上的叶子全剪光了。

我赞许了这个比喻。有二月春风似剪刀之说,秋天的风,何尝不是一把剪刀呢?只不过,它剪出来的不是花红叶绿,而是败柳残荷。

剪完了,它让阳光来住,这个孩子突然接着说一句。他仰向我的小脸,被风吹着,像只通红的小苹果。我怔住,抬头看树,那上面,果真的,爬满阳光啊,每根枝条上都是。失与得,从来都是如此均衡,树在失去叶子的同时,却承接了满树的阳光。

一个孩子说,秋天的风,像个魔术师,它会变出好多好吃的,菱角呀,花生呀,苹果呀,葡萄呀。还有桂花,可以做桂花糕。我昨天吃了桂花糕,妈妈说,是风变出来的。

我笑了。小可爱,经你这么一说,秋天的风,还真是香的。我和孩//子们一起嗅,似乎就闻见了风的味道,像块蒸得热气腾腾的桂花糕。

节选自丁立梅《孩子和秋风》

作品 13 号

夕阳落山不久，西方的天空，还燃烧着一片橘红色的晚霞。大海，也被这霞光染成了红色，而且比天空的景色更要壮观。因为它是活动的，每当一排排波浪涌起的时候，那映照在浪峰上的霞光，又红又亮，简直就像一片片霍霍燃烧着的火焰，闪烁着，消失了。而后面的一排，又闪烁着，滚动着，涌了过来。

天空的霞光渐渐地淡下去了，深红的颜色变成了绯红，绯红又变为浅红。最后，当这一切红光都消失了的时候，那突然显得高而远了的天空，则呈现出一片肃穆的神色。最早出现的启明星，在这蓝色的天幕上闪烁起来了。它是那么大，那么亮，整个广漠的天幕上只有它在那里放射着令人注目的光辉，活像一盏悬挂在高空的明灯。

夜色加浓，苍空中的"明灯"越来越多了。而城市各处的真的灯火也次第亮了起来，尤其是围绕在海港周围山坡上的那一片灯光，从半空倒映在乌蓝的海面上，随着波浪，晃动着，闪烁着，像一串流动着的珍珠，和那一片片密布在苍穹里的星斗互相辉映，煞是好看。

在这幽美的夜色中，我踏着软绵绵的沙滩，沿着海边，慢慢地向前走去。海水，轻轻地抚摸着细软的沙滩，发出温柔的//唰唰声。晚来的海风，清新而又凉爽。我的心里，有着说不出的兴奋和愉快。

夜风轻飘飘地吹拂着，空气中飘荡着一种大海和田禾相混合的香味儿，柔软的沙滩上还残留着白天太阳炙晒的余温。那些在各个工作岗位上劳动了一天的人们，三三两两地来到了这软绵绵的沙滩上，他们浴着凉爽的海风，望着那缀满了星星的夜空，尽情地说笑，尽情地休憩。

节选自峻青《海滨仲夏夜》

作品 14 号

生命在海洋里诞生绝不是偶然的，海洋的物理和化学性质，使它成为孕育原始生命的摇篮。

我们知道，水是生物的重要组成部分，许多动物组织的含水量在百分之八十以上，而一些海洋生物的含水量高达百分之九十五。水是新陈代谢的重要媒介，没有它，体内的一系列生理和生物化学反应就无法进行，生命也就停止。因此，在短时期内动物缺水要比缺少食物更加危险。水对今天的生命是如此重要，它对脆弱的原始生命，更是举足轻重了。生命在海洋里诞生，就不会有缺水之忧。

水是一种良好的溶剂。海洋中含有许多生命所必需的无机盐，如氯化钠、氯化钾、碳酸盐、磷酸盐，还有溶解氧，原始生命可以毫不费力地从中吸取它所需要的元素。

水具有很高的热容量，加之海洋浩大，任凭夏季烈日曝晒，冬季寒风扫荡，它的温度变化却比较小。因此，巨大的海洋就像是天然的"温箱"，是孕育原始生命的温床。

阳光虽然为生命所必需，但是阳光中的紫外线却有扼杀原始生命的危险。水能有效地吸收紫外线，因而又为原始生命提供了天然的"屏障"。

这一切都是原始生命得以产生和发展的必要条件。//

节选自童裳亮《海洋与生命》

作品 15 号

在我国历史地理中，有三大都城密集区，它们是：关中盆地、洛阳盆地、北京小平原。其中每一个地区都曾诞生过四个以上大型王朝的都城。而关中盆地、洛阳盆地是前朝历史的两个都城密集区，正是它们构成了早期文明核心地带中最重要的内容。

为什么这个地带会成为华夏文明最先进的地区？这主要是由两个方面的条件促成的，一个是自然环境方面的，一个是人文环境方面的。

在自然环境方面，这里是我国温带季风气候带的南部，降雨、气温、土壤等条件都可以满足旱作农业的需求。中国北方的古代农作物，主要是一年生的粟和黍。黄河中下游的自然环境为粟黍作物的种植和高产提供了得天独厚的条件。农业生产的发达，会促进整个社会经济的发展，从而推动社会的进步。

在人文环境方面，这里是南北方、东西方大交流的轴心地区。在最早的六大新石器文化分布形势图中可以看到，中原处于这些文化分布的中央地带。无论是考古发现还是历史传说，都有南北文化长距离交流、东西文化相互碰撞的证据。中原地区在空间上恰恰位居中心，成为信息最发达、眼界最宽广、活动最//繁忙、竞争最激烈的地方。正是这些活动，推动了各项人文事务的发展，文明的方方面面就是在处理各类事务的过程中被开创出来的。

节选自唐晓峰《华夏文明的发展与融合》

作品 16 号

于很多中国人而言，火车就是故乡。在中国人的心中，故乡的地位尤为重要，老家的意义非同寻常，所以，即便是坐过无数次火车，但印象最深刻的，或许还是返乡那一趟车。那一列列返乡的火车所停靠的站台边，熙攘的人流中，匆忙的脚步里，张望的目光下，涌动着的都是思乡的情绪。每一次看见返乡那趟火车，总觉得是那样可爱与亲切，仿佛看见了千里之外的故乡。上火车后，车启动的一刹那，在车轮与铁轨碰撞的"况且"声中，思乡的情绪便陡然在车厢里弥漫开来。你知道，它将驶向的，是你最熟悉也最温暖的故乡。再过几个或者十几个小时，你就会回到故乡的怀抱。这般感受，相信在很多人的身上都曾发生过。尤其在春节、中秋等传统节日到来之际，亲人团聚的时刻，更为强烈。

火车是故乡，火车也是远方。速度的提升，铁路的延伸，让人们通过火车实现了向远方自由流动的梦想。今天的中国老百姓，坐着火车，可以去往九百六十多万平方公里土地上的天南地北，来到祖国东部的平原，到达祖国南方的海边，走进祖国西部的沙漠，踏上祖国北方的草原，去观三山五岳，去看大江大河……

火车与空//间有着密切的联系，与时间的关系也让人觉得颇有意思。那长长的车厢，仿佛一头连着中国的过去，一头连着中国的未来。

节选自舒翼《记忆像铁轨一样长》

作品 17 号

奶奶给我讲过这样一件事：有一次她去商店，走在她前面的一位阿姨推开沉重的大门，一直等到她跟上来才松开手。当奶奶向她道谢的时候，那位阿姨轻轻地说："我的妈妈和您的年龄差不多，我希望她遇到这种时候，也有人为她开门。"听了这件事，我的心温暖了许久。

一天，我陪患病的母亲去医院输液，年轻的护士为母亲扎了两针也没有扎进血管里，眼见针眼处鼓起青包。我正要抱怨几句，一抬头看见了母亲平静的眼神——她正在注视着护士额头上密密的汗珠，我不禁收住了涌到嘴边的话。只见母亲轻轻地对护士说："不要紧，再来一次！"第三针果然成功了。那位护士终于长出了一口气，她连声说："阿姨，真对不起。我是来实习的，这是我第一次给病人扎针，太紧张了。要不是您的鼓励，我真不敢给您扎了。"母亲用另一只手拉着我，平静地对护士说："这是我的女儿，和你差不多大小，正在医科大学读书，她也将面对自己的第一个患者。我真希望她第一次扎针的时候，也能得到患者的宽容和鼓励。"听了母亲的话，我的心里充满了温暖与幸福。

是啊，如果我们在生活中能将心比心，就会对老人生出一份//尊重，对孩子增加一份关爱，就会使人与人之间多一些宽容和理解。

节选自姜桂华《将心比心》

作品 18 号

晋祠的美，在山，在树，在水。

这里的山，巍巍的，有如一道屏障；长长的，又如伸开的两臂，将晋祠拥在怀中。春日黄花满山，径幽香远；秋来草木萧疏，天高水清。无论什么时候拾级登山都会心旷神怡。

这里的树，以古老苍劲见长。有两棵老树：一棵是周柏，另一棵是唐槐。那周柏，树干劲直，树皮皱裂，顶上挑着几根青青的疏枝，偃卧于石阶旁。那唐槐，老干粗大，虬枝盘曲，一簇簇柔条，绿叶如盖。还有水边殿外的松柏槐柳，无不显出苍劲的风骨。以造型奇特见长的，有的偃如老妪负水，有的挺如壮士托天，不一而足。圣母殿前的左扭柏，拔地而起，直冲云霄，它的树皮上的纹理一齐向左边拧去，一圈一圈，丝纹不乱，像地下旋起了一股烟，又似天上垂下了一根绳。晋祠在古木的荫护下，显得分外幽静、典雅。

这里的水，多、清、静、柔。在园里信步，但见这里一泓深潭，那里一条小渠。桥下有河，亭中有井，路边有溪。石间细流脉脉，如线如缕；林中碧波闪闪，如锦如缎。这些水都来自"难老泉"。泉上有亭，亭上悬挂着清代著名学者傅山写的"难老泉"三个字。这么多的水长流不息，日日夜夜发出叮叮咚咚的响声。水的清澈真令人叫绝，无论//多深的水，只要光线好，游鱼碎石，历历可见。水的流势都不大，清清的微波，将长长的草蔓拉成一缕缕的丝，铺在河底，挂在岸边，合着那些金鱼、青苔以及石栏的倒影，织成一条条大飘带，穿亭绕榭，冉冉不绝。当年李白来到这里，曾赞叹说："晋祠流水如碧玉。"当你沿着流水去观赏那亭台楼阁时，也许会这样问：这几百间建筑怕都是在水上漂着的吧！

节选自梁衡《晋祠》

作品 19 号

人们常常把人与自然对立起来，宣称要征服自然。殊不知在大自然面前，人类永远只是一个天真幼稚的孩童，只是大自然机体上普通的一部分，正像一株小草只是她的普通一部分一样。如果说自然的智慧是大海，那么，人类的智慧就只是大海中的一个小水滴，虽然这个水滴也能映照大海，但毕竟不是大海。可是，人们竟然不自量力地宣称要用这滴水来代替大海。

看着人类这种狂妄的表现，大自然一定会窃笑——就像母亲面对无知的孩子那样的笑。人类的作品飞上了太空，打开了一个个微观世界，于是人类沾沾自喜，以为揭开了大自然的秘密。可是，在自然看来，人类上下翻飞的这片巨大空间，不过是咫尺之间而已，就如同鲲鹏看待斥鷃一般，只是蓬蒿之间罢了。即使从人类自身智慧发展史的角度看，人类也没有理由过分自傲：人类的知识与其祖先相比诚然有了极大的进步，似乎有嘲笑古人的资本；可是，殊不知对于后人而言我们也是古人，一万年以后的人们也同样会嘲笑今天的我们，也许在他们看来，我们的科学观念还幼稚得很，我们的航天器在他们眼中不过是个非常简单的//儿童玩具。

节选自严春友《敬畏自然》

作品 20 号

舞台上的幕布拉开了，音乐奏起来了。演员们踩着音乐的拍子，以庄重而有节奏的步法走到灯光前面来了。灯光射在他们五颜六色的服装和头饰上，一片金碧辉煌的彩霞。

当女主角穆桂英以轻盈而矫健的步子出场的时候，这个平静的海面陡然动荡起来了，它上面卷起了一阵暴风雨：观众像触了电似的迅即对这位女英雄报以雷鸣般的掌声。她开始唱了。她圆润的歌喉在夜空中颤动，听起来辽远而又切近，柔和而又铿锵。戏词像珠子似的从她的一笑一颦中，从她优雅的"水袖"中，从她婀娜的身段中，一粒一粒地滚下来，滴在地上，溅到空中，落进每一个人的心里，引起一片深远的回音。这回音听不见，却淹没了刚才涌起的那一阵热烈的掌声。

观众像着了魔一样，忽然变得鸦雀无声。他们看得入了神。他们的感情和舞台上女主角的感情融在了一起。女主角的歌舞渐渐进入高潮。观众的情感也渐渐进入高潮。潮在涨。没有谁能控制住它。这个一度平静下来的人海忽然又动荡起来了。戏就在这时候要到达顶点。我们的女主角在这时候就像一朵盛开的鲜花，观众想把这朵鲜花捧在手里，不让//它消逝。他们不约而同地从座位上立起来，像潮水一样，涌到我们这位艺术家面前。舞台已经失去了界限，整个剧场成了一个庞大的舞台。

我们这位艺术家是谁呢？他就是梅兰芳同志。半个世纪的舞台生涯过去了，六十六岁的高龄，仍然能创造出这样富有朝气的美丽形象，仍然能表现出这样充沛的青春活力，这不能不说是奇迹。这奇迹的产生是必然的，因为我们拥有这样热情的观众和这样热情的艺术家。

节选自叶君健《看戏》

作品 21 号

十年，在历史上不过是一瞬间。只要稍加注意，人们就会发现：在这一瞬间里，各种事物都悄悄经历了自己的千变万化。

这次重新访日，我处处感到亲切和熟悉，也在许多方面发觉了日本的变化。就拿奈良的一个角落来说吧，我重游了为之感受很深的唐招提寺，在寺内各处匆匆走了一遍，庭院依旧，但意想不到还看到了一些新的东西。其中之一，就是近几年从中国移植来的"友谊之莲"。

在存放鉴真遗像的那个院子里，几株中国莲昂然挺立，翠绿的宽大荷叶正迎风而舞，显得十分愉快。开花的季节已过，荷花朵朵已变为莲蓬累累。莲子的颜色正在由青转紫，看来已经成熟了。

我禁不住想："因"已转化为"果"。

中国的莲花开在日本，日本的樱花开在中国，这不是偶然。我希望这样一种盛况延续不衰。

……

在这些日子里，我看到了不少多年不见的老朋友，又结识了一些新朋友。大家喜欢涉及的话题之一，就是古长安和古奈良。那还用得着问吗，朋友们缅怀过去，正是瞩望未来。瞩目于未来的人们必将获得未来。

我不例外，也希望一个美好的未来。

为了中日人民之间的友谊，我将不会浪费今后生命的每一瞬间。//

节选自严文井《莲花和樱花》

作品 22 号

我打猎归来，沿着花园的林荫路走着。狗跑在我前边。

突然，狗放慢脚步，蹑足前行，好像嗅到了前边有什么野物。

我顺着林荫路望去，看见了一只嘴边还带黄色、头上生着柔毛的小麻雀。风猛烈地吹打着林荫路上的白桦树，麻雀从巢里跌落下来，呆呆地伏在地上，孤立无援地张开两只羽毛还未丰满的小翅膀。

我的狗慢慢向它靠近。忽然，从附近一棵树上飞下一只黑胸脯的老麻雀，像一颗石子似的落到狗的跟前。老麻雀全身倒竖着羽毛，惊恐万状，发出绝望、凄惨的叫声，接着向露出牙齿、大张着的狗嘴扑去。

老麻雀是猛扑下来救护幼雀的。它用身体掩护着自己的幼儿……但它整个小小的身体因恐怖而战栗着，它小小的声音也变得粗暴嘶哑，它在牺牲自己！

在它看来，狗该是多么庞大的怪物啊！然而，它还是不能站在自己高高的、安全的树枝上……一种比它的理智更强烈的力量，使它从那儿扑下身来。

我的狗站住了，向后退了退……看来，它也感到了这种力量。

我赶紧唤住惊慌失措的狗，然后我怀着崇敬的心情，走开了。

是啊，请不要见笑。我崇敬那只小小的、英勇的鸟儿，我崇敬它那种爱的冲动和力量。

爱，我//想，比死和死的恐惧更强大。只有依靠它，依靠这种爱，生命才能维持下去，发展下去。

节选自［俄］屠格涅夫《麻雀》，巴金译

作品 23 号

在浩瀚无垠的沙漠里，有一片美丽的绿洲，绿洲里藏着一颗闪光的珍珠。这颗珍珠就是敦煌莫高窟。它坐落在我国甘肃省敦煌市三危山和鸣沙山的怀抱中。

鸣沙山东麓是平均高度为十七米的崖壁。在一千六百多米长的崖壁上，凿有大小洞窟七百余个，形成了规模宏伟的石窟群。其中四百九十二个洞窟中，共有彩色塑像两千一百余尊，各种壁画共四万五千多平方米。莫高窟是我国古代无数艺术匠师留给人类的珍贵文化遗产。

莫高窟的彩塑，每一尊都是一件精美的艺术品。最大的有九层楼那么高，最小的还不如一个手掌大。这些彩塑个性鲜明，神态各异。有慈眉善目的菩萨，有威风凛凛的天王，还有强壮勇猛的力士……

莫高窟壁画的内容丰富多彩，有的是描绘古代劳动人民打猎、捕鱼、耕田、收割的情景，有的是描绘人们奏乐、舞蹈、演杂技的场面，还有的是描绘大自然的美丽风光。其中最引人注目的是飞天。壁画上的飞天，有的臂挎花篮，采摘鲜花；有的反弹琵琶，轻拨银弦；有的倒悬身子，自天而降；有的彩带飘拂，漫天遨游；有的舒展着双臂，翩翩起舞。看着这些精美动人的壁画，就像走进了//灿烂辉煌的艺术殿堂。

莫高窟里还有一个面积不大的洞窟——藏经洞。洞里曾藏有我国古代的各种经卷、文书、帛画、刺绣、铜像等共六万多件。由于清朝政府腐败无能，大量珍贵的文物被外国强盗掠走。仅存的部分经卷，现在陈列于北京故宫等处。

莫高窟是举世闻名的艺术宝库。这里的每一尊彩塑、每一幅壁画、每一件文物，都是中国古代人民智慧的结晶。

节选自《莫高窟》

作品 24 号

森林涵养水源、保持水土、防止水旱灾害的作用非常大。据专家测算，一片十万亩面积的森林，相当于一个两百万立方米的水库，这正如农谚所说的："山上多栽树，等于修水库。雨多它能吞，雨少它能吐。"

说起森林的功劳，那还多得很。它除了为人类提供木材及许多种生产、生活的原料之外，在维护生态环境方面也是功劳卓著，它用另一种"能吞能吐"的特殊功能孕育了人类。因为地球在形成之初，大气中的二氧化碳含量很高，氧气很少，气温也高，生物是难以生存的。大约在四亿年之前，陆地才产生了森林。森林慢慢将大气中的二氧化碳吸收，同时吐出新鲜氧气，调节气温；这才具备了人类生存的条件，地球上才最终有了人类。

森林，是地球生态系统的主体，是大自然的总调度室，是地球的绿色之肺。森林维护地球生态环境的这种"能吞能吐"的特殊功能是其他任何物体都不能取代的。然而，由于地球上的燃烧物增多，二氧化碳的排放量急剧增加，使得地球生态环境急剧恶化，主要表现为全球气候变暖，水分蒸发加快，改变了气流的循环，使气候变化加剧，从而引发热浪、飓风、暴雨、洪涝及干旱。

为了//使地球的这个"能吞能吐"的绿色之肺恢复健壮，以改善生态环境，抑制全球变暖，减少水旱等自然灾害，我们应该大力造林、护林，使每一座荒山都绿起来。

节选自《"能吞能吐"的森林》

作品 25 号

中国没有人不爱荷花的。可我们楼前池塘中独独缺少荷花。每次看到或想到，总觉得是一块心病。有人从湖北来，带来了洪湖的几颗莲子，外壳呈黑色，极硬。据说，如果埋在淤泥中，能够千年不烂。我用铁锤在莲子上砸开了一条缝，让莲芽能够破壳而出，不至永远埋在泥中。……把五六颗敲破的莲子投入池塘中，下面就是听天由命了。

这样一来，我每天就多了一件工作：到池塘边上去看上几次。心里总是希望，忽然有一天，"小荷才露尖尖角"，有翠绿的莲叶长出水面。可是，事与愿违，投下去的第一年，一直到秋凉落叶，水面上也没有出现什么东西。……但是到了第三年，却忽然出了奇迹。有一天，我忽然发现，在我投莲子的地方长出了几个圆圆的绿叶，虽然颜色极惹人喜爱，但是却细弱单薄，可怜兮兮地平卧在水面上，像水浮莲的叶子一样。……

真正的奇迹出现在第四年上。到了一般荷花长叶的时候，在去年飘浮着五六个叶片的地方，一夜之间，突然长出了一大片绿叶……叶片扩张的速度，范围的扩大，都是惊人地快。几天之内，池塘内不一小部分，已经全为绿叶所覆盖。而且原来平卧在水面上的像是水浮莲一样的//叶片，不知道是从哪里聚集来了力量，有一些竟然跃出了水面，长成了亭亭的荷叶。……这样一来，我心中的疑云一扫而光：池塘中生长的真正是洪湖莲花的子孙了。我心中狂喜，这几年总算是没有白等。

节选自季羡林《清塘荷韵》

作品 26 号

在原始社会里，文字还没有创造出来，却先有了歌谣一类的东西。这也就是文艺。

文字创造出来以后，人就用它把所见所闻所想所感的一切记录下来。一首歌谣，不但口头唱，还要刻呀，漆呀，把它保留在什么东西上。这样，文艺和文字就并了家。

后来纸和笔普遍地使用了，而且发明了印刷术。凡是需要记录下来的东西，要多少份就可以有多少份。于是所谓文艺，从外表说，就是一篇稿子，一部书，就是许多文字的集合体。

……

文字是一道桥梁……通过了这一道桥梁，读者才和作者会面。不但会面，并且了解作者的心情，和作者的心情相契合。

就作者的方面说，文艺的创作绝不是随便取许多文字来集合在一起。作者着手创作，必然对于人生先有所见，先有所感。他把这些所见所感写出来，不作抽象的分析，而作具体的描写，不作刻板的记载，而作想象的安排。他准备写的不是普通的论说文、记叙文；他准备写的是文艺。他动手写，不但选择那些最适当的文字，让它们集合起来，还要审查那些写了下来的文字，看有没有应当修改或是增减的。总之，作者想做到的是：写下来的文字正好传达出他的所见所感。

就读者的//方面说，读者看到的是写在纸面或者印在纸面的文字，但是看到文字并不是他们的目的。他们要通过文字去接触作者的所见所感。

节选自叶圣陶《驱遣我们的想象》

作品 27 号

语言，也就是说话，好像是极其稀松平常的事儿。可是仔细想想，实在是一件了不起的大事。正是因为说话跟吃饭、走路一样的平常，人们才不去想它究竟是怎么回事儿。其实这三件事儿都是极不平常的，都是使人类不同于别的动物的特征。

……

记得在小学里读书的时候，班上有一位"能文"的大师兄，在一篇作文的开头写下这么两句："鹦鹉能言，不离于禽；猩猩能言，不离于兽。"我们看了都非常佩服。后来知道这两句是有来历的，只是字句有些出入。又过了若干年，才知道这两句话都有问题。鹦鹉能学人说话，可只是作为现成的公式来说，不会加以变化。只有人们说话是从具体情况出发，情况一变，话也跟着变。

西方学者拿黑猩猩做实验，它们能学会极其有限的一点儿符号语言，可是学不会把它变成有声语言。人类语言之所以能够"随机应变"，在于一方面能把语音分析成若干音素，又把这些音素组合成音节，再把音节连缀起来。……另一方面，又能分析外界事物及其变化，形成无数的"意念"，一一配以语音，然后综合运用，表达各种复杂的意思。一句话，人类语言的特点就在于能用变化无穷的语音，表达变化无穷的//意义。这是任何其他动物办不到的。

节选自吕叔湘《人类的语言》

作品 28 号

父亲喜欢下象棋。那一年，我大学回家度假，父亲教我下棋。

我们俩摆好棋，父亲让我先走三步，可不到三分钟，三下五除二，我的兵将损失大半，棋盘上空荡荡的，只剩下老帅、士和一车两卒在孤军奋战。我还不肯罢休，可是已无力回天，眼睁睁看着父亲"将军"，我输了。

我不服气，摆棋再下。几次交锋，基本上都是不到十分钟我就败下阵来。我不禁有些泄气。父亲对我说："你初学下棋，输是正常的。但是你要知道输在什么地方；否则，你就是再下上十年，也还是输。"

"我知道，输在棋艺上。我技术上不如你，没经验。"

"这只是次要因素，不是最重要的。"

"那最重要的是什么？"我奇怪地问。

"最重要的是你的心态不对。你不珍惜你的棋子。"

"怎么不珍惜呀？我每走一步，都想半天。"我不服气地说。

"那是后来，开始你是这样吗？我给你计算过，你三分之二的棋子是在前三分之一的时间内丢失的。这期间你走棋不假思索，拿起来就走，失了也不觉得可惜。因为你觉得棋子很多，失两个不算什么。"

我看父亲，不好意思地低下头。"后三分之二的时间，你又犯了相反的错误：对棋子过于珍惜，每走一步，都思前想后，患得患失，一个棋也不想失，//结果一个一个都失去了。"

节选自林夕《人生如下棋》

作品 29 号

仲夏，朋友相邀游十渡。在城里住久了，一旦进入山水之间，竟有一种生命复苏的快感。

下车后，我们舍弃了大路，挑选了一条半隐半现在庄稼地里的小径，弯弯绕绕地来到了十渡渡口。夕阳下的拒马河慷慨地撒出一片散金碎玉，对我们表示欢迎。

岸边山崖上刀斧痕犹存的崎岖小道，高低凸凹，虽没有"难于上青天"的险恶，却也有踏空了滚到拒马河洗澡的风险。狭窄处只能手扶岩石贴壁而行。当"东坡草堂"几个红漆大字赫然出现在前方岩壁时，一座镶嵌在岩崖间的石砌茅草屋同时跃进眼底。草屋被几级石梯托得高高的，屋下俯瞰着一湾河水，屋前顺山势辟出了一片空地，算是院落吧！右侧有一小小的蘑菇形的凉亭，内设石桌石凳，亭顶褐黄色的茅草像流苏般向下垂泻，把现实和童话串成了一体。草屋的构思者最精彩的一笔，是设在院落边沿的柴门和篱笆，走近这儿，便有了"花径不曾缘客扫，蓬门今始为君开"的意思。

当我们重登凉亭时，远处的蝙蝠山已在夜色下化为剪影，好像就要展翅扑来。拒马河趁人们看不清它的容貌时豁开了嗓门儿韵味十足地唱呢！偶有不安分的小鱼儿和青蛙蹦跳//成声，像是为了强化这夜曲的节奏。此时，只觉世间唯有水声和我，就连偶尔从远处赶来歇脚的晚风，也悄无声息。

当我渐渐被夜的凝重与深邃所融蚀，一缕新的思绪涌动时，对岸沙滩上燃起了篝火，那鲜亮的火光，使夜色有了躁动感。篝火四周，人影绰约，如歌似舞。朋友说，那是北京的大学生们，结伴来这儿度周末。遥望那明灭无定的火光，想象着篝火映照的青春年华，也是一种意想不到的乐趣。

节选自刘延《十渡游趣》

作品 30 号

在闽西南和粤东北的崇山峻岭中，点缀着数以千计的圆形围屋或土楼，这就是被誉为"世界民居奇葩"的客家民居。

客家人是古代从中原繁盛的地区迁到南方的。他们的居住地大多在偏僻、边远的山区，为了防备盗匪的骚扰和当地人的排挤，便建造了营垒式住宅，在土中掺石灰，用糯米饭、鸡蛋清作黏合剂，以竹片、木条作筋骨，夯筑起墙厚一米，高十五米以上的土楼。它们大多为三至六层楼，一百至二百多间房屋如橘瓣状排列，布局均匀，宏伟壮观。大部分土楼有两三百年甚至五六百年的历史，经受无数次地震撼动、风雨侵蚀以及炮火攻击而安然无恙，显示了传统建筑文化的魅力。

客家先民崇尚圆形，认为圆是吉祥、幸福和安宁的象征。土楼围成圆形的房屋均按八卦布局排列，卦与卦之间设有防火墙，整齐划一。

客家人在治家、处事、待人、立身等方面，无不体现出明显的文化特征。比如，许多房屋大门上刻着这样的正楷对联："承前祖德勤和俭，启后子孙读与耕"，表现了先辈希望子孙和睦相处、勤俭持家的愿望。楼内房间大小一模一样，他们不分贫富、贵贱，每户人家平等地分到底层至高层各//一间房。各层房屋的用途惊人地统一，底层是厨房兼饭堂，二层当贮仓，三层以上作卧室，两三百人聚居一楼，秩序井然，毫不混乱。土楼内所保留的民俗文化，让人感受到中华传统文化的深厚久远。

节选自张宇生《世界民居奇葩》

作品 31 号

我国的建筑，从古代的宫殿到近代的一般住房，绝大部分是对称的，左边怎么样，右边也怎么样。苏州园林可绝不讲究对称，好像故意避免似的。东边有了一个亭子或者一道回廊，西边决不会来一个同样的亭子或者一道同样的回廊。这是为什么？我想，用图画来比方，对称的建筑是图案画，不是美术画，而园林是美术画，美术画要求自然之趣，是不讲究对称的。

苏州园林里都有假山和池沼。假山的堆叠，可以说是一项艺术而不仅是技术。或者是重峦叠嶂，或者是几座小山配合着竹子花木，全在乎设计者和匠师们生平多阅历，胸中有丘壑，才能使游览者攀登的时候忘却苏州城市，只觉得身在山间。至于池沼，大多引用活水。有些园林池沼宽敞，就把池沼作为全园的中心，其他景物配合着布置。水面假如成河道模样，往往安排桥梁。假如安排两座以上的桥梁，那就一座一个样，决不雷同。池沼或河道的边沿很少砌齐整的石岸，总是高低屈曲任其自然。还在那儿布置几块玲珑的石头，或者种些花草。这也是为了取得从各个角度看都成一幅画的效果。池沼里养着金鱼或各色鲤鱼，夏秋季节荷花或睡莲//开放，游览者看"鱼戏莲叶间"，又是入画的一景。

节选自叶圣陶《苏州园林》

作品 32 号

泰山极顶看日出，历来被描绘成十分壮观的奇景。有人说：登泰山而看不到日出，就像一出大戏没有戏眼，味儿终究有点寡淡。

我去爬山那天，正赶上个难得的好天，万里长空，云彩丝儿都不见。素常烟雾腾腾的山头，显得眉目分明。同伴们都欣喜地说："明天早晨准可以看见日出了。"我也是抱着这种想头，爬上山去。

一路从山脚往上爬，细看山景，我觉得挂在眼前的不是五岳独尊的泰山，却像一幅规模惊人的青绿山水画，从下面倒展开来。在画卷中最先露出的是山根底那座明朝建筑岱宗坊，慢慢地便现出王母池、斗母宫、经石峪。山是一层比一层深，一叠比一叠奇，层层叠叠，不知还会有多深多奇。万山丛中，时而点染着极其工细的人物。王母池旁的吕祖殿里有不少尊明塑，塑着吕洞宾等一些人，姿态神情是那样有生气，你看了，不禁会脱口赞叹说："活啦。"

画卷继续展开，绿阴森森的柏洞露面不太久，便来到对松山。两面奇峰对峙着，满山峰都是奇形怪状的老松，年纪怕都有上千岁了，颜色竟那么浓，浓得好像要流下来似的。来到这儿，你不妨权当一次画里的写意人物，坐在路旁的对松亭里，看看山色，听听流//水和松涛。

一时间，我又觉得自己不仅是在看画卷，却又像是在零零乱乱翻着一卷历史稿本。

节选自杨朔《泰山极顶》

作品 33 号

在太空的黑幕上，地球就像站在宇宙舞台中央那位最美的大明星，浑身散发出夺人心魄的、彩色的、明亮的光芒，她披着浅蓝色的纱裙和白色的飘带，如同天上的仙女缓缓飞行。

地理知识告诉我，地球上大部分地区覆盖着海洋，我果然看到了大片蔚蓝色的海水，浩瀚的海洋骄傲地披露着广阔壮观的全貌，我还看到了黄绿相间的陆地，连绵的山脉纵横其间；我看到我们平时所说的天空，大气层中飘浮着片片雪白的云彩，那么轻柔，那么曼妙，在阳光普照下，仿佛贴在地面上一样。海洋、陆地、白云，它们呈现在飞船下面，缓缓驶来，又缓缓离去。

我知道自己还是在轨道上飞行，并没有完全脱离地球的怀抱，冲向宇宙的深处，然而这也足以让我震撼了，我并不能看清宇宙中众多的星球，因为实际上它们离我们的距离非常遥远，很多都是以光年计算。正因为如此，我觉得宇宙的广袤真实地摆在我的眼前，即便作为中华民族第一个飞天的人我已经跑到离地球表面四百公里的空间，可以称为太空人了，但是实际上在浩瀚的宇宙面前，我仅像一粒尘埃。

虽然独自在太空飞行，但我想到了此刻千万//中国人翘首以待，我不是一个人在飞，我是代表所有中国人，甚至人类来到了太空。我看到的一切证明了中国航天技术的成功，我认为我的心情一定要表达一下，就拿出太空笔，在工作日志背面写了一句话："为了人类的和平与进步，中国人来到太空了。"以此来表达一个中国人的骄傲和自豪。

节选自杨利伟《天地九重》

作品 34 号

最使我难忘的，是我小学时候的女教师蔡芸芝先生。

现在回想起来，她那时有十八九岁。右嘴角边有榆钱大小一块黑痣。在我的记忆里，她是一个温柔和美丽的人。

她从来不打骂我们。仅仅有一次，她的教鞭好像要落下来，我用石板一迎，教鞭轻轻地敲在石板边上，大伙笑了，她也笑了。我用儿童的狡猾的眼光察觉，她爱我们，并没有存心要打的意思。孩子们是多么善于观察这一点啊。

在课外的时候，她教我们跳舞，我现在还记得她把我扮成女孩子表演跳舞的情景。

在假日里，她把我们带到她的家里和女朋友的家里。在她的女朋友的园子里，她还让我们观察蜜蜂；也是在那时候，我认识了蜂王，并且平生第一次吃了蜂蜜。

她爱诗，并且爱用歌唱的音调教我们读诗。直到现在我还记得她读诗的音调，还能背诵她教我们的诗：

圆天盖着大海，
黑水托着孤舟，
远看不见山，
那天边只有云头，
也看不见树，
那水上只有海鸥……

今天想来，她对我的接近文学和爱好文学，是有着多么有益的影响！

像这样的教师，我们怎么会不喜欢她，怎么会不愿意和她亲近呢？我们见了她不由得就围上去。即使她写字的时候，我//们也默默地看着她，连她握铅笔的姿势都急于模仿。

节选自魏巍《我的老师》

作品 35 号

我喜欢出发。

凡是到达了的地方，都属于昨天。哪怕那山再青，那水再秀，那风再温柔。太深的流连便成了一种羁绊，绊住的不仅有双脚，还有未来。

怎么能不喜欢出发呢？没见过大山的巍峨，真是遗憾；见了大山的巍峨没见过大海的浩瀚，仍然遗憾；见了大海的浩瀚没见过大漠的广袤，依旧遗憾；见了大漠的广袤没见过森林的神秘，还是遗憾。世界上有不绝的风景，我有不老的心情。

我自然知道，大山有坎坷，大海有浪涛，大漠有风沙，森林有猛兽。即便这样，我依然喜欢。

打破生活的平静便是另一番景致，一种属于年轻的景致。真庆幸，我还没有老。即便真老了又怎么样，不是有句话叫老当益壮吗？

于是，我还想从大山那里学习深刻，我还想从大海那里学习勇敢，我还想从大漠那里学习沉着，我还想从森林那里学习机敏。我想学着品味一种缤纷的人生。

人能走多远？这话不是要问两脚而是要问志向。人能攀多高？这事不是要问双手而是要问意志。于是，我想用青春的热血给自己树起一个高远的目标。不仅是为了争取一种光荣，更是为了追求一种境界。目标实现了，便是光荣；目标实现不了，人生也会因//这一路风雨跋涉变得丰富而充实；在我看来，这就是不虚此生。

是的，我喜欢出发，愿你也喜欢。

节选自汪国真《我喜欢出发》

作品 36 号

乡下人家总爱在屋前搭一瓜架，或种南瓜，或种丝瓜，让那些瓜藤攀上棚架，爬上屋檐。当花儿落了的时候，藤上便结出了青的、红的瓜，它们一个个挂在房前，衬着那长长的藤，绿绿的叶。青、红的瓜，碧绿的藤和叶，构成了一道别有风趣的装饰，比那高楼门前蹲着一对石狮子或是竖着两根大旗杆，可爱多了。

有些人家，还在门前的场地上种几株花，芍药、凤仙、鸡冠花、大丽菊，它们依着时令，顺序开放，朴素中带着几分华丽，显出一派独特的农家风光。还有些人家，在屋后种几十枝竹，绿的叶，青的竿，投下一片绿绿的浓阴。几场春雨过后，到那里走走，你常常会看见许多鲜嫩的笋，成群地从土里探出头来。

鸡，乡下人家照例总要养几只的。从他们的房前屋后走过，你肯定会瞧见一只母鸡，率领一群小鸡，在竹林中觅食；或是瞧见耸着尾巴的雄鸡，在场地上大踏步地走来走去。

他们的屋后倘若有一条小河，那么在石桥旁边，在绿树荫下，你会见到一群鸭子游戏水中，不时地把头扎到水下去觅食。即使附近的石头上有妇女在捣衣，它们也从不吃惊。

若是在夏天的傍晚出去散步，你常常会瞧见乡下人家吃晚饭//的情景。他们把桌椅饭菜搬到门前，天高地阔地吃起来。天边的红霞，向晚的微风，头上飞过的归巢的鸟儿，都是他们的好友。它们和乡下人家一起，绘成了一幅自然、和谐的田园风景画。

节选自陈醉云《乡下人家》

作品 37 号

我们的船渐渐地逼近榕树了。我有机会看清它的真面目：是一棵大树，有数不清的丫枝，枝上又生根，有许多根一直垂到地上，伸进泥土里。一部分树枝垂到水面，从远处看，就像一棵大树斜躺在水面上一样。

现在正是枝繁叶茂的时节。这棵榕树好像在把它的全部生命力展示给我们看。那么多的绿叶，一簇堆在另一簇的上面，不留一点儿缝隙。翠绿的颜色明亮地在我们的眼前闪耀，似乎每一片树叶上都有一个新的生命在颤动，这美丽的南国的树！

船在树下泊了片刻，岸上很湿，我们没有上去。朋友说这里是"鸟的天堂"，有许多鸟在这棵树上做窝，农民不许人去捉它们。我仿佛听见几只鸟扑翅的声音，但是等到我的眼睛注意地看那里时，我却看不见一只鸟的影子。只有无数的树根立在地上，像许多根木桩。地是湿的，大概涨潮时河水常常冲上岸去。"鸟的天堂"里没有一只鸟，我这样想到。船开了，一个朋友拨着船，缓缓地流到河中间去。

第二天，我们划着船到一个朋友的家乡去，就是那个有山有塔的地方。从学校出发，我们又经过那"鸟的天堂"。这一次是在早晨，阳光照在水面上，也照在树梢上。一切都//显得非常光明。我们的船也在树下泊了片刻。

起初四周非常清静。后来忽然起了一声鸟叫。我们把手一拍，便看见一只大鸟飞了起来，接着又看见第二只，第三只。我们继续拍掌，很快地这个树林就变得很热闹了。到处都是鸟声，到处都是鸟影。大的，小的，花的，黑的，有的站在枝上叫，有的飞起来，在扑翅膀。

节选自巴金《鸟的天堂》

作品 38 号

两百多年前，科学家做了一次实验。他们在一间屋子里横七竖八地拉了许多绳子，绳子上系着许多铃铛，然后把蝙蝠的眼睛蒙上，让它在屋子里飞。蝙蝠飞了几个钟头，铃铛一个也没响，那么多的绳子，它一根也没碰着。

科学家又做了两次实验：一次把蝙蝠的耳朵塞上，一次把蝙蝠的嘴封住，让它在屋子里飞。蝙蝠就像没头苍蝇似的到处乱撞，挂在绳子上的铃铛响个不停。

三次实验的结果证明，蝙蝠夜里飞行，靠的不是眼睛，而是靠嘴和耳朵配合起来探路的。

后来，科学家经过反复研究，终于揭开了蝙蝠能在夜里飞行的秘密。它一边飞，一边从嘴里发出超声波。而这种声音，人的耳朵是听不见的，蝙蝠的耳朵却能听见。超声波向前传播时，遇到障碍物就反射回来，传到蝙蝠的耳朵里，它就立刻改变飞行的方向。

知道蝙蝠在夜里如何飞行，你猜到飞机夜间飞行的秘密了吗？现代飞机上安装了雷达，雷达的工作原理与蝙蝠探路类似。雷达通过天线发出无线电波，无线电波遇到障碍物就反射回来，被雷达接收到，显示在荧光屏上。从雷达的荧光屏上，驾驶员能够清楚地看到前方有没有障碍物，所//以飞机飞行就更安全了。

节选自《夜间飞行的秘密》

作品 39 号

北宋时候，有位画家叫张择端。他画了一幅名扬中外的画《清明上河图》。这幅画长五百二十八厘米,高二十四点八厘米,画的是北宋都城汴梁热闹的场面。这幅画已经有八百多年的历史了,现在还完整地保存在北京的故宫博物院里。

张择端画这幅画的时候,下了很大的功夫。光是画上的人物,就有五百多个:有从乡下来的农民,有撑船的船工,有做各种买卖的生意人,有留着长胡子的道士,有走江湖的医生,有摆小摊的摊贩,有官吏和读书人……三百六十行,哪一行的人都画在上面了。

画上的街市可热闹了。街上有挂着各种招牌的店铺、作坊、酒楼、茶馆……走在街上的,是来来往往、形态各异的人:有的骑着马,有的挑着担,有的赶着毛驴,有的推着独轮车,有的悠闲地在街上溜达。画面上的这些人,有的不到一寸,有的甚至只有黄豆那么大。别看画上的人小,每个人在干什么,都能看得清清楚楚。

最有意思的是桥北头的情景:一个人骑着马,正往桥下走。因为人太多,眼看就要碰上对面来的一乘轿子。就在这个紧急时刻,那个牧马人一下子拽住了马笼头,这才没碰上那乘轿子。不过,这么一来,倒把马右边的//两头小毛驴吓得又踢又跳。站在桥栏杆边欣赏风景的人,被小毛驴惊扰了,连忙回过头来赶小毛驴……你看,张择端画的画,是多么传神啊!

《清明上河图》使我们看到了八百年以前的古都风貌,看到了当时普通老百姓的生活场景。

节选自滕明道《一幅名扬中外的画》

作品 40 号

二〇〇〇年,中国第一个以科学家名字命名的股票"隆平高科"上市。八年后,名誉董事长袁隆平所持有的股份,以市值计算已经过亿。从此,袁隆平又多了个"首富科学家"的名号。而他身边的学生和工作人员,却很难把这位老人和"富翁"联系起来。

"他哪里有富人的样子。"袁隆平的学生们笑着议论。在学生们的印象里,袁老师永远黑黑瘦瘦,穿一件软塌塌的衬衣。在一次会议上,袁隆平坦言:"不错,我身价二〇〇八年就一千零八亿了,可我真的有那么多钱吗?没有。我现在就是靠每个月六千多元的工资生活,已经很满足了。我今天穿的衣服就五十块钱,但我喜欢的还是昨天穿的那件十五块钱的衬衫,穿着很精神。"袁隆平认为,"一个人的时间和精力是有限的,如果老想着享受,哪有心思搞科研?搞科学研究就是要淡泊名利,踏实做人"。

在工作人员眼中,袁隆平其实就是一位身板硬朗的"人民农学家","老人下田从不要人搀扶,拿起套鞋,脚一蹬就走"。袁隆平说:"我有八十岁的年龄,五十多岁的身体,三十多岁的心态,二十多岁的肌肉弹性。"袁隆平的业余生活非常丰富,钓鱼、打排球、听音乐……他说,就是喜欢这些//不花钱的平民项目。

二〇一〇年九月,袁隆平度过了他的八十岁生日。当时,他许了个愿:到九十岁时,要实现亩产一千公斤!如果全球百分之五十的稻田种植杂交水稻,每年可增产一点五亿吨粮食,可多养活四亿到五亿人口。

节选自刘畅《一粒种子造福世界》

作品 41 号

北京的颐和园是个美丽的大公园。

进了颐和园的大门,绕过大殿,就来到有名的长廊。绿漆的柱子,红漆的栏杆,一眼望不到头。这条长廊有七百多米长,分成二百七十三间。每一间的横槛上都有五彩的画,画着人物、花草、风景,几千幅画没有哪两幅是相同的。长廊两旁栽满了花木，这一种花还没谢，那一种花又开了。微风从左边的昆明湖上吹来，使人神清气爽。

走完长廊，就来到了万寿山脚下。抬头一看，一座八角宝塔形的三层建筑耸立在半山腰上，黄色的琉璃瓦闪闪发光。那就是佛香阁。下面的一排排金碧辉煌的宫殿，就是排云殿。

登上万寿山，站在佛香阁的前面向下望，颐和园的景色大半收在眼底。葱郁的树丛，掩映着黄的绿的琉璃瓦屋顶和朱红的宫墙。正前面，昆明湖静得像一面镜子，绿得像一块碧玉。游船、画舫在湖面慢慢地滑过，几乎不留一点儿痕迹。向东远眺，隐隐约约可以望见几座古老的城楼和城里的白塔。

从万寿山下来，就是昆明湖。昆明湖围着长长的堤岸，堤上有好几座式样不同的石桥，两岸栽着数不清的垂柳。湖中心有个小岛，远远望去，岛上一片葱绿，树丛中露出宫殿的一角。//游人走过长长的石桥，就可以去小岛上玩。这座石桥有十七个桥洞，叫十七孔桥。桥栏杆上有上百根石柱，柱子上都雕刻着小狮子。这么多的狮子，姿态不一，没有哪两只是相同的。

颐和园到处有美丽的景色，说也说不尽，希望你有机会去细细游赏。

节选自袁鹰《颐和园》

作品 42 号

一谈到读书，我的话就多了！

我自从会认字后不到几年，就开始读书。倒不是四岁时读母亲给我的商务印书馆出版的国文教科书第一册的"天、地、日、月、山、水、土、木"以后的那几册，而是七岁时开始自己读的"话说天下大势，分久必合，合久必分……"的《三国演义》。

那时，我的舅父杨子敬先生每天晚饭后必给我们几个表兄妹讲一段《三国演义》，我听得津津有味，什么"宴桃园豪杰三结义，斩黄巾英雄首立功"，真是好听极了。但是他讲了半个钟头，就停下去干他的公事。我只好带着对于故事下文的无限悬念，在母亲的催促下，含泪上床。

此后，我决定咬了牙，拿起一本《三国演义》来，自己一知半解地读了下去，居然越看越懂，虽然字音都读得不对，比如把"凯"念作"岂"，把"诸"念作"者"之类，因为我只学过那个字一半部分。

谈到《三国演义》，我第一次读到关羽死了，哭了一场，把书丢下了。第二次再读到诸葛亮死了，又哭了一场，又把书丢下了，最后忘了是什么时候才把全书读到"分久必合"的结局。

这时我同时还看了母亲针线笸箩里常放着的那几本《聊斋志异》，聊斋故事是短篇的，可以随时拿起放下，又是文言的，这对于我的//作文课很有帮助，因为老师曾在我的作文本上批着"柳州风骨，长吉清才"的句子，其实我那时还没有读过柳宗元和李贺的文章，只因那时的作文，都是用文言写的。

书看多了，从中也得到一个体会，物怕比，人怕比，书也怕比，"不比不知道，一比吓一跳"。

因此，某年的六一国际儿童节，有个儿童刊物要我给儿童写几句指导读书的话，我只写了九个字，就是：

读书好，多读书，读好书。

节选自冰心《忆读书》

作品 43 号

徐霞客是明朝末年的一位奇人。他用双脚，一步一步地走遍了半个中国大陆，游览过许多名山大川，经历过许多奇人异事。他把游历的观察和研究记录下来，写成了《徐霞客游记》这本千古奇书。

当时的读书人，都忙着追求科举功名，抱着"十年寒窗无人问，一举成名天下知"的观念，埋头于经书之中。徐霞客却卓尔不群，醉心于古今史籍及地志、山海图经的收集和研读。他发现此类书籍很少，记述简略且多有相互矛盾之处，于是他立下雄心壮志，要走遍天下，亲自考察。此后三十多年，他与长风为伍，云雾为伴，行程九万里，历尽千辛万苦，获得了大量第一手考察资料。徐霞客日间攀险峰，涉危洞，晚上就是再疲劳，也一定录下当日见闻。即使荒野露宿，栖身洞穴，也要"燃松拾穗，走笔为记"。

徐霞客的时代，没有火车，没有汽车，没有飞机，他所去的许多地方连道路都没有，加上明朝末年治安不好，盗匪横行，长途旅行是非常艰苦又非常危险的事。

有一次，他和三个同伴到西南地区，沿路考察石灰岩地形和长江源流。走了二十天，一个同伴难耐旅途劳顿，不辞而别。到了衡阳附近又遭遇土匪抢劫，财物尽失，还险//些被杀害。好不容易到了南宁，另一个同伴不幸病死，徐霞客忍痛继续西行。到了大理，最后一个同伴也因为吃不了苦，偷偷地走了，还带走了他仅存的行囊。但是，他还是坚持目标，继续他的研究工作，最后找到了答案，推翻历史上的错误，证明长江的源流不是岷江而是金沙江。

节选自《阅读大地的徐霞客》

作品 44 号

造纸术的发明，是中国对世界文明的伟大贡献之一。

早在几千年前，我们的祖先就创造了文字。可那时候还没有纸，要记录一件事情，就用刀把文字刻在龟甲和兽骨上，或者把文字铸刻在青铜器上。后来，人们又把文字写在竹片和木片上。这些竹片、木片用绳子穿起来，就成了一册书。但是，这种书很笨重，阅读、携带、保存都很不方便。古时候用"学富五车"形容一个人学问高，是因为书多的时候需要用车来拉。再后来，有了蚕丝织成的帛，就可以在帛上写字了。帛比竹片、木片轻便，但是价钱太贵，只有少数人能用，不能普及。

人们用蚕茧制作丝绵时发现，盛放蚕茧的篾席上，会留下一层薄片，可用于书写。考古学家发现，在两千多年前的西汉时代，人们已经懂得了用麻来造纸。但麻纸比较粗糙，不便书写。

大约在一千九百年前的东汉时代，有个叫蔡伦的人，吸收了人们长期积累的经验，改进了造纸术。他把树皮、麻头、稻草、破布等原料剪碎或切断，浸在水里捣烂成浆；再把浆捞出来晒干，就成了一种既轻便又好用的纸。用这种方法造的纸，原料容易得到，可以大量制造，价格又便宜，能满足多数人的需要，所//以这种造纸方法就传承下来了。

我国的造纸术首先传到邻近的朝鲜半岛和日本，后来又传到阿拉伯世界和欧洲，极大地促进了人类社会的进步和文化的发展，影响了全世界。

节选自《纸的发明》

作品 45 号

中国第一大岛的台湾岛，位于中国大陆架的东南方，地处东海和南海之间，隔着台湾海峡和大陆相望。天气晴朗的时候，站在福建沿海较高的地方，就可以隐隐约约地望见岛上的高山和云朵。

台湾岛形状狭长，从东到西，最宽处只有一百四十多公里；由南至北，最长的地方约有三百九十多公里。地形像一个纺织用的梭子。

台湾岛上的山脉纵贯南北，中间的中央山脉犹如全岛的脊梁。西部为海拔近四千米的玉山山脉，是中国东部的最高峰。全岛约有三分之一的地方是平地，其余为山地。岛内有缎带般的瀑布，蓝宝石似的湖泊，四季常青的森林和果园，自然景色十分优美。西南部的阿里山和日月潭，台北市郊的大屯山风景区，都是闻名世界的游览胜地。

台湾岛地处热带和温带之间，四面环海，雨水充足，气温受到海洋的调剂，冬暖夏凉，四季如春，这给水稻和果木生长提供了优越的条件。水稻、甘蔗、樟脑是台湾的"三宝"。岛上还盛产鲜果和鱼虾。

台湾岛还是一个闻名世界的"蝴蝶王国"。岛上的蝴蝶共有四百多个品种，其中有不少是世界稀有的珍贵品种。岛上还有不少鸟语花香的蝴//蝶谷，岛上居民利用蝴蝶制作的标本和艺术品，远销许多国家。

节选自《中国的宝岛——台湾》

作品 46 号

对于中国的牛，我有着一种特别尊敬的感情。

留给我印象最深的，要算在田垄上的一次"相遇"。

一群朋友郊游，我领头在狭窄的阡陌上走，怎料迎面来了几头耕牛，狭道容不下人和牛，终有一方要让路。它们还没有走近，我们已经预计斗不过畜牲，恐怕难免踩到田地泥水里，弄得鞋袜又泥又湿了。正踟蹰的时候，带头的一头牛，在离我们不远的地方停下来，抬起头看看，稍迟疑一下，就自动走下田去。一队耕牛，全跟着它离开阡陌，从我们身边经过。

我们都呆了，回过头来，看着深褐色的牛队，在路的尽头消失，忽然觉得自己受了很大的恩惠。

中国的牛，永远沉默地为人做着沉重的工作。在大地上，在晨光或烈日下，它拖着沉重的犁，低头一步又一步，拖出了身后一列又一列松土，好让人们下种。等到满地金黄或农闲时候，它可能还得担当搬运负重的工作；或终日绕着石磨，朝同一方向，走不计程的路。

在它沉默的劳动中，人便得到应得的收成。

那时候，也许，它可以松一肩重担，站在树下，吃几口嫩草。偶尔摇摇尾巴，摆摆耳朵，赶走飞附身上的苍蝇，已经算是它最闲适的生活了。

中国的牛，没有成群奔跑的习//惯，永远沉沉实实的，默默地工作，平心静气。这就是中国的牛！

节选自（香港）小思《中国的牛》

作品 47 号

石拱桥的桥洞成弧形，就像虹。古代神话里说，雨后彩虹是"人间天上的桥"，通过彩虹就能上天。我国的诗人爱把拱桥比作虹，说拱桥是"卧虹""飞虹"，把水上拱桥形容为"长虹卧波"。

我国的石拱桥有悠久的历史。《水经注》里提到的"旅人桥"，大约建成于公元二八二年，可能是有记载的最早的石拱桥了。我国的石拱桥几乎到处都有。这些桥大小不一，形式多样，有许多是惊人的杰作。其中最著名的当推河北省赵县的赵州桥。

赵州桥非常雄伟，全长五十点八二米。桥的设计完全合乎科学原理，施工技术更是巧妙绝伦。全桥只有一个大拱，长达三十七点四米，在当时可算是世界上最长的石拱。桥洞不是普通半圆形，而是像一张弓，因而大拱上面的道路没有陡坡，便于车马上下。大拱的两肩上，各有两个小拱。这个创造性的设计，不但节约了石料，减轻了桥身的重量，而且在河水暴涨的时候，还可以增加桥洞的过水量，减轻洪水对桥身的冲击。同时，拱上加拱，桥身也更美观。大拱由二十八道拱圈拼成，就像这么多同样形状的弓合拢在一起，做成一个弧形的桥洞。每道拱圈都能独立支撑上面的重量，一道坏了，其//他各道不致受到影响。全桥结构匀称，和四周景色配合得十分和谐；桥上的石栏石板也雕刻得古朴美观。赵州桥高度的技术水平和不朽的艺术价值，充分显示了我国劳动人民的智慧和力量。

节选自茅以升《中国石拱桥》

作品 48 号

不管我的梦想能否成为事实，说出来总是好玩儿的：

春天，我将要住在杭州。二十年前，旧历的二月初，在西湖我看见了嫩柳与菜花，碧浪与翠竹。由我看到的那点儿春光，已经可以断定，杭州的春天必定会教人整天生活在诗与图画之中。所以，春天我的家应当是在杭州。

夏天，我想青城山应当算作最理想的地方。在那里，我虽然只住过十天，可是它的幽静已拴住了我的心灵。在我所看见过的山水中，只有这里没有使我失望。到处都是绿，目之所及，那片淡而光润的绿色都在轻轻地颤动，仿佛要流入空中与心中似的。这个绿色会像音乐，涤清了心中的万虑。

秋天一定要住北平。天堂是什么样子，我不知道，但是从我的生活经验去判断，北平之秋便是天堂。论天气，不冷不热。论吃的，苹果、梨、柿子、枣儿、葡萄，每样都有若干种。论花草，菊花种类之多，花式之奇，可以甲天下。西山有红叶可见，北海可以划船——虽然荷花已残，荷叶可还有一片清香。衣食住行，在北平的秋天，是没有一项不使人满意的。

冬天，我还没有打好主意，成都或者相当地合适，虽然并不怎样和暖，可是为了水仙，素心蜡梅，各色的茶花，仿佛就受一点儿寒//冷，也颇值得去了。昆明的花也多，而且天气比成都好，可是旧书铺与精美而便宜的小吃远不及成都那么多。好吧，就暂这么规定：冬天不住成都便住昆明吧。

节选自老舍《"住"的梦》

作品 49 号

在北京市东城区著名的天坛公园东侧，有一片占地面积近二十万平方米的建筑区域，大大小小的十余栋训练馆坐落其间。这里就是国家体育总局训练局。许多我们耳熟能详的中国体育明星都曾在这里挥汗如雨，刻苦练习。

中国女排的一天就是在这里开始的。

清晨八点钟，女排队员们早已集合完毕，准备开始一天的训练。主教练郎平坐在场外长椅上，目不转睛地注视着跟随助理教练们做热身运动的队员们，她身边的座位上则横七竖八地堆放着女排姑娘们的各式用品：水、护具、背包，以及各种外行人叫不出名字的东西。不远的墙上悬挂着一面鲜艳的国旗，国旗两侧是"顽强拼搏"和"为国争光"两条红底黄字的横幅，格外醒目。

"走下领奖台，一切从零开始"十一个大字，和国旗遥遥相望，姑娘们训练之余偶尔一瞥就能看到。只要进入这个训练馆，过去的鲜花、掌声与荣耀皆成为历史，所有人都只是最普通的女排队员。曾经的辉煌、骄傲、胜利，在踏入这间场馆的瞬间全部归零。

踢球跑、垫球跑、夹球跑……这些对普通人而言和杂技差不多的项目是女排队员们必须熟练掌握的基本技能。接下来//的任务是小比赛。郎平将队员们分为几组，每一组由一名教练监督，最快完成任务的小组会得到一面小红旗。

看着这些年轻的姑娘们在自己的眼前来来去去，郎平的思绪常飘回到三十多年前。那时风华正茂的她是中国女排的主攻手，她和队友们也曾在这间训练馆里夜以继日地并肩备战。三十多年来，这间训练馆从内到外都发生了很大的变化：原本粗糙的地面变成了光滑的地板，训练用的仪器越来越先进，中国女排的团队中甚至还出现了几张陌生的外国面孔……但时光荏苒,不变的是这支队伍对排球的热爱和"顽强拼搏,为国争光"的初心。

节选自宋元明《走下领奖台,一切从零开始》

作品 50 号

在一次名人访问中,被问及上个世纪最重要的发明是什么时,有人说是电脑,有人说是汽车,等等。但新加坡的一位知名人士却说是冷气机。他解释,如果没有冷气,热带地区如东南亚国家,就不可能有很高的生产力,就不可能达到今天的生活水准。他的回答实事求是,有理有据。

看了上述报道,我突发奇想:为什么没有记者问:"二十世纪最糟糕的发明是什么?"其实二〇〇二年十月中旬,英国的一家报纸就评出了"人类最糟糕的发明"。获此"殊荣"的,就是人们每天大量使用的塑料袋。

诞生于上个世纪三十年代的塑料袋,其家族包括用塑料制成的快餐饭盒、包装纸、餐用杯盘、饮料瓶、酸奶杯、雪糕杯等。这些废弃物形成的垃圾,数量多体积大、重量轻、不降解,给治理工作带来很多技术难题和社会问题。

比如,散落在田间、路边及草丛中的塑料餐盒,一旦被牲畜吞食,就会危及健康甚至导致死亡。填埋废弃塑料袋、塑料餐盒的土地,不能生长庄稼和树木,造成土地板结,而焚烧处理这些塑料垃圾,则会释放出多种化学有毒气体,其中一种称为二噁英的化合物,毒性极大。

此外,在生产塑料袋、塑料餐盒的过//程中使用的氟利昂,对人体免疫系统和生态环境造成的破坏也极为严重。

节选自林光如《最糟糕的发明》

附录二　普通话水平测试话题

说明：

本材料共有话题50例，供普通话水平测试第五项命题说话测试使用。本材料仅是对话题范围的规定，并不规定话题的具体内容。

1. 我的一天
2. 老师
3. 珍贵的礼物
4. 假日生活
5. 我喜爱的植物
6. 我的理想（或愿望）
7. 过去的一年
8. 朋友
9. 童年生活
10. 我的兴趣爱好
11. 家乡（或熟悉的地方）
12. 我喜欢的季节（或天气）
13. 印象深刻的书籍（或报刊）
14. 难忘的旅行
15. 我喜欢的美食
16. 我所在的学校（或公司、团队、其他机构）
17. 尊敬的人
18. 我喜爱的动物
19. 我了解的地域文化（或风俗）
20. 体育运动的乐趣
21. 让我快乐的事情
22. 我喜欢的节日
23. 我欣赏的历史人物

24. 劳动的体会

25. 我喜欢的职业（或专业）

26. 向往的地方

27. 让我感动的事情

28. 我喜爱的艺术形式

29. 我了解的十二生肖

30. 学习普通话（或其他语言）的体会

31. 家庭对个人成长的影响

32. 生活中的诚信

33. 谈服饰

34. 自律与我

35. 对终身学习的看法

36. 谈谈卫生与健康

37. 对环境保护的认识

38. 谈社会公德（或职业道德）

39. 对团队精神的理解

40. 谈中国传统文化

41. 科技发展与社会生活

42. 谈个人修养

43. 对幸福的理解

44. 如何保持良好的心态

45. 对垃圾分类的认识

46. 网络时代的生活

47. 对美的看法

48. 谈传统美德

49. 对亲情（或友情、爱情）的理解

50. 小家、大家与国

参考文献

[1] 裴锦花，杜文忠，许莉君．普通话与口语交际训练教材［M］．海口：南海出版公司，2019．

[2] 赵修琴，李元秀．口才演讲精论［M］．北京：中央编译出版社，1998．

[3] 韩斌生．演讲与朗诵基础［M］．北京：清华大学出版社，2016．

[4] 苏炳琴，曹丽娟，郭军帅．演讲与口才实训教程［M］．北京：中国商业出版社，2010．

[5] 魏雪．普通话与口语交际训练［M］．北京：电子工业出版社，2011．

[6] 庚钟银．朗诵与演说［M］．北京：高等教育出版社，2016．

[7] 康毕华，于立新．普通话与口语交际［M］．北京：清华大学出版社，2017．

[8] 刘明，赵会莉，樊雪君．普通话与口语交际［M］．沈阳：东北大学出版社，2014．

[9] 程培元．教师口语教程［M］．北京：高等教育出版社，2004．

[10] 陈国安，王海燕，朱全明，等．新编教师口语［M］．上海：华东师范大学出版社，2007．

[11] 陈传万，何大海．教师口语［M］．合肥：合肥工业大学出版社，2008．

[12] 吴雪青．小学教师口语［M］．上海：华东师范大学出版社，2012．

[13] 陈利平，王仲杰，范希运，等．新课程背景下的教师课堂语言［M］．北京：高等教育出版社，2005．

[14] 张祖利．教师口语技艺［M］．济南：山东人民出版社，2012．

[15] 秦海燕．教师口语训练教程［M］．济南：山东人民出版社，2008．

[16] 龙景云．如何提升教师礼仪修养［M］．长春：吉林大学出版社，2014．

[17] 李黎．师德与教师礼仪［M］．2版．北京：高等教育出版社，2020．

[18] 张宇，廖生波．藏在师生体态语言里的教学智慧［M］．南京：江苏教育出版社，2013．

[19] 李振村．教师的体态语言［M］．北京：教育科学出版社，2011．

[20] 李兴国，田亚丽．教师礼仪［M］．上海：华东师范大学出版社，2006．

[21] 吕艳芝，冯楠．教师礼仪的99个细节［M］．上海：华东师范大学出版社，2017．

[22] 郭华．教师礼仪与修养［M］．北京：北京师范大学出版社，2015．

[23] 李黎，吕鸿．师德与教师礼仪［M］．北京：高等教育出版社，2011．

［24］韩立福．新课程教师礼仪规范与指导［M］．北京：首都师范大学出版社，2006．

［25］曾涛，张立新．教师礼仪规范与实训［M］．北京：华文出版社，2017．

［26］安瑞霞，代建军．教师礼仪［M］．南京：南京大学出版社，2017．

［27］刘照雄，普通话水平测试大纲（修订本）［M］．长春：吉林人民出版社1994．

［28］国家语委普通话与文字应用培训测试中心．普通话水平测试实施纲要（2021年版）［M］．北京：语文出版社，2022．

版 权 声 明

为了方便学校课堂教学，促进知识传播，便于读者更加直观透彻地理解相关理论，本书选用了一些网络平台上公开发布的优质文字案例、图片和视频资源。为了尊重这些内容所有者的权利，特此声明，凡在本书中涉及的版权、著作权等权益，均属于原作品版权人、著作权人等。

在此向这些作品的版权所有者表示诚挚的谢意！由于客观原因，我们无法联系到您，如您能与我们取得联系，我们将在第一时间更正任何错误或疏漏。

与本书配套的二维码资源使用说明

本书部分课程及与纸质教材配套数字资源以二维码链接的形式呈现。利用手机微信扫码成功后提示微信登陆，授权后进入注册页面，填写注册信息。按照提示输入手机号码，点击获取手机验证码，稍等片刻收到4位数的验证码短信，在提示位置输入验证码成功，再设置密码，选择相应专业，点击"立即注册"，注册成功。（若手机已经注册，则在"注册"页面底部选择"已有账号立即注册"，进入"账号绑定"页面，直接输入手机号和密码登录。）接着提示输入学习码，需刮开教材封面防伪涂层，输入13位学习码（正版图书拥有的一次性使用学习码），输入正确后提示绑定成功，即可查看二维码数字资源。手机第一次登录查看资源成功以后，再次使用二维码资源时，只需在微信端扫码即可登录进入查看。